안용성의 『현상학과 서사 공간』이 새물결플러스 출판사에서 출간된 것을 진심으로 축하드린다. 이 책에는 공간에 대한 현상학적 해석을 토대로 성서의 서사 공간에 대한 저자의 독창적인 생각이 체계적으로 잘 서술되어 있다.

20세기 현대 철학의 주된 철학적 방법론 중 하나인 현상학은 기본적으로 관계를 중요하게 생각한다. 현상학은 "나와 너", "나와 자연", "나와 세계" 간의 밀접한 연관 관계를 중심으로 이 세계를 이해하기 때문에 어떤 것도 고립된 추상적인 존재로 받아들이지 않는다. 공간도 이런 의미에서 나와 무관한 객관적·물리적 공간으로서가 아니라 나에 의해 체험되고, 의미 부여된 친숙한 공간으로 이해된다. 저자는 이러한 현상학적 공간 이론을 철학, 문학, 지리학, 건축학 그리고 성서학 등의 다양한 학문 분야에 걸친 해박한 지식과 오랜 기간 동안 갈고 닦은 학문적 통찰을 바탕으로 자세히 소개하고 설명하고 있다.

이 책의 가치는 다양한 분야에 걸쳐서 공간 이론을 소개하고 있다는 점에도 있지만, 각 학자들의 공간 이론에 대한 분석과 이해가 매우 깊고 또 이를 저자 나름대로 충분히 소화해서 보여주고 있다는 데 있다. 이 책에서 다루어지는 각 학자들의 이론은 그 분야 전문가라도 이해하기가 쉽지 않은데, 저자는 누구나 이해할 수 있게 아주 쉽게 풀어서 설명한다. 특히 철학자들의 이론이 집약되어 있는 1부에서는 각 장의 마지막 부분에서 일일이 요약하는 친절함까지 보이면서 독자들의 이해를 돕는다. 그래서 마치 이 책은 공간 이론에 관한 하나의 교과서와 같은 느낌을 준다.

전체적으로 이 책을 읽다 보면 마치 저자가 옆에서 이야기하듯이 다정하고 친밀하게 모든 글이 마음속에 감동적으로 다가온다. 저자 특유의 깔끔하고 간결한 글쓰기 덕분이기도 하지만, 그만치 이 책에 저자의 온 정성과 숨결이 담겨 있기 때문에 그렇지 않나 생각한다. 그래서 이 책은 추상적인 개념으로 쓰인 학술서라기보다는 저자의 삶과 역사가 담겨 있는 진지한 이야기로 보인다. 이 책의 핵심이라고 할 수 있는 성서의 서사 공간에 대한 저자의 해석을 따라가다 보면 더욱 그렇게 느껴진다. 이것만으로도 독자들에게 이 책을 추천할 충분한 이유가 된다.

박인철 | 경희대학교 문과대학 철학과 교수

이 책은 서사에 담긴 장소들과 그 장소들이 어떻게 구성되는가를 현상학적 공간 및 장소 개념을 통해 밝히고자 한다. 무릇 장소는 모든 사물보다 우선적으로 존재하며, 장소성은 존재의 정체성의 조건이다. 저자는 이런 이론적 토대 위에서 성서 해석, 특히 누가복음과 사도행전의 서사 이해를 독창적으로 시도한다. 이는 현대의 지성인들과 소통할 수 있도록 성서를 새롭게 해석할 수 있는 창조적인 안목과 통찰력을 제공한다. 이 책은 오늘날 "경건과 학문"의 조화를 바라는 목회자와 신학도 및 교회 지도자들이 반드시 읽어야 할 필독서다.

강학순 | 안양대학교 기독교문화학과 철학 교수

이 책에서 성서학자 안용성은 후설과 하이데거, 메를로-퐁티와 같은 현상학자들의 공간 이해를 살펴본 후에 현상학적 공간 이론이 지리학, 특히 인문지리학과 경제지리학에서 이룬 발전을 살펴보고, 그 이론이 누가-행전의 서사 공간을 이해하는 도구로도 사용될 수 있음을 보이고자 한다. 누가-행전에서 복음이 "예루살렘에서 땅 끝까지" 전파되는 과정이 인문학적 도구를 통해 좀 더 명료해진다는 점에 이 책의 독특한 의의가 있다. 이는 "오직 성경"이 성경만 읽고 상황과 현실은 읽지 않아도 된다는 뜻이 아님을 환히 밝혀준다.

이경직 | 백석대학교 신학대학원 조직신학 교수, 한국기독교철학회 회장

현상학과 서사 공간

기독교 인문
시리즈
008

현상학과 서사 공간

성서의 이야기 공간에 대한 현상학적 고찰

안용성

이 저서는 2014년 정부(교육부)의 재원으로
한국연구재단의 지원을 받아 수행된 연구임
(NRF-2014S1A6A4026214,
원제: 현상학과 지리학으로 읽는 누가-행전의 서사 공간)

신학자가 되고자 하던 나의 몸부림이
그저 하나의 질료에 불과했을 때
그것에 창조의 숨을 불어넣어
비로소 하나의 형상이 될 수 있게 한
매리 톨버트(Mary Ann Tolbert) 교수에게
이 책을 바칩니다.

차례

서문 _ 15
서론 _ 19

제1부 현상학의 공간   29

제1장 현상학과 후설 _ 30
   A. 의식과 세계 _ 33
   B. 지향성과 구성 작용 _ 42
   C. 초월론적 구성 _ 46
   D. 생활세계와 지평, 발생적 현상학 _ 52
   E. 신체와 키네스테제 _ 55
   F. 요약 _ 59

제2장 하이데거의 공간 _ 62
   A. 들어가는 말 _ 63
   B. "세계-내-존재"와 실존적 공간 _ 72
   C. 도구의 공간성과 세계 _ 78
   D. 후기 하이데거의 장소 사유 _ 88
   E. 요약 _ 103

제3장 메를로-퐁티의 공간 _ 108
   A. 지각 _ 111
   B. 신체와 심리 현상의 연속성 _ 117
   C. 고유한 신체의 공간성과 운동성 _ 122
   D. 공간 _ 133
   E. 요약 _ 141
   F. 추가적 논의: 상호주관성 _ 145

제2부 현상학적 공간 이론의 발전   149

제4장 현상학에서 지리학으로 _ 150
    A. 볼노브의 『인간과 공간』_ 153
    B. 바슐라르의 이미지의 현상학 _ 171
    C. 엘리아데의 종교 현상학 _ 186
    D. 노베르그-슐츠의 건축의 현상학 _ 195

제5장 인문지리학의 장소 이론 _ 212
    A. 인문지리학과 "장소" _ 213
    B. 투안 _ 216
    C. 렐프 _ 222
    D. 장소 이론의 발전과 비판 _ 241

제6장 르페브르와 경제지리학 _ 252
    A. 사회적 공간 _ 253
    B. 르페브르의 『공간의 생산』_ 258
    C. 르페브르와 현상학 _ 263

제7장 현상학적 공간 이론 _ 274
    A. 장소의 3요소 _ 276
    B. 장소의 진정성 _ 281
    C. 장소의 구성 _ 285

제3부 누가-행전의 서사 공간   299

제8장 서사 분석 도구 _ 300
    A. 서사 공간 _ 302
    B. 현상학적 이야기 공간 _ 308
    C. 누가-행전의 공간 연구 _ 315

제9장 누가-행전 해석 사례 _ 320
    A. 예루살렘: 누가-행전 서사의 중심 _ 321
    B. 땅끝까지: 중심 이동 _ 337
    C. 누가-행전의 장소, 통로, 영역 _ 353

참고문헌 _ 377

표 차례

〈표 1〉 데카르트의 범주적 공간과 하이데거의 실존적 공간 _ 75
〈표 2〉 물리적 공간과 실존적 공간 _ 76
〈표 3〉 이 책에서 다룬 학자들의 생애 연대와 저술 연대 _ 153
〈표 4〉 수학적 공간과 체험된 공간 _ 156
〈표 5〉 노베르그-슐츠의 공간의 체계 _ 199
〈표 6〉 성전과 예루살렘 공간 _ 335
〈표 7〉 사도행전 8-12장의 구조 _ 366

그림 차례

〈그림 1〉 헤로도토스가 상상한 세계(기원전 5세기) _ 341
〈그림 2〉 스트라본이 상상한 세계(기원전/기원후 1세기) _ 341
〈그림 3〉 순례자들의 출신지 목록(행 2:9-11) _ 345

/ 서문

근대 담론으로부터 탈근대 담론으로의 이행은 보통 몇 개의 전회로 대변되는 주제의 변화를 포함한다. "언어로의 전회"(linguistic turn), "문화로의 전회"(cultural turn), "공간으로의 전회"(spatial turn) 등이 그것이다. 이 이름들에서 드러나듯 공간은 언어와 문화와 함께 탈근대 담론에서 가장 큰 관심을 불러일으키는 주제 중 하나다. 그런데 이 공간은 단순한 물리적 공간이 아니라 인간과의 관계 또는 사회적 관계를 통해 구성/생산되는 공간이다. 그리고 이러한 공간 담론에는 그 이론적 기반이 되는 현상학을 비롯하여 다양한 학문 분야가 관련되어 논의된다.

이 책은 그러한 담론 지형을 염두에 두고 성서학과 인문사회과학 여러 분야 사이에서 간학문적(inter-disciplinary) 대화를 시도한다. 따라서 이 책이 연구 주제로 삼고 있는 현상학의 공간 개념들과 그것들을 잇는 현상학적 공간 이론들은 나의 주 전공 분야인 성서학뿐 아니라 다양한 학문 분야에서 공간 담론을 확산하는 데 기여할 수 있을 것으로 기대한다.

이 책은 다음 분들의 도움이 없이는 태어날 수 없었다. 나는 학교보다는 교회라는 공간에 주로 거주하다 보니 도서관 이용이 자유롭지 않아 필요한 자료를 신속히 구하는 데 어려움이 많다. 이런 어려움을 여러 학교에 재학 또는 재직 중인 지인들이 보완해주었다. 그 점에 대해 다음 분들에게 진심으로 감사드린다. 서울대학교 박사 과정의 차도형, 연세대학교 석사 과정의 김혜미, 오양래, 이창민, 최웅용, 장로회신학대학교와 신학대학원의 김민규, 민재원, 손경민, 연세대학교의 정진욱 교수(경제학), 영국 셰필드 대학교에서 막 학위를 마치고 돌아온 정덕희 박사(신약성서학). 그 외 각주와 참고문헌 작업을 도와준 강윤주 목사, 자료의 복사를 도와준 송혜자 간사, 마지막 과정에서 문단 구성을 세밀하게 점검해준 김아리나, 그리고 현상학을 처음 공부하는 과정에서 함께 어려운 책들을 읽고 토론하며 아스라한 달빛 아래 문연모 다리의 추억을 공유했던 문화연구모임 회원들에게도 사랑과 감사의 인사를 전한다.

몇 분의 동료 학자들이 이 책의 초고를 꼼꼼하게 읽고 귀중한 조언을 해주었다. 경희대학교의 박인철 교수(철학)는 글 전체의 논리적 일관성을 검토하여 글의 흐름을 매끄럽게 할 수 있도록 도와주었다. 초고에는 후설의 초월론적 현상학을 서술하는 데 많은 지면을 할애했으나, 공간 주제의 일관성을 위해 과감히 삭제하도록 조언해주기도 했다. 현상학 전문가인 박인철 교수의 조언과 격려 덕에 이 책은 그나마 좀 더 현상학다운 면모를 갖추었다. 한신대학교의 오승성 박사(신학과 철학)는 세부적인 서술의 정확성을 점검해주었다. 서술이 모호한 부분과 부정확한 부분을 지적하여 이를 명확히 할 수 있게 해주었으며, 현상학의 기본 개념들을 환기해주면서 서술의 일관성을 기하는 것을 도와주었다. 상명대학교의 길태숙 교수(국문학)는 서사학에 관한 서술들을 명확하게 짚어주었으며 어색한 문장들을 바로잡아주었다. 특히 직접 인용한 번역서의 문장들에서 뜻이 잘 통하지 않는 점들을 개선하도록 도와주었다. 장로회신학대학교의 김정형 교수(조직신학)는 각주와 참고문헌의 정확성을 검토해주었다. 그 외에도 UC-버클리 박사과정에서 공부하던 시절 나에게 지리학의 공간 담론을 처음 소개해주었고 지금은 UCLA에 재직 중인 한주희 교수에게도 고마움의 인사를 빼놓을 수 없다.

인문학 서적의 독자를 찾기 어려운 출판계의 현실에서 이렇게 난해하고 안 팔릴 것이 뻔한 책을 흔쾌히 맡아주신 새물결플러스의 김요한 대표와 편집부 직원 그리고 디자인팀에게도 진심 어린 감사의 인사를 전한다. 이 책이 나오기까지 왕희광 편집장과 노재현 선생 그리고 디자인팀장 이성아 선생을 비롯한 많은 이들이 전문적이고도 애정 어린 수고를 마다하지 않았다.

무엇보다도 내가 목회자가 된 후에도 학문적인 연구를 계속할 수 있도록 여건을 허락해주신 그루터기교회의 교우들께 감사드린다. 내가 여전히 신학자이자 목회자라는 두 정체성을 모두 붙들고 그 가운데서 균형을 이루려 노력할 수 있는 것은 오직 그루터기교회이기에 가능한 일이다. 담임 목회를 시작한 지 7년 만에 설교집이나 목회 지침서가 아니라 순수 학문의 연구 결과를 출간할 수 있다는 것은 어찌 보면 매우 역설적인 하나님의 은혜이기도 하다. 그와 함께, 지난해 초 교회가 나에게 5개월간의 안식년 설교 휴식을 허락해주지 않았다면, 그리고 그 기간 동안 서재에 처박혀 있어 얼굴도 보기 힘들었던 은둔형 남편을 견디어준 사랑하는 아내 경희의 격려와 두 아들 희상, 지상의 응원이 없었다면, 이 책은 세상에 나올 수 없었을 것이다.

마지막으로 이 시점에서 나의 박사 과정 지도교수인 매리 톨버트(Mary Ann Tolbert)를 언급하지 않을 수 없다. 신학자가 되고자 하던 나의 몸부림이 그저 하나의 질료에 불과했을 때 그것에 창조의 숨을 불어넣어 비로소 하나의 형상이 될 수 있게 한 이가 그녀였다. 2006년 나의 박사학위 논문이 출간된 후 12년 만에 비로소 학문적인 연구서 한 권을 세상에 내놓으며 여전히 부끄럽지만, 내 이름 앞에 감히 선생님의 이름을 함께 적어본다. 비록 습작에 불과하지만, 마음 깊은 곳에서 우러나오는 감사를 담아 이 책을 그녀에게 바친다.

2018년 5월
달터공원을 마주한 예쁜집 3층 서재에서

/ 서론

우리가 보통 "공간"을 말할 때, 우리는 텅 비어 있어 그 안에 사물들이 배치될 수 있는 어떤 틀 같은 것을 떠올린다. 이 공간은 우리가 태어나기 전부터 우리와 관계없이 저 밖에 존재해왔고, 우리는 그 공간의 일부를 점유하면서 그 공간 속에서 살아가지만, 그 공간 자체는 변하지 않는다. 단지 그 공간을 점유하는 사람들과 사물들이 바뀔 뿐이다. 이렇게 보면, 공간은 인간과 분리되어 있고 중립적이어서 그 자체로는 아무런 의미를 갖지 않는다. 그러나 우리의 경험을 돌아보면, 공간이란 단순히 그런 의미 없는 것이 아니다. 어떤 공간은 우리에게 여타의 공간들과 다른 특별한 의미를 지니지 않는가? 오랜만에 어릴 적 추억의 장소를 방문했을 때, 누구나 가슴속에 아스라이 그때의 정취가 몰려오던 경험을 해보았을 것이다. 물론 그와 반대로 과거의 안 좋은 기억이 되살아나며 불쾌해지는 공간도 있기 마련이다. 그뿐 아니다. 내가 졸업한 모교나 내가 속한 종교 기관, 특히 내가 살고 있는 집은 여타의 공간과 다른 특별한 의미와 정서를 우리에게 불러일으킨다. 또 사람들은 종종 나의 존재를 내가 태어난 지역과 연결하기도 한다. 이처럼 공간이란 그저 우리와 무관하게 외부에 존재하는 객관적인 환경이 아니라 우리와 밀접한 관계 속에서 형성되는 우리 존재의 일부다.

현상학은 우리의 일상에서 발견되는 공간의 이러한 경험적·관계적 성격을 철학적 사유의 주제로 삼아 새로운 공간 개념을 제시했다. 후설의 현상학을 이어받은 하이데거는 우리의 근원적인 공간 경험에 주목하여 실존적 공간이 인간과의 친밀한 관계 속에서 형성됨을 보여주었다. 메를로-퐁티는 심리학과 생리학 등의 과학적 연구 결과를 활용해서 객관적 공간에 대한 실존적 공간의 우위를 입증해냈다. 그 후 이러한 공간 이해는 바슐라르, 볼노브, 엘리아데, 노베르그-슐츠 등을 통해 심화와 체계화를 거듭하며 지리학으로 이어져서 한편으로는 인문지리학자 투안과 렐프의 현상학적 "장소" 이론을 낳았고, 다른 한편으로는 경제지리학의 태두가 된 르페브르의 (사회적) "공간 생산" 이론을 낳았다. 이 책에서 나는 현상학에서 지리학으로 이어지는 현상학적 공간 이론의 발전 과정을 따라가며 그 계보를 정리해보고자 한다.

내가 현상학의 공간 개념에 주목하는 이유는 서사 공간의 해석을 위한 이론적 토대를 세우기 위해서다. 서사 공간의 해석은 중요하다. 공간 구성이 서사의 메시지를 전달하는 효과적인 매개가 되기 때문이다. 서사는 의미를 전달한다. 그래서 우리는 보통 서사를 읽을 때, 등장인물들의 말과 그들의 행동, 즉 사건들(events)을 통해 서사의 의미를 찾아내려고 한다. 이때 공간도 등장인물들 및 사건과 밀접한 관계를 형성하며 서사의 의미를 함께 전달한다. 따라서 서사가 공간을 어떻게 구성하는지 주의 깊게 살펴보면, 그 서사가 어떤 의미를 전달하는지 더 잘 알 수 있다. 현상학이 이 점을 볼 수 있게 해주기 때문에, 나는 현상학의 관점을 빌어 서사 공간을 해석하려는 모험을 이 책에서 시도했다.

같은 서사 공간이라도 서사 텍스트의 내용과 성격에 따라 해석의 방법과 강조점이 달라질 수 있다. 이 책은 신약성서 중 누가복음과 사도행전의 서사 이해를 최종 목표로 염두에 두고 논의를 진행한다. 누가복음과 사도행전은 동일 저자가 연속해서 저술한 책들로서 하나의 통일된 이야기 세계를 형성하고 있으며 신약성서에서 가장 긴 서사 텍스트다. 또 누가-행전은 팔레스타인뿐 아니라 로마 제국 전역을 공간적 배경으로 하고 있어서 서사 공간 연구의 관심사가 될 만한 조건들을 다른 복음서들보다 더 잘 갖추고 있다. 실존적 공간은 종교적 성격과 세속적 성격을 함께 갖고 있다. 그리고 둘 중 어디에 집중하든 그 논의의 성격이 근본적으로 달라지지는 않는다. 다만 이 책은 기독교의 경전인 성서 서사의 해석에 관심을 가지기 때문에 두 공간에 대한 논의를 모두 소개하면서도 실존적 공간의 종교적 양태라 할 수 있는 "성스러운 공간"에 더 주목할 것이다.

　이 책은 서사에 담긴 "장소들"과 그 장소들이 어떻게 "구성"되는지에 관심을 둔다. 장소는 위치와 물질성을 갖고 있다. 다시 말해서, 어떤 공간이 장소이기 위해서는 "어디에?"라는 질문에 답할 수 있어야 하며, 그 "어디에?"는 단순히 개념적인 것이 아니라 구체적인 물질세계 속의 위치여야 한다. 그럼 위치와 물질성을 가진 장소가 아닌 공간도 있는가? 물론이다. 우리의 대화중에 종종 튀어나오는 "소통 공간", "문학 공간", "공론의 장", "온라인 공간", "회화적 공간" 같은 말들을 잘 살펴보면, 그것은 위치와 물질성을 규정하기 어려운 "장소"가 아닌 공간일 경우가 많다. 서사 속에도 장소가 아닌 공간이 있을 수 있으며, 그 공간도 현상학적 연구의 대상이 될 수 있다. 그러나 이 책은 "장소"에 집중한다. 따라서 이 책은 현상학자들의 공간 이론 가운데서도 장소와 관련된 논의에 집중할 것이다. 다행히도 이 책에서 다루는 현상학적 공간 이론가들의 관심사는 대부분 장소의 범위 내에 있다.

현상학적 공간 이론에는 두 개의 강조점이 있다. 하나는 현대 문명의 핵심적인 문제를 에드워드 렐프(Edward Relpf)가 "장소상실"(또는 "무장소", placelessness)이라 부른 현실에서 찾으며, 그 대안을 진정한 장소성의 회복과 "참된 거주"에서 찾는 것이다. 다른 하나는 실존적 공간이 어떤 구조를 가지고 어떤 방식으로 구성되는지를 해명하는 것이다. 현상학자들의 논의에서 이 두 강조점은 서로 밀접하게 관련이 있어서 함께 진행된다. 그러나 이 책이 현상학의 관점을 사용해서 이루려는 목표는 첫 번째 강조점보다는 두 번째 강조점에 가깝다. 즉, 이 책의 주목표는 서사 공간이 어떤 구조를 가지고 어떻게 구성되어 의미를 전달하는지를 보여주는 것이기 때문에―현상학적 공간 이론의 첫 번째 강조점도 도외시하지는 않겠지만―두 번째 강조점을 놓치지 않기 위해 더 노력할 것이다.

이 책은 세 부분으로 구성된다. 제1부에서는 현상학자들의 공간 개념을 그들의 철학 사상과 함께 소개한다. 현상학자들 가운데서도 이 책의 주 관심 대상은 하이데거와 메를로-퐁티다. 그런데 이 두 사람의 공간 개념은 그들에 앞서 후설이 만들어놓은 현상학의 기반 위에서 이루어지기 때문에 후설을 모르면 두 사람의 사상도 이해하기 어렵다. 그래서 제1부는 먼저 이후의 논의를 위한 토대로서 후설의 현상학을 개괄적으로 소개하고(제1장), 관심의 초점을 이 책의 주제인 "공간"으로 좁혀서 하이데거(제2장)와 메를로-퐁티(제3장)의 실존적 공간 개념을 순서대로 소개하며, 이 세 명의 철학자들 사이에 어떤 연결점이 있는지도 함께 찾아본다.

제2부는 현상학자들의 공간 개념을 이어받아 이론적으로 발전시킨 학자들을 다룬다. 이 책은 그 학자들을 단순히 요약하는 식으로 소

개하는 것이 아니라 그들의 이론들이 어떤 점에서 현상학의 영향을 받았는지를 찾아서 현상학적인 것과 현상학적이지 않은 것을 구별해보고, 또 학자들 사이에서 어떤 연속성과 발전이 있는지도 확인해본다. 먼저 제4장에서는 현상학과 지리학 사이에서 다리를 놓은 사람들을 소개한다. 여기에는 과학철학자이자 이미지의 현상학자인 바슐라르, 교육학자이자 철학자인 볼노브, 종교현상학자 엘리아데 그리고 건축학자 노베르그-슐츠가 포함된다. 다음으로는 현상학적 공간 이론의 영향으로 형성된 지리학의 두 흐름을 다룬다. 먼저 제5장에서 투안과 렐프의 현상학적 장소 이론을 소개한 후, 이어서 제6장에서는 르페브르의 사회적 공간 생산 이론을 소개한다. 각 이론가들을 다룬 후에는 독자들을 위해 간단한 요약을 제시할 것이다. 제1부에서는 후설, 하이데거, 메를로-퐁티를 다루는 각 장마다 요약을 달았으며, 제2부에서는 7명의 학자를 모두 다룬 후에, 그들의 이론을 주제와 흐름에 따라 다시 함께 요약 정리했다(제7장).

제3부는 서사 해석의 구체적인 사례다. 제8장에서는 앞서 다룬 현상학적 공간 이론을 서사학과 접목해서 간단한 서사 해석 도구를 만들고, 이를 사용해서 누가복음과 사도행전의 서사 공간을 해석해본다. 여기에는 현상학적 공간 이론에 반복해서 등장하는 (1) 공간의 중심성, (2) 행위 공간과 호돌로지 공간을 포함하는 장소, 통로, 영역의 위상학적 구조, (3) 동일시, 비동일시, 역동일시로 나타나는 장소와의 복합적인 관계, 그리고 (4) 공간 재전유 등이 중요한 해석 관점으로 제시될 것이다. 그리고 제9장에서는 이러한 분석 틀을 활용해서 성서의 서사 본문을 직접 해석해본다. 누가복음과 사도행전에서 각 주제들을 잘 보여줄 수 있는 본문들을 선택해 분석하고 그러한 공간 구성이 누가-행전 전체의 주제인

"하나님 나라"를 서사적으로 전달하는 데 어떻게 기여하는지 살펴볼 것이다. 가급적 성서학의 전문적인 문제들로 들어가지 않고, 비전공 독자들도 관심을 가질 만한 일반적인 주제들을 선택해서 평이하게 서술할 것이다.

  이 책의 논의의 대부분은 철학, 문학, 건축학, 지리학 등 성서학 이외의 분야에 할애되어 있지만 이 책을 통해 이루고자 하는 최종 목표는 성서 서사의 해석이다. 나는 이 목표를 이루는 데 사용할 도구를 마련하고자 이 책을 저술했다. 따라서 각 분야에서 해당 학자들에 대한 수용과 비판이 어떻게 이루어지고 있는지에 대해서는 큰 관심을 두지 않았고, 서사 공간의 해석이라는 목표를 바라보며 어떻게든 어려운 현상학자들을 이해하기 쉽게 소개하는 데 주력했다. 대부분 1차 문헌을 해독하는 것을 주 과제로 삼았고, 2차 문헌은 1차 문헌을 읽다가 이해가 어려울 때 참조하는 방식으로 사용했다. 사실은 그것만으로도 상당히 많은 시간의 독서가 필요했다. 특히 하이데거의 『존재와 시간』, 메를로-퐁티의 『지각의 현상학』, 르페브르의 『공간의 생산』은 워낙 난해하기로 정평이 난 책들이라 원서와 번역본들을 비교하는 수고를 들여야 했고, 일반 서적보다 수십 배의 시간을 들여가며 여러 차례 정독했다. 단 첫 장에서 다루게 될 후설의 경우는 2차 문헌에 많이 의존했다. 후설은 그 자체로는 이 책의 주 관심 대상이 아니지만, 하이데거와 메를로-퐁티를 이해하기 위해서는 먼저 후설을 통해 현상학의 기초를 파악할 필요가 있으므로 후설 전문가들의 서술을 참조하여 간략한 개관을 제시하고자 한다.

  어떤 독자들은 이 책을 읽으며, "성서 한 권을 해석하기 위해 이 많은 어려운 이론들을 다 공부해야 하는가?"라는 질문을 제기할 수 있다. 나도 처음부터 이렇게 어려운 이론들을 공부하려고 생각했던 것은 아니다. 나는 박사학위 논문(2005)¹을 작성하면서 이 분야에 관심을 가졌다. 나는 박사 논문을 위해 누가-행전 본문을 연구하던 중 그 안에 독특한 공간 구조가 있음을 발견했고, 그 공간 구조를 설명할 이론적 도구를 찾는 과정에서 경제지리학을 만났다. 그리고 박사 학위를 마친 후, 성서 해석을 위해 공간 이론 연구를 심화하는 과정에서 인문지리학과 경제지리학의 배경에 현상학이 있음을 알았다. 하지만 처음부터 현상학을 공부한 것은 아니고 이후에 다른 계기로 공부하게 되었다. 현상학을 공부한 이후에는 예전에 공간 이론에 관한 글들을 읽으면서도 해결되지 않던 문제들이 다시 떠오르며 해결되는 것을 경험했다. 그때 지리학의 공간 이론을 바로 이해하기 위해서는 현상학의 배경 지식이 얼마나 중요한지를 깨달았다. 그와 함께 나는 국내에 바슐라르, 노베르그-슐츠, 투안, 렐프, 르페브르 같은 학자들을 소개하는 글들이 현상학에 관한 충분한 이해를 종종 갖추고 있지 못해서 현상학적인 내용들을 가리거나 때로는 잘못 소개한다는 것을 알았다. 나는 이러한 현실을 고려하면서 "공간"이라는 주제를 중심으로 철학 전공자가 아닌 독자들에게 현상학의 난해한 개념들을 좀 더 이해하기 쉽게 설명해주는 안내서가 있었으면 하는 아쉬움이 생겼다.

국내에는 후설, 하이데거, 메를로-퐁티를 "공간"의 관점에서 함께 포괄적으로 다룬 연구가 많지 않고 나아가 현상학적 공간 이론의 발전 과정과 계보를 주제와 흐름에 따라 상세히 소개하는 책은 거의 전무한 실정이다. 이 분야에서 출간된 국내 서적 중에는 하이데거를 전공한 철

---

1 나의 박사학위 논문은 이듬해인 2006년에 다음과 같은 제목으로 출간되었다. Yong-Sung Ahn, *The Reign of God and Rome in Luke's Passion Narrative: An East-Asian Global Perspective* (Leiden: Brill, 2006).

학자 강학순의 『존재와 공간』이 단연 두드러진다. 강학순은 "존재의 토폴로지"로 발전한 하이데거의 공간 개념을 집중적으로 심도 있게 분석하고, 이후에 그의 영향을 받아 발전한 공간 이론들에 대해서도 소개한다. 『존재와 공간』은 앞서 제시한 현상학적 공간 이론의 두 강조점 중 "참된 거주"에 방점을 두고 있다. 그 책은 현상학자에 의한 현상학적 공간 연구라는 점에서 전문성이 뛰어나고 제공하는 정보도 방대하다. 그러나 하이데거 이외의 다른 학자들에 대해서는 많은 지면을 할애하고 있지 않으며, 하이데거를 중심으로 하기 때문에 이후의 이론가들 가운데서 어떤 주제들이 공유되고 또 어떤 흐름이 있는지 찾아내려는 관심은 상대적으로 적어 보인다. 나는 철학자 강학순과 다르게 철학 전공자가 아니고 현상학에 대한 지식도 일천하기 때문에 전문성이 많이 부족함을 인정하지 않을 수 없다. 그런 한계를 감안하고, 이 책은 먼저 공간 이론에 처음 발을 들여놓는 사람들을 위해서 현상학과 현상학적 공간 이론을 전반적으로 소개하는 역할과 각 분야에서 이미 공간 연구를 진행하고 있는 사람들에게는 그 이론의 기초가 되는 현상학을 이해하고 각각의 이론이 어떻게 현상학과 관련되는지 볼 수 있도록 돕는 역할을 할 수 있을 것으로 기대한다.

   나는 될 수 있는 대로 적은 수의 철학 용어를 선별하여 개념과 이론들을 설명하려 애썼다. 왜냐하면 종횡무진 등장하는 수많은 낯선 개념들—특히 하이데거의 개념들—이 독자들을 오리무중에 빠지게 할 때가 많기 때문이다. 그래서 될 수 있는 대로 꼭 필요한 개념들만 뽑아 독자들이 논지를 쉽게 파악하도록 도움을 주고자 노력했고, 할 수 있는 한 단순하게 서술하려 애썼다. 때에 따라서는 지나친 단순화의 위험을 무릅쓰고서라도 낯선 개념을 쉬운 말로 바꾸어 쓰려고 노력했다. 사실 쉽게 글을 쓰는 것은 소개하려는 사상가의 사상을 완벽하게 이해한 사람만이 할 수 있는 일이다. 그와 동시에 사상의 개념과 그것의 정확성을 포기할 수 없는 전문가는 사상을 쉽게 쓰기가 정말 어렵다. 단순화하다 보면 세밀하고 복잡한 개념들이 온전히 전달되지 못할 가능성이 크기 때문이다. 그래서 감히 비전문가가 이 일에 뛰어들었다. 이 책의 독자들 역시 대부분 철학 전공자가 아닐 것이다. 그런 점에서 이 책은 비전문가가 당돌하게 현상학이라는 난해한 분야에 뛰어들어 분투하며 얻어낸 어설픈 지식을 비슷한 처지에 있는 다른 비전문가들과 나누기 위해서 쓴 책이라 할 수 있다. 아마 그럼에도 현상학을 전혀 공부해보지 않은 독자라면, 이 책의 제1부를 이해하기가 쉽지는 않을 것이다. 현상학은 과거 억견으로 여겨지던 일상의 영역을 철학의 반열로 끌어올린 것이라서 그만큼 친숙하면서도 동시에 낯선 학문이기 때문이다. 그렇다고 해서 지레 겁먹을 정도는 아니다. 자 이제 서론은 이 정도로 그치고 함께 현상학의 세계에 발을 들여보자.

제1부

현상학의 공간

제1장

현상학과 후설

서양 철학사에 "현상학"(Phänomenologie)이라 불리는 사조가 여럿 있었다.[1] 그러나 대개 현상학이라 할 때는 에드문트 후설(Edmund Husserl, 1859-1938)로부터 시작되어 마르틴 하이데거(Martin Heidegger, 1889-1976)로 이어지고 그로부터 두 갈래로 갈려 나간 일련의 철학적 흐름을 가리킨다. 그 두 갈래란 한편으로는 장 폴 사르트르(Jean Paul Sartre, 1905-1980)와 모리스 메를로-퐁티(Maurice Merleau-Ponty, 1908-1961) 및 그들의 뒤를 잇는 여러 철학자를 통해 발전해나간 철학적 현상학을 말하고, 다른 한편으로는 한스-게오르크 가다머(Hans-Georg Gadamer, 1900-2002)와 폴 리쾨르(Paul Ricœur, 1913-2005) 등을 통해 심화된 해석학적 현상학을 말한다. 이 책의 관심사는 위의 두 갈래 중 전자에 있으며 그중에서도 하이데거와 메를로-퐁티의 공간 이론에 초점을 맞추고자 한다.

---

[1] 철학사에서 "현상학"이라는 이름은 다양한 학자들에 의해 사용되었다. 예를 들어 Hegel은 자신의 주저에 『정신현상학』(1807)이라는 이름을 붙였고, 그에 앞서 Kant도 한때 그의 『순수이성비판』을 "일반현상학"이라 부르려는 계획을 가지고 있었다. 그 외에도 E. von Hartmann의 『무의식의 철학』(1875)과 『도덕의식의 현상학』(1878), W. Hamilton의 『마음의 현상학』 등에서 "현상학"이라는 말이 사용되었고 미국의 J. S. Peirce도 그 용어를 사용했다. 한전숙, 『현상학』(서울: 민음사, 1998), 73-76.

후설 이전까지 철학자들의 궁극적인 관심은 이성과 그 이성을 통해 파악된 세계, 즉 객관적 세계에 집중되어 있었다. 서양 역사에서 근대 이후 이성은 인간을 인간되게 하는 본질이자 인간이 진리에 도달하기 위해 기댈 수 있는 가장 완전한 도구이자 통로로 간주되었는데, 그 이성을 통해 도달한 세계가 객관적 세계 또는 과학적 세계였기 때문이다. 그러나 후설과 그를 잇는 현상학자들은 그러한 철학의 목표를 수정했다. 철학이 궁극적으로 도달해야 할 사태는 이성이 아니라 이성적 사유보다 더 근원적인 차원에 있는 인간의 의식과 의식의 담지자로서의 신체 및 그 신체를 가진 의식을 통해 도달되는 더 본원적인 세계로서의 생활세계다. 그리고 현상학은 이 책의 주제인 공간을 포함하여 우리가 인식하거나 경험하는 모든 것이 그 생활세계 안에 있음을 드러냈다.

"생활세계"(Lebenswelt)란 일상생활에서 언제나 눈앞에 주어져 있어서 직관적으로 경험되는 세계로서 객관적인 사유의 이면에 숨어 있는 근원적인 그리고 아직 이성적 언어로 서술되지 않은 삶의 영역이다.[2] 인간의 모든 경험이 그런 것처럼 우리의 공간 경험도 이성적 언어로 객관화되기 전에 이 생활세계의 영역에서 이루어진다. 우리가 앞으로 다루게 될 하이데거와 메를로-퐁티의 공간 논의는 이 "생활세계" 그리고 "신체를 가진 의식"이라는 개념의 토대 위에서 이루어질 것이다. 그런데 이 두 개념은 후설이 이미 새롭게 제시하고 이론화했다. 따라서 우리가 하이데거와 메를로-퐁티의 공간 개념을 바로 이해하기 위해서는 먼저 그 토대가 되는 후설을 알아야만 한다. 이번 장에서는 후설의 현상학을 개괄적으로 소개하면서 이후의 논의를 위한 기초를 놓고자 한다. 단, 이번 장의

---

2 한전숙, 『현상학』, 224-225.

목표는 후설의 모든 것을 서술하는 게 아니라 하이데거와 메를로-퐁티의 공간 개념을 이해하는 데 도움이 될 만한 초보적 정보를 제공하는 것이다. 철학을 전공하지 않은 독자들을 염두에 두고 이후의 논의와 관련되는 주제들을 선별해서 간략하게 소개하고자 한다.[3]

A. 의식과 세계

후설의 현상학에서 가장 기본이 되는 주제는 의식과 세계의 관계다.[4] 그런데 후설은 세계 자체를 설명하기 전에 먼저 의식을 해명한 후 어떻게 세계가 의식에 주어지는지 탐구한다. 존재자가 어떻게 의식 주관에 주어지는지를 묻는 인식론적 관심에서 출발하여 존재자의 존재 의미가 무엇인지를 해명하는 존재론적 관심으로 자연스럽게 나아가고자 한다.[5] 왜냐하면 우리가 확신할 수 있는 세계란 오직 의식에 주어진 바의 세계이기 때문에, 후설은 그것을 근거로 해서 세계로 나아가려고 했다. 이렇게 의식과 세계의 관계를 다룸에 있어서 후설의 관심의 초점은 양자가 어떻게 결합되는지 그리고 그 결합의 근거가 무엇인지를 밝히는 것이었다.[6]

여기서 의식을 다루는 것이 후설의 "초월론적 현상학"(transzendentale

---

3 철학을 전공하지 않은 독자들 가운데 Husserl에 대한 좀 더 포괄적인 소개를 원하는 이들에게는 다음 책을 적극 추천한다. 이 책은 Husserl의 현상학에 대해 간략하고 이해하기 쉬우면서도 매우 충실한 안내를 제공한다. 박인철, 『에드문트 후설: 엄밀한 학문성에 의한 철학의 개혁』(파주: 살림출판사, 2013).
4 박인철, 『에드문트 후설』, 56.
5 Ibid., 28.
6 Ibid., 57.

Phänomenologie)⁷이라면, 세계를 다루는 것이 "생활세계 현상학"이다. 그런데 초월론적 현상학과 생활세계 현상학은 일반적으로 인식론과 존재론이 나뉘는 것처럼 그렇게 둘로 나뉘지 않고 서로 밀접하게 결합되어 있다. 후설의 현상학의 과제는 그러한 양자의 밀접한 결합 관계를 해명해내는 것이었다. 따라서 후설의 생활세계에 대한 우리의 논의 역시 의식에 대한 논의와 분리될 수 없다.⁸ 그러므로 이 글은 먼저 초월론적 현상학의 기본 개념들을 간략하게 소개한 후 이어서 생활세계 현상학으로 넘어가고자 한다.⁹

1. 엄밀학으로서의 현상학

에드문트 후설(Edmund Husserl, 1859-1938)의 문제의식이 인식론, 즉 의식을 해명하는 것에서부터 출발한 데는 특별한 배경이 있었다. 그것은

---

7 독어 "transzendental"을 학자들에 따라 "초월론적"으로 옮기기도 하고(이남인) "선험적"으로 옮기기도 한다(한전숙). 이 글은 이남인의 번역어를 따른다. 이에 대한 설명은 뒤에 나올 해당 항목(C. 초월론적 구성)을 참조하라.
8 초월론적 현상학과 생활세계 현상학의 구분은 Husserl 사상의 시대적 구분과도 관련이 있다. 생활세계 현상학은 대체로 그의 후기 사상을 대표한다. 여기서 "대체로"라는 수식어를 더한 이유는 후기 사상의 특징으로 간주되는 요소들이 이미 초기에 등장해서 함께 발전했기 때문이다. Husserl 사상의 시대 구분 또는 주제 구분에 대해서는 학자들 사이에 논쟁이 계속되고 있으나, 여기서는 상세히 다루지 않는다. Husserl 사상의 전개 과정에 관해서는 한전숙, 『현상학』, 48-58을 보라. 한전숙에 대한 반론은 이종훈, "후설 현상학 이해의 위기: 한전숙 교수의 해석에서 허와 실", 『철학과 현상학 연구』 21(2003)을 보라.
9 현상학계에서 Husserl 문헌의 인용은 "후설 전집"(Husserliana)을 뜻하는 "Hua"에 전집 번호를 더하여 표기하는 것이 일반적이다(예. Hua III, 79). 이 책에서는 각 문헌을 처음 인용할 때, 전집 번호와 함께 서명의 한글 약어를 지정하며, 둘째 인용부터는 한글 약어로만 표기한다(예. 『엄밀학』, 12). 번역본을 인용할 경우에는 번역본임을 명시하고 함께 적는다(예. 『엄밀학』 [이종훈 옮김], 41). "Hua"가 아니라 다른 이니셜로 표기된 책은 Husserl 전집에 포함되지 않은 경우다.

수학적 엄밀성에 대한 갈망이다. 후설은 본래 수학 전공으로 박사학위를 받고 조교 일을 하다가 나중에 프란츠 브렌타노(Franz Brentano) 교수의 강의를 듣고 철학 분야로 옮기게 되었다. 그 계기는 후설이 브렌타노를 통해 철학도 수학과 마찬가지로 엄밀한 학문의 정신 속에서 다루어질 수 있으며 또 그렇게 다루어져야 한다는 확신을 얻었기 때문이다.[10]

"엄밀한 학문"이란 무엇일까? 수학에서 모든 명제의 증명은 참이라고 알려진 다른 명제에서 출발해 연역적으로 이루어진다. 그 다른 명제 역시 또 다른 명제에 근거해서 증명된다. 이러한 논리의 연쇄를 거꾸로 되밟아가다 보면, 그 시초에는 이러한 증명조차 필요 없는 자명한 명제들이 있는데 그것을 가리켜 "공리"(axiom)라 한다. 공리란 모든 명제의 절대적 시초로서 모든 명제가 그로부터 연역되는 궁극적이고 자명한 명제다. 후설이 추구하는 엄밀한 학문으로서의 철학이란 이 절대적 시초, 즉 철학의 참된 출발점을 찾는 일에서 엄밀함을 갖춘 철학을 말한다.[11] 후설은 데카르트를 따라서 이러한 철학의 과제를 가리켜 "절대적으로 정초된 학문"(Wissenschaft aus absoluter Begründung) 또는 "제1철학"(erste Philosophie)이라 부른다.[12]

우리는 어떻게 그러한 절대적 시초에 도달할 수 있을까? 철학의 참된 출발점은 수학에서 공리가 그러하듯 본성상 절대 의심할 수 없는 것이

---

10 H. Spiegelberg, 최경호·박인철 옮김, 『현상학적 운동 I』(서울: 이론과 실천, 1991), 109.
11 한전숙, 『현상학』, 67.
12 Edmund Husserl, *Cartesianische Meditationen und Pariser Vorträge* (Den Haag: Martinus Nijhoff, 1950; Hua I, 『성찰』), 43. "절대적으로 정초된 학문"은 Descartes의 책 『제1철학의 성찰』(*Meditationes de prima philosophia*)의 주도 이념이다. 그리고 "제1철학"은 Husserl 전집 제7, 8권의 제목이기도 하다. Edmund Husserl, *Erste Philosophie. Erster Teil: Kritische Ideengeschichte* (Hua VII, 『제일철학』 I); *Zweiter Teil: Theorie der phänomenologischen Reduktion* (Den Haag: Martinus Nijhoff, 1959; Hua VIII, 『제일철학』 II).

어야 한다. 후설은 철학의 그 절대적 시초가 어떤 형이상학적 요청이나 이론적 구성물이 아니라 직관을 통해 우리의 의식에 직접 제시되는 것이어야 한다고 생각했다.[13] 우리가 의식에 주어진 세계를 신뢰할 수 있는 이유는, 의식 체험이 지각되는 방식을 다른 대상들이 지각되는 방식과 비교해볼 때, 두 방식 사이에 근본적인 차이가 존재하기 때문이다. 두 대상이 지각에 주어지는 방식, 즉 소여 방식의 차이는 명증성(Evidenz)에 있다. 후설은 어떤 체험이 명증성을 갖추기 위해서는 그것이 충전적이며 필증적이어야 한다고 말한다. 여기서 "충전적"(adäquat)이라 함은 체험이 그 자체로 온전히 주어지고 사실상 전면적으로 파악된다는 뜻이다. "필증적"(apodiktisch)이라 함은 이 체험의 존재성에 대해 의심의 여지가 없다는 뜻이다. 후설은 이 명증성의 요구를 가장 잘 충족할 수 있는 곳이 "의식 체험"이라고 말한다. 외적 대상들에 대한 체험은 충전적이고 필증적이지 못하다. 왜냐하면 사물은 인간에게 그 전체가 온전히 주어지지 않고 일부만 주어지므로, 우리가 어떤 측면에서 사물을 보느냐에 따라 그 사물은 달라지기 때문이다. 후설은 이렇게 일부만이 지각되는 것을 가리켜 대상이 "음영"(Abschattung)을 통해 주어진다고 말한다.[14]

앞서 후설이 철학의 시초는 우리의 의식에 직접 주어진 것이 되어야 한다고 말한 것을 다시 서술하자면 다음과 같다. 곧 엄밀한 학으로서의 철학은 충전적이고 필증적인 체험에서 시작해야 한다. 후설은 어떤 대상이 우리 이성의 반성 작업에 의해 가공되기 이전의 상태, 즉 충전적이고 필증적인 상태에서 그 대상을 우리에게 "원본적으로 부여하

---

13 한전숙, 『현상학』, 64-65.
14 박인철, 『에드문트 후설』, 59.

는 직관"(originär gebende Anschauung)¹⁵이 참된 인식의 궁극적인 권리 원천이 되어야 한다고 말한다.¹⁶ 그러기 위해서는 "우리가 의식 자체에서 순수 내재 속에 본질적으로 통찰할 수 있는 것", 즉 "순수 의식"(reine Bewußtsein)에 주목해야 한다.¹⁷ 현상학의 이러한 추구는 흔히 "사태 자체에로!"(Zu den Sachen selbst!)라는 하이데거의 구호로 요약되곤 한다.¹⁸

2. 판단중지와 환원

후설은 사태 자체에로, 즉 순수 의식으로 돌아가 먼저 의식을 해명한 후에 그 의식에 주어진 세계를 다루고자 한다. 후설은 이렇게 의식 자체로 돌아가는 과정을 안내하는 절차를 가리켜 "환원"이라 한다. 그러나 우리

---

15 Edmund Husserl, *Ideen zu einer reinen Phänomenologie und phänomenologischen Philosophie. Erstes Buch: Allgemeine Einführung in die reine Phänomenologie, 1. Halbband, Text der 1-3. Auflage* (Den Haag: Martinus Nijhoff, 1976; Hua III/1;『이념들』I), 43. 번역서의 서지 사항은 다음과 같다. Edmund Husserl, 이종훈 옮김,『순수현상학과 현상학적 철학의 이념들 1. 순수 현상학의 일반적 입문』(서울: 한길사, 2009), 58.
16 『이념들』I (이종훈 옮김), 97.
17 『이념들』I (이종훈 옮김), 173-75.
18 물론 사태 자체로의 귀환은 Heidegger에 앞서 Husserl이 촉구한 것이다. 한전숙은 Husserl의 그러한 촉구를 다음 구절에서 찾는다. "우리는 사태 자체를 심문해야 한다. 경험으로, 직관으로 돌아가라(Die Sachen selbst müssen wir befragen. Zurück zur Erfahrung, zur Anschauung…). 이것만이 우리의 말에 의미와 합당한 권리를 부여할 수 있는 것이다." Edmund Husserl, "Philosophie als strenge Wissenschaft" in *Logos* I (1911) (Sonderdruck, 2. Aufl. hrsg. von W. Szilasi; Frankfurt: Vittorio Klostermann, 1971;『엄밀학』), 305-06. 번역본의 서지 사항은 다음과 같다: Edmund Husserl, 이종훈 옮김,『엄밀한 학문으로서의 철학』(서울: 지식을 만드는 지식, 2014), 47. 본문의 번역은 한전숙을 따랐다. 그 외에도 한전숙은 "사태 자체"(Sachen selbst)라는 표현을 Edmund Husserl, *Logische Untersuchungen, Zweiter Band: Untersuchungen zur Phänomenologie und Theorie der Erkenntnis*, Erster Teil (Dordrecht: Kluwer Academic Publishers, 1984; Hua XIX/1,『논리연구』II/1), 6이나『이념들 I』, 35 등에서도 찾아낸다. 한전숙, 『현상학』(서울: 민음사, 1998), 70-71.

는 그렇게 의식 자체로 돌아가려다 보면, 그것을 방해하는 어떤 선입견이 있음을 발견한다. 그래서 현상학의 사태에 도달하기 위해서는 그러한 고정 관념을 보류하여 그 선입견이 우리의 탐구를 방해하지 못하도록 막아야 한다. 후설은 이것을 가리켜 "판단중지"(Epoché)라고 말한다.[19]

판단중지란 일종의 태도 변경이라 할 수 있다. 예를 들어, 마당 한편에 무궁화가 한 그루가 서 있고 그 가지에 꽃이 만개해 있다고 가정해 보자. 동일한 꽃이라도 그 꽃을 대하는 사람의 태도에 따라 그 꽃은 전혀 다른 대상이 될 수 있다. 예를 들어 우리가 꽃을 과학적으로 연구하는 식물학자의 태도로 대할 때, 그 꽃을 그림이나 사진에 담는 예술가의 태도로 대할 때, 내다 팔아 이윤을 취하기 위한 상인의 태도로 대할 때, 그리고 광복절에 국화인 무궁화를 바라보며 지나온 역사를 떠올리는 민족주의자의 태도로 대할 때, 그 꽃은 전혀 다른 대상으로 의미가 부여될 수 있다. 판단중지란 이런 여러 태도 중 하나의 태도로 사물을 바라보기 위해 다른 태도들에 괄호를 쳐서 유보하는 것을 말한다.

그런 점에서 현상학의 판단중지는 경험주의자들이 말하는 "우상의 파괴"와는 다르다. 경험론의 아버지로 불리는 프랜시스 베이컨(Francis Bacon, 1561-1626)은 그의 책 『신기관』(*Novum Organum*) 제1권에서 인간의 지각에 내재하며 인간의 지성이 진리에 접근하는 것을 방해하는 네 가지 편견이 있다고 주장했다. 그것은 "종족의 우상"(*Idola Tribus*), "동굴의 우상"(*Idola Specus*), "시장의 우상"(*Idola Fori*), "극장의 우상"(*Idola Theatri*) 등이다. 베이컨은 진리에 접근하기 위해 그 우상들을 파괴할 것을 요

---

19 Husserl의 판단중지와 환원은 현상학적 심리학과 초월론적 현상학의 두 단계로 이루어진다. 이에 관해서는 이남인, 『현상학과 해석학: 후썰의 초월론적 현상학과 하이데거의 해석학적 현상학』(서울: 서울대학교, 2004), 60-89을 참조하라.

구했다.[20] 경험주의가 우상의 파괴를 요구하는 이유는 우리의 인식 주관을 백지와 같은 상태로 만들어 외부의 대상을 있는 그대로 순수하게 감각하기 위함이다. 그러나 현상학에 의하면, 인간의 의식은 백지가 아니며 또 그렇게 될 수도 없다. 오히려 우리는 무엇을 체험하든지 사전에 어떤 태도를 가지고 그 대상에 접근하기 마련이다. 문제는 그 태도를 버리는 것이 아니라 대상에 적합한 태도를 취하는 것이다. 말하자면, 현상학이 말하는 판단중지는 파괴가 아니라 유보(괄호치기)와 선택이다. "정립이 그 자체로 존재하는 그대로 남아 있는 동안, 우리는 예컨대 그 정립을 "작용 중지"하고, 그 정립을 배제하며, 그 정립을 괄호친다."[21]

후설에게서 판단중지의 일차적 대상은 무엇보다도 그 시대 개별 과학들을 지배하고 있었던 자연주의 또는 과학주의의 태도였다. 그것은 후설이 "자연적 태도의 일반정립"(die Generalthesis der natürlichen Einstellung)이라 부르는 세계의 실재성에 대한 소박한 믿음이다.[22] 우리는 이 세계의 실재성에 대한 믿음 속에서 세계가 우리와 무관하게 그 자체로, 객관적으로 존재한다고 생각한다. 게다가 이러한 객관적인 세계가 참된 실재라 생각하며 거기에 진리성을 부여하기까지 한다. 후설은 우리가 사태 자체에로 나아가기 위해서는 먼저 자연적 태도에 소박하게 전제된 이 세계의 존재에 대한 확신에 괄호를 쳐서 유보해야 한다고 말한다.[23] 그것이 판단중지다.

---

20 우상에 관한 논의는 제1권 제24항에서 시작된다. Francis Bacon, 진석용 옮김, 『신기관: 자연의 해석과 인간의 자연 지배에 관한 잠언』(서울: 한길사, 2001), 특히 44-64을 참조하라.
21 『이념들』I (이종훈 옮김), 121.
22 『이념들』I (이종훈 옮김), 118-19.
23 박인철, 『에드문트 후설』, 38.

훗날 하이데거와 메를로-퐁티가 후설의 판단중지, 즉 태도 변경을 후설이 제안한 방식으로 수용하지는 않았지만, 판단중지는 이후 현상학적 사고의 발전에 큰 영향을 미친다. 그것은 현상학이 세계를 자연적 태도가 아니라 생활세계적 태도로 바라본다는 점에서 그렇다. 하이데거의 현상학은 생활세계적 태도를 자연적 태도와 대조하여 다양한 각도에서 세밀하게 기술한다. 그리고 메를로-퐁티는 우리가 생활세계적 태도를 취할 때 우리의 경험을 자연적 태도를 취할 때보다 더 정확하게 서술할 수 있음을 입증해낸다. 물론 이 두 가지 태도는 공간을 바라보는 관점에도 동일하게 적용된다.

3. 본질 직관

판단중지가 대상에 대한 왜곡과 은폐를 깨뜨리는 부정적인 방법이라면, 그렇게 왜곡을 극복한 후 긍정적인 견지에서 사태에 접근하는 방법론적 근본 원리는 사태에 대한 근원적 직관이다. 직관이란 추리나 반성에 대비되는 개념으로서 단계적인 사고의 과정을 통한 파악이 아니라 대상을 단번에 파악하는 것을 말한다.[24] 직관은 다시 개별적 직관과 본질 직관으로 구분된다. 개별적 대상에 대한 경험을 가리켜 "개별적 직관"(individuelle Anschauung)이라 하고, 보편자로서의 본질에 대한 경험을 가리켜 "본질 직관"(Wesensanschauung)이라 한다. 개별적 직관은 우리가 모든 대상을 인식할 때마다 일상적으로 작동하는 것이다. 반면에 현상학의 사태에 도달하기 위해서는 개별적 직관을 넘어서는 본질 직관이

---

24 한전숙, 『현상학』, 111.

필요하다.²⁵

후설은 본질을 정의하여 "그것 없이는 이러한 종류의 대상이 생각될 수 없는 것, 즉 그것 없이는 대상이 그와 같은 대상으로서 직관적으로 상상될 수 없는 것"으로서 플라톤이 말하는 형상(에이도스), 즉 이데아와 유사한 것이라고 말한다.²⁶ 그래서 본질 직관에 이르는 방법적 절차를 가리켜 "형상적 환원"(eidetische Reduktion)이라 한다.²⁷ 본질은 개별적 대상들의 인식 근거인 동시에 존재 근거다. 예를 들어, 수많은 사람이 인간이라는 의미를 지닌 대상으로 존재할 수 있고 또 그렇게 인식될 수 있는 것은 "인간임"이라는 본질이 있기 때문에 가능하다. 이 본질은 우리가 일상적으로 경험하는 사물들과 같은 의미에서 실재하는 것은 아니지만 경험적 사물들과 마찬가지로—단지 주체의 사유 작용 속에서만 존재하는 것이 아니라—객관적으로 실재한다.²⁸ 그리고 외부에 실재하는 대상들이 우리의

---

25 본질 직관은 Wesensanschauung 외에도 Wesenerfassung, Wesenerschauung, Wesensschau, Ideenschau 등 다양한 표현으로 기술된다. 한전숙, 『현상학』, 66.
26 Edmund Husserl, *Erfahrung und Urteil. Untersuchungen zur Genealogie der Logik* (Hamburg: Clanen Verlag, 1948; EU; 『경험과 판단』), 411. 번역서의 서지 사항은 다음과 같다. 이종훈 옮김, 『경험과 판단: 논리학의 발생론 연구』(서울: 민음사, 1997), 478.
27 본질 직관에 이르는 방법적 절차, 즉 형상적 환원에 대해서는 『경험과 판단』 제87절(§ 87. 본질 직관의 방법)에 상세히 설명되어 있다.
28 이는 심리학주의를 비판하여 말한 것이다. Husserl의 심리학주의 비판에 대해서는 다음 글들을 참조하라. J. N. Mohanty, *Husserl and Frege* (Bloomington: Indiana University Press, 1982); 이영호, "논리학의 심리학적 정초에 대한 비판적 고찰: 후설 심리학주의의 비판을 중심으로", 한국현상학회 편, 『역사와 현상학』(서울: 철학과 현실사, 1999), 229-257; 신귀현, "E. Husserl의 심리학주의에 대한 비판", 『철학회지』 제6집(영남대학교 철학회, 1979); 한정선, "프레게의 산술철학비평이 후설에게 미친 영향", 한국현상학회 편, 『후설과 현대철학』(서울: 서광사, 1990), 99-120. 이남인, 『현상학과 해석학』, 54, 각주 39.

감각을 통해 경험되듯이, 본질 역시 고유한 방식으로 경험될 수 있다.[29]

B. 지향성과 구성 작용

이처럼 판단중지와 환원 그리고 본질 직관이라는 현상학적 절차를 통해 해명되는 의식의 본질 구조는 "지향성"(Intentionalität; intentionality)이다. 의식은 언제나 "그 무엇에 관한 의식"으로서 늘 의미를 지닌 그 무엇과 관련을 맺고 있다. 우리가 알고 있는 모든 대상은 인식되거나 경험된 대상이며, 그와 마찬가지로 우리 안에서 이루어지는 모든 의식은 어떤 대상을 향한 의식이다. 대상이 없는 의식은 없으며 의식 작용이 없는 대상도 없다. 이렇게 의식이 대상과 맺고 있는 상관관계를 가리켜 "지향성"이라 한다.[30] 여기서 지향 작용의 대상이 반드시 실재하는 것일 필요는 없다. 비록 그것이 소설의 주인공이나 환상 속의 나라처럼 실제로는 존재하지 않는 것일지라도 우리는 의미 부여를 통해 그 대상과 지향적 관계를 맺을 수 있다.

후설이 현상학을 시작할 때 그의 연구를 촉발시켰던 근본 문제 중 하나는 인식의 객관성에 관한 것이었다. 우리가 알고 있는 모든 대상은 인식된 대상이다. 다시 말해서 모든 객관적 실재는 우리의 주관과 관계를 맺을 때에만 파악되고 또 이야깃거리가 될 수 있다. 그러나 객관적인 실재가 주관에 의해 파악되고 인식되었다면, 그 순간 그 대상은 객관성을 잃어버리는 것이 아닐까? 그렇다면 그것을 어찌 철학의 출발점으로 삼

---

29 이남인, 『현상학과 해석학』, 53-55.
30 Ibid., 90-91.

을 수 있겠는가? 이 질문은 19세기 말엽 유럽 사상계를 지배하던 두 개의 흐름, 즉 심리학주의와 객관주의를 통합하려던 후설의 관심에서 촉발된 것이다.[31] 심리학주의는 우리의 의식 속에서 일어나는 모든 일―심지어 그것이 추상적인 논리적 사고라 할지라도―은 심리 현상의 일종이므로 심리학적으로 연구할 수 있다고 주장한다. 반면에 객관주의는 인식의 대상이 되는 이념적 세계가 심리 현상과 관계없이 객관적으로 존립한다고 주장한다. 이러한 양자를 통합하려는 후설의 현상학은 의식의 내용이면서도 동시에 객관적인 것을 찾아 그것을 철학의 출발점으로 삼고자 한다. 후설은 이것을 모색하면서 의식의 본질인 지향성에서 그 두 가지 요건을 함께 충족할 수 있는 길을 발견한다.[32] 객관주의는 주관을 제거해버리고 대상만을 다룬다. 하지만 후설은 주관을 (대상과의 관계에서) 대상을 형성하는 작용으로 이해하고 대상을 지향적 대상으로 이해하면서 두 요구를 함께 만족시키려고 시도했다.[33]

지향성 개념은 후설이 그의 스승이자 심리학주의자인 브렌타노에게서 이어받은 것이다. 브렌타노는 물리적 현상과 구별되는 심적 현상을 해명하려고 스콜라 철학에서 지향성 개념을 원용해서 발전시켰다. 그는 자신의 『경험적 관점으로부터의 심리학』(*Psychologie vom empirischen Standpunkt*)에서 "대상의 지향적 내존"(die intentionale Inexistenz eines Gegenstandes: intentional inexistence of an object)을 모든 심적 현상의 특징

---

31 Husserl뿐 아니라 Heidegger와 Merleau-Ponty는 각 사안마다 경험주의와 지성주의 계열에 속한 사조들의 관점을 소개하고 비판해가며 양자를 현상학으로 종합하고자 한다. 여기서 심리학주의는 경험주의에 상응하는 것으로, 그리고 객관주의는 지성주의에 상응하는 것으로 볼 수 있다.
32 한전숙, 『현상학』, 90.
33 Ibid, 96.

으로 제시하며 심적 현상을 "그 자체 내에 어떤 대상을 지향적으로 포함하는 현상"으로 정의한다.[34] 그에게서 "지향적"이라는 말은 의식이 대상을 향하고 있음, 의식이 대상과 관계하고 있음을 의미하는데, 이 대상은 의식 속에 내재하는 대상이다.[35] 그런데 브렌타노는 우리의 의식은 외부의 대상을 직접 지향하는 것이 아니라 의식 내부에 있는 표상을 지향할 뿐이며 이 표상이 우리의 의식을 외부의 대상과 연결해준다고 주장한다. 그가 지향성을 서술하는 여러 가지 표현, 즉 "대상의 지향적 내존", "심적 현상이 지향적으로 대상을 자기 속에 간직한다"라는 표현들[36]이 이러한 관점을 대변한다.

이러한 관점을 가리켜 표상주의라 하는데, 후설은 표상주의가 의식의 지향적 성격을 오해하여 마치 의식과 외부 대상 사이에 이제까지 없던 새로운 관계가 생기는 것처럼 서술하고 있다고 지적한다. 그는 표상주의와 다르게 의식과 대상이 서로 독립적으로 존재할 수 없고, 하나가 반드시 다른 하나를 가능케 하는 상관관계(Korrelation)를 맺는다고 말한다. 달리 말해 대상과 의식 작용은 별개로 생각할 수 없다. 그래서 우리의 의식이 지향하는 대상, 즉 지향적 대상과 외부의 초월적 대상을 구별하는 것은 무의미하다. 우리의 지각은 사물 자체를 향해 있는 것이지, 우리와 그 대상 사이에 놓여 있는 어떤 표상을 매개로 하여 관계를 맺고 있는 것이 아니기 때문이다.[37] 후설은 지각 작용 속에서 지각된 사물이, 표상이

---

34 Franz C. Brentano, trans. Anton C. Rancurello et al., *Psychology from an Empirical Standpoint* (London: Routledge, 1995), 68. 스콜라 철학에서 이어받은 "대상의 지향적 내존이라는 표현"은 74, 147, 214, 291 등 Brentano의 책 여러 곳에서 자주 언급된다.
35 한전숙, 『현상학』, 92.
36 Brentano, *Psychology*, 68.
37 이남인, 『현상학과 해석학』, 112-113.

아니라 사물 자체라는 사실은 "혼란된 철학자들을 제외한 모든 사람에게 절대적으로 자명하다"고 말한다.[38]

의식이 지향성을 갖고 있다는 것은 우리의 의식이 항상 어떤 대상과 관련이 있다는 뜻이다. 후설은 이에 대해 "모든 지향적 체험은 대상화하는 작용(objectvierende Act)이거나 그러한 작용을 토대로 한다"고 말한다.[39] 다시 말해서 의식은 체험된 감각 소재들에 의미를 부여해서 그것들을 "무엇으로서"(als etwas) 또는 어떤 의미로서 이해한다. 이러한 대상 형성 작용이 바로 구성 작용이다.[40] 후설은 여기서 감각 내용 또는 "감각의 본래 대로의 존재"를 가리켜 "질료"(Hyle, ὕλη)라 말하고, 이 질료에 의미를 부여하는 또는 혼을 넣어주는 작용을 "노에시스"(Noesis, νόησις)라고 말한다. 노에시스는 다른 말로 "통각"(Apperzeption) 또는 "파악"(Auffassung) 작용이라고도 부른다. 그리고 이를 통해 파악된 대상을

---

38 Edmund Husserl, *Formale und transzendentale Logik. Versuch einer Kritik der logischen Vernunft* (Den Haag: Martinus Nijhotf, 1974; Hua XVII, 『논리학』), 287. 번역서의 서지 사항은 다음과 같다. Edmund Husserl, 이종훈·하병학 옮김, 『형식논리학과 선험논리학: 논리적 이성비판 서론』(파주: 나남, 2010), 413. Husserl이 강조하는 것은 우리의 지향적 의식은 결코 의식의 내부에 머물지 않고 언제나 외부의 대상을 향해 있다는 점이다. 이남인은 이 점에 대해 두 가지를 보충할 필요가 있다고 말한다. 첫째, "외부"의 지향적 대상이 꼭 실재하는 대상일 필요는 없다. 예를 들어, 상상 작용에서 지향적 대상은 실재가 아니라 상상의 세계에 존재하기 때문이다. 둘째, Husserl이 표상주의를 비판할 때, 그가 지향성의 한 사례로서 "상을 매개로 한 지각 작용"의 존재까지 부정하는 것은 아니다. 우리가 사진을 보면서 사진에 담긴 어린 시절의 친구를 떠올리는 경우를 생각해보자. 이 경우 우리는 사진에 담긴 상에 대한 지각을 매개로 하여 옛 친구를 떠올리는 것이다. Husserl은 이러한 "상적 지각 작용"을 여러 가지 지향성 중 하나로 인정하지만, 그것을 모델로 삼아 다른 모든 유형의 지향성을 설명할 수는 없음을 분명히 한다. 이남인, 『현상학과 해석학』, 113-14.
39 『논리연구』 II/1, 493.
40 한전숙, 『현상학』, 156.

가키려 "노에마"(Noema, νόημα)라 한다. 정리하자면, 구성이란 노에시스 작용이 질료에 혼을 불어넣어, 좀 더 직접적으로 말하자면, 의미를 부여하여 노에마를 형성하는 과정이다.[41] "현상학"이란 이름은 바로 이 노에시스 작용에서 따온 것이다. 현상학이 말하는 "현상"(das Phänomen)이란 노에시스, 즉 현상작용(das Erscheinen)를 가리킬 수도 있고, 그것이 현상하는 대상, 즉 노에마를 가리킬 수도 있다. 후설은 이렇게 말한다.

> 인식의 현상학은 아래와 같은 두 가지 의미에 있어서의 인식 현상에 관한 학문이다. 즉, 이러저러한 대상성들이 그 속에서 수동적으로든 능동적으로든 간에 자신을 나타내며 인식되는 나타남, 진술, 의식 작용으로서의 인식에 관한 학이고, 다른 면으로는 자신을 그렇게 나타내는 이 대상성 자체에 관한 학이다. 현상이라는 말은 나타남과 나타난 것 사이의 본질적인 상호관계에 의거하여 이중 의미를 지닌다.[42]

C. 초월론적 구성

1. 초월과 내재

여기서 잠시 후설의 현상학을 수식하는 "초월론적"(transzendental)이라는 용어에 대해 이해하고 지나가자. 초월은 내재와 짝을 이루어 기독교

---

41 Ibid., 165-66.
42 Edmund Husserl, *Die Idee der Phänomenologie. Fünf Vorlesungen* (Den Haag: Martinus Nijhoff, 1950; Hua II); 『현상학의 이념』), 14. 번역서의 서지 사항은 다음과 같다. Edmund Husserl, 이영호·이종훈 옮김, 『현상학의 이념. 엄밀한 학으로서의 철학』(서울: 서광사, 1988), 69.

신학에서 자주 사용되는 말이기도 하다. 그러나 현상학에서 말하는 초월과 내재는 신학에서 사용되는 초월과 내재와는 전혀 다른 개념이다. 현상학과 신학에서 사용되는 두 용어를 간단히 구별하기 위해서는 "그것이 무엇에 내재하는 것이며 무엇을 초월하는 것인가?"라는 질문을 던져보면 된다. 기독교 신학에서 초월과 내재는 신과 인간의 관계에서 사용된다. 즉 내재란 인간의 한계 내에 있는 것이고 초월이란 인간의 한계를 넘어 신의 차원에 들어서는 것이다. 그에 반해, 현상학에서 초월과 내재는 의식을 기준으로 사용된다. 우리의 의식 안에 존재하는 것이 내재이며 순수 의식이 자신을 넘어서서 대상으로 나아가는 것이 초월이다. 다시 말해서, 순수 의식이 지향 작용을 통해 노에시스로부터 노에마로 넘어서는 것이 초월이다. 현상학은 이 의식의 초월론적 기능을 해명하려는 학문이다.

이 용어의 번역에 대해서는 학자들 사이에 논쟁이 있다. 한전숙은 동일한 용어(transzendental)를 "선험적"으로 번역한다. 그 이유는 현상학의 관심이 초월적 존재를 잠시 유보하고 순수 내재적 의식의 영역으로 돌아가는 데 있으며,[43] 경험적 대상으로 향해 있는 우리의 시선을 돌려 그 대상을 인식하는 주관, 즉 "인식 형성의 궁극적 원천으로 되물어가려" 하기 때문이다.[44] 그러나 우리가 선험이라는 단어를 마주할 때, 우리는 마치 우리의 인식 안에 있는 대상 경험과 대상 그 자체가 서로 별개의 것인 양 오해하기 쉽다. 그 단어는 의식과 관계없이 대상이 존재하고, 그 대상을 경험하기 전에 의식이 선험적으로 작동한다는 인상을 주기 때

---

43 한전숙, 『현상학』, 150.
44 그래서 한전숙 역시 "초월론적"이라는 번역어의 타당성을 인정한다. 한전숙, 『현상학의 이해』, 328; 한전숙, 『현상학』, 152-53; 『위기』, 100.

문이다. 그러나 현상학은 초월적인 대상이 의식과 구별되어 존재한다고 보지 않는다.

또 한전숙이 인정하듯이, 후설에서나 아니면 "초월"이라는 용어의 출처인 칸트에서나, 주관은 경험에 앞서면서도 그 경험을 가능하게 하는 대상 형성 작용으로서의 주관이다. 다시 말해서, 의식의 담지자로서의 우리의 주관은 경험되는 모든 초월적인 존재들을 가능하게 해주는 주관, 그 초월적인 것들을 구성하는 주관이다.[45] 그래서 초월론적 주관의 의식은 언제나 이미 자기 자신을 넘어 초월적인 세계 속에 나아가 있다.[46] 그래서 이 주관을 가리켜 초월론적이라고 말한다. 말하자면, "초월론적 주관의 초월론적 기능을 통해 초월적인 것(die Transzendenz)으로서의 세계 및 대상이 구성"된다.[47] 따라서 주관의 초월론적 기능이란 곧 주관의 구성 기능이라 할 수 있다.

2. 초월론적 구성

우리는 이러한 후설의 인식론과 칸트의 인식론을 비교해볼 수 있다. 지금까지 소개한 개념 중 "초월", "직관", "구성" 등 후설 현상학에서 중심적 위치를 차지하는 여러 용어들이 칸트에게서 온 것이며, "현상학"이라는 이름도 칸트가 먼저 사용한 것이다. 후설이 초월론적 현상학을 처음 개척하기 시작한 것이 1905년경인데, 그 당시 후설은 칸트의 초월철학에 매료되어 있었으며, 그 후에도 그는 자신의 철학에서 칸트가 중요한 위

---

45 Edmund Husserl, *Phänomenologische Psychologie. Vorlesungen Sommersemester 1925* (Den Haag: Martinus Nijhoff, 1962; Hua IX; 『심리학』), 257.
46 한전숙, 『현상학』, 283.
47 이남인, 『현상학과 해석학』, 330.

치를 차지한다는 사실을 종종 언급하곤 했다.⁴⁸

칸트의 초월철학, 즉 그의 인식론은 『순수이성비판』에 담겨 있다. 칸트는 애초에 "일반현상학"이라는 이름을 붙일 생각을 하기도 했던 그 책에서 우리가 어떤 대상을 마주 대할 때 감각을 통해 우리에게 주어지는 것은 "물 자체"(Ding an sich)가 아니라 단지 무형의 질료들에 불과하다고 말한다. 우리는 저 앞에 어떤 대상이 있다고 인식하지만, 실제로 우리의 감각에 주어지는, 즉 "직관"(Anschauung)되는 것은 무형의 감각 소여(sense data)에 불과하며 그것이 사유의 "구성"(Konstruktion) 작용에 의해 하나의 통일된 대상이 되어 나타난다. 여기서 무형의 감각 재료들을 하나의 통일된 대상으로 구성해내는 것이 바로 시간과 공간과 같은 감성의 형식들, 그리고 12가지 범주와 같은 오성의 형식들이다.⁴⁹

후설은 이러한 칸트의 인식론을 수정한다. 후설은 칸트와 달리 우리의 인식 대상은 처음부터 하나의 통일된 대상으로 주어진다고 말한다. 여기서 우리의 의식 작용은 감각에 의해 주어진 무형의 질료를 분석하고 종합하여 하나의 통일체로 구성해내는 것이 아니라 처음부터 하나의 통일체로 주어지는 대상을 직관하는 것이다.⁵⁰ 칸트의 구성은 감성에 주어진 것들을 오성의 선험적 사유 형식인 범주를 통해 구성하는 것이지

---

48 물론 그럼에도 두 사람 사이에는 여러 가지 본질적인 차이가 존재하는 것이 사실이다. Husserl은 『위기』의 한 구절에서 "칸트의 철학은 초월론적 철학으로 가는 길목에 있으며 우리가 정한 바의 초월론적 철학의 형식적이며 일반적인 의미만 충족시킨다"고 주장한다. 『위기』, 102; 이남인, 『현상학과 해석학』, 352-53에서 재인용.
49 그 가운데 공간이 포함되어 있음에 주목하자. Kant의 초월철학에서 공간은 저 밖에 인식 대상으로 존재하는 것이 아니라 우리의 감성에 선험적으로 존재하는 형식으로서 순수직관의 하나다. 그러나 Husserl의 현상학에서 공간은 의식뿐 아니라 대상과도 깊은 연관을 맺고 있다.
50 서도식, "공간의 현상학", 『철학논총』 54 (2008), 342.

만, 후설에게서는 인식의 형식뿐 아니라 내용까지도 선험적이다. 그러나 그 내용이 완성된 채로 주어지지 않기 때문에 구성 작용이 필요하다. 후설의 "구성"은 "대상성에 의미를 부여하여 명료하게 밝히는 것" 또는 "대상을 표상하게 만드는 작용"일 뿐이다.[51]

이렇게 인식론이 바뀌면서 칸트의 용어들이 후설에게서 새로운 의미를 가지게 된다. "직관"도 그중 하나다. 칸트에게 직관이란 단순한 감각 작용으로서 인식의 구성을 위한 무형의 질료를 마련하는 역할을 하는 것에 불과했고, 우리가 직관하는 것은 물 자체가 아니라 대상의 일부 속성에 불과했다. 그러나 후설의 현상학에서는 우리가 물 자체를 알 수 없다는 가정이 더 이상 지지되지 않는다. 후설에게서 직관은 이제 통일적 대상에 대한 것으로, 즉 "사태 자체"(die Sache selbst)에 대한 것으로 격상되었기 때문이다. 이처럼 사태가 하나의 통일적 대상이라면, 칸트가 사유의 기능으로 간주하던 "범주"는 이제 더 이상 의식의 일부가 아니라 사태를 구성하는 요소들로 이해되어야 한다. 그래서 칸트의 직관이 감성적 대상에 대한 "감성적 직관"이라면, 후설의 직관은 범주적 대상에 대한 "범주적 직관"(die Kategoriale Anschauung)이다.[52]

그런데 현상학의 이러한 관점은 동시에 칸트와의 대척점에 있는 경험주의와도 구별된다. 경험주의에서 경험이란 수동적인 것이다. 즉 우리의 인식이란 백지와 같은 우리의 의식이 외부에 있는 경험 대상을 있는 그대로 감각하여 받아들이는 것이고 여기에 우리의 능동적인 참여는 개입될 여지가 없다. 그러나 현상학에서 개별적 대상에 대한 경험은 인식 주

---

51 『이념들』 I(이종훈 옮김), 209, 옮긴이 주.
52 한전숙, 『현상학』, 108-09.

체의 능동적인 참여가 없이는 불가능하다. 그것이 곧 주관의 구성 기능이다.

후설에게서 "구성"[53]이란 실제 주어진 것보다 "더 많이 사념함"(Mehrmeinung)을 의미한다.[54] 다시 말해서, 구성이란 지각의 지향성이 과거에 이미 주어진 의미와 현재 주어진 의미를 종합하면서 더 높은 단계의 새로운 의미를 지향하며 대상을 파악하는 작용이다.[55] 식탁 위에 붕어빵 하나가 놓여 있다고 생각해보자. 우리 눈에 보이는 것은 붕어빵의 한쪽 면뿐이다. 그러나 우리는 이렇게 붕어빵의 절반만 보면서도, 보이지 않는 쪽까지 포함하여 노릇노릇하게 잘 익은 맛있는 붕어빵 전체의 모습을 떠올린다. 이렇게 우리의 인식은 단지 감각된 것만을 수동적으로 받아들이는 데서 그치지 않고, 주체가 인식에 능동적으로 참여하여 실제 주어진 것보다 더 많이 사념한다. 다른 사례로, 우리가 어릴 적에 찍은 사진을 보고 있는 상황을 떠올려보자. 우리 앞에 주어진 것은 단지 여러 색으로 입혀진 종이 한 장일 뿐이다. 그러나 우리는 이것을 사진으로 지각하고, 사진을 보면서 그 사진과 관련된 추억을 떠올린다. 우리는 이런 식으로 직접 주어진 것보다 더 많이 사념한다. 또 우리는 다른 사람의 초췌한 얼굴을 보며 그가 요즈음 몸이 피로하거나 어려운 일을 겪고 있음을 짐작한다. 우리에게 주어진 것은 그의 신체의 일부 증상일 뿐이지만, 우리는 그것을 토대로 우리가 직접 경험하지 않은 그의 최근의 삶

---

53 Husserl은 구성을 뜻하는 용어로 Kant의 "Konstruktion" 대신 "Konstitution"을 사용한다.
54 Edmund Husserl & Eugen Fink, 이종훈 옮김, 『데카르트적 성찰』(서울: 한길사, 2002), 95.
55 이남인, 『현상학과 해석학』, 75.

을 파악한다. 이처럼 직접적으로 주어진 것을 초월하여 새로운 의미를 파악함 또는 "자신을 넘어서 사념함"(Über-sich-hinaus-meinen)이 바로 초월론적 구성 작용이다.[56]

D. 생활세계와 지평, 발생적 현상학

앞서 언급한 것처럼 후설 현상학의 가장 기본적이고 핵심적인 주제는 의식과 세계의 관계다. 그런데 후설에게는 의식에 대한 분석이 세계에 대한 분석보다 방법론적으로 앞선다. 따라서 그는 의식을 먼저 해명한 후 이 의식에 세계가 어떻게 주어지는가 하는 관점에서 세계에 접근한다. 다시 말해서, 그는 세계가 하나의 지향적 대상으로서 초월론적 주관성에 주어지고 양자가 서로 연관을 맺는 방식에 주목한다.[57] 후설은 이 의식에 직접 주어지는 세계를 가리켜 "생활세계"라 말한다.

후설이 살아 있을 때는 생활세계가 그의 철학 사상에서 얼마나 중요한 위치를 차지하는지 잘 알려져 있지 않았다. 왜냐하면 생활세계 개념은 후설이 세상을 떠나기 직전에 출간된 『유럽학문의 위기와 초월론적 현상학』(Die Krisis der europäischen Wissenschaften und die transzendentale Phänomenologie, 1936, Hua VI)과 그의 사후에 출간된 『경험과 판단』(Erfahrung und Urteil, 1948, EU)에서 비로소 집중적으로 그리고 체계적으로 다루어졌기 때문이다. 그러나 『경험과 판단』은 후설이 1919-20년 겨울학기에 시작한 "발생적 논리학" 강의 초고를 주축으로 한 책으로, 후설의

---

56 『성찰』(이종훈 옮김), 95.
57 박인철, 『에드문트 후설』, 56-57, 70.

생활세계 이론은 그의 생전에 이미 시작되어 발전하고 있었다. 후설은 이런 책들에서 주관과 객관 중 어느 한쪽으로 치우치지 않은 세계 개념에 주목하고 주관과 객관이 하나로 통일된 생활세계 개념을 제시하며, 이것이 구체적으로 어떻게 가능한지 현상학적으로 해명하고자 했다.[58]

그런데 근원적 생활세계로 돌아가기 위해서는 우리의 경험계에 침전되어 있는 역사성을 그 근원으로 되쫓아가야 한다. 그리고 이렇게 역사성을 그 근원으로 되쫓아가기 위해서는 현상학의 분석에 시간적 차원이 더해져야 한다. 발생적 현상학을 통해 초월론적 현상학을 방법론적으로 보완할 필요가 있는 것이다. 후설은 1920년대 이후부터 발생적 현상학(genetische Phänomenologie)의 체계를 세우기 시작했는데, 이는 의식 체험과 이를 둘러싼 세계를 시간성과 역사성의 측면에서 살펴보는 것이다.

발생적 현상학은 정적 현상학과 대별되는 개념이다. 우리가 이제까지 논의해온 것은 정적 현상학이다. 정적 현상학은 의식의 형식적이고 보편적인 구조만을 고려하고 시간성과 역사성을 배제했다. 그러나 발생적 현상학에 의하면, 우리의 의식이란 체험의 흐름으로서 그 흐름 속에 있는 다양한 체험들은 시간 의식에 의해 하나로 종합되고 통일된다.[59] 말하자면, 우리가 가지고 있는 모든 대상 지식은 최초의 앎의 시점이 있고 이로부터 지속적으로 내 안에 침전되어 나의 지속적인 획득물[60]이 된다. 이러한 발생 과정을 추적하여 그 의미 연관을 밝히는 것이 발생적 현상학의 과제다.

이렇게 해서 도달되는 생활세계란 수학적이고 객관적인 세계의 바탕

---

58 Ibid., 79.
59 한전숙, 『현상학』, 209.
60 Ibid., 74-75.

이 되는 직접적인 경험의 세계다. 우리는 보통 수학적이고 객관적인 세계를 세계의 본 모습으로 받아들인다. 그러나 후설에 의하면 그것은 그 모습 그대로 존재하는 본래의 세계가 아니라 단지 우리의 직관적 경험의 세계에 이념의 옷(ein Kleid von Ideen)을 입힌 결과로 만들어진 이차적인 것일 뿐이다.[61] 반면에, 생활세계적 경험계는 개별 대상에 대한 "직접적·감성적 경험"의 세계이며 "단적인 경험"(schlichte Erfahrung)의 세계다.[62] 이 생활세계는 아무런 이념화도 입지 않는 순수한 경험 세계이며, "오직 나에게 대해서만의 대상, 나에게 대해서만의 세계", 즉 아무런 이념화도 이루어지지 않고 아무 타자와도 관련되지 않은 선술어적 독사(Doxa)의 영역이다.[63] 이렇게 하여 후설은 서구 철학사에서 "에피스테메"에 밀려 천시되고 "억견"으로 간주되던 "독사"를 근원적인 영역이자 철학의 우선적 대상으로 격상시킨다.[64]

그런데 생활세계는 언제나 나의 존재에 앞서서 언제나 미리부터 주어져 있다. 다시 말해서, 우리의 모든 대상 경험에는 언제나 세계가 이미 지평으로서 대상과 함께 주어져 있다.[65] 지평이란 어느 지점에서 시야에 들어오는 모든 것을 포함하는 가시권을 의미한다.[66] 이것을 인식론에 적용하자면, 지평이란 한 대상이 그 주체에게 드러날 수 있는 가능한 의미의 한계를 말한다. 우리의 의식이 명료하게 어떤 대상을 지향하고 있을 때, 우리는 그 대상만을 의식하고 있는 것이 아니라, 동시에 암묵적으로

---

61 『경험과 판단』(이종훈 옮김), 75.
62 Ibid., 88.
63 Ibid., 94.
64 한전숙, 『현상학』, 230.
65 Ibid., 230.
66 Hans Georg Gadamer, 임홍배 옮김, 『진리와 방법 2』(서울: 문학동네, 2012), 187

그 대상의 가능한 의미의 지평을 이해하고 있다.[67] 예를 들어, 책상 위에 놓여 있는 노란색 컵을 보며 우리가 그 컵이 노란색이라고 인식할 수 있는 이유는 우리에게 색깔의 지평이 이미 열려 있기 때문이다. 노란색 컵을 인식하기 이전에 우리에게 이미 형성되어 있는 색깔의 지평에는 노란색뿐 아니라 파란색, 빨간색, 녹색, 검은색, 흰색 등 다양한 색깔이 포함되어 있으며, 우리는 그 색깔의 지평 속에서 그 컵을 노란색으로 인식한다. 그런데 컵에 대한 우리의 인식에는 위에서 예로 제시한 색깔의 지평 외에도 모양의 지평, 질감의 지평, 식기의 지평 등 수많은 지평이 함께 존재한다. 그리고 더 나아가서 이 모든 지평을 포괄하는 한 차원 더 높은 의미 연관의 총체, 다시 말해서 총체적 지평 또는 보편적 지평이 존재하는데, 이것이 바로 후설이 말하는 "생활세계"다.

E. 신체와 키네스테제

생활세계가 우리의 인식에 지평으로 작용한다는 것은 곧 우리의 인식이 지평의 한계 내에 있다는 뜻이기도 하다. 예를 들어 광활한 사막을 지나던 한 사람의 시야에 작은 샘이 하나 들어왔다고 가정해보자. 그는 아마도 그 샘을 오아시스로 인식할 것이다. 그는 기쁜 마음에 그 샘을 향해 달려간다. 그렇게 달려가면서 그의 지평은 그 샘 뒤쪽으로 확장되는데, 그 뒤쪽을 보니 거기에는 거대한 바다가 있다. 계속 달려가서 샘에 이르러보니 그 작은 샘은 오아시스가 아니라 바다 옆에 나 있는 작은 웅덩이다. 이렇게 동일한 대상을 어떤 지평에서 인식하느냐에 따라 그것이

---

[67] 이남인, 『현상학과 해석학』, 303

오아시스로 인식될 수도 있고 바닷물의 웅덩이로 인식될 수도 있다.

이렇게 우리의 인식이 지평의 영향을 받는 이유는 우리의 인식 주관이 신체를 가진 주관이기 때문이다. 이것은 앞서 우리가 초월론적 주관성, 즉 순수 의식에 대해 논의할 때는 고려하지 않은 사실이다. 말하자면, 앞서 논의한 순수 의식은 "신체 없는 의식"이라 할 수 있다.[68] 이 순수 의식은 세계 외적 존재이며 이 의식이 현상학적 환원에 의해 순화되고 나면, 그것은 모든 자연 인과적 경험성의 귀속으로부터 벗어난다. 그러나 그것은 의식의 초세계적 성격을 이해하기 위한 이론적 논구 과정에서 그렇게 상정된 것일 뿐, 실제로 후설이 고려하고 있는 의식은 신체를 가진 존재다. 신체를 가진 의식은 세계 내적 존재로서 시간과 공간 속에 존재한다.[69] 외적으로 볼 때, 신체는 이렇게 시공적인 존재로서 다른 여러 사물과 함께 세계 속에 있다. 그러나 내적으로 볼 때, 신체는 자유롭게 움직이는 "의지 기관"으로서 자발적 운동이 가능하며, 주위 세계와 인과적 관계를 형성한다.[70]

자아는 신체와 그 기관들을 자유로이 움직이는 능력을 가지고 있으며, 그리함으로써 세계를 지각한다.[71] 이렇게 외부 세계를 지각하는 과정에서 우리의 신체는 대상을 정확히 감지하기 위해 움직인다. 예를 들어,

---

68 Husserl은 『이념들 I』(1913)에서 이렇게 말했다. "… 전체의 자연, 우선 물리적 자연이 무화되었다고 생각해보자. 그렇다면 더 이상 어떤 신체도, 따라서 어떤 인간도 존재하지 않을 것이다. 인간으로서의 나는 더 이상 존재하지 않을 것이고, 더구나 어떤 동료 인간도 나에 대해 존재하지 않을 것이다. 그러나 나의 의식은 아무리 그 체험의 존립 요소들이 변화하더라도 자신의 고유한 본질을 지닌 절대적인 체험 흐름으로 남아 있을 것이다." 『이념들 I』(이종훈 옮김), 189.
69 한전숙, 『현상학』, 234-35.
70 Ibid., 262.
71 『이념들』II (이종훈 옮김), 208.

사막에서 작은 샘과 같은 지형을 발견한 사람은 그것이 무엇인지 정확히 알아보기 위해 그쪽으로 달려갈 것이며, 거기에 도달한 후에는 그 물이 바닷물인지 민물인지 확인하기 위해 앉아서 몸을 굽히고 손으로 물을 찍어 혀로 맛보려 할 것이다. 그리고 냄새를 맡기 위해 무의식중에 몸을 더 숙여 코를 수면 가까이 가져가거나 아니면 손을 웅크려 물을 떠서 코앞으로 가져가기도 할 것이다. 후설은 이렇게 목표를 인식하기 위한 감각 기관들의 활동, "지각 대상을 될 수 있는 대로 전면적으로 주어질 수 있게 하는 운동들"을 가리켜 "키네스테제"(Kinästhese)라 말한다.[72] 우리의 사물 파악에는 "자유로이 운동할 수 있는 신체의 능력"이 전제되어 있으며,[73] 이러한 신체의 능력을 바탕으로 대상 파악에 가장 적합한 조건을 실현하기 위해 신체 기관들을 움직인다.[74] 키네스테제란 이 "나는 할 수 있다"고 하는 실천적 능력성의 의식, 즉 자기의 신체 기관들을 대상을 향해 마음대로 움직일 수 있다는 비주제적인 의식을 말한다.[75]

신체의 운동은 우리의 중심 주제인 공간과 관련된 주제다. 후설은 우리가 신체와 사물의 본성과 방식을 고찰할 때, 모든 사물은 정해진 방향 속에서 지각된다고 말한다. 모든 공간적 존재는 필연적으로 가깝거나 멀리, 위나 아래, 오른쪽이나 왼쪽으로 나타난다. 후설은 이때 우리의 신체는 모든 정위(orientation)의 중심, 즉 "영점"(Nullpunkt)이 된다고 말한다. 우리의 신체는 항상 궁극적인 "여기"가 되며, 자신 외에는 어떠한

---

72 『경험과 판단』(이종훈 옮김), 132.
73 『이념들』II (이종훈 옮김), 208-14.
74 한전숙, 『현상학』, 238.
75 Ibid., 239.

"여기"도 갖지 않는다.[76] 이 주제는 이후에 신체와 관련하여 메를로-퐁티를 통해 더 세밀하게 발전될 것이다.

이렇게 신체를 가진 주관은 지평의 한계 내에 있으며, 키네스테제를 통해 사물에 다가가 신체의 감각을 통해 대상을 인식한다. 키네스테제에 의한 신체의 운동은 지평에 변화를 일으키며, 이것은 주관의 인식과 경험에 영향을 끼친다. 그래서 우리의 인식과 경험은 결코 객관적일 수 없다. 그런데 감각의 구조를 잘 살펴보면, 우리의 인식 경험의 그러한 비객관성이 더 분명히 드러난다. 감각에서 주관과 객관은 결코 분리되어 있지 않기 때문이다.

후설에 의하면, 감각은 지각되지 않고 체험된다. "나는 하나의 사물, 예를 들어, 이 상자를 본다. 나는 나의 감각을 보는 것이 아니다."[77] 왜냐하면 "감각과 이것을 파악하거나 통각하는 작용은 체험은 되지만 대상적으로 나타나지는 않기" 때문이다.[78] 우리의 촉각 경험을 돌아보자. 다른 사람과 손을 잡고 있을 때, 우리는 그 사람의 손의 따뜻한 느낌 또는 차가운 느낌을 대상의 성질로 아는 동시에 우리의 신체의 상태로도 느낀다. 후설은 전자, 즉 대상의 성질을 가리켜 "감성적 감각"(sinnliche Empfindungen) 또는 "제1차적 감각"(primär Empfindungen)이라 하고, 후자를 가리켜 "국소화된 감각"(localisierte Empfindung) 또는 "신체 감각"(Empfindnisse)이라 부른다.[79] 이러한 신체 감각은 촉각에 국한되지 않는다. 후설은 그 사례로 "감각적 느낌, 쾌락과 고통의 감각, 신체 전체를

---

76 『이념들』II (이종훈 옮김), 215.
77 『논리연구』II/1, 382.
78 Ibid., 385.
79 한전숙, 『현상학』, 235.

관통하는 아주 쾌적함, 물체적으로 언짢은 일반적 불쾌감" 같은 것을 함께 제시한다.[80] 우리의 신체는 이러한 감각에서 외부의 변화를 스스로 감득함으로써 자기 자신도 느끼고 동시에 외계도 감각한다. 그리하여 우리의 신체는 이 체험함, 감각함을 통해 세계 속에서 세계와 더불어 자기를 체험한다.[81] 이렇게 우리의 자아는 감각들의 국소화 마당으로서의 신체를 가지는 동시에 신체와 각 기관들을 자유로이 움직이는 키네스테제를 통해 외부 세계를 지각한다.[82]

F. 요약

이상에서 우리는 하이데거와 메를로-퐁티의 공간 개념의 토대가 되는 후설의 현상학을 개괄적으로 살펴보았다. 후설의 주 관심사는 의식과 세계의 관계에 있었다. 그는 먼저 의식의 본질 구조를 해명한 후 그로부터 의식에 주어진 세계로 나아가고자 했다. 후설이 그의 현상학을 의식의 해명으로부터 시작한 것은 그가 엄밀한 학문을 추구했기 때문이다. 엄밀한 학문은 "명증성"을 갖추어야 하는데, 어떤 체험이 명증성을 갖추기 위해서는 그것이 충전적이고 필증적이어야 한다. "충전적"이라는 말은 체험이 그 자체로 온전히 주어지고 사실상 전면적으로 파악된다는 뜻이며, "필증적"이라는 말은 이 체험의 존재성에 대해 의심의 여지가 없다는 뜻이다. 그는 이러한 명증성을 가장 잘 충족하는 것이 의식 체험이라 보았다. 후설은 그 의식 체험이라는 사태로 "환원"하기 위해, 판단

---

80 『이념들』II (이종훈 옮김), 209.
81 한전숙, 『현상학』, 236.
82 한전숙, "생활세계적 현상학", 『철학과 현상학 연구』 5(1992), 24-25.

중지와 본질 직관으로 이루어진 방법 절차를 세웠다. "판단중지"란 태도의 변경이다. 그것은 객관적 세계가 실재한다는 선입견을 유보하고, 의식 체험이 스스로를 드러내 보이는 대로 직관을 통해 파악하는 것이다. 본질을 직관한다고 할 때, "직관"이란 단계적인 사고의 과정을 통하지 않고 대상을 단번에 파악하는 것을 말한다.

후설이 이러한 방법 절차를 통해 궁극적으로 도달한 곳은 의식의 본질구조인 "지향성"과 그 지향성의 상관자인 "생활세계"다. 현상학이라는 이름에 담겨 있는 "현상"이라는 말이 의식의 지향 작용(노에시스) 또는 그 지향 작용에 의해 구성된 대상(노에마)을 가리킨다는 사실을 고려할 때, 현상학이란 곧 지향성에 관한 학문이라고 단순화할 수도 있을 것이다. 후설의 지향성 개념에 의하면, 의식과 대상은 서로 독립적으로 존재할 수 없고, 하나가 다른 하나를 가능하게 하는 관계에 있다. 그런데 후설은 그 지향성이 의식 내에 머물고 있는 표상을 향한 것이라 보았던 브렌타노의 표상주의를 비판하고, 우리의 의식은 표상을 통해 외부의 대상과 연결되는 것이 아니라 외부의 초월적 대상을 직접 지향하는 것이라고 말한다.

이러한 지향적 상관관계에 의해 의식에 직접 주어지는 세계가 생활세계다. 생활세계란 이성적 반성이 이루어지기 전에 직접적·감성적으로 경험되는 근원적인 세계로서, 객관적 세계의 바탕이 된다. 객관적 세계란 생활세계에 터하여 그것을 이차적으로 가공해낸 결과물일 뿐이다. 그런데 생활세계는 우리의 모든 대상 경험에 앞서 지평으로서 이미 대상과 함께 주어져 있다. 지평이란 어느 지점에서 시야에 들어오는 모든 것을 포함하는 가시권을 가리키는 용어로, 우리의 모든 대상 인식은 앞서 존재하는 지평 안에서 이루어지며, 그 지평으로 인해 비로소 인식이 가능해진다. 지평은 다양하다. 그리고 그 모든 지평을 포괄하는 보편적 지평이 바로 생활세계다.

그런데 후설은 이처럼 생활세계와 지향적 상관관계 속에 존재하는 우리의 의식이 신체를 가진 의식이라고 말한다. 생활세계가 우리의 지평으로 작용하는 이유는 바로 우리의 주관이 신체를 가진 주관이라서 우리의 인식이 지평의 한계 내에 있기 때문이다. 이처럼 신체를 가진 우리의 자아는 대상이 처해 있는 상황에 따라 의식적으로 또는 무의식적으로 우리의 신체와 그 기관들을 자유로이 움직여 대상을 지각하기에 가장 좋은 상태를 만들어내곤 한다. 이렇게 지각 대상이 전면적으로 주어질 수 있게 하는 운동들, 그리고 대상을 향해 자기의 신체 기관들을 마음대로 움직일 수 있는 실천적 능력성의 의식을 가리켜 "키네스테제"라 한다.

후설은 우리가 어떤 태도로 세계를 바라보느냐에 따라 세계가 우리에게 전혀 다르게 경험될 수 있음을 잘 알려준다. 그리고 그는 우리에게 자연적 태도가 아니라 생활세계적 태도로 세계를 다시 바라볼 것을 요청한다. 그러한 태도로 우리의 의식 체험과 세계를 바라보는 현상학은 이후 하이데거와 메를로-퐁티를 통해 더 심화된다. 하이데거는 인간과 세계의 밀접한 관련성을 강조하고 우리의 신체적 주관이 주위 세계와 교섭해나가는 과정을 심도 있게 분석했는데, 여기서 그의 심화된 공간 개념이 드러난다. 이에서 한 걸음 더 나아가, 메를로-퐁티는 (후설과 하이데거에게서는 초보적으로만 다루어진) 신체 개념을 심화하고 여기에 과학적인 분석을 더하여 현상학적 공간 개념을 발전시킨다. 이제 우리의 관심을 후설을 잇는 두 현상학자의 공간 개념으로 좁혀서 좀 더 상세히 살펴보기로 하자.

제2장
하이데거의 공간[1]

A. 들어가는 말

마르틴 하이데거(Martin Heidegger, 1889-1976)는 그의 주저인 『존재와 시간』에서 후설의 질문, 즉 인식과 경험의 대상인 사태 자체가 의식과 분리되어 있는가 하는 근본적인 질문을 다시 던진다. 그리고 그는 인간의 지향 작용과 지향적 대상은 분리되어 있지 않다는 후설의 논지를 재확인하며 심화한다. 그것은 인간 존재 안에 이미 세계[2]가 들어와 있으며 그와 동시에 우리의 의식은 이미 세계 안에 있기 때문이다. 하이데거는 지향성과 지향성의 상관자 사이에는 일종의 공속 관계(Zusammengehörigkeit)[3]가 있어서 인간 현존재는 세계에 이미 몰입되어

1　이 장에는 다음 글의 일부가 포함되어 있음. 안용성, "하이데거의 '세계'에 비추어보는 르페브르의 '사회적 공간': 성서 서사 공간 해석을 위한 이론적 논구", 『한국기독교신학논총』 91(2014), 5-32.
2　여기서 "세계"란 Heidegger가 Husserl의 "생활세계" 개념을 이어받아 더 간결한 용어로 표현한 것이라 할 수 있다. Husserl의 "생활세계"(Lebenswelt)란 일상생활에서 언제나 눈앞에 주어져 있어서 직관적으로 경험되는 세계로서 객관적인 사유의 이면에 숨어 있는 근원적인 그리고 아직 이성적 언어로 서술되지 않은 삶의 영역이다.
3　Martin Heidegger, *History of the Concept of Time: Prolegomena* (tr. Theodore Kisiel; Bloomington: Indiana University, 1985), 44-47.

있고, 우리의 존재가 이미 세계와 서로 긴밀하게 얽혀 있다고 말한다. 따라서 우리가 세계를 인식하는 일은 인간 존재를 인식하는 일과 분리될 수 없다.[4]

주체와 대상이 이렇게 서로 긴밀하게 얽혀 있다면, 대상을 인식하는 방법, 즉 사태 자체에 도달하는 방법도 바뀌어야 할 것이며, 더 근본적으로는 주체와 대상이라는 도식 자체가 수정되어야 할 것이다. 인간과 세계가 공속 관계에 있다면, 그것은 인간의 의식 안에 이미 세계가 선험적으로 희미하게 주어져 있음을 의미하고, 대상을 주체와 분리해 객관화할 수 없음을 의미하기 때문이다. 따라서 이제는 대상으로부터 분리된 순수 의식으로서의 주체가 자신과 분리된 대상을 직관하는 방식이 아니라 인간 안에 선험적으로 주어진 세계에 대한 인식을 "선구조"(Vor-Struktur)로 삼아 그로부터 출발하여 사태 자체에 도달하는 새로운 방법이 필요하다. 하이데거는 그것을 가리켜 "이해"와 "해석"이라고 말한다. 후설에게서 의식의 대상 형성 작용, 즉 "구성 작용"에 해당하는 것이 하이데거에게서는 "해석"이다. 그는 후설의 현상학을 이렇게 해석이라는 견지에서 새로 디자인하는데 그것이 바로 하이데거의 해석학적 현상학이다.[5]

---

4 그래서 Heidegger는 하나의 주체가 하나의 객체와 관계한다는 것 또는 그 역은 자명한 것이며, 이러한 주체-객체 연관은 전제되어야 한다고 말한다. Heidegger, *Sein und Zeit*, 59. 현상학계에서는 Heidegger를 인용할 때, 일반적으로 Heidegger 전집(*Gesamt Ausgabe*)을 뜻하는 "Ga"와 전집 번호를 함께 표기하는 방식을 사용한다(예. Ga 2: 34). 이 책에서는 비전공 독자들을 고려하여 그러한 현상학계의 방식을 따르지 않고 일반적인 인용법으로 표기한다.
5 Ibid., 150-53. Heidegger의 해석학에 대해서는 다음 글을 참조하라. 윤철호, "하이데거의 존재론적 해석학", 『신뢰와 의혹』(서울: 대한기독교서회, 2007), 147-170.

1. 연구의 범위

해석학적 현상학을 담고 있는 하이데거의 주저인 『존재와 시간』(*Sein und Zeit*, 1927)[6]은 책 제목이 보여주듯이 존재 일반의 의미의 시간적인 성격을 해명하려는 책이다. 그와 함께 『존재와 시간』은 인간과 세계의 공속 관계를 드러내면서 공간에 대한 이해에도 괄목할 만한 진전을 보여준다. 그 책에 제시된 하이데거의 실존적 공간 개념은 그의 후기 저작들에서 존재의 토폴로지로 발전한다. 이러한 발전을 통해 하이데거의 사상에서 공간이 차지하는 위상에도 변화가 일어난다. 『존재와 시간』에서 공간은 시간에 비해 부수적인 주제였지만, 그것은 후기 사유로의 전회를 통해 하이데거 사상의 중심으로 자리 잡는다.[7] 하이데거는 그의 생애 말년에 행한 한 세미나(Seminar in Le Thor, 1969)에서 자신의 사상의 발전 과정을 다음과 같이 세 단계로 정리했다. 그의 사유는 먼저 (1) 존재의 의미에 대한 물음으로 시작하고, 그다음 단계로 (2) 존재의 진리에 관한 물음으로 이어졌으며, 최종적으로는 (3) 존재의 장소(Ort) 또는 장소성(Ortschaft)에 관한 물음에 이른다. 그는 세 번째이자 최종 단계의 사유를 "존재의 토폴로지"(Topologie des Seins; topology of being)라 명명한다.[8]

하이데거의 존재의 토폴로지는 이미 『존재와 시간』에서 어렴풋이 그 모습을 드러내기 시작했다. 무엇보다도 인간 존재를 가리키는 하이데거의 용어인 "현존재"(Dasein)[9]가 "거기에 있음"을 의미하여 다분히 공간

---

[6] Martin Heidegger, *Sein und Zeit* (Tübingen: Max Niemeyer Verlag, 1979; GA 2).

[7] 그 전이의 과정에 대해서는 다음 책을 참조하라. 강학순, 『존재와 공간』(서울: 한길사, 2011), 156-64.

[8] Heidegger, *Four Semiars* (trans. Andrew Mitchell & Francois Raffoul; Bloomington: Indiana University Press, 2003), 46-47.

[9] "현존재"란 인간을 가리키는 Heidegger의 용어다. Heidegger는 현존재를 "그 존재에게

적 함의를 가지고 있고,[10] 또 "거기에 있음"은 인간의 "처해 있음"(기분)과 "던져져 있음"(Geworfenheit)과도 밀접한 관련을 맺는다.[11] 이러한 공간의 메타포는 하이데거의 후기 저작들에서 광범위하게 사용되어 존재의 토폴로지로 발전한다. 그는 특히 철학 작품이나 예술 작품(시,[12] 회화,[13] 조형물,[14] 건축물[15] 등) 또는 사물(Ding)[16]을 존재의 진리가 드러나는 장소로 사유하고, 이러한 장소 사유의 결과 언어가 근원적인 토포스, 즉 "존재의

그 존재함에서 바로 이 존재함 자체가 문제가 되는" 존재자로서, 다른 모든 존재자들보다 뛰어난 존재자라고 규정한다. 좀 더 구체적으로 말하자면, 현존재는 다른 존재자들에 비해 존재적 우위, 존재론적 우위, 존재적-존재론적 우위라는 3중의 우위를 가지고 있다. Heidegger는 그의 논지를 분명히 하려는 의도에서, "인간" 대신 "현존재"라는 용어를 일상적으로 애용한다. 그러나 그러한 서술 방식이 Heidegger의 용어에 익숙하지 않은 비전공자들에게는 오히려 글을 난해하게 하는 요인이 되기도 한다. 따라서 나는 Heidegger가 "현존재"로 서술한 내용을 "인간", "우리" 또는 "인간 현존재" 등으로 바꾸어 인용하되 가급적 "현존재"라는 용어를 많이 사용하지는 않으려 한다. Heidegger, *Sein und Zeit*, 12을 참조하라.

10 독일어에서 현존재(Dasein)의 "현"(Da)은 시간을 가리킬 수도 있고 공간을 가리킬 수도 있는 다의적인 어휘다. Heidegger는 『존재와 시간』에서 이 용어를 종종 "거기에"라는 공간적 의미로도 사용한다. 특히 그는 "세계-내-존재"와 관련해서 세계의 "거기에-있음"(Da-sein), 곧 "안에-있음"(In-sein)이라고 말하면서 현존재라는 용어가 가진 공간적 함의를 드러낸다. Heidegger, *Sein und Zeit*, 143을 참조하라.

11 『존재와 시간』 제5장("안에-있음 그 자체")을 보라. Heidegger, *Sein und Zeit*, 130 이하.

12 Heidegger는 Hölerlins, Trakl, Hebel, Stepan George, Rainer Maria Rilke 등 여러 시인의 시를 분석하며 존재의 토폴로지를 전개한다. 그는 이 시들이 존재의 진리가 드러나는 장소가 된다고 말한다.

13 그 한 사례를 "예술 작품의 근원"에서 찾을 수 있다. Heidegger는 이 글에서 van Gogh가 그린 한 켤레의 농부의 신발을 소개한다. Martin Heidegger, 신상희 옮김, "예술 작품의 근원", in idem., 『숲길』(서울: 나남, 2008), 41 이하를 참조하라.

14 Heidegger, "예술 작품의 근원", 51 이하.

15 Martin Heidegger, 이기상 외 옮김, "건축함 거주함 사유함", idem, 『강연과 논문』(서울: 이학사, 2008).

16 Heidegger, "사물". 사물에 관한 논의는 뒤에서 "도구"와 관련하여 따로 자세히 다룬다.

집"으로 제시된다.[17]

그러나 이번 장은 하이데거의 후기 사유보다는 전기 작품인 『존재와 시간』에 나타나는 실존적 공간 개념에 더 많은 비중을 할애하고자 한다. 그 이유는 후기 하이데거의 장소 사유가 『존재와 시간』에 기초해 있기 때문이기도 하고 또 후기에 발전된 존재의 토폴로지의 많은 부분이 실제 공간을 넘어 공간의 메타포로 발전하기 때문이다. 예를 들어 하이데거는 고향을 장소의 모범으로 제시하는데, 그가 말하는 "고향"이란 지리적 고향을 직접적으로 가리키기보다는 인간이 인간답게 사유하며 체류할 수 있는 사유와 삶의 영역으로서 존재의 토포스를 의미한다.[18] 서론에서 밝힌 것처럼, 이 책의 주된 관심사가 되는 공간은 공간의 은유가 아니라 물질성을 가진 실제 공간이다. 따라서 이 장의 서술은 가급적 우리의 관심사와 연결되는 내용에 좀 더 주목하고자 한다. 먼저 『존재와 시간』을 중심으로 하이데거의 실존적 공간 개념을 서술하고, 후기 저술 가운데서는 『숲길』(*Holzwege*, GA 5) 중 "예술 작품의 근원"(Der Ursprung des Kunstwerkes, 1935/36), 『강연과 논문』(*Vorträge und Aufsätze*, GA 7) 중 "건축함, 거주함, 사유함"(Bauen Wohnen Denken, 1951), "사물"(Das Ding, 1950), "…인간은 시적으로 거주한다…"(…dichterish wohnt der Mensch…, 1951), 그리고 『사유의 경험으로부터』(*Aus der Erfahrung des Denkens*, GA 13) 중 "예

---

17 예를 들어, Martin Heidegger, 신상희 옮김, "무엇을 위한 시인인가", idem., 『숲길』(서울: 나남, 2010), 454; idem., 이선일 옮김, "휴머니즘서간", idem., 『이정표 2』(서울: 한길사, 2014), 124, 147, 175, 178; idem., 신상희 옮김, "언어에 관한 대화로부터: 어느 일본인(J)과 어느 질문자(F) 사이에서", idem., 『언어로의 도상에서』(서울: 나남, 2012), 150을 보라.

18 Jeff Malpas, *Heidegger's Topology: Being, Place, World* (Cambridge, Mass.: The MIT Press, 2006), 308.

술과 공간"(Die Kunst und der Raum, 1969) 등을 중심으로 하이데거의 공간 개념의 발전을 탐색해보고자 한다.

2. 『존재와 시간』이 나오기까지

하이데거는 후설의 조교로서 그리고 그의 후임 교수로서 후설과 함께 연구하며 그의 현상학으로부터 많은 영향을 받았다. 두 사람의 만남은 후설이 하이데거가 박사학위를 받은 프라이부르크 대학에 1916년에 교수로 부임하고, 1919년에는 하이데거가 후설의 조교가 되면서 시작되었다. 하이데거는 1923년까지 후설의 조교로 일하며 현상학을 강의했고, 그 후 5년간 마르부르크 대학에 조교수로 부임했다가 1928년에 후설의 후임으로 모교인 프라이부르크 대학의 교수가 되었다. 이때는 후설 현상학이 초중기를 지나 후기로 접어들 당시였다. 『존재와 시간』이 출간된 1927년까지 하이데거의 강의록과 단편들을 살펴보면, 그 당시 하이데거의 연구는 후설의 현상학을 중립적으로 서술하고 요약할 뿐 아니라 그것을 대담하고 독창적으로 재해석하고 변형하며 비판하는 방식으로 후설을 적극적으로 계승하고 있었다.[19]

하이데거는 후설의 현상학을 이어받아 한편으로는 후설 초기의 정적 현상학을 비판하고, 다른 한편으로는 그것을 해석학적 현상학으로 발전시켰다. 그는 후설이 인식의 주체인 순수 의식과 인식 대상을 분리했다고 비판한다. 후설이 순수 의식은 지향 작용을 통해 인식의 대상인 사태 자체에 도달한다고 말할 때, 여기서 의식, 즉 주체와 그 인식 대상이 분

---

19 이승종, "후설과 하이데거: 현상학의 비판, 수용, 극복", 『연세춘추』 1368(1999. 5. 17.) at http://chunchu.yonsei.ac.kr/news/articleView.html?idxno=1155

리된 것처럼 다루어진다. 사실 이러한 비판의 타당성에 관해서는 학자들 사이에 많은 논란이 있다. 후설의 현상학을 초중기에 국한해서 살펴보면, 주체와 대상이 분리되어 있다는 비판이 가능하지만, 그것은 후설의 일면일 뿐이기 때문이다. 이미 앞서 살펴보았듯이 후설은 그의 현상학 후기로 넘어가면서 주체와 대상의 공속 관계를 중요하게 다루었다. 하이데거가 후설과 교류한 시기는 이미 후설이 그의 후기 사상에 접어들고 있던 때였기 때문에 후설에 대한 하이데거의 평가가 적절한가 하는 문제 제기를 넘어, 하이데거가 과연 후설의 사상에서 일어난 그러한 변화를 전혀 인식하지 못하고 있었는가 하는 질문까지 제기된다. 그러나 후설과 하이데거의 사상적 관련성 문제는 좀 더 전문적인 식견이 필요한 별개의 주제이므로, 여기서는 이 문제를 더 이상 논하지 않겠다.[20]

3. 『존재와 시간』의 서술 방식

하이데거는 후설로부터 현상학의 주요 개념을 이어받았지만, 그의 서술 방식은 매우 독창적이다. 그는 『존재와 시간』에서 철학자들이 사용하는 학계의 전문 용어들보다는 일상적으로 사용되는 수많은 평범한 독일어 어휘들을 철학적으로 고양하여 새로운 학문 용어로 빚어가며 그의 사상을 전개해나간다. 그러나 쉬운 용어를 사용해서 철학 사상을 표현했다고 그 책의 내용이 쉽게 이해되는 것은 아니다. 하이데거가 그 용어들에 매우 낯선 개념들을 담았고, 그런 용어들을 많이 사용하며 또한 독특한 방식으로 논의를 전개하기 때문이다. 그래서 『존재와 시간』을 처음 대

---

20 Husserl의 중후기 현상학의 발전에 대해서는 다음 책을 참조하라. 이남인, 『현상학과 해석학』, 281-492.

하는 독자들은 하이데거의 새로운 용어들을 이해하고 분류하는 데 많은 시간을 할애하게 된다. 이러한 이유들을 포함하여, 『존재와 시간』은 가장 난해한 철학서 중 하나로 꼽히는데, 그것은 독일인들에게도 마찬가지인 듯하다. 독일인들 사이에 "『존재와 시간』이 왜 독일어로 번역되지 않느냐?" 하는 농담이 있을 정도라니 말이다. 하물며 그 책을 전혀 다른 성격의 언어로 번역해서 이해해야 하는 우리 같은 사람들이야 더 말해서 무엇하랴?[21]

하이데거가 평이한 독일어를 사용했다는 사실은 그 책을 우리말로 번역하는 사람들에게는 오히려 더 큰 고충으로 작용한다. 그 결과 번역자들마다 서로 다른 수많은 번역어를 산출했다. 그래서 하이데거에 관해 글을 쓰는 사람은 그 가운데 어떤 번역어를 택할지의 문제로 다시 고심하지 않을 수 없다. 『존재와 시간』의 대표적인 두 우리말 번역본은 소광희와 이기상의 것이다. 나는 주로 이기상의 번역어를 사용하며 그것을 소광희의 용어로 보충하는 방식을 선호한다. 소광희가 한자어를 주로 사용하는 반면 이기상은 순우리말을 선택하는 경향이 있어 평범한 독일어를 사용한 하이데거의 의도와 더 잘 통한다고 생각했기 때문이다. 나는 수많은 용어가 하이데거의 논의를 더 난해하게 하는 점을 고려하여 가급적 적은 수의 용어들을 선별하여 하이데거의 공간 개념을 소개하고자 한다. 또 『존재와 시간』을 인용한 각주에는 독일어 원서의 페이지 번호를 사용할 것인데, 이기상의 번역본에는 원서의 페이지 번호가 함께 명기되어 있어서 독자들이 참조하기에 용이할 것이다.

---

21 Martin Heidegger, 이기상 옮김, 『존재와 시간』(서울: 까치글방, 2001), 589, 옮긴이의 말을 참조하라.

4. 존재와 시간 그리고 공간

『존재와 시간』은 본래 그 제목이 보여주듯 인간 현존재가 가진 시간성에 근거하여 존재 일반의 시간적인 성격을 해석하려고 의도한 책이다. 그러나 그 책은 본래 의도와 달리 공간에 대한 논의에도 많은 비중을 할애하고 있는데 여기에는 다음과 같은 배경이 있다. 하이데거가 『존재와 시간』 서론에 제시한 "논구의 개요"에 의하면,[22] 그 책은 애초에 각 부 세 편씩 총 여섯 편으로 이루어지는 2부작으로 계획되었고, 그 여섯 편의 중심 주제는 존재의 시간성이었다. 그 여섯 편 가운데 첫 편은 "시간"이라는 주제를 다루기에 앞서, 그 준비 작업으로 인간 현존재의 존재인 마음씀을 분석하며, 그와 함께 현존재의 근본 구성틀로서 "세계-내-존재"를 다룬다. 그런데 세계-내-존재에 관한 제1편의 논의에는 "존재와 공간"이라는 제목을 붙여도 좋을 만큼 공간적 함의가 가득하다.[23] 그리고 "현존재와 시간성"이라는 제목을 단 제2편부터는 그 책의 중심 주제인 시간에 대한 논의가 본격적으로 시작된다. 그래서 만일 원래 구상했던 대로 여섯 편이 다 출간되었더라면, 『존재와 시간』은 시간 문제를 주로 다루는 책이 되었을 것이다. 그러나 1927년에 출간된 초판은 애초에 계획한 여섯 편 중 첫 두 편만을 담았으며 그 후에도 이 구성은 변화되지 않았다. 그래서 결과적으로 『존재와 시간』은 두 편으로 구성된 책으로 남았고, 그 절반에 해당하는 제1편이 공간을 비중 있게 다루고 있으므로

22　Heidegger, *Sein und Zeit*, 39-40.
23　물론 『존재와 시간』의 많은 부분에서 그 공간적 함의는 명시적이기보다는 암시적이고, 직접적이기보다는 간접적이기 때문에, 세밀한 분석이 필요하다. Heidegger는 많은 곳에서 "공간"을 Descartes의 공간과 동일시하여 부정적인 의미로 언급하기도 한다. Malpas, *Heidegger's Topology*, 65를 참조하라.

공간에 대한 논의가 그 책의 중심 주제 중 하나를 차지하는 형국이 되었다. 결국 이 책은 "존재와 시공간"이라고 제목을 바꾸어도 좋을 만한 책이 되었다.

B. "세계-내-존재"와 실존적 공간

1. 인간이 세계 "안"에 있음

하이데거는 세계를 이해하기 위해 먼저 인간 존재를 탐구한다.[24] 인간은 그 존재 안에 이미 세계를 품고 있기 때문이다. 이렇게 세계와 공속 관계에 있는 인간 현존재를 잘 보여주는 말이 "세계-내-존재"(In-der-Welt-sein)다. 이것은 문자 그대로 인간은 세계 "안"에 존재한다는 의미다. 하이데거는 이 어구에서 인간과 세계의 관계를 보여주는 "안"(in)이라는 말에 특별한 의미를 부여하는데, 바로 여기에 하이데거의 실존적 공간 개념이 녹아 있다. 우리가 세계 안에 존재한다고 할 때, 그는 이 말이 단순히 물이 컵 안에 있다든지 의복이 옷장 안에 있는 것과는 다르다고 말한다. 인간은 어떤 사물이 상자 안에 들어 있는 것처럼 단순히 세계 "내부에"(innerhalb) 있는 것이 아니라[25] 세계와 친밀한 관계를 맺고 있어서, 세계가 인간 존재에 깊은 영향을 미치고 또 인간 존재가 세계를 구성하

---

24 『존재와 시간』은 해석학적 현상학의 방법으로 인간 존재를 탐구해가는 과정을 잘 보여준다. 그것은 Heidegger의 궁극적인 목표인 "존재"라는 사태에 도달하기 위해, 그 존재를 희미하게 담고 있는 평균적이고 일상적인 존재 이해, 즉 비본래적인 존재 이해로부터 출발하여, 해석학적 순환을 통해, 인간의 근원적인 존재로 그리하여 결국 존재 일반의 의미에 대한 이해에로 나아가는 것이다.

25 인간이 세계 "내부에" 있음은 Descartes의 공간 개념을 대변한다. Heidegger가 자신의 실존적 공간을 대변하는 "안에" 있음과 대조하여 그렇게 정의한 것이다. Heidegger, *Sein und Zeit*, 101.

는 중요한 요소가 된다. 하이데거는 이러한 관계를 가리켜, 인간이 세계 "안에" 존재한다는 것은 곧 거주하는 것이고, 세계와 친숙한 관계 속에 존재하는 것이며, 세계 "곁에 있는"(sein bei…) 것이라 말한다.[26] 따라서 인간 실존은 공간과 분리될 수 없다. 데카르트가 그리는 것처럼, 인간이 있고, 그밖에 공간이 있어 인간이 공간을 대면하고 있는 것이 아니라,[27] 공간이 인간과의 관계 속에서 비로소 존재하기 때문이다. 그래서 세계는 인간 실존의 일부가 된다.

주의 깊은 독자는 이 지점에서 후설이 생활세계적 태도를 자연적 태도와 구별한 것을 떠올릴 것이다. 자연적 태도가 객관적 세계의 실재성을 소박하게 받아들이는 것이라면, 생활세계적 태도는 그러한 자연적 태도를 유보하고 이성적 사유 이전의 근원적 경험의 세계로 눈을 돌리는 것이다. 하이데거는 그러한 생활세계적 태도로부터 인간을 세계-내-존재로 바라보고 있는 것이다. 하이데거가 두 가지 서로 다른 태도를 어떻게 다양한 각도에서 대조해가며 그의 실존적 공간 개념을 발전시키는지 계속해서 살펴보기로 하자.

하이데거는 인간과의 관계에서 재정의되는 "실존적" 공간을 "범주적" 공간과 구별한다. 범주적(Kategorial) 공간이란 전통적 존재론의 관심사인 데카르트의 공간을 가리킨다. 하이데거는 범주적 공간의 특징을 그와 짝을 이루는 몇 가지 다른 용어들을 사용하여 설명한다. 범주적 공간은 세계 "내부에서" 발견되는 사물들의 성격이다. 하이데거가 "실존"과 구별하여 "실체"(Substanz)라 부르는 이 사물들은 "눈앞에 있

---

26 Ibid., 54.
27 Martin Heidegger, 이기상 외 옮김, "건축함 거주함 사유함", idem., 『강연과 논문』(서울: 이학사, 2008), 201.

음"(Vorhandenheit)이라는 존재 양식을 가지고 있다. "눈앞에 있음"이란 우리가 사물을 자연과학적으로 또는 객관적으로 대할 때 사물이 가지게 되는 상태다. 데카르트는 세계와 사물들이 우리와 분리되어 우리의 "눈앞에" 존재하는 것으로 간주했다. 데카르트의 "세계"는 눈앞에 있음의 존재 양식을 가진 실체들의 총합이라 할 수 있다. 하이데거는 이러한 데카르트적 "세계"를 자신의 세계와 구분하기 위해 큰 따옴표를 붙여 표기한다("세계"). 데카르트와 다르게 하이데거의 실존적(Existenzial) 공간은 "내부에" 있지 않고 "안에" 있으며 (In-sein), "손안에 있음"(Zuhandenheit)이라는 존재 양식을 가지고 있다. 손안에 있음이란 우리의 손안에 있는 도구가 마치 우리 몸의 일부인 양 우리와 친밀하고 자연스러운 관계를 맺고 있듯이 그렇게 존재함을 가리킨다.[28] 그리고 이 실존적 공간성은 다음과 같은 행위들로 특징지을 수 있다. 그것은 관여함, 제작함, 경작하고 가꿈, 사용함, 포기하여 잃어버리도록 놓아둠, 시도함, 관철함, 알아봄, 캐물음, 고찰함, 논의함, 규정함 등이다.[29] 이 행위들은 모두 우리와 세계 사이에 이루어지는 친밀한 관계를 기술한다. 이를 도표로 요약하면 다음과 같다.

---

28 "손안에 있음"이라는 존재 양식에 대해서는 뒤에서 "도구"와 관련해서 더 상세히 설명할 것이다.
29 Heidegger, *Sein und Zeit*, 57

범주적 공간	실존적 공간
• 실체(Substanz) • "세계"("Welt") • 내부에 있음(Innerhalb-sein) • 눈앞에 있음(Vorhandenheit)	• 실존(Existenz) • "세계"("Welt") • 안에 있음(In-sein) • 손안에 있음(Zuhandenheit)

<표 1> 데카르트의 범주적 공간과 하이데거의 실존적 공간

2. 실존적 공간과 물리적 공간

허버트 드레이퍼스(Herbert L. Dreyfus)는 영어의 다양한 전치사들을 활용해서 범주적 공간성과 실존적 공간성을 구별하여 설명한다. 예를 들어 "그녀가 "주택 안에"(in the house) 있다"고 말할 때, "안"(in)이라는 전치사는 범주적 공간성을 표현한다. 그러나 그녀가 누군가를 "사랑하고"(in love) 있다거나 "업무 중"(in business)이라 말할 때는 동일한 전치사가 실존적 공간성을 표현한다. 그는 그 외에도 다양한 장소 전치사들(at, by, to)의 용례를 들어 동일한 전치사가 두 공간에서 전혀 다른 의미로 사용될 수 있음을 보여준다. 방향을 지시하는 전치사 "to"의 예를 하나 더 들어보자. "그녀는 친구를 "향해" 돌아섰다"(She turned "to" her friend). 이 문장이 범주적 공간에서는 단순히 그녀가 친구가 있는 쪽을 향해 물리적으로 몸으로 돌렸다는 뜻이다. 그러나 실존적 공간에서 이 문장은 그녀가 그 친구를 도우려 했다거나 아니면 그 친구의 동지가 되었다는 뜻으로 이해될 수 있다.[30]

드레이퍼스는 하이데거의 범주적 공간을 "물리적 공간"(physical space)

---

[30] 다음 내용을 참조하라. Herbert L. Dreyfus, *Being-in-the-World: A Commentary on Heidegger's Being and Time, Division 1* (Cambridge, Mass.: The MIT Press, 1991), 43.

으로 재정의하고, 그것과 대조하여 실존적 공간성(existential spatiality)의 특징들을 제시한다. 물리적 공간이란 기하학적 공간으로서 공간 내의 모든 지점이 등질적이고, 중심이나 주변이 구별되지 않는다. 이것은 데카르트 식의 단순한 연장(extension)이다. 물리적 공간 내에서의 구별은 한 기준점으로부터의 거리로 측정된다. 그러나 실존적 공간은 단순한 기하하적 공간이 아니라 삶의 공간이며 쓰임새에 따라 구별되는 공간이다. 실존적 공간에서는 우리 각자가 공간의 중심이 되며, 그 중심을 기준으로 위와 아래, 오른쪽과 왼쪽이 구별된다. 드레이퍼스는 이를 다음과 같은 도표로 정리한다.[31]

물리적 공간	실존적 공간
▪ 기하학적 공간, 발생의 공간	▪ 삶의 공간, 가용 공간
▪ 등질적: 중심이 없음	▪ 개인적: 각자가 중심이 됨
▪ 단순한 연장	▪ 방향성 (위/아래, 좌/우)
▪ 삼차원의 다양한 위치들	▪ 나로부터 멀고 가까움
▪ 거리 측정	▪ 가용성의 정도

<표 2> 물리적 공간과 실존적 공간

드레이퍼스는 이처럼 하이데거의 난해한 공간 개념을 이해하기 쉽게 풀어서 설명해주지만, 그의 설명 가운데는 동의할 수 없는 점도 있다. 그는 범주적 공간을 문자적 의미의 공간으로 정의하고, 실존적 공간을 은유적 의미의 공간으로 정의한다. 그러나 실존적 공간이 은유적 공간이라는 설명은 두 가지 점에서 하이데거의 공간에 대해 심각한 오해를 불러일으킬 수 있다. 먼저, 실존적 공간이 물리적 공간과 구별되는 것은 사

31　Ibid., 139.

실이고, 또 하이데거의 후기 사유로 넘어가면서 공간의 은유화가 일어나는 것도 사실이지만, 기본적으로 실존적 공간은 물리적 공간 없이 구성되는 것이 아니기 때문이다. 실존적 공간은 물리적 공간을 벗어난 어떤 것이 아니라 물리적 공간을 포함하는 것이며, 물질성을 가진 공간을 인간과의 관계에서—후설의 표현으로 하자면, 생활세계적 태도를 가지고—새로이 규정한 것이다. 그래서 실존적 공간은 단순히 물리적 공간의 은유가 아니다.[32] 드레이퍼스가 제시한 영어 전치사 "in"의 사용 사례 역시 그러한 한계 내에 머물러 있다. 사랑하고(in love) 있다거나 업무 중(in business)에 있다 할 때, "사랑"과 "업무"를 위치와 물질성을 가진 공간이라 하기는 어렵기 때문이다.

나아가서, 실존적 공간이 하나의 은유라는 설명은 하이데거의 현상학의 근본 전제를 정면으로 부정하는 주장이 될 수 있다. 일반적인 개념에 따라 은유와 객관의 관계를 따져보자면, 객관적 사실이 먼저 있고 그 객관적 사실로부터 은유가 추상된다. 그러나 하이데거의 실존적 공간은 데카르트의 공간으로부터 추상된 것이 아니라 오히려 그 반대다. 현상학은 실존이 앞서 존재하고, 그 실존으로부터 객관이 추상된 것이라고 말하기 때문이다. 다시 말해서, "눈앞에 있음"으로서의 객관적 공간은 실존적 공간이 자신의 근원적 생의 차원을 벗어나 외화 또는 탈생화(ent-lebung)[33]된 것에 불과하다. 따라서 실존적 공간이 물리적 공간의 은유라는 말은 현상학의 공간 이해와 정면으로 상치될 수 있다.[34]

---

32 Jeff Malpas도 실존적 공간이 단지 은유적인 것이 아님을 지적한다. Malpas, *Heidegger's Topology*, 80.
33 이남인, 『해석학과 현상학』, 193.
34 우리가 뒤에서 함께 살펴보게 될 Bachelard는 "은유"와 "이미지"를 예리하게 구별한다.

C. 도구의 공간성과 세계

하이데거는 우리가 보통 "객관적"이라 부르는 범주적 공간이 우리의 공간 경험을 있는 그대로 설명해주지 못한다고 말한다. 우리의 공간 경험은 실존적이기 때문이다. 반면에 범주적 공간, 즉 데카르트의 공간은 그 실존적 경험을 추상화하여 우리의 사고 속에서 만들어낸 2차적 결과물일 뿐이다. 하이데거는 사물이 범주적 공간에 존재하는 방식을 가리켜 "내부성"(Inwendigkeit)이라 부른다. 내부성이란 "그 자체로 연장된 한 존재자가 하나의 연장된 것의 연장된 경계에 의해 둘러싸여 있음"을 말한다.[35] 여기서 내부적 존재자와 그것을 둘러싸고 있는 것은 둘 다 공간 안에 (눈앞에) 있다. 이러한 데카르트의 공간 개념을 따르자면, 세계는 공간 안에 있다.

데카르트와 비교하여 함께 생각해볼 수 있는 사람이 칸트다. 칸트의 인식론에 따르면, 공간은 인식의 대상으로 주어져 있는 것이 아니라 시간 그리고 오성의 범주들과 함께 우리의 주관 안에 있다. 공간은 단지 무정형의 질료에 불과한 감각 재료들을 하나의 통일체로 구성해내는 감성의 형식 중 하나에 불과한 것이다. 칸트의 인식론을 따르자면, 공간은 주관 안에 있다.

그러나 하이데거는 공간이 주관 안에 있는 것도 아니고 세계가 공간 안에 있는 것도 아니라고 말한다. 오히려 공간은 세계-내-존재인 인간

그의 현상학의 관심사는 은유가 아니라 이미지다. Bachelard에 의하면, 이미지는 현상학의 영역인 몽상 가운데서 형성되는 것으로서 창조력을 가지고 있지만, 은유란 표현하기 어려운 인상에 구체적인 형태를 주기 위해 동원된 것으로서 단지 조작된 이미지에 불과하다. Gaston Bachelard, 곽광수 옮김, 『공간의 시학』(서울: 동문선, 2003), 170을 참조하라.

35 Heidegger, *Sein und Zeit*, 101.

이 열어 밝힌 것으로서 세계 안에 있다.[36] 그는 인간 "현존재에게는 그의 세계-내-존재에 맞추어 그때마다 이미 발견된 공간이 ─ 비록 비주제적이긴 하지만 ─ 앞서 주어진다"고 말한다.[37] 그때마다 우리에게 이미 발견되어 앞서 주어지는 이 공간, 즉 세계 안에 있는 공간이란 어떤 것일까? 하이데거의 논의 속으로 좀 더 깊이 들어가보자.

1. 배려와 도구

우리가 하이데거의 공간을 세계 안에 있는 것으로 이해하기 위해서 함께 알아야 할 것은 그의 "마음 씀"과 "도구" 개념이다. 하이데거는 인간과 세계 사이에 맺어지는 실존적 관계를 설명하기 위해 "마음 씀"(Sorge)[38]이라는 개념을 동원한다. 인간 현존재의 마음 씀은 다른 사람을 향하기도 하고 사물을 향하기도 하는데, 하이데거는 이 마음 씀이 다른 사람들과의 관계에서 나타날 때는 이를 "심려"(Fürsorge)라고 부르며, 사물과의 관계에서 나타날 때는 "배려"(Besorgen)라 말한다.[39] "심려"와 "배려"는 하이데거가 사용한 독일어 어휘들의 각운을 살려내기 위해 선택된 번역어들이다. 따라서 우리가 일반적으로 사용하는 한국어의 "배려"나 "심려"의 의미를 그대로 대입해서는 그 개념을 정확히 이해하기 어렵다. 본래의 의도에 좀 더 가깝게 두 어휘를 풀어쓰자면, 배려는 "사물을 향한 마

---

36   Ibid., 111.
37   Ibid., 112.
38   "마음 씀"은 소광희의 번역어다.
39   Heidegger, *Sein und Zeit*, 56-57, 191-96. 이기상과 소광희 모두 "Besorgen"을 "배려"라 번역했으며, 영어 번역본 중 Joan Stambugh(Albany: SUNY, 2010)는 "taking care"로, Macquarrie와 Robinson(Oxford: Blackwell, 1962)은 "concern"으로 옮겼다.

음 씀" 그리고 심려는 "사람을 향한 마음 씀" 정도가 좋을 듯하다.[40] 배려, 즉 사물에 마음 씀은 실존적 공간성의 존재 양식이다. 이 배려로 인해 실존적 공간이 경험되고 구성되는 것이다.

배려, 즉 사물에 마음 씀으로 인해, 사물은 우리에게 "도구"(Zeug)로 경험된다. 하이데거는 이렇게 우리 앞에 존재하는 사물들이 그저 저 앞에 또는 저 밖에 인간과 분리되어 존재하는 "사물"(res)이 아니라 인간에게 사용되는 도구로서의 성격을 가지고 있음에 주목하면서 인간과 세계의 밀접한 관계를 드러낸다. 그런데 여기서 도구란 "~을 하기 위한 어떤 것"(etwas, um zu~)[41]을 가리키는 총칭으로서, 우리가 일반적으로 사용하는 도구 개념보다 범위가 훨씬 넓다. 우리가 보통 "도구"하면 글씨를 쓰기 위해 사용하는 필기도구나 옷을 만들기 위한 재봉 도구 같은 것을 가리키지만, 하이데거는 이에서 더 나아가 발에 신기 위한 구두, 거주하기 위한 집과 실내 장식, 시간을 확인하기 위한 시계,[42] 의사 전달을 위한 기호[43] 등 인간의 손길이 들어가 있고 인간을 위한 쓰임새를 가진 모든 세계 내부적 존재자들을 가리켜 "도구"라 부른다. 확장해보자면, 작게는 우리가 매일 먹는 음식과 차 한 잔으로부터 시작해서, 출퇴근에 사용하는 자동차와 지하철, 도로와 철도와 해운과 항공망, 그리고 도시와 국가의

---

40 물론 사물을 향한 마음 씀과 사람을 향한 마음 씀은 서로 다르다. 사람은 사물과 달리 자유롭고 독립적인 존재이기 때문이다. Heidegger는 사물에 마음 씀을 "곁에 있음"으로 그리고 사람에 마음 씀을 "더불어 있음"으로 성격화한다. 우리가 사람을 사물처럼 대하게 되면, 다른 사람을 지배하거나 그 사람을 도구로 전락시킨다. 이 점에 대해서는 『존재와 시간』제4장을 참조하라. Heidegger, *Sein und Zeit*, 113-130. 다른 사람들과의 관계에 대한 Heidegger의 논의는 "타자"에 관한 Sartre의 논의의 토대가 되었다.

41 Heidegger, *Sein und Zeit*, 68-69.

42 Ibid., 68-71.

43 Ibid., 76-83.

시스템까지 모든 것이 다 도구다. 앞서 제시한 후설의 관점을 사용하여 다시 말해보자면, 우리가 동일한 세계 내부적 존재자를 자연적 태도로 바라보면 그것은 사물(res)이 되지만, 생활세계적 태도로 그것을 바라보면 도구가 된다.

2. 도구와 세계

도구는 어딘가에 사용되기 위해 존재한다. 하이데거는 이렇게 "어떤 것을 가지고 어디에 사용하도록 함"을 가리켜 "쓰임새 지시연관"(Bewandtnis)[44]이라 말한다. 쓰임새 지시연관에 의해 모든 도구는 목표를 가지며 그 목표에 따라 적절한 자리에 배치된다. 그런데 이 쓰임새 지시연관은 대개 쓰임새 지시연관의 전체성에 의해 선행적으로 윤곽이 지어져 있기 마련이다. 예를 들어, 집을 짓는 목수가 망치라는 도구를 사용한다고 가정해보자. 이 목수는 망치 외에도 여러 가지 도구를 함께 사용하여 집을 짓는데, 각각의 도구는 집을 짓는 목적에 따라 제각기 그 용도와 "자리"(Platz)가 정해져 있다. 이러한 "쓰임새 지시연관의 전체성"은 목수가 망치를 사용하기 전에 이미 앞서 주어져 있다. 이 쓰임새 지시연관의 전체성(Bewandtnisganzheit) 또는 도구의 전체성(Zeugganzheit)이 곧 도구의 "지평"이다. 그런데 앞서 후설을 논하며 언급했듯이, 지평의 총체가 바로 세계다. 이런 관점에서, 하이데거는 그 쓰임새 지시연관의 전체성이 그 자체 안에 세계와의 어떤 존재론적 관련을 맺고 있다고 말한다.[45] 따라서 "세계 내부적으로 만나게 되는 것을 그리로 자유롭게 내

---

44 Ibid., 84. "쓰임새 지시연관"은 이남인의 번역어다. 같은 용어를 이기상은 "사용사태"로 옮기고, 소광희는 "적재성"으로 옮긴다.

45 Ibid., 85.

어주는 그것(지평)의 선행적인 열어 밝힘은, 다름 아니라 바로 세계에 대해서 이해함이다."[46]

이처럼 도구를 향하는 인간의 손길에는 무엇을 "하기 위한" 의도가 담겨 있는데, 그 의도는 항상 다른 의도와 연결되거나 더 큰 의도에 포함되기 마련이다. 그리고 도구의 "~을 하기 위한"을 따라가다 보면, 우리는 궁극적으로 인간과 만난다. 도구적 성격을 가진 모든 사물은 누군가에게 사용되기 위해 만들어진 것이기 때문이다. 제작자 자신이 사용하기 위해 만든 도구들뿐 아니라, 심지어 시장에 내다 팔기 위한 물품들에도 장래 그 도구를 이용하거나 착용할 사람들에 대한 지시가 담겨 있다. 그뿐만 아니라, 물품의 제작에 사용된 재료들을 소급해가면, 모든 재료는 결국 자연으로부터 나온 것이므로, 우리가 사용하는 도구들을 통해 자연이 함께 발견된다. 따라서 우리는 손안에 있는 존재자로서의 도구를 사용하면서 그 안에서 인간을 만나고 동시에 세계를 만난다.[47] "도구"는 이처럼 하이데거의 철학에서 인간과 세계의 공속성을 드러내어 보여주는 중요한 개념이다.

3. 도구의 공간성

하이데거의 실존적 공간은 인간과 도구와의 관계를 통해 또는 도구의 사용과 배치를 통해 구성되는 공간이다. 인간의 배려의 대상인 "도구가 그 안에서 그것 자체에서부터 스스로를 내보이고 있는 도구의 존재 양식"은 "손안에 있음"(Zuhandenheit)인데,[48] 하이데거는 이 손안의 것의 존

46　Ibid., 86.
47　Ibid., 69-71.
48　Ibid., 69.

재 구조와 관련하여 도구의 공간성을 설명한다.

도구가 손안에 있다는 것은 그것이 어떤 쓰임새 지시연관을 통하여 인간과 밀접한 관계 안에 있음을 의미한다. 나아가 "손안의 것"은 그 표현 자체가 암시하듯 우리가 다른 것에 앞서 먼저 만나는 존재자이며 또한 가장 "가까이에" 있는 존재자이기도 하다. 여기서 가까움이란 거리의 측정을 통해서가 아니라 배려의 "둘러봄"(Umsicht)과 사용함에 의해 규정되는 개념이다. 둘러봄이란 이론적으로 "눈앞에" 있는 사물을 대하는 "바라봄"(Hinsehen)과 대조되는 개념이다.[49] 목수가 망치라는 도구를 볼 때, 그는 주체와 분리된 이론적 대상으로 망치를 대하는 게 아니다. 목수는 작은 소품들을 만들거나 집을 지으려는 실천적 목적에 따라 그 망치를 가까운 곳에 배치하며 또 손에 잡고 활기차게 움직인다. 망치는 능숙한 목수에게 그의 몸의 일부와도 같다. 이것이 도구의 "가까움"이며, 그러한 도구와 맺는 관계가 바로 배려의 둘러봄과 사용함이다. 그런데 도구의 이러한 가까움은 방향 잡힌 가까움이다. 이는 도구들이 그때마다 다른 도구들과의 관련 속에서, 즉 도구 전체성 속에서 각자가 차지하는 쓰임새 지시연관에 의해 그 자리가 정해져 있음을 의미한다. 정리하자면, 도구, 즉 손안에 있는 존재자는 우리 가까이에 있는데, 이 가까움은 곧 방향과 거리에 의해 규정되는 것이다. 하이데거는 이를 다음과 같이 서술한다.

도구의 방향 잡힌 가까움이 의미하는 것은 이 도구가 순전히 어딘가에 눈앞에 있어 공간 속에 자기의 위치를 가지고 있음이 아니라 오히려 도구

---

49 Ibid.

로서 본질적으로 설치(비치)되고 장치(배치)되며 정돈되어 있음을 의미한다. […] 그때마다의 자리가, 주위 세계적으로 손안에 있는 도구 연관의 서로서로를 향해서 방향 잡힌 자리들의 전체에서부터, 이 도구의 무엇을 하기 위한 자리로서 규정된다. […] 자리는 그때마다 각기 한 도구가 귀속되어 있는 특정한 "저기"이며 "거기에" 있다.[50]

하이데거는 이렇게 배려와 둘러봄에 의해서 도구의 자리가 그 안에서 정해지는 "어디에"를 가리켜 "방역"(Gegend)이라 부른다. 이렇게 "방향과 거리에 의해서 구성된 자리는 이미 하나의 방역으로 그리고 그 방역 내부에서 방향이 잡혀 있다."[51] 그리고 이렇게 도구 전체성 속에서 각 도구의 자리들이 정해질 수 있기 위해서는 방역이 먼저, 즉 선험적으로 발견되어야 한다. 하이데거는 이 방역의 한 사례를 다음과 같이 제시한다.

집은 나름의 해가 드는 쪽과 비가 들이치는 쪽을 가지고 있다. "방들"의 배치는 여기에 방향이 잡혀 있으며 또한 그 공간 내부에서 "실내 배치" 역시 그때마다 그것의 도구 성격에 따라서 방향이 잡힌다. 예를 들면, 교회와 묘지는 태양의 일출과 일몰에 맞추어 자리 잡는 것으로서 생명과 죽음의 방역들이며, 거기서부터 현존재 자신이 세계 안에서의 그의 가장 고유한 존재 가능과 관련되어 규정되고 있다. 그의 존재함에 있어 바로 이 존재함 자체가 문제가 되고 있는 현존재의 배려는 그가 선행적으로 그때마다 하나의 결정적인 쓰임새를 가지고 있는 그러한 방역들을 발견한다. 방역들

---

50 Ibid., 102-103. 인용문 중 생략된 부분을 표시한 […]는 나의 것이다.
51 Ibid., 103.

을 이렇게 선행적으로 발견함은 쓰임새 지시연관의 전체성에 의해서 함께 규정되어 있는데, 이 쓰임새 지시연관의 전체성으로 손안의 것이 만나게 되는 것으로서 자유롭게 주어진다.[52]

4. 거리 없앰, 방향 잡음, 신체

이제 이러한 도구의 공간성을 도구를 사용하는 인간을 중심으로 다시 서술하여 우리에게 실존적 공간이 어떻게 구성되고 경험되는지 살펴보자. 우리는 사물과 공간을 눈앞의 것이 아닌 손안의 것으로 경험하며, 또 주변의 공간을 손안의 것, 즉 실존적 공간으로 구성하며 살아간다. 이 과정에서 우리는 세계 안에서 만나게 되는 존재자들을 배려하며 그 존재자들과 친숙한 교섭을 이루며 세계 "안에" 존재한다.

하이데거는 이러한 안에-있음의 공간성이 "거리 없앰"(Ent-fernung)과 "방향 잡음"(Ausrichtung)이라는 성격을 가지고 있다고 말한다.[53] 여기서 거리가 있다, 즉 멀다는 것은 앞서 가까움에 관해 논할 때 말했듯이, 물리적 거리 측정에 의해 규정되는 것이 아니다. 거리 있음은 눈앞의 존재의 본질을 보여주는 범주적 규정이다. 실존적 공간은 그 거리를 없애며 구성되는 것이다. 다시 말해서, 범주적 공간의 본질이 멂이라면, 실존적 공간의 본질은 가까움이다. 이러한 관점에서, 인간은 세계-내-존재로서 본질적으로 거리 없앰 속에 머물고 있으며, 그런 점에서 인간은 공

---

52 Ibid., 103-04. 우리말 번역은 이기상 역본 146-47을 따랐으나, 이남인을 따라 독일어 "Bewandtnis"는 "쓰임새 지시연관"으로, "Bewenden"은 "쓰임새"로 옮겼음(이기상의 번역어는 각각 "사용사태"와 "사용"임).

53 Ibid., 105.

간적이다.[54] 이러한 거리 없앰은 동시에 방향 잡음의 성격을 가진다. 앞서 예로 들었던, 목수의 둘러보는 배려함, 즉 목수가 망치를 배치하고 사용하는 모습은 방향 잡는 거리 없앰의 한 좋은 사례가 될 수 있다. 인간은 이처럼 "방향 잡으며 거리를 없애는 존재로서, 그때마다 이미 발견된 자신의 방역(Gegend)을 가지고 있다."[55]

그런데 하이데거는 이러한 방향 잡음을 우리의 신체성과 관련짓는다. 우리는 사물의 방향을 동서남북으로 경험하기 전에, 왼쪽과 오른쪽으로, 앞과 뒤로, 그리고 위와 아래로 경험한다. 그것은 우리의 의식이 신체를 가진 주관이기 때문이다. 이러한 신체성이 도구와 관련해서 뚜렷이 드러나는 것이 장갑의 사례다. 장갑과 같이 손의 움직임을 함께하는 손안의 것은 왼쪽으로 아니면 오른쪽으로 방향 잡혀 있어야 한다.[56]

하이데거는 여기서 이러한 방향 잡음이 세계-내-존재에 의해 기초 지어져 있다고 말한다. 오른쪽과 왼쪽은 그것에 대해 주체가 어떤 느낌을 가지는 주관적인 것이 아니라 그때마다 이미 손안의 세계로 방향이 잡혀 있다. 다시 말해서, 우리는 방향을 잡기 위해서 나의 양 측면에 대한 "순전한 느낌과 함께 그때마다 이미 하나의 세계 안에 있으며 또 있어야 한다."[57]

이러한 방향 잡음을 이해하기 위해 우리가 밝은 곳에 있다가 캄캄한 방 안에 들어서는 경우를 가정해보자. 이때 우리는 먼저 손을 더듬어 익

---

54 Ibid., 106. 도구와의 관련에서 보자면, 거리를 없앤다는 것은 곧 낯선 도구들이 내게 익숙해짐을 의미한다. 심귀연, "메를로-퐁티에 있어서 시공간성과 주체성 그리고 신체", 『철학논총』 76(2014), 483.
55 Heidegger, *Sein und Zeit*, 108.
56 Ibid.
57 Ibid., 109.

숙한 사물을 찾아내고 그것을 중심으로 방향을 가늠한다. 다시 말해서, "나는 필연적으로 그때마다 이미 "잘 알려진" 세계 곁에 있음 안에서 그리고 거기서부터 방향을 잡는다." 그런데 만일 내가 없는 사이에 누가 집기들을 움직여서 왼쪽에 있던 것들이 전부 오른쪽으로 옮겨졌다고 생각해보자. 그런 방 안에서 방향을 잡기 위해서 양 측면에 대한 나의 순전한 느낌은 어떤 특정한 대상이 파악되기 전까지는 아무런 도움이 되지 못할 것이다. 이처럼 우리가 오른쪽과 왼쪽이라는 방향을 설정하는 것은 단순히 우리의 양 측면에 대한 느낌에서 비롯되는 것이 아니라 우리가 이미 그때마다 하나의 세계 안에 있음, 즉 우리의 본질적인 세계-내-존재에 의해서 함께 규정되는 것이다.[58]

이렇게 우리의 방향 잡음과 거리 없앰이 세계 안에 있다는 것은 곧 세계 안에 공간이 본질적으로 함께 열어 밝혀져 있음을 의미한다. 앞서 이미 살펴본 것처럼, 인간이 사물과 관계하는 도구 연관은 방역에 귀속되며, 따라서 손안에 있는 것들의 존재를 형성하는 쓰임새 지시연관의 전체성에는 당연히 공간쓰임새 지시연관(Raumbewandtnis)도 함께 포함된다. 이 공간쓰임새 지시연관에 의해서 손안의 것들이 그 형태와 방향에 따라 발견되고 규정되는 것이다. 하이데거는 이렇게 우리가 사물을 공간에서 만나게 되는 것, 즉 손안에 있는 것을 그것의 공간성에로 내어줌을 가리켜 "공간 내줌"(Raum-geben) 또는 "공간 마련"(Einräumen)이라 부른다. 이러한 공간 마련을 통해 방향 설정이 가능해진다.[59]

이처럼 우리에게는 우리의 세계-내-존재에 따라 그때마다 이미 발견

---

58 Ibid., 109-10.
59 Ibid., 111.

된 공간이 앞서 주어진다.⁶⁰ 공간성은 오직 세계에 의해서만 발견될 수 있다.⁶¹ 칸트가 주장하듯 공간이 주관 안에 위치하고 있는 것도 아니고, 경험주의가 말하듯 주관이 공간 안에 있는 세계를 관찰하고 있는 것도 아니다. 오히려 인간 현존재가 공간적이기 때문에, 공간이 스스로를 선험적 토대로서 내보여주는 것이다.⁶² 이러한 하이데거의 공간 개념과 신체 개념은 나중에 메를로-퐁티를 통해서 더 구체화되고 과학적으로 입증된다. 메를로-퐁티로 넘어가기 전에, 존재와 시간에 제시된 하이데거의 실존적 공간 개념이 그의 후기 장소 사유를 통해 어떻게 존재의 토폴로지로 발전하는지 그 일면을 살펴보자.

D. 후기 하이데거의 장소 사유

우리의 주제인 공간과 관련하여 볼 때, 전기 하이데거는 도구 세계 안에서의 실존에 강조점을 두고 인간의 고유한 존재 방식을 이해하려 했다. 그러나 후기 하이데거에서 그 강조점은 사방세계 안에서의 거주로 옮겨간다.⁶³ 그리고 이러한 변화 과정을 통해, 공간은 하이데거 사상의 중심으로 자리를 잡아간다. 그는 『존재와 시간』에서 시간을 존재 이해의 지평으로 간주하고, 의식을 순수한 시간성으로 파악하며, 의식의 공간성을 부정했다. 공간성은 시간성에 정초되었다.⁶⁴ 이렇게 『존재와 시간』의

---

60 Ibid., 112.
61 Ibid., 113.
62 Ibid., 111.
63 강학순, 『존재와 공간』, 39.
64 Ibid., 160.

하이데거는 공간에 대한 시간성의 우위를 주장했으나 나중에 이를 철회하고 그 길이 잘못되었음을 인정했다. 그리하여 후기에는 시간과 공간의 공속성을 강조하며 공간을 그의 존재론의 중심으로 삼는 "공간 전회"(spatial turn)라고 할 만한 변화를 이룬다.[65]

하이데거의 공간 전회와 밀접하게 관련이 있는 것이 그의 "사물"(Ding) 개념이다. 앞서 우리는 하이데거가 사물을 그저 "눈앞에" 존재하는 "단순한 사물"로 보지 않고, 인간과 친밀한 관계를 이루는, 즉 "손안에" 있는 "도구"로 이해함을 보았다. 그리고 이 "도구" 개념이 인간과 세계의 공속성, 그리고 실존적 공간에 대한 이해를 드러내는 중요한 개념임을 확인했다. 하이데거는 "예술 작품의 근원"(1935/36)에서 이러한 도구적 사물 이해를 작품과 관련하여 발전시키며, 이후에는 거주와 관련하여 사물의 공간적 함의를 더 심화한다.

1. "사물" 개념의 발전

하이데거는 "예술 작품의 근원"에서 그의 도구적 사물 이해를 전통적인 견해들과 대별하여 비교적 상세하게 제시한다. 사물은 전통적으로 ① 외형적 특징의 담지자로서 또는 ② 감관에 주어진 다양성의 통합체로서 이해되었다.[66] 첫 번째 견해는 "눈앞에" 존재하는 모든 것을 사물

---

65 Martin Heidegger, *What is a Thing* (trans. W.B. Barton, jr. and Vera Deutch; South Band, Ind.: Gateway Editions, 1967; GA 41), 16-17; idem., *Zur Sache des Denkens* (Frankfurt: Vittorio Klostermann, 2007; GA 14), 24. Villela-Petit는 이러한 입장 변화가 이미 『존재와 시간』 후반부(제70절)에서 일어나기 시작했음에 주목한다. Maria Villela-Petit, "Heidegger's Conception of Space," in idem., *Martin Heidegger Critical Assessment,* vol. 1: Philosophy (ed. Christopher Macann; London: Routledge, 1992), 118.
66 Heidegger, "예술 작품의 근원", 26-32.

로 이해하는 것으로서 그리스적 사물 이해이며, 데카르트적 사물 이해이기도 하다. 두 번째 견해는 감각된 것 또는 인지된 것을 사물로 간주하는 것으로서 경험주의를 가리키는 것으로 보인다.[67] 하이데거는 이러한 두 입장에 대해 "사물에 대한 첫 번째 해석이 사물을 신체로부터 분리해서 우리와는 너무 먼 곳에 떼어놓고 있다면, 두 번째 해석은 사물을 지나치게 우리 신체 쪽으로 밀어붙"임으로써 사물에 대한 바른 이해로부터 벗어났다고 비판한다.[68] 그는 사물이 자기에게 고유한 지속적 존립성 속에서 받아들여져야 한다고 말하는데, 그것이 바로 도구로서의 사물 이해다. 하이데거는 사물을 형상화된 질료로 이해하는 세 번째 견해를 소개하며 이를 비판적으로 발전시켜 그의 도구적 사물 이해를 제시한다.

도구가 단순한 사물과 구별되는 것은 그것이 용도성(Dienlichkeit)을 가지고 있기 때문이다. 그 용도성이 도구의 형태를 결정한다. 예를 들어, 단지가 가지고 있는 형태는 단순히 질료가 분배되어 그 결과로 생겨난 것이 아니라 오히려 단지의 용도성이 질료의 종류와 배치를 규정하는 것이다. 단지는 새지 않아야 하고, 도끼는 아주 단단해야 하며, 신발은 매우 질기면서도 유연성이 있어야 한다.[69] 이러한 용도성과 함께 도구가 가지는 또 하나의 특징은 제작성이다. 이러한 것들은 어떤 것을 하기 위한 도구로 제작된 것이기 때문이다. 반면에 "단순한 사물"(ein bloßes Ding)은 이러한 용도성과 제작성을 결여한다.[70] 하이데거는 이렇게 사물을 단순한 사물이 아니라 도구로 이해하면서 세계에 대한 그리고 인간

67　서동은, 『하이데거와 가다머의 예술 이해』, 61.
68　Heidegger, "예술 작품의 근원", 32.
69　Ibid., 34-35.
70　Ibid., 37.

과 세계의 관계에 대한 이해를 심화한다.

근원적인 진리는 도구 연관의 세계 경험이다. 그러므로 도구적 사물을 가장 완벽하게 이해하고 있는 사람은 바로 도구를 사용하는 사람 자신이다. 하이데거는 반 고흐가 그린 한 켤레의 농부의 신발 그림을 예로 들어 설명하는 가운데 다음과 같이 말한다.

> 밭일을 하는 농촌의 아낙네는 신발을 신고 있다. 이러한 경우에 비로소 신발은 신발 자신의 본질로 존재한다. 신발이 진정 신발로서 가장 참답게 존재하는 경우는 아낙네가 일을 하면서 자기가 신고 있는 신발에 대해 생각하거나 그것에 시선이 팔리거나 혹은 그것을 느끼는 일조차 전혀 없을 때, 오직 그때만이 가장 참답다. 농촌 아낙네가 서 있든 걸어가든 신발은 실제로 이렇게 쓰이고 있다. 우리는 이러한 도구 사용의 과정에서 도구적 성격을 발견한다.[71]

도구는 마치 우리 몸의 일부인 것처럼 자연스럽게 인지되고 경험되는데, 이렇게 경험되는 세계가 바로 생활세계다. 현상학은 그 생활세계를 기술하고자 하는 것이며, 도구적 사물 이해는 바로 그러한 기술의 일환이다. 반면에 전통적 이해는 사물을 눈앞에 있는 것으로 대상화하여 단순한 사물로 보기 때문에 사물의 본질에 접근해갈 수 없다는 것이 하이데거의 비판이다.

그럼 우리는 어떻게 이 도구적 사물 그리고 도구적 사물의 세계라 할 수 있는 생활세계가 자신을 드러내는 그대로 이해하고 기술할 수 있을

---

71 Ibid., 41-42.

까? 하이데거는 그 가능성을 예술에서 찾는다. 왜냐하면 그는 도구 연관의 세계 경험이라는 이 근원적인 진리가 예술 작품을 통해서 일어난다고 보기 때문이다. 그 한 사례를 다시 반 고흐의 그림에서 찾아보기로 하자.

너무 오래 신어서 가죽이 늘어나 버린 신발이라는 이 도구의 안쪽 어두운 틈새로부터 밭일을 나선 [아낙의] 고단한 발걸음이 엿보인다. 신발, 이 도구의 수수하고도 질긴 무게 속에는 거친 바람이 부는 평활한 밭고랑 사이로 천천히 걸어가는 강인함이 배어 있다. 신발 가죽 위로는 기름진 땅의 습기와 풍요로움이 깃들어 있으며, 신발 바닥으로는 저물어가는 들길의 고독함이 밀려온다. 신발이라는 이 도구 가운데에는 대지의 말 없는 부름이 외쳐오는 듯하고, 잘 익은 곡식을 조용히 선사해주는 대지의 베풂이 느껴지기도 하며, 또 겨울 들녘의 황량한 벌판에 감도는 해명할 수 없는 대지의 밀쳐냄이 전해오기도 한다. 더 나아가 이 도구에서는 빵을 얻기 위한 불평 없는 근심과 고난을 이겨낸 후에 오는 말 없는 기쁨과 탄생을 위해 겪어야 하는 산고와 죽음의 위협 앞에서의 떨리는 전율이 느껴진다. 이 도구는 대지에 속해 있으며 농촌 아낙네의 세계 속에 포근히 감싸인 채 존재한다. 이렇듯 포근히 감싸인 채 귀속함으로써 그 결과 도구 자체는 자기 안에 [고요히] 머무른다.[72]

하이데거는 반 고흐의 그림이 농촌 아낙네의 신발이라는 한 도구가 진정으로 무엇으로 존재하는지를 밝혀주고 있다고 말한다. 그의 표현을 따르자면, "신발이라는 존재자가 자신의 존재의 비은폐성 가운데로 나

---

72 Ibid., 42-43. 번역문 일부를 수정했다.

타난 것이다."[73] 하이데거는 예술의 본질을 "존재자의 진리가 작품-속으로-스스로를-정립하고-있음"(das Sich-ins-Werk-Setzen der Wahrheit des Seinden)이라 정의한다. 따라서 예술 작품은 도구적 사물과 생활세계를 그 참된 모습대로 열어 밝힐 수 있다. 물론 이 말이 "예술은 현실적인 것을 모방하여 묘사하는 것"이라는 주장을 따르는 것은 아니다. 하이데거는 작품이 그때그때 눈앞에 나타나는 개별적 존재자를 재현하는 것이 아니라 사물의 보편적 본질을 재현하는 것이 중요하다고 말한다.[74]

2. 사방세계 안에 거주함

이러한 예술 작품 이해에 더하여, 하이데거는 그림뿐만 아니라 건축물이나 시와 같은 다양한 작품을 사유의 대상으로 삼는다. 그리고 인간은 이러한 작품 또는 도구를 지음, 즉 제작함을 통해 "세계 안에" 거주함을 보여준다. 하이데거에게서 "지음"이라는 말은 우리말과 비슷하게 세 가지 의미를 갖는다. 첫째, 지음이란 돌봄과 보호함이다. 그것은 농부가 밭을 갈아 곡식과 과수를 재배하거나 목초지를 가꾸는 것처럼 성장하는 자생적인 사물들을 돌보거나 인간 자신이 기른 것을 보호하는 것이다. 지음이란 농사지음에 가까운 말이라 할 수 있겠다. 둘째, 지음이란 집을 지음이다. 이것은 거주하기 위한 집을 짓거나 사원을 건축하거나 또는 예술 작품을 만드는 등의 건립 또는 제작을 가리키는 말이다. 셋째, 지음이란 그보다 더 본질적인 의미로서 시를 지음을 뜻한다. 이것은 인간의 거주를 시원적으로 근거 짓는 지음으로서, 거주를 위한 시원적인 삶의

73　Ibid., 45-46.
74　Ibid., 46-47.

장소를 짓거나 또는 거주함의 본질적인 차원을 근거지어 나가는 매우 탁월한 방식의 지음이다.[75] "지음"의 이러한 세 가지 의미는 모두 거주와 관련된 것으로서 공간적인 함의를 가진다. 앞서 설명했듯이 "거주"란 세계-내-존재로서의 인간의 존재 방식이며, "거기에 있는 존재"로서의 인간 현존재(Da-sein)의 근본 특성이기도 하다. 이러한 거주에 대한 분석에 하이데거의 공간 이해가 고스란히 녹아 있다.

그럼 하이데거가 거주와 공간을 어떻게 이해하는지, "건축함, 거주함, 사유함"(1951)을 중심으로, 그리고 그와 관련된 주제를 다루고 있는 "사물"(1950) 및 "예술과 공간"(1969) 두 편과 함께 살펴보기로 하자. 건축물은 예술 작품이기도 하지만, "건축함, 거주함, 사유함"에서는 건축물이 도구적 사물의 대표적인 한 사례로 제시된다. 따라서 우리는 그 글을 통해 "예술 작품의 근원"에 제시된 하이데거의 사물 이해가 어떻게 심화되고 발전하는지 그 한 가닥을 엿볼 수 있다. 건축함은 거주함을 목표로 삼는다. 물론 모든 건축물이 거주물은 아니다. 예를 들어, 고속도로나 방적 공장 또는 발전소와 같은 건축물들을 거주를 위해 짓는 것은 아니니 말이다. 그러나 하이데거는 비록 직접적으로 거주에 사용되지 않는 건축물일지라도 그것이 우리의 거주에 봉사하고 있다면, 여전히 거주함으로부터 규정될 수 있다고 제안한다.[76] 그는 이러한 전제하에 건축이란 단지 거주를 위한 수단에 불과한 것이 아니라 건축함 그 자체가 이미 거주함이라고 말한다.[77] "건축함의 본질은 거주하게 함이다. […] 우리가 거

---

75 신상희, "사방세계 안에 거주함"(해제), Heidegger, 이기상 외 옮김, 『강연과 논문』(서울: 이학사, 2008; GA 7), 461.
76 Heidegger, "건축함 거주함 사유함", 184.
77 Ibid., 185.

주할 능력이 있을 때에만, 우리는 건축할 수 있다."[78]

하이데거는 거주함을 사방세계와 관련짓는다. "사방"(das Geviert)이란 ① 땅과 ② 하늘 그리고 ③ 신적인 것들과 ④ 죽을 자들이 하나로 포개짐을 말한다. 그는 인간의 거주를 통해 이 사방이 하나로 모이고 통일되며 거기에 서로를 향한 보살핌이 이루어진다고 말한다.[79] 그러한 모여듦을 가능하게 하는 것이 건축물이다. 건축물들은 사물로서 사방을 그것들이 그 자체로부터 합일되는 그러한 사방의 하나로 포개짐 안에 머물게 한다.[80] 이는 인간과 세계가 서로 공속되어 있음에 주목하며, 그래서 인간의 삶이 세계를 향한 소중한 보살핌 가운데서 이루어져야 함을 말하는 하이데거의 사유를 잘 보여준다. 여기서 "죽을 자들"(die Sterblichen)이란 인간을 가리킨다. 하이데거가 인간을 "죽을 자들"이라 부르는 이유는 오직 인간만이 죽을 수 있기 때문이다. 그는 죽는다는 것을 "죽음을 죽음으로써 받아들일 수 있다"(Tod als Tod vermögen)는 뜻으로 정의한다.[81] 오직 "죽을 자들로서의 인간들만이 비로소 거주하면서 세계로서의 세계를 이룩할 수 있다."[82]

그리고 건축물들은 저마다 그 나름의 방식으로 사방을 소중히 보살핀다."[83] 그리고 사물은 사방을 머물게 한다. 그런데 하이데거는 사방세계에 거주하는 인간, 곧 죽을 자들의 보살핌은 사중으로 이루어진다고 말한다. 먼저 죽을 자들은 땅을 구원하는 한에서 거주한다.

---

78 Ibid., 206. "[…]"로 표시한 생략은 나의 것이다.
79 Ibid., 191-92.
80 Heidegger, "사물", 233.
81 Heidegger, "건축함 거주함 사유함", 191.
82 Heidegger, "사물", 236.
83 Heidegger, "건축함 거주함 사유함", 205.

구원은 [어떤 것을] 위험으로부터 낚아챌 뿐 아니라 본래적으로는 어떤 것을 그것의 고유한 본질에로 자유롭게 놓아둠(freilassen)을 의미한다. 땅을 구원한다는 것은 땅을 사용하거나 혹은 개간하는 것 이상이다. 땅을 구원함은 땅을 지배하지 않고 또한 땅을 복종케 만들지도 않는다. 여기로부터 단 한 걸음이라도 나아간다면, 그 걸음은 무제한적인 착취로 이어진다.[84]

그뿐 아니라 죽을 자들은 하늘을 하늘로서 받아들이는 한에서, 그리고 신적인 것들을 신적인 것들로서 기다리는 한에서 거주한다. 그리고 마지막으로 죽을 자들을 죽음을 죽음으로서 맞이할 수 있는 능력을 잘 사용하도록 이끄는 한에서, 그 결과 잘 죽도록 이끄는 한에서 거주한다.[85]

건축은 이러한 사방세계의 보살핌으로서의 거주를 위해 공간을 마련하는 행위라 할 수 있다. 하이데거의 고향이자 그가 생애의 대부분을 보냈던 슈바르츠발트의 한 농가에 대한 하이데거의 서술은 그러한 사중적 보살핌이 잘 이루어져 있는 건축의 사례를 보여준다. 아래의 내용은 후대의 공간 이론가들이 "장소"에 관해 논할 때 자주 인용하는 구절이기도 하다.

2백 년 전 농부의 거주로 건축된 슈바르츠발트의 한 농가를 잠시 생각해 보자. 여기서는 땅과 하늘, 신적인 것들과 죽을 자들을 사물 안으로 하나로 포개어 들여보내는 능력의 절실함으로 집이 상량되었다. 샘이 가까운

---

84 Ibid., 192. 번역문 일부를 수정했다.
85 Ibid., 192-93.

목장들 사이에, 남향을 바라보며 바람을 막아주는 산허리에 농가가 세워졌다. 거기에 넓게 돌출한 판자 지붕을 얹어놓았는데, 이 지붕은 적절한 경사면을 따라 쌓이는 눈을 흘려보내고, 깊숙이 아래쪽으로 드리워져 있어 기나긴 겨울밤의 폭풍으로부터 방들을 보호했다. 공동 식탁 뒤에 모신 십자가상의 구석진 자리도 빠뜨리지 않았고, 또한 방들 안에는 분만과 [망자의] 관대(Totenbaum)—그곳[슈바르츠발트의 농가]에선 관을 의미하는—를 위한 성스런 장소들을 마련해놓았다. 그렇게 한 지붕 아래 사는 서로 다른 연령의 구성원들에게 그들의 인생 역정의 특징들이 제시되었다. 그 자신이 거주함으로부터 비롯된, 그리고 자신의 도구와 발판을 아직도 사물로써 사용하는 수공업이 그 농가를 건축했다.[86]

3. 사물이 장소를 건립함

슈바르츠발트의 한 농가에 관한 서술에서 보았듯이, 건축이란 공간 안에 무엇을 건립하는 행위가 아니라 오히려 공간을 마련하는 행위, 즉 장소를 건립하는 행위다. 건축으로 새로운 장소들이 만들어진다. 위에서 보았듯이, 건축을 통해 사방세계가 집이라는 사물 안으로 모여듦으로써 새로운 장소가 지어진다.

이에 대하여, 하이데거는 사물 자체가 장소로 존재하는 것이지, 단지 어떤 장소에 속하는 것이 아니라고 말한다.[87] 하이데거는 강 위에 서 있는 다리를 예로 들어 이러한 사물을 통한 장소의 건립을 설명한다. 강 위에 다리가 세워지면 그 다리를 중심으로 새로운 장소(Ort)가 만들어

---

86 Ibid., 206-07. 번역문의 일부를 수정했다.
87 Heidegger, 신상희 옮김, "예술과 공간", idem., 『사유의 경험으로부터』(서울: 도서출판 길, 2012), 271-72

진다. 왜냐하면 그 다리가 사방에게 하나의 터전(Stätte)을 허락함으로써 땅과 하늘 그리고 신적인 것들과 죽을 자들을 자기 가까이로 결집하여 모아들이기 때문이다.[88] 다리가 있기 전에 장소가 있어 다리가 그 장소에 비로소 도달하는 것이 아니라, 다리에 의해 비로소 장소가 성립된다. 이처럼 건축된 사물로서 다리는 사방에게 하나의 터전을 허락하는 방식으로 사방을 결집하며 모아들이는데, 이러한 터전으로부터 이러저러한 자리(Platz)와 길(Weg)이 규정되며, 또 이것들을 통해 공간(Raum)이 마련된다. 이렇게 마련된 공간은 하나의 장소, 즉 다리라는 사물을 통해 그때그때 마련되고, 접합, 즉 결집된다. 이처럼 장소가 공간 안에 있는 것이 아니라 방역의 장소가 도처에 편재하고 있어서 이러한 편재로부터 비로소 공간이 펼쳐진다.[89] "각 공간들은 자신들의 본질을 장소로부터 수용하는 것이지, "저" 공간으로부터 수용하는 것이 아니다."[90] 그래서 하이데거는 이렇게 말한다.

> 다리는 하나의 장소다. 그러한 사물로서의 다리는 땅과 하늘 그리고 신적인 것들과 죽을 자들이 그 안으로 들어오도록 마련된 하나의 공간을 허락한다. 다리에 의해 허락된 공간은 다리와의 상이한 가까움과 멂 속에 있는 많은 자리를 포함하고 있다.[91]

이처럼 하이데거는 공간에 의해 장소가 마련되는 것이 아니라 장소

---

88   Heidegger, "건축함 거주함 사유함", 197.
89   Heidegger, "예술과 공간", 272.
90   Heidegger, "건축함 거주함 사유함", 198.
91   Ibid., 199.

에 의해 공간이 마련된다고 말한다. 공간에는 많은 자리가 있다. 그러나 이제 이 자리들은 단순한 위치들로 평가되며 객관적인 측량의 대상이 된다. 그 위치들은 다른 것들에 의해 점유될 수도 있고, 거기에 있는 물체들은 다른 것들에 의해 대체될 수도 있다. 하이데거는 이처럼 수학적으로 이해된 곳을 "저" 공간이라 명명한다. 그러나 "저" 공간은 그 안에 어떤 장소들을 포함하지 않는다.[92] 하이데거는 이러한 장소와 공간의 관계를 토대로 해서 인간과 공간의 관계에 대한 숙고로 나아간다.

> 인간과 공간을 언급한다면, 이러한 언급은 마치 인간은 한쪽에 서 있고 공간은 다른 쪽에 서 있는 것처럼 들릴 것이다. 그러나 공간은 인간에 대해 마주해 있는 것이 아니다. 그것은 외적인 대상도 아니고 내적인 체험도 아니다. 인간이 있고 그밖에 공간이 있는 것이 아니다. 왜냐하면 내가 "인간"이라 말하면서 이 낱말로 인간적 방식으로 존재하는—즉 거주하는—그러한 것을 사유할 때, 나는 사물들 곁에서 사방 안에 체류하고 있음을 곧 "인간"이라는 낱말로 명명하기 때문이다.[93]

4. 시 지음을 통한 시원적인 건립함

앞에 소개한 하이데거의 "지음"의 세 가지 의미 중 지금까지는 주로 집을 지음, 즉 건립함 또는 제작함으로서의 지음, 그리고 보살핌과 보호함으로서의 지음이라는 두 가지 의미를 집중적으로 살펴보았다. 이러한 이중적인 방식의 지음은 인간이 이 땅 위에 거주하기 위한 장소를 구체

---

92 Ibid., 200.
93 Ibid., 201.

적으로 마련해나가는 행위다. 그러나 하이데거는 이러한 두 가지 방식의 지음이 거주함의 시원적인 본질을 다 채우지 못한다고 본다. 그보다 인간이 진정으로 거주하고 그 거주의 장소를 마련하기 위해서는 더 근본적인 지음이 필요한데, 그것은 시 지음이라는 매우 탁월한 방식의 지음을 통해 존재의 장소를 건립하는 것이다.

하이데거는 이러한 탁월한 지음으로서의 시 지음에 대한 통찰을 횔덜린(Johann Christian Friedrich Hölderlin, 1770-1843)의 시 한 편을 분석함으로 이어간다. 하이데거는 특히 이 시의 한 부분에 주목해 그 시행을 중심으로 주변 시구들을 함께 분석하는데, 그 시행은 이렇게 노래한다. "인간은 시적으로 거주한다"(dichterish wohnt der Mensch). 하이데거에 의하면, 이 시는 이렇게 말함으로써, 시 지음이 거주함을 비로소 하나의 거주함으로 존재하게 하는 행위임을 드러내고 있다. 달리 말해 시 지음은 "본래적으로" 거주하게 함이다. 그렇다면 시 지음은 거주하게 함으로써 하나의 근원적인 지음, 즉 건축함(Bauen)이 된다.[94] 하이데거는 이러한 통찰로부터 그 글에서 두 가지 과제를 수행하고자 한다. 하나는 인간의 실존을 거주함의 본질로부터 사유하는 것이고, 다른 하나는 거주하게 함으로서의 시 지음의 본질을 아주 탁월한 건축함(das ausgezeichnete Bauen)으로써 사유하는 것이다.[95]

그럼 시 지음이 어떻게 탁월한 건축함, 즉 장소를 건립함이 되는 것일까? 그것은 하늘과 땅 사이에 "차원"(Dimension)이라 불리는 일종의 새로운 장소라 할 수 있는 것을 엶으로써다. 하이데거는 여기서 차원이란

---

94 Heidegger, 이기상 외 옮김, "…인간은 시적으로 거주한다…" idem., 『강연과 논문』(서울: 이학사, 2008; GA 7), 246.
95 Ibid., 246-47.

습관적으로 표상된 공간의 펼쳐짐을 말하는 것이 아님을 강조한다. 왜냐하면 모든 공간적인 것은 장소에 의해 마련된 것으로서 그 자체가 이미 그 공간을 마련해주는 하나의 차원을 필요로 하기 때문이다.[96] 건축함이 장소를 건립하여 공간을 마련하듯, 시 지음은 차원을 건립하여 공간을 마련한다.

그런데 하이데거는 차원이란 "위로는 하늘에 이르기까지 또한 아래로는 땅에 이르기까지 그 사이가 밝게 비추어져 있어" 철저히 가늠될 수 있는 것이라 말한다. 시 지음이란 바로 그 차원을 가늠함이다. "인간은 하늘의 것들에 따라 자신을 가늠함으로써 차원을 철저히 가늠한다. 인간은 이러한 철저한 가늠을 때때로 착수하는 것이 아니라 오히려 이렇게 철저히 가늠하는 가운데 전적으로 비로소 인간이 된다."[97] 계속하여 하이데거의 말을 들어보자.

> 섬세한 가늠은 단지 땅만을 섬세히 가늠하는 것은 아니다. 따라서 그것은 단순한 기하학(땅의 정확한 측정)이 아니다. 섬세한 가늠은 마찬가지로 언제나 하늘을 그것 자체를 위해 섬세히 가늠하는 것도 아니다. 섬세한 가늠은 과학이 아니다. 그것은 이 둘을, 즉 하늘과 땅을 서로에게로 가져오는 사이[의 의미]를 가늠해내는 것이다. 이러한 섬세한 가늠은 자신의 고유한 척도를 가지며, 따라서 자신의 고유한 운율을 가진다.[98]

이처럼 하이데거에게서 시 지음이란 인간이 본질적으로 거주하는 "차

---

96 Ibid., 254.
97 Ibid., 254–55.
98 Ibid., 255.

원"을 본래적으로 가능하는 행위로서 "시원적인 지음(건축함)"이다. 그래서 "시 지음은 인간의 거주함을 비로소 그것의 본질 안에 들어서게 한다. 시 지음은 근원적으로 거주하게 함이다."[99]

이러한 시원적인 건축함으로서의 시 지음에 대한 하이데거의 분석은 그의 수많은 글들을 통해 이어진다. 그 가운데는 휠덜린의 시에 대한 것이 가장 많은데, 앞에 소개한 "…인간은 시적으로 거주한다…"(『강연과 논문』[*Vorträge und Aufsätze*], GA 7) 외에도 『휠덜린 시의 해명』(*Erläuterungen zu Hölderlins Dichtung*, GA 4),[100] 『숲길』(*Holzwege*, GA 5), 『휠덜린의 송가: 게르마니엔과 라인강』(*Hölderlins Hymnen: "Germanien" und "Der Rhein"*, GA 39),[101] 『휠덜린의 송가: 회상』(*Hölderlins Hymne "Andenken"*, GA52),[102] 『휠덜린의 송가: 이스터』(*Hölderlins Hymne "Der Ister"*, GA53)[103]를 포함해 많은 글에서 휠덜린의 시가 다루어진다. 그 외에도 『언어로의 도상에서』(*Unterwegs zur Sprache*, GA 12)에는 트라클(Georg Trakl, 1887-1914)[104]과 게오르게(Stefan Anton George, 1868-1933)[105]의 시에 대한 분석이, 그리고 『사유의 경험으로부터』(*Aus der Erfahrung des Denkens*, GA 13)[106]와 『헤벨: 가까운 집안친구』(*Hebel Der Hausfreund*)[107]에는 헤벨(Johann Peter Hebel)

---

99 Ibid., 264.
100 Martin Heidegger, 신상희 옮김, 『휠덜린 시의 해명』(서울: 아카넷, 2009).
101 Martin Heidegger, 최상욱 옮김, 『휠덜린의 송가: 게르마니엔과 라인강』(서울: 서광사, 2009).
102 Martin Heidegger, 신상희, 이강희 옮김, 『회상』(서울: 나남, 2011).
103 Martin Heidegger, 최상욱 옮김, 『휠덜린의 송가: 이스터』(서울: 동문선, 2005).
104 Heidegger, 신상희 옮김, "시에서의 언어: 게오르그 트라클의 시에 대한 논구", idem., 『언어로의 도상에서』, 55-113.
105 Heidegger, 신상희 옮김, "말", idem., 『언어로의 도상에서』, 301-29.
106 Hebel에 관한 몇 편의 짧은 글들이 이 책에 포함되어 있음.
107 Martin Heidegger, *Hebel Der Hausfreund* (Pfullingen: Neske, 1957).

의 시를 다룬 글들이 담겨 있다. 릴케(Rainer Maria Rilke, 1875-1926)도 『숲길』(*Holzwege*, GA 5)에서 횔덜린과 비교하여 다루어진다.[108]

E. 요약

지금까지 우리가 함께 확인한 것처럼, 하이데거의 "실존적 공간" 개념은 그의 전기 대표작인 『존재와 시간』에서 제시되었고, 후기 사유를 통해 "존재의 토폴로지"로 발전되었다. 우리는 실존적 공간을—자연적 태도를 대변하는—데카르트의 "범주적 공간"과 대비해서 이해할 수 있다. 범주적 공간이 "눈앞에" 존재하는 "실체"들의 "내부성"으로 특징지어지는 반면에 실존적 공간은 "세계 안에" 존재하는 인간과의 친밀한 관계에 의해 "손안에 있음"으로 경험된다.

실존적 공간은 물리적 공간과도 구별될 수 있다. 물리적 공간이 기하학적 공간이라면, 실존적 공간은 삶의 공간이다. 물리적 공간은 3차원의 등질적이고 다양한 위치들로 구성되고, 중심이 없으며, 물리적 거리로 측정되는 반면에 실존적 공간은 각자가 중심이 되어 위와 아래, 왼쪽과 오른쪽으로 구별되는 방향성을 가진 공간이다. 실존적 공간에서 거리란 나로부터 멀고 가까움을 의미하며, 객관적 거리보다는 가용성의 정도로 측정된다. 이상의 대조는 〈표 1〉과 〈표 2〉에서 확인할 수 있다.

데카르트와 경험주의가 공유하는 객관적 공간 개념에 따르면, 세계는 공간 안에 존재한다. 반면에 칸트의 인식론에 따르면, 공간은 주관 안에 있다. 그러나 하이데거는 공간은 세계-내-존재인 인간이 열어 밝힌 것

---

108 Heidegger, 신상희 옮김, "무엇을 위한 시인인가?", idem., 『숲길』, 393-470.

으로서 세계 안에 있다고 말한다. 그래서 우리가 대상을 인식할 때마다 이미 세계가 앞서 주어지는 것처럼, 공간은 사물과의 관계에서 언제나 이미 발견되어 앞서 주어진다.

그러한 실존적 공간을 잘 보여주는 것이 "도구" 개념이다. 우리의 "마음 씀"(배려)으로 인해 사물은 우리에게 도구로 경험되는데, 손안에 있는 존재로서 모든 도구는 앞서 주어진 "쓰임새 지시연관"에 의해 목표와 자리를 부여받는다. 이 쓰임새 지시연관의 전체성 또는 도구의 전체성이 곧 도구의 지평이자 세계다. 손안에 있는 존재로서의 도구는 우리로부터 가장 가까이에 있는 존재자로서, 배려의 둘러봄과 사용함에 의해 규정된다. 이러한 배려와 둘러봄에 의해 도구는 "방역" 안에 자리를 잡는다. 도구의 전체성 속에서 각 도구의 자리가 정해지기 위해서는 방역이 먼저 발견되어야 한다.

방역 안에서 자리가 정해지는 도구의 공간성은 "거리 없앰"과 "방향 잡음"으로 특징지어진다. 여기서 "거리가 있다", 즉 멀다는 것은 범주적 공간의 본질적 특징이다. 반면에 실존적 공간의 본질은 가까움이다. 그래서 실존적 공간은 거리 없앰과 방향 잡음을 통해 구성된다. 하이데거는 이 방향 설정을 우리의 "신체성"과 관련짓는다. 예를 들어, 오른쪽과 왼쪽은 주체의 주관적인 느낌이 아니라 그때마다 우리의 세계-내-존재에 의해 기초 지어지는 것이다. 이렇게 거리 없앰과 방향 잡음을 통해 도구로서의 사물이 공간성을 가지게 되는 것을 가리켜 "공간 내줌" 또는 "공간 마련"이라 한다.

하이데거는 이러한 도구적 사물 이해를 그의 후기 사유에서 더 발전시킨다. 인간은 도구를 제작함으로써 세계 안에 거주한다. 건축물은 도구적 사물로서 "사방", 즉 땅과 하늘, 신적인 것들과 죽을 자들을 모아들여 하나로 포개짐 안에 머물게 한다. 그리고 이로써 새로운 장소가 지어진다. 사물이 사방을 모아 머물게 함으로써 공간을 마련하는 것이다. 이처럼 건축이란 공간 안에 무엇을 세우는 행위가 아니라 오히려 공간을 마련하는 행위, 즉 장소를 건립하는 행위다.

여기서 중요한 것은 사물 자체가 장소로 존재하는 것이지, 단지 사물이 어떤 장소에 속하는 것이 아니라는 점이다. 이는 강 위에 다리가 세워져 사방에 터전을 허락하여 사방을 결집하여 모아들이는 것과 같다. 장소가 공간 안에 있는 것이 아니라 방역의 장소가 도처에 편재하고 있어서 이러한 편재로부터 비로소 공간이 펼쳐진다. 각 공간들은 자신들의 본질을 장소로부터 수용하는 것이지, "저" 공간으로부터 수용하는 것이 아니다. 공간에 의해 장소가 마련되는 것이 아니라 장소에 의해 공간이 마련되는 것이다.

이러한 장소에 대한 사유는 후기 하이데거에서 존재의 토폴로지로 발전한다. 하이데거는 사방세계 안에서의 거주에 초점을 맞추어 인간과 세계의 공속을 강조하고, 우리의 삶, 즉 거주가 세계를 향한 소중한 보살핌 가운데서 이루어져야 함을 보여준다. 곧 하늘을 하늘로서 받아들이고, 땅을 구원하며, 신적인 것들을 신적인 것들로 기다리고, 죽을 자들이 죽음을 죽음으로서 맞이할 수 있도록 잘 이끄는 한에서 거주해야 한다. 슈바르츠발트의 한 농가에 대한 하이데거의 서술은 사중적 보살핌이 잘 이루어져 있는 거주의 모범적인 사례다.

하이데거는 이러한 공간 마련, 즉 장소의 건립은 건축함을 통해 그리고 보살핌을 통해 이루어질 뿐 아니라 시를 지음이라는 더 근본적인 지음, 곧 아주 탁월한 건축함을 통해 이루어질 수 있다고 말한다. 우리는 시를 지음을 통해 거주함의 시원적인 본질에 이를 수 있다. 이는 하늘과 땅 사이에 "차원"이라는 일종의 새로운 장소를 여는 방식으로 이루어진다. 건축함이 장소를 건립하여 공간을 마련하듯, 시 지음은 차원을 건립하여 공간을 마련한다. 이처럼 하이데거에게 시 지음이란 인간이 본질적으로 거주하는 차원을 가늠하는 행위로서 근원적인 건축함이다.

제3장

메를로-퐁티의 공간

에드문트 후설과 마르틴 하이데거의 현상학은 우리의 관심을 이성적 사유 이전의 본원적 의식, 즉 신체를 가진 의식과 그 의식에 주어지는 더 근원적인 세계로서의 생활세계에 주목하게 했다. 그리고 공간을 포함하여 우리가 경험하는 모든 것을 그 생활세계 또는 세계 안에 있는 것으로서 해명하고자 했다. 이렇게 두 사람이 제시하고 다듬어낸 현상학의 과제는 이제 메를로-퐁티에 이르러 더 심화되고 한층 더 견고하게 세워진다. 무엇보다도, 그는 과학 실험 자료들을 분석하여 현상학적 공간의 존재를 드러내고, 객관적 공간에 대한 실존적 공간의 우위를 입증한다.

모리스 메를로-퐁티(Maurice Merleau-Ponty, 1908-1961)는 사르트르[1]와 함께 독일의 현상학을 프랑스에 가져와 뿌리내리게 한 사람이다.[2] 그

---

1 Merleau-Ponty와 Jean-Paul Sartre는 한때 학문적 동지이자 정치적 동지로서 함께 현상학 연구를 주도했고 저널 「현대」(*Les Temps Modernes*)를 함께 창간하기도 했으나, 나중에 냉전 시대의 정치적 문제를 두고 이견을 보여 갈라진다.
2 Merleau-Ponty 사상의 발전 과정은 (1) 현상학의 시기, (2)사회 정치 철학의 시기, (3) 탈현상학 또는 형이상학의 시기로 나눌 수 있다. 지각의 현상학은 그중 최초기인 현상학의 시기에 속한다. 류의근, "메를로-퐁티에 있어서 신체와 인간", 『철학』 50(1977), 261.

는 그의 주저인 『지각의 현상학』(*Phénoménologie de la Perception*, 1945)[3]에서 의식과 본능을 하나로 연결하는 신체적 주관의 지각 현상을 세밀하게 분석하고 이론화하면서 생활세계 현상학을 발전시켰다. 그리고 그는 생활세계 현상학을 발전시키는 가운데 공간에 대한 논의 역시 괄목할 만한 진전을 이룬다. 그는 그 책에서 하이데거가 제안한 실존적 공간에 대한 논의를 심화하고 이를 위해 철학뿐만 아니라 생리학, 심리학, 정신병리학 등의 연구 결과를 활용하고 그것을 현상학적으로 재해석하여 공간의 우위성을 입증해냈다. 메를로-퐁티의 공간 개념은 신체에 대한 논의에 기초한다. 그래서 이번 장에서는 『지각의 현상학』을 중심으로 우선 메를로-퐁티에게서 지각과 신체 개념이 어떻게 발전하는지를 살펴본 후 그것을 토대로 그의 공간 논의로 들어가보려 한다.

『지각의 현상학』은 하이데거의 『존재와 시간』 못지않게 매우 난해하다. 그것은 무엇보다도 그의 사상의 치밀함과 심오함 때문이겠지만, 그의 독특한 글쓰기 습관 때문이기도 하다. 그는 주제가 분명히 바뀌었음에도 불구하고 문단을 나누지 않는 매우 고약한 글쓰기 습관을 가지고 있다. 한 문단이 몇 쪽에 걸쳐 이어지는 경우가 비일비재하다. 주제가 바뀌었는데도 그것을 분명히 지시해주지 않고, 심지어는 그가 비판하고자 인용한 반대 입장과 그 자신의 입장을 분명히 구별해주지 않는 경우도 있어 때에 따라서는 이것이 메를로-퐁티 자신의 주장인지 아니면 반대편의 주장인지 혼란스럽기까지 하다. 그래서 읽다 보면 종종 그의 입장과 반대 입장이 뒤엉켜 논리적 모순을 일으키는 오리무중에 빠지기

---

[3] 이 책은 『행동의 구조』(*La structure du comportement*, 1942)와 함께 École Normale Supérieure에 박사학위 논문으로 제출되었다.

도 한다. 그럼 우리가 메를로-퐁티의 글을 적절히 문단을 나누고 논리의 흐름에 따라 재배열하면 그의 글을 잘 이해할 수 있을까? 그래도 그의 글이 난해하기는 마찬가지다. 그러므로 메를로-퐁티 역시 하이데거처럼 충분한 시간을 들여 꼼꼼하게 정독하지 않으면 이해하기 어렵다.

A. 지각

1. 지각된 세계

메를로-퐁티의『지각의 현상학』은 객관적 세계의 편견을 넘어서[4] 객관적 세계에 선행하는 생활세계로 귀환하여 그 세계와의 직접적이고 본원적인 접촉을 다시 획득해서 과학자, 역사학자, 사회학자가 제공할 수 있는 인과적 설명이 아니라, 있는 그대로의 세계 경험을 기술하려 시도한다.[5] 왜냐하면 세계는 내가 할 수 있는 모든 분석에 앞서 거기에 있으며,[6] 그래서 세계는 기술해야 하는 것이지 만들어지는 것이 아니기 때문이다.[7] 메를로-퐁티는 우리가 생활세계에서 객관적 세계의 한계들을 발견하게 되며, 또 객관적 세계의 이론적 근거들을 찾을 수 있게 된다고 말한다.[8] 모든 학문의 세계, 즉 객관적 세계는 직접 경험된 것으로서의 생활세계 위에 세워지며, 학문은 생활세계에서 도출된 이차적인 표현일 뿐이다. 생활세계와의 관계에서 보자면, 모든 학문적 지식은 생활세계에

---

4 Maurice Merleau-Ponty, *Phenomenology of Perception* (trans. Colin Smith; London: Routledge, 2005), 67.
5 Ibid., vii.
6 Ibid., x
7 Ibid., xi
8 Ibid., 66.

서 도출된 추상적인 기호 언어에 불과하다.[9]

  메를로-퐁티는 후설의 후기 사상을 소개하면서 "생활세계"를 뜻하는 독일어 "Lebenswelt"를 불어 "monde vécu"로 옮긴다.[10] 그러나 그는 정작 자신의 현상학을 기술하는 과정에서는 "생활세계"(monde vécu)[11]라는 용어를 많이 사용하지 않는다.[12] 메를로-퐁티가 생활세계에 상응하는 용어로서 더 자주 사용하는 것은 "지각된 세계"(monde perçu)[13]와 "현상적 장"(champ phénoménal)[14]이다. 여기서 "장"이란 "지평"과 같은 말이다. 독자들은 앞서 지평의 총합이 세계라고 말한 것을 기억할 것이다. 이 점을 고려하여, 여기에 나열된 세 용어, 즉 "생활세계", "지각된 세계", "현상

---

9 Ibid., x.
10 불어판 원전인 Maurice Merleau-Ponty, *Phénoménologie de la perception* (Parks: Gallimard, 1945), 419, 각주 1을 보라.
11 류의근의 우리말 번역본(『지각의 현상학』, 서울: 문학과 지성사, 2002)이나 Colin Smith의 영어 번역본(*Phenomenology of Perception*)에서는 "생활세계"라는 용어를 찾아보기 어렵다. 류의근은 "le monde vécu"를 주로 "체험된 세계"로 옮기며 후설에 관련된 두 곳에서만 "생활세계"로 번역한다(한글판 14, 547). Colin Smith는 이 용어를 "the world as we live them"(영문판 vii), "the world as directly experienced"(ix), "the world of actual experience"(66), "the world of living experience"(67, 69, 425), "the lived-through world"(69), "the world of experience"(425) 등으로 다양하게 옮긴다. 영어에서 보통 "생활세계"라는 뜻으로 사용되는 "lived-world" 또는 "lifeworld"는 그 책에서 번역어로 사용되지 않는다.
12 현상학의 역사를 기술할 때(불어판 i, 419)를 제외하고, Merleau-Ponty가 자신의 생각을 서술하며 "생활세계"(le monde vécu)라는 용어를 사용하는 것은 서문과 서론에서 몇 번뿐이다(불어판 iii, 69, 71, 73 등).
13 "지각된 세계"(le monde perçu)는 불어판 iii, 24, 33[2], 51, 88, 223, 226, 232, 233, 272, 293[2], 370, 390[2], 394, 405 등에서 사용된다. "지각의 세계"(monde de la perception)라는 말도 불어판 444에 나타난다. 그 외에도『지각의 현상학』전3부 중 제2부의 제목이 "지각된 세계"(PP 235 ff.)다.
14 "현상적 장"(le champ phénoménal)은 불어판 31, 64, 66, 69, 73, 77, 346, 419 등에서 사용된다. 그리고 서론 제4장의 제목이 "현상적 장"이다.

적 장"을 적절히 연결해보면, 대략 메를로-퐁티의 현상학의 논지를 가늠해볼 수 있다. "지평의 총합으로서의 현상적 장이 곧 생활세계이고, 생활세계란 곧 지각된 세계, 즉 지각에 주어진 세계다."

2. 지각의 구조

"생활세계란 곧 지각된 세계다." 이 말은 의식과 세계의 관계를 핵심적 주제로 삼았던 후설을 떠올리게 한다. 후설과 관련하여, 메를로-퐁티가 특별히 기여한 점은 인식 또는 경험의 주체로서의 지각의 구조, 그리고 후설이 "노에시스"라 명명했던 지각의 메커니즘을 상세히 풀어서 밝혔다는 점이다. 후설에게서 인식의 주체는 어디까지나 의식이었다. 그리고 후설의 발견은 거기서 더 나아가 의식이 신체를 가진 의식이라는 점에 도달한다. 그런데 "신체를 가진 의식"이라는 말은 신체와 의식이라는 서로 잘 어울리지 않는 두 용어를 어색하게 조합해놓은 듯한 인상을 준다. 메를로-퐁티의 『지각의 현상학』은 "신체를 가진 의식"을 집요하게 파고들어 해명한다. 그래서 신체와 의식이 하나로 통일되어 있는 원초적인 사유의 영역으로서의 지각에 도달한다. 그리고 후설이 해명한 의식의 지향성이 메를로-퐁티에서는 신체의 모든 운동과 본능적인 감각에까지 다층적으로 하향 확장된다.

메를로-퐁티에 의하면, 우리의 지각은 한편으로는 본능적인 하부 구조와 다른 한편으로는 지성의 작용에 의해 그 위에 세워진 상부 구조를 포함한다. 그래서 인간의 지각은 본능과 감정을 포함하는 생명적 속성과 함께 합리적 지향을 가진다.[15] 여기서 생명적 속성이란 지각의 원초

---

15 Merleau-Ponty, *Phenomenology of Perception*, 62.

적 단계에서 의식적으로 또는 무의식적으로 작용하는 본능적이고 정서적인 삶의 층을 가리킨다. 합리적 지향이란 의식의 심층에 토대를 두고 선반성적인 단계에서 작동하는 낮은 단계의 이성 작용을 가리킨다. 여기에는 낮은 단계의 개념화 작용, 판단 작용, 추론 작용 등이 포함된다. 물론 이것은 과학적이고 반성적인 사유로서의 지성의 작용을 뜻하는 것은 아니다.[16]

3. 감각 경험

이러한 우리의 지각에서 대상과 직접 맞닿아 있는 것은 감각이다. 그런데 여기서 주목할 것은 우리의 감각은 단지 주체와 분리된 대상의 성질을 수동적으로 받아들이는 것이 아니라는 점이다. 메를로-퐁티는 경험주의가 감각 경험을 대상의 성질에 대한 단순한 소유로 전락시킨다고 비판한다. 왜냐하면 감각 경험이란 죽어 있는 성질들을 수동적으로 받아들이는 것이 아니라 그보다 더 능동적인 작용이기 때문이다. 예를 들어, 촛불에 덴 경험이 있는 아이에게는 촛불의 모양이 전과 다르게 보인다. 촛불은 더 이상 아이의 손을 유혹하지 않고 오히려 밀어낸다. 시각이라는 감각 경험에서 이미 의미 작용이 일어나고 있는 것이다.[17] 감각 경험은 대상의 성질에 생명적 가치를 부여하며, 우리를 위한 의미에서 그것을 파악한다. 이처럼 "감각 경험이란 세계가 우리 삶의 친숙한 세팅으로 제시되게 하는 그러한 생명적 소통이다."[18]

우리의 감각 경험에서 이미 소통과 의미 작용이 일어나고 있다는 말

---

16 이남인, 『후설과 메를로-퐁티 지각의 현상학』(서울: 한길사, 2013), 43.
17 Merleau-Ponty, *Phenomenology of Perception*, 60.
18 Ibid., 61.

은 곧 의식 이전의 감각의 단계에서 이미 지향 작용이 일어나고 있다는 뜻이기도 하다. 메를로-퐁티는 이를 우리의 자발적 판단에서 나타나는 "능동적 지향성"(l'intelltionllalité d'acte; intentionality of act)과 구별하여 "작동하는 지향성"(l'intentionalité opérante; fungierende Intentionalitat; operative intentionality)이라 부른다. 작동하는 지향성은 능동적인 지향성보다 더 심층에서 그것을 가능하게 하는[19] 더 근원적인 지향성으로서, "세계와 우리 삶 사이에서 자연스럽고 선술어적인 통일을 형성하고, 객관적 인식에서보다는 우리의 욕망, 평가, 우리가 보는 풍경에서 보다 더 명백하며, 우리의 지식이 정확한 언어로 번역하고자 애쓰는 텍스트를 제공한다."[20]

이처럼 감각 경험에서 지향 작용이 일어나고 있다면, 그 의미화 작용의 선험적 토대가 되는 지평, 즉 "감각 장"도 역시 존재할 것이다. 메를로-퐁티는 "우리의 지각에서 어떤 것은 항상 다른 어떤 것 가운데 있으며, 그것은 언제나 하나의 "장"(champ; field)의 일부를 구성한다"고 말한다.[21] 어떤 감각도 그것이 현출하기 위한 터가 되는 "장"이 없이는 존재할 수 없으며, 그런 점에서 모든 감각은 "어떤 장"의 한 부분이라는 것이다.[22] 그런데 이 감각의 장은 불투명성과 모호함으로 가득한 그러나 그 나름의 원초적인 의미를 품고 있는 경험의 영역이다. 감각의 장 안에는 감각의 주체와 감각 작용들 그리고 감각 대상들이 서로 분리될 수 없이 결합되어 내밀한 소통을 이루고 있으며, 그러한 가운데 감각 대상들

19　Ibid., 486.
20　Ibid., xx.
21　Ibid., 4.
22　이남인, 『후설과 메를로-퐁티』, 40.

은 주체에게 어떤 의미를 가지고 경험된다. 인간에게 감각 작용이 존재하고 또 감각 대상들이 존재할 수 있는 이유는 이렇게 원초적 의미를 내포하고 있는 감각의 장이 앞서 열려 있기 때문이다. 그런데 이 감각의 장은 원초적 경험의 영역을 구성하는 많은 층들 가운데 가장 아래에 있는 층이다. 이렇게 감각 장을 토대로 하며 그것을 포함하는 다양한 층으로 구성되어 있는 원초적인 경험의 영역으로서의 선객관적인 영역이 바로 현상적 장, 즉 객관적 세계에 선행하는 생활세계 또는 지각된 세계다.[23]

지금까지 살펴본 지각의 구조와 작용에 대한 메를로-퐁티의 설명은 그 이전까지 경험주의의 전제가 되어왔던 감각에 대한 축소된 이해와 대조된다. 왜냐하면 경험주의는 감각을 수동적인 것으로 간주하면서 감각에서 일어나는 지향 작용을 적절히 드러내지 못했고 이로써 감각에서 작용하는 지성적 요소와 본능적인 요소를 함께 은폐하는 결과에 이르렀기 때문이다. 메를로-퐁티는 에른스트 카시러를 인용하여 이러한 문제점을 다음과 같이 지적한다.

> 카시러가 말한 것처럼, 경험주의는 지각을 위로부터 잘라내면서 아래로부터도 잘라내었다. 그래서 경험은 그 본능적이고 감정적인 의미뿐만 아니라 이념적인 의미까지 상실했다. 우리는 이에 더하여 다음과 같이 부언할 수 있을 것이다. 경험주의는 지각을 아래로부터 잘라내면서, 다시 말해서, 지각을 곧바로 지식으로 간주하고 그것의 실존적 내용을 망각함으로써 결국 지각을 위로부터도 잘라낸다. 왜냐하면 이것은 지각에서 일어나는 결정적인 계기, 즉 참되고 정밀한 세계의 분출을 그저 당연하게 여기고

---

23 Ibid., 42.

침묵 가운데 지나쳐 버리는 것이기 때문이다.[24]

B. 신체와 심리 현상의 연속성

앞서 본 것처럼, 지각은 본능적 하부 구조와 합리적 상부 구조를 함께 가지고 있는 하나의 통일체다. 그런데 그 관계는 우리의 실존의 두 층에 해당하는 신체와 심리 현상의 관계에도 적용할 수 있다. 여기서 메를로-퐁티가 말하는 신체란 "고유한 신체"(corps propre; my own body), 즉 "지금 내가 경험하고 있는 신체"다. 다시 말해서, 이성적 반성에 의해 객관적 존재로 대상화되기 전에 우리에게 직접적으로 경험된 신체가 고유한 신체다.[25] 그런 점에서, 고유한 신체를 뜻하는 "나 자신의 신체"(my own body)라는 영문 번역어가 시사하는 바가 크다. 그 번역어는 신체를 단순히 사유의 대상으로 여기지 않고, 나 자신이 주체로서 거기에 참여하고 있음을 드러내려고 한다. 메를로-퐁티는 고전 철학에서 사유의 한 대상에 불과하던 신체를 이제 단순한 대상의 자리를 넘어 스스로 세계를 이해하는 주체로 격상한다.

1. 신체와 심리 현상: 동일한 실존의 두 층

우리는 신체에서 일어나는 현상과 심리 현상이 서로 밀접하게 연결되어 있음을 일상의 경험을 통해서 이미 잘 알고 있다. 예를 들어, 신체가 건강할 때는 매사에 의욕이 있지만, 신체가 약해지면 일에 대한 의욕도 저

---

24 Merleau-Ponty, *Phenomenology of Perception*, 61-62.
25 하피터, "메를로-퐁티와 쉴더에 있어서 신체 도식 개념", 『철학연구』 85(2009), 201.

하된다. 오 헨리의 소설 『마지막 잎새』가 잘 보여주듯이 살고 싶다는 강한 열망이 실제로 사람의 생명을 연장하기도 한다. 그러나 문제는 이것을 어떻게 설명하느냐다. 한편으로는 신체와 정신을 별개로 상정하고 양자가 서로 영향을 주고받는 것으로 볼 수도 있지만, 다른 한편으로는 신체와 심리 현상을 하나의 연속체로 이해할 수도 있기 때문이다.

메를로-퐁티는 신체와 심리 현상은 서로 별개의 실재가 아니라 하나의 연속선상에 존재하는 두 가지 현상으로서 동일한 "실존"의 상부층과 하부층에 해당할 뿐이라고 말한다.[26] 인간은 하나의 물리적 유기체에 심리 현상이 더해져 결합된 존재가 아니라 "어떤 때에는 신체의 형식을 취하고 또 어떤 때에는 인격적 행위를 향해 움직이는 실존의 왕복 운동"이다. 여기서 심리적 동기들과 신체적 계기들은 서로 포개질 수 있다. 왜냐하면 우리의 신체에서 일어나는 어떤 충동도 심리적 지향들과 무관하지 않고, 정신적 작용들 역시 최소한 그것의 맹아나 어떤 윤곽을 그와 관련된 생리적 현상 속에서 발견될 수 있기 때문이다.[27]

2. 성적 존재로서의 신체

메를로-퐁티는 『지각의 현상학』에서 다양한 사례를 통해 신체를 설명하는데, 그 가운데 신체와 심리 현상의 연속성을 잘 보여주는 하나의 사례가 성적 존재로서의 신체다. 인간에게 일어나는 성적 욕구와 행위의 근원에 대해 두 가지 상반된 설명이 있을 수 있다. 한편에서는 그것을 물리적 자극에 대한 단순한 반사 작용으로 이해할 수 있을 것이다. 국부적인

---

26 이남인, 『후설과 메를로-퐁티』, 179.
27 Merleau-Ponty, *Phenomenology of Perception*, 101.

성적 자극들이 모자이크를 이루어 욕망을 불러일으키고 또 행위에 이르게 하는 것으로 말이다. 이것은 신체 현상을 심리 현상과 분리하여 물리적 인과 관계로 설명하는 기계론적 생리학의 관점이다.[28] 그러나 다른 한편에는 물리적 자극이 아니라 성적 표상들이 욕망을 불러일으킨다고 보는 입장도 있을 수 있다. 만일 그렇다면 성적 무력증의 원인은 성적 표상의 상실 또는 쾌락에 만족하는 정신적 능력의 약화로 설명되어야 할 것이다. 이것은 신체에 대한 지성의 우위를 주장하는 관점이다.

그러나 메를로-퐁티는 환자 슈나이더(Schneider)의 사례[29]를 들어 신체와 심리 현상을 서로 구별된 것으로 상정하는 이 두 관점이 인간의 성적 욕구와 행위를 온전히 설명해낼 수 없음을 보여준다. 슈나이더는 후두엽이 손상되어 정신과 치료를 받고 있는 환자다. 그는 몇 가지 운동 기능에서 이상 현상을 보이는데 거기에는 성적 무력증도 동반되어 있다.[30]

그는 성행위에 관심이 없다. 이성의 몸이나 외설적인 사진을 보아도 또는 성적인 이야기를 들어도 욕구가 일어나지 않는다. 그는 거의 키스를 하지 않으며, 키스를 하더라도 그것이 성적 자극을 일으키지 않는다. 자극에 대한 반응은 철저히 국부적이며, 그것도 접촉이 있을 때만 일어난다. 그리고 자극이 중단되면 더 이상 아무것도 진전되지 않는다. 성행위 중에도 자발적으로 삽입하는 일은 없다. 만일 파트너가 오르가즘을 느끼고 떠나면, 그

---

28 기계론적 생리학의 한계에 관해 Merleau-Ponty는 신체를 다루는 제1부의 첫 장("대상으로서의 신체와 기계론적 생리학")에서 잘 설명하고 있다.
29 이것은 Merleau-Ponty가 Steinfeld, *Ein Beitrag zur Analyze der Sexualfunktion*, 175-80에 수록된 연구 결과를 활용한 것이다.
30 Merleau-Ponty, *Phenomenology of Perception*, 178 ff.

단계에서 모든 욕망이 사라지고 만다. 그는 모든 단계에서 뭘 해야 하는지 모르는 사람처럼 행동한다. 지극히 짧은 오르가즘이 있기 전 몇 초 동안을 제외하곤 능동적으로 움직이는 일이 없다. 몽정은 드물고, 몽정을 하더라도 꿈을 동반하지 않는다.[31]

메를로-퐁티는 환자 슈나이더의 사례가 인간의 성적 욕망이 단순한 표상 작용에 기인하는 것이 아님을 보여준다고 말한다. 꿈이나 시각 또는 청각적 표상들이 그에게 아무런 성적 욕구를 불러일으키지 못하기 때문이다. 그는 오직 자극에 의해 국소적으로만 반응한다. 그러나 메를로-퐁티는 이것이 성행위가 자율적 반사 기제에 의한 것이라는 관점을 지지하는 것으로 단순히 간주하기도 어렵다고 말한다. 왜냐하면 슈나이더의 경우 그 자극이 계속된 성행위로 발전하지 못하기 때문이다. 그리고 무엇보다도 우리는 그가 후두엽 이상으로 정신과 치료를 받고 있는 환자임을 기억할 필요가 있다. 만일 인간의 성이 자율적인 반사 기제이고 감각 대상이 어떤 해부학적으로 정의되는 성 기관에 흥분을 일으키는 것이라면, 뇌 손상에 관계없이 이러한 자발적 반응들이 일어나야 할 것이다.[32] 이러한 분석은 성적 욕구와 행위가 심리 현상과 무관한 단순한 반사 기제에 의한 것도 아니고 반대로 단순히 정신적 표상 행위에 의해 불러 일어나는 것도 아님을 보여준다. 둘 다 아니라면 이것을 어떻게 설명할 수 있을까?

---

31   Ibid., 179.
32   Ibid., 180.

3. 근원적인 지향성으로서의 에로스

슈나이더의 성적 무력증을 바로 이해하기 위해서는 신체와 심리 현상을 하나의 연속된 것으로 보는 새로운 관점이 필요하다. 메를로-퐁티는 자율적 반사 작용과 표상 작용 사이에서 성적 가능성을 빚어내는 어떤 생명의 영역이 있다고 말한다. 인간의 성적인 삶에 내재하여 있는 이 내적 능력이 바로 "에로스"(Eros) 또는 "리비도"(Libido)다.[33] 이것이 외적 자극들에 성적인 의미를 부여하고 상황에 따라 신체를 어떻게 사용할지 그 윤곽을 그려준다. 메를로-퐁티는 슈나이더에게서 손상된 것이 바로 그 지각의 구조 또는 에로스의 경험이라고 말한다. 그의 지각이 에로스의 구조를 상실한 것이다. 그래서 그 앞에 성적인 세계를 기획투사[34]하고, 이성을 성적인 대상으로 인식하며, 그 자신을 성적인 상황에 위치시키는 능력, 또는 일단 그런 상황에 맞부딪히면 그 상황을 유지하거나 만족할 때까지 그것을 이끌어나가는 일이 그에게 일어나지 않는다.[35]

성적인 지각은 객관적 지각과는 다른 종류의 것이다. 메를로-퐁티는 이것이 지적인 의미 작용과도 다르고, 무엇에 대한 순수한 의식도 아닌 다른 종류의 지각, 다른 종류의 지향성임을 보여준다. 그것은 하나의 신체가 다른 신체를 목표로 하여 일어나는 지각이며, 의식 속에서가 아니라 세계 안에서 일어나는 것으로서,[36] 근원적인 지향성의 하나다.[37] 그런데 신체적 지각의 특징인 근원적인 지향성들 가운데는 고유한 신체

---

33 Ibid., 180.
34 "기획투사"(Entwurf)는 Heidegger의 용어다. Merleau-Ponty는 이 용어를 주체가 어떤 세계에 자신을 던져 넣어 거기에 스스로를 위치시킨다는 뜻으로 사용한다.
35 Ibid., 181.
36 Ibid., 181.
37 Ibid., 182.

의 운동성 또는 운동 지향성도 포함된다. 그리고 운동성은 우리의 중심 주제인 공간성과도 밀접한 관계가 있다. 메를로-퐁티는 지각의 현상학 제1부에서 지각의 주체인 신체와 관련하여 공간성과 운동성을 다루고, 제2부에서는 지각된 세계의 견지에서 공간을 분석한다. 우리도 그러한 구도를 따라 논의를 계속 이어가보자.

C. 고유한 신체의 공간성과 운동성

1. 신체 도식

오르간 연주자가 파이프 오르간을 연주하고 있다. 그는 악보에 자신의 시선을 고정하기도 하고 때로는 눈을 감은 채 자신이 연주하는 음악에 심취하기도 한다. 그러는 사이에 그의 양손의 손가락들은 제 각각 건반 위를 이동해 다니고 그의 두 발은 페달 위에서 움직이며 정확한 음을 짚어내고, 때로는 연주 중 손으로 스톱을 조작하여 음색을 변화시킨다. 오르간 연주자는 자신의 손과 발을 보지 않으면서도 어떻게 그리 정확하게 각각의 음을 짚어낼 수 있을까? 이것은 숙련된 연주자나 기술자들에게뿐 아니라 우리의 평범한 일상에서도 비일비재하게 일어나는 일이다. 예를 들어 식사를 할 때, 우리는 손을 보지 않으면서도 정확히 손을 움직여 젓가락을 잡는다. 그리고는 젓가락을 움직여 음식을 집어서 그것을 입으로 가져온다. 이런 일이 가능한 것은 우리가 우리의 신체의 각 기관들의 위치와 움직임을 암묵적으로 인지하고 있기 때문이다. 그 신체 기관들을 직접 눈으로 보지 않더라도 그것들이 움직일 때마다 그 운동 감각과 관절의 인상이 시각화되어, 우리 안에 일종의 암묵적인 신체 지도 같은 것이 그려지고 있다. 이것을 가리켜 "신체 도식"(schéma corporel;

body scheme 또는 body image)³⁸이라고 한다. 정신분석학자 쉴더(Paul Shilder, 1886-1940)를 따라 단순하게 정의해보자면, 신체 도식이란 우리의 마음속에 형성되는 우리 자신의 신체의 3차원적 그림, 즉 신체가 우리 자신에게 나타나는 방식이다.³⁹

여기서 신체에 관해 그려지는 도식 또는 이미지는 색채나 모양과 같은 외적 감각을 통해 형성된 이미지가 아니라 관절이나 신경 등의 변화를 통해 느끼는 내적 감각을 통해 구성된 이미지다.⁴⁰ 신체 도식은 갓 태어난 아기에게는 구성되어 있지 않고, 아기의 성장과 함께 경험을 통해 형성되며, 성인이 된 후에도 습관을 통해 변화된다.⁴¹ 그러나 신체 도식이 일단 구성되고 나면, 이것은 실제적인 신체보다 앞서서 존재하며 우리의 신체의 모든 움직임에 관여한다. 우리는 그것을 "환상지"(phantom limb) 현상을 통해 확인할 수 있다. 환상지란 팔이나 다리를 절단하는 수술을 받은 사람이 절단 후에도 팔과 다리가 여전히 그 자리에 있는 것처럼 느끼는 현상을 말한다.⁴² 환상지는 바로 신체 도식의 표현이다.⁴³ 절단 수술을 통해 팔과 다리가 없어진 후에도 당분간 신체 도식은 영향을 받

---

38 "신체 도식"은 영국의 생리학자 Henry Head가 1911년에 처음 소개한 개념을 Merleau-Ponty가 발전시킨 것이다. H. Head & G. Holmes, "Sensory disturbances from cerebral lesions," *Brain* (1911) 34 (23): 102. at https://doi.org/10.1093/brain/34.2-3.102. Merleau-Ponty는 Head와 함께 Pick, Schilder, Lhermitte, Konrad 등을 인용해가며 신체 도식에 관한 논의를 진행한다. Merleau-Ponty, *Phenomenology of Perception*, 112 ff.
39 Paul Shilder, *The Image and Appearance of the Human Body: of the Psyche* (Oxon: Routledge, 1999), 11.
40 하피터, "메를로-퐁티와 쉴더에 있어서 신체 도식 개념", 204.
41 Merleau-Ponty, *Phenomenology of Perception*, 164.
42 Merleau-Ponty는 신체를 다루는 제2부의 여러 곳에서 환상지 현상을 다룬다. *Phenomenology of Perception*, 88-89, 92-95, 98-99 등.
43 Shilder, *The Image and Appearance of the Human Body*, 13.

지 않고 유지된다. 이것은 또한 의족이나 의수를 착용한 사람이 그것을 자기 몸처럼 사용하는 경우에도 우회적으로 적용할 수 있다.[44]

신체 도식은 의식과 분리된 기계론적 신체를 가정해서는 설명될 수 없고, 내적 의식과 유기적으로 통일되어 있는 신체를 전제해야만 이해될 수 있다는 점에서 메를로-퐁티의 신체관을 뒷받침한다.[45] 그러나 메를로-퐁티는 생리학의 신체 도식 개념이 여전히 객관화된 신체 개념에 머물러 있음을 지적하며, 현상학적 관점으로 이를 더 발전시킨다. 그것은 신체 도식을 세계와의 관련성 속에서 "세계에 대해 열려 있고 세계와 상관관계에 있는 체계"(a system which is open on to the world, and correlative with it)[46]로서 이해하는 것이다.

2. 신체 공간

이러한 신체 도식은 우리에게 외부 공간과 구별되는 신체 공간이 있음을 보여준다. 메를로-퐁티는 신체 도식을 통해 드러나는 신체의 공간성은 외부에 있는 대상들의 공간성과 같은 "위치의 공간성"(spatialité de position; spatiality of potion)이 아니라 "상황의 공간성"(spatialité de situation; spatiality of situation)이라고 말한다. 그것은 우리 신체의 각 부분이 마치 해부도가 보여주는 것처럼 일정한 공간에 분포되어 있는 것이 아니라, 신체가 그때그때 의도하는 바에 따라, 그리고 주어지는 상황

44　하피터, "메를로-퐁티와 쉴더에 있어서 신체 도식 개념", 208.

45　Shilder는 전자, 즉 기계론적 신체를 "무생기적인 신체"(inanimate body; Körper)로 그리고 후자를 "생기적인 신체"(animate body; Leib)로 구별하여 부른다. Shilder, *The Image and Appearance of the Human Body*, 283; 하피터, "메를로-퐁티와 쉴더에 있어서 신체 도식 개념", 203에서 재인용.

46　Merleau-Ponty, *Phenomenology of Perception*, 166 각주 108.

에 따라 신체의 부분들이 서로 겹치거나 또는 서로 감싸고 있음을 의미한다. 메를로-퐁티는 두 손을 책상 위에 놓은 채 기대어 서 있는 사람을 그 사례로 제시한다. 그 사람에게서 모든 압력은 두 손으로 집중되고 "나의 신체 전체는 마치 혜성의 꼬리처럼 두 손 뒤에 늘어진다." 이것은 내가 나의 어깨나 등이 어디에 있는지 모른다는 뜻이 아니라 그 모든 부위들이 두 손의 위치에 단순히 빨려 들어가 있음을 의미한다. 그래서 나의 모든 자세는 두 손이 책상에 가하는 압력을 통해 해독될 수 있다.[47]

상황적 공간으로서 신체 공간은 "여기"(here)를 중심으로 세워진다. 나의 신체에 적용되는 "여기"라는 말은 다른 대상들의 위치 또는 외부의 좌표와의 관계에서 결정되는 위치가 아니다. "여기"란 최초의 좌표 설정이고 신체가 자신이 처해 있는 상황에 정박함이다.[48] "여기"로서의 신체는 극장에서 공연 장면을 잘 보이게 하기 위해 필요한 어둠과 같으며, 그 앞에서 동작과 그 목표가 드러나는 휴면중인 배경(background)과도 같다. 또 신체 공간이란 그 앞에서 명확한 존재들, 즉 전경들(figures)과 지점들(points)이 부각될 수 있게 하는 지평(horizons)으로서 비존재의 영역이기도 하다. 그래서 메를로-퐁티는 신체 도식은 나의 신체가 "세계 내에 그리고 세계에로"(au monde)[49] 존재함을 나타내는 하나의 방식이라

---

47 Ibid., 115.
48 Husserl도 우리의 신체가 "영점"(Nullpunkt)으로서 늘 "여기"가 된다고 말한 것을 앞에서 확인한 바 있다. 『이념들』 II (이종훈 옮김), 215.
49 불어 "au"에 포함되어 있는 전치사 "à"는 "~에"와 "~에로"라는 두 뜻을 함께 가지고 있다. 그래서 학자들에 따라, 인간을 가리키는 Merleau-Ponty의 용어인 "l'être-au-monde"를 Heidegger의 "In-der-Welt-Sein"과 동일하게 "세계-내-존재"(Being-in-the-world, Colin Smith)로 번역하기도 하고, "세계에로-존재"(류의근)로 번역하기도 한다. 조광제는 두 의미를 함께 담기 위해 약간은 어색한 표현인 "세계에-존재"를 사용한다. 조광제, 『몸의 세계 세계의 몸』, 94. 나는 전치사 "à"의 두 의미를 함께 담아내기

고 말한다.⁵⁰

우리가 경험하는 외부 공간은 변함없는 "여기"로서의 신체 공간을 중심으로 정위(orientation) 된다. 예를 들어 우리는 하나의 물체가 탁자 "위에" 있다고 말하는데, 그것은 우리의 신체를 기준으로 한 것이다. 객관적 공간, 즉 등질적 공간에는 위와 아래와 같이 정해진 방향이 없다. 객관적 공간에서 한 지점의 위치는 다른 지점과의 관계에서 상대적으로 정의될 수 있을 뿐이다. 그러나 우리가 경험하는 공간은 우리의 신체를 중심으로 위와 아래, 왼쪽과 오른쪽, 또는 앞과 뒤가 구별되는 정위된 공간이다. 그리고 우리는 마치 객관적 공간도 그런 것처럼 여긴다. 이는 우리가 정위된 공간을 기반으로 객관적 공간을 이해하고 있기 때문이다. 메를로-퐁티는 등질적 공간 또는 객관적 공간은 정위된 공간으로부터 그 의미를 부여받기 때문에 정위된 공간의 의미를 담지할 수 있는 것이라고 말한다. 신체가 없다면 나를 위한 공간은 존재하지 않을 것이다.⁵¹

3. 신체 공간과 외부 공간

우리 눈에 들어오는 모든 전경은 외부 공간과 신체 공간이라는 이중 지평 안에서 그 윤곽을 드러낸다. 그리고 신체 공간과 외부 공간은 하나의 실천적 체계를 이룬다. 메를로-퐁티는 여기에서 정신맹(psychic blindness) 환자 슈나이더의 사례를 들어 "구체적 행동"과 "추상적 행동"이라 불리는 두 유형의 신체 운동을 분석하면서 우리의 신체가 어

위해, 붙어 "au monde"를 "세계 내에 그리고 세계에로"로 풀어서 옮기고자 한다.
50 Merleau-Ponty, *Phenomenology of Perception*, 115.
51 Ibid., 117.

떻게 공간에 거주하는지, 공간을 전유하는지를 보여준다.⁵² "구체적 행동"(concrete movements)이란 우리가 모기에게 물렸을 때 무심코 물린 부위로 손을 움직이는 경우처럼 아무 생각 없이 즉각적인 반응으로 나오는 행동 또는 휴지를 꺼내어 코를 풀거나 상자에서 성냥을 꺼내어 등잔에 불을 붙이는 것과 같은 습관적 행동을 가리킨다. 구체적 행동은 "붙잡음"(Greifen)으로 대변된다. 그와 대조되는 "추상적 행동"(abstract movements)이란 지시에 따라 손과 발을 움직이거나 자극을 받은 신체의 부위가 어디인지 찾아내는 것처럼, 실제적 상황을 벗어난 가운데, 객관적인 조건에서 생각에 따라 이루어지는 행동이다. 추상적 행동은 "가리킴"(Zeigen)으로 대변된다.⁵³

환자 슈나이더는 구체적 행동을 문제없이 잘 해내지만 추상적 행동은 하지 못한다. 또 구체적 행동도 모든 경우에 다 잘하는 것은 아니다. 우발적인 상황에서는 구체적 행동이 자연스럽게 이루어지지만, 연구자가 실험자에게 그 행동을 다시 하도록 요구하면, 실험자는 마음속에서 그 자신을 그에 상응하는 실제 상황에 위치시켜야만 그 동작을 해낼 수 있다. 환자의 신체의 한 부분을 자극한 후에 그 지점이 어디냐고 물으면, 예비 동작을 통해 그 과제를 수행해낸다. 그는 먼저 신체 전체를 움직여서 그 지점으로 문제를 좁혀 나가며, 다시 해당 부위의 주변을 움직여서 더 가까이 나가가는 방식으로 그 지점을 찾아 나간다.⁵⁴ 그러한 장애가

---

52 Merleau-Ponty는 신체 도식에 대한 논의에 이어 구체적 행동과 추상적 행동의 차이를 설명하는 데 무려 50쪽 이상을 할애한다. Merleau-Ponty, *Phenomenology of Perception*, 118-70.
53 Ibid., 117 ff.
54 Ibid., 122.

없는 사람들은 자신의 신체를 즉각적으로 발판 삼아 과제를 수행하는 반면에 슈나이더는 자극된 부분을 찾기 위해 먼저 그 부위를 그림으로 변환해야 한다. 보통 사람들은 실제 상황에 놓일 수 있을 뿐 아니라 스스로를 잠재적인 영역에 위치시킬 수도 있다. 하지만 슈나이더는 실제적인 접촉이 있거나 실제로 몸을 움직여 그러한 상황을 만들어내지 않고서는 그 잠재적인 영역으로 접근해가지 못한다.[55] 다시 말해서, 그는 그의 신체 공간을 친숙한 환경에서 이루어지는 습관적인 행동의 기반으로 의식하고 있지만, 특별한 이유 없이 자유롭게 공간적 사고를 표현하는 객관적인 세팅으로 의식하지는 못하고 있다.[56]

메를로-퐁티는 이에 대한 기존의 진단들을 소개한 후 그 한계를 지적하고 현상학적 대안을 제시한다. 먼저 경험주의 심리학은 "붙잡음"과 "가리킴"으로 대변되는 두 행동의 차이를 촉각과 시각의 차이로 환원한다. 경험주의 심리학은 슈나이더가 구체적 행동을 잘 하면서도 추상적 행동을 하지 못하는 이유가 정신맹으로 인한 시각의 결함이라고 생각한다. 그러나 그러한 분석이 설득력이 떨어지는 이유는 정신맹 환자뿐 아니라 소뇌에 이상이 있는 환자를 포함해 시각 장애가 없는 다른 종류의 환자들에게서도 추상적 행동 장애가 발견되기 때문이다. 이에 대해 메를로-퐁티는 심리적 사실의 원인을 직접적 관찰을 통해 밝혀질 수 있는 또 다른 심리적 사실에서 찾으면 안 된다고 말한다. 슈나이더가 겪고 있는 정신맹과 운동 장애를 그보다 더 근본적인 다른 원인의 두 결과로 이해해야 하기 때문이다.[57]

55　Ibid., 124-25.
56　Ibid., 119.
57　Ibid., 132-38.

두 번째 진단은 지성주의 관점이다. 지성주의 관점은 구체적 운동을 반사 작용으로 보고, 추상적 행동은 의식의 표상 작용의 결과로 이해한다. 이러한 견해는 신체와 의식의 분리를 전제로 하고 있으므로 받아들이기 어렵다. 구체적 행동의 수행자인 신체는 순수 즉자적 존재로서의 단순한 사물이 아니라 이미 그 안에 운동 지향성을 담고 있는 가장 낮은 단계의 실존이다.[58] 또 운동의 저변에 상징적 기능 또는 표상적 기능이 있는 것은 사실이지만, 메를로-퐁티는 그것이 분석의 최종 귀결일 수는 없음을 강조한다. 그는 이렇게 말한다.

> 만약 붙잡음의 동작 혹은 구체적 행동이 피부의 각 지점과 손을 움직이는 운동 근육들 간의 사실적인 연결에 의해 일어난다면, 왜 동일한 근육에 비슷한 운동 신호를 보내는 동일한 신경 회로가 붙잡음의 운동처럼 가리킴의 동작도 일으킬 수 없는지를 설명할 수 없게 된다. 모기가 쏘는 것과 의사가 동일한 지점을 자로 누르는 것 사이의 물리적 차이는 왜 붙잡는 운동은 가능하고 가리키는 운동은 불가능한지를 설명할 만큼 크지 않다.[59]

그리고 그는 무엇보다 슈나이더의 문제의 시작은 형이상학적인 것이 아니라, 그의 머리 뒤에 박혀 있는 포탄 조각에 의한 손상이었음을 환기시킨다.[60]

그럼 우리는 슈나이더의 문제를 어떻게 이해해야 할까? 메를로-퐁티는 경험주의와 지성주의, 설명과 내성 사이에서의 고전적 양자택일을

---

58 이남인, 『후설과 메를로-퐁티』, 188.
59 Merleau-Ponty, *Phenomenology of Perception*, 141.
60 Ibid., 143-45.

넘어서는 새로운 유형의 분석, 즉 실존적 분석을 제안한다.[61] 구체적 행동과 추상적 행동은 각각 독립적으로 촉각과 시각 또는 신체와 의식에 기인하는 것이 아니라 신체가 대상과 관계하는 두 방식, 곧 신체가 세계 내에 그리고 세계에로 존재하는 두 유형이다.[62] 그러한 관점에서 볼 때, 슈나이더에게 결여되어 있는 것은 단순한 반사적 운동이 아니고 운동의 재현으로서의 사고도 아니라 두 사이에 있는 무엇, 즉 신체에서 작동하는 운동의 기획투사(Bewegungsentwurf; projet moteur; motor project) 또는 운동 지향성(intentionnalité motrice; motor intentionality)이다.[63]

여기서 잠시 현상학의 처음으로 돌아가보자. 의식은 대상을 지향한다. 다른 말로 하자면, 대상은 의식의 지향적 상관자다. 의식이 없으면 대상도 없고, 대상이 없으면 의식도 없다. 그런데 의식과 대상이 상관관계를 맺을 수 있는 것은 그 배경이 되는 지평, 즉 세계가 있기 때문이다. 노란색 컵의 색을 노란색으로 인식할 수 있는 것은 우리에게 색깔의 지평이 열려 있기 때문이고, 그것을 컵으로 인식할 수 있는 것은 우리에게 컵을 포함하는 식기의 지평이 열려 있기 때문이다. 이처럼 지평이 없으면 대상은 의식의 지향적 상관자가 될 수 없다. 그런데 메를로-퐁티가 주목하는 것은 이러한 지향 작용이 의식에서뿐만 아니라 신체 전반에서 일어난다는 것이다. 신체에서 일어나는 이 근원적인 지향성 중 하나가 운동 지향성이다. 의식이 대상을 지향하는 것처럼 운동은 대상을 지향한다. 대상이 의식의 지향적 상관자가 될 수 있는 것은 앞서 세계가 열려 있기 때문인 것처럼, 운동이 가능하려면 세계가 열려 있어서 그 운동의 대상

61　Ibid., 157.
62　Ibid., 141.
63　Ibid., 126.

이 운동의 지향적 상관자로 성립할 수 있어야 한다. 구체적 행동을 위해서는 구체적 행동을 위한 세계가 필요하며, 추상적 행동을 위해서는 추상적 행동을 위한 세계가 필요하다. 다시 말해서 우리가 추상적 행동을 할 수 있기 위해서 우리는 그에 상응하는 세계를 기획투사할 수 있어야 한다. 곧 우리는 그러한 세계를 구성하고 그 세계에 우리 자신을 위치시킬 수 있어야 한다. 그러나 슈나이더에게는 그 능력이 상실되어 있다.

메를로-퐁티는 이를 가리켜 "슈나이더의 문제는 그 자신을 하나의 상황에 위치시키는 일반적 능력을 구성하는 구체적인 자유의 결여에 있다"고 말한다. 계속해서 그는 이것을 탐조등에 비유한다. 우리 신체에는 마치 탐조등처럼 모든 방향으로 움직이며, 우리 내부와 외부에 있는 어떤 것을 겨누고 그 대상과의 관계에서 행동을 취할 수 있게 하는 어떤 근본적인 기능이 존재한다. 메를로-퐁티는 이를 가리켜 "지향호"[64](arc intentionnel; intentional arc)라 부른다.

> 의식의 삶, 즉 인지적 삶, 욕망의 삶 또는 지각의 삶은 지향호를 마주 대한다. 지향호는 우리 주위에 우리의 과거와 우리의 미래와 인간적 세팅과 우리의 물리적·이념적 도덕적 상황을 기획투사한다. 또는 지향호는 차라리 이 모든 국면에 상황 지어진 존재로 귀결되기도 한다. 감각들의 통일성, 지성의 통일성, 감성과 운동의 통일성을 이루는 것이 바로 이 지향호다. 슈나이더에게서 손상되어 있는 것이 바로 지향호다.[65]

---

64 이 용어에서 "arc"는 원의 호 또는 활(弓, 궁)과 같은 둥근 모양을 가리킨다. 이것은 어두운 밤 탐조등이 돌아가며 사방을 비출 때 빛에 의해 만들어지는 둥근 모양을 뜻하는 것으로 보인다. 이남인과 조광제는 이를 "지향궁"으로 옮기기도 한다.

65 Merleau-Ponty, *Phenomenology of Perception*, 157.

환자 슈나이더의 근본 문제는 지향호의 손상으로 인해 스스로를 추상적 행동의 상황에 위치할 수 없다는 점이다. 추상적 행동(운동)을 위해서는 그에 상응하는 세계가 반드시 앞서 열려 있어야 하는데, 슈나이더는 지향호에 문제가 생겨서 추상적 행동의 세계를 기획투사하고 거기에 스스로를 위치시키지 못한다. 세계가 없으므로 추상적 행동을 위한 대상도 성립될 수 없다. 그러므로 그에게는 추상적 행동이 불가능하다.

공간을 중심으로 이것을 다시 생각해보자. 슈나이더가 구체적 행동을 문제없이 수행할 수 있는 이유는 그의 신체 공간이, 신체 공간과 하나의 실천적 체계를 이루는 외부 공간과 함께 구체적 행동의 이중적 기반, 즉 구체적 행동의 세계로서 열려 있기 때문이다. 그러나 그가 추상적 행동을 하지 못하는 이유는 그의 신체 공간이 추상적 행동의 기반으로 작동하지 못하는 데 있다. 앞서 서술했듯이, 신체의 공간성은 각 신체 부위가 해부도처럼 분포되어 있는 위치의 공간성이 아니라 그때그때 필요한 상황에 따라 신체의 여러 부분들이 서로 겹치기도 하고 감싸기도 하며 나타나는 상황의 공간성이다. 이 말은 우리가 과제에 따라 다양한 신체 도식을 가지고 있다는 뜻이기도 하다. 그때그때 주어지는 상황에 따라 그리고 훈련된 습관에 따라 다양한 신체 공간이 운동의 배경으로 작용한다. 그래서 우리는 메를로-퐁티가 말하는 것처럼 "'비어' 있거나 운동들과 단절되어 있는 공간이 아니라, 그와 반대로, 운동들에 대해 고도로 결정적인 관계를 맺는 공간 위에서 운동을 수행"하는 것이다.[66]

---

66 Ibid., 159.

D. 공간

그럼 이제 공간에 대한 본격적인 논의로 옮겨가 보기로 하자. 우리가 보통 "객관적"이라고 생각하는 공간은 유클리드 기하학을 따른 것이다. 유클리드 기하학에서 공간이란 상호 교환 가능한 차원들로 이루어져, 등질적(homogeneous)[67]이고 등방적(isotropic)[68]이다. 그래서 사람들은 그 공간 내에서 대상의 상황과 관계없는 순수한 위치를 가정하고, 그리고 움직이는 물체에 아무런 변화도 가져오지 않는 순수한 장소 변화를 가정한다. 그러나 메를로-퐁티는 그러한 공간관을 거부하고 공간이란 "그것에 의해 사물의 위치가 가능해지는 수단"이라고 정의한다. 공간이란 모든 사물이 그 안에 떠도는 일종의 에테르 같은 것도 아니고, 사물들이 공유하는 특성도 아니며, 공간은 "사물들이 연결될 수 있게 하는 보편적 힘"이다.[69]

다른 현상학자들처럼, 메를로-퐁티의 궁극적인 관심은 어떠한 이론적 가공도 이루어지기 전에 우리에게 근원적으로 경험되는 생활세계, 즉 지각된 세계에 있다. 이 근원적인 지각의 세계에서 우리에게 경험되는 공간이란 무엇일까? 메를로-퐁티는 이미 앞서 진행한 신체의 공간성에 대한 논의를 기반으로 해서 공간을 바라보는 상반된 관점인 경험주의와 지성주의의 한계를 비판하며 현상학적 공간에 관한 논의를 진행한다. 우선 경험주의에 의하면 공간이란 대상과 함께 주어진다. 반면에

---

67 이것은 공간 내의 모든 지점은 동일한 성질과 가치를 가지고 있다는 뜻이다.
68 이것은 방향이 바뀌어도 성질이 달라지지 않는다 또는 본질적으로 방향의 차이가 없다는 뜻이다. 예를 들어, 우리는 지금 바다 위에 바로 서 있지만, 지구 반대편에서 보면 천장에 거꾸로 매달려 있는 것과 같다. 그럼 우리는 바로 서 있는 것인가 거꾸로 서 있는 것인가? 등방적 공간에서는 위와 아래가 정해져 있지 않다.
69 Merleau-Ponty, *Phenomenology of Perception*, 284.

지성주의에 의하면 공간이란 정신의 형식으로서 구성하는 주체의 종합 작용의 일부다. 양자는 공통점을 가지고 있는데, 그것은 공간을 (실제적으로든 논리적으로든) 그 안에 사물이 배치되는 세팅으로 본다는 점이다. 그러나 메를로-퐁티는 이러한 관점들이 우리의 근원적 경험의 사태를 바로 기술하기에는 분명한 한계가 있음을 보여준다.

1. 위와 아래: 스트라톤의 안경 실험

메를로-퐁티는 우리의 근원적인 공간 경험이 평범한 상황에서는 통합되어 있고 감추어져 있어 그것을 온전히 파악하기가 쉽지 않기 때문에, 그러한 공간 경험이 해체되고 재형성되는 예외적인 상황을 들여다볼 필요가 있다고 말한다. 그는 몇 가지 실험 사례를 해석해가며 이를 입증하는데, 그가 첫째로 선택한 사례는 "망막 상의 도립(inversion, 거꾸로 됨)이 없는 시각"에 대한 스트라톤(Straton)의 실험이다.[70] 이를 통해 메를로-퐁티는 우리가 "위와 아래"라는 방향을 어떻게 경험하는지 드러내보여주고자 한다.

우리의 눈동자는 일종의 볼록 렌즈다. 그래서 빛의 반사를 통해 정상인의 눈에 들어오는 이미지는 눈동자를 지나며 위와 아래가 바뀐 상태로, 즉 도립상(inverted image)으로 망막에 맺힌다. 그런데 스트라톤은 피실험자에게 이미지를 도립시켜 망막에 정립상이 맺히게 하는 (결과적으로 이미지가 거꾸로 보이게 하는) 안경을 씌우면 어떤 일이 일어나는지 관찰했다. 안경을 쓴 첫 날 피실험자의 눈에는 모든 것이 비실제적으로 그

---

[70] 이 실험 내용은 Straton, *Some Preliminary Experiment on Vision without Inversion of the Retinal Image*에 담겨 있다.

리고 거꾸로 보인다. 둘째 날에는 정상적 지각이 돌아오기 시작하지만, 피실험자는 자기 신체가 거꾸로 되어 있다고 느낀다. 둘째 실험[71]은 일주간 계속되었다. 이번에는 대상이 처음에는 거꾸로 보이지만, 첫 실험에서만큼 비실제적으로 보이지는 않는다. 둘째 날, 광경은 더 이상 거꾸로 보이지 않으나, 신체가 비정상적으로 위치된 것처럼 느껴진다. 신체는 셋째 날부터 일곱째 날까지 점진적으로 제자리로 돌아오고, 모든 이미지는 정상적으로 보인다. 특히 피실험자가 활동적일 때 더 그렇게 된다.[72]

우리는 모든 것을 거꾸로 보이게 하는 안경을 썼음에도 불구하고 결국 정상적인 시각이 회복되어 처음에는 거꾸로 보이던 모든 것이 나중에는 바로 보이게 된다는 이 실험 결과를 어떻게 이해해야 할까? 메를로-퐁티는 먼저 경험주의와 지성주의가 내놓을 수 있는 설명을 제시하고, 그 한계를 보여준다. 먼저 경험주의 심리학은 시각 경험과 촉각 경험의 상호 작용을 통해 피실험자가 방향 감각을 회복했다고 설명할 것

---

[71] 둘째 실험 보고는 Straton, *Vision without Inversion of the Retinal Image*에 수록되어 있다.
[72] 계속하여 다음과 같은 실험 보고가 이어진다. "그가 누워서 움직이지 않으면, 신체는 여전히 이전의 공간을 배경으로 제시된다. 신체의 보이지 않는 부위에서는 실험이 끝날 때까지 오른쪽과 왼쪽이 이전 상태에 머물러 있다. 외적 대상들은 점점 더 "실제" 모양을 회복한다. 다섯째 날부터 처음에는 새로 보이는 방식에 의해 잘못 취해져서 일반적인 시각적 도립에 의해 교정되어야 했던 행동들이 실수 없이 대상을 향하기 시작한다. 처음에는 이전의 공간을 배경으로 서 있던 새로운 시각적 모습들이 그들 자신의 주위에, 처음에는 (셋째 날) 많은 의지적 노력을 통해서, 나중에는 (일곱째 날) 아무 노력 없이도 그들 자신의 정위에 상응하는 일반적인 정위를 가진 지평을 발전시킨다. 일곱째 날에는, 소리 내는 물체가 들릴 뿐 아니라 보이기도 하는 한, 소리의 위치가 정확하다. 만일 소리의 출처가 시각 장에 나타나지 않으면, 신뢰하기 어려운 이중의 부정확한 재현을 가진다. 실험이 끝나 안경을 벗으면, 대상들이 거꾸로 보이는 것이 아니라 괴상하게 보인다. 그리고 운동 반응이 역으로 나타난다. 피실험자는 왼손을 내밀어야 할 때 오른손을 내민다." Merleau-Ponty, *Phenomenology of Perception*, 285.

이다. 눈에는 모든 것이 거꾸로 되어 보이나, 촉각을 통해 들어오는 것은 바로 되어 있으므로 두 감각의 충돌이 일어나고, 이러한 충돌을 조정하는 과정을 통해 정상적인 방향을 회복한다고 말이다. 피실험자가 능동적일수록 회복의 속도가 빠르다는 실험 보고는 이러한 분석을 뒷받침하는 것으로 보인다. 그 과정에서 무엇보다도 머리와 발의 위치가 위와 아래를 판단하는 기준이 될 것이다. 그러나 이러한 설명은 메를로-퐁티에 의해 바로 반박된다. 머리가 위이고 발이 아래라는 판단은 내가 바로 서 있다는 전제하에서만 옳기 때문이다. 그러나 머리와 발은 그 자체로서 위와 아래라는 방향을 가지고 있는 것은 아니다. 이 실험은 망막에 맺힌 물리적 이미지의 객관적 위치가 위와 아래에 대한 우리의 경험을 지배하지 않음을 보여준다.[73] 공간에 대한 우리의 감각은 결코 수동적이지 않다. 우리가 경험하기 전에 이미 우리 밖에 공간이 있어 우리가 경험을 통해 그것을 있는 그대로 받아들이는 것이 아니다. 우리는 단순히 그 공간 내에 있는 것이 아니라 공간을 구성하며 그 공간에 거주한다.

지성주의 심리학도 경험주의와 동일한 문제를 안고 있다. 지성주의는 선택된 고정점들에 의존하여 "똑바로" 서 있는 것과 "거꾸로" 되어 있는 것을 구분한다. 그러나 연구자들은 그 고정점, 즉 좌표축을 어떻게 설정할까? 메를로-퐁티는 이 좌표축이 그것이 무엇이든 오직 다른 지점과의 관계에서만 자리를 잡을 수 있기 때문에 세계의 방향을 정하는 과제가 무한정 연기될 수밖에 없다고 말한다. A는 B를 기준으로 자리를 정하는데, B는 C를 기준으로 하고, 또 C는 D를 기준으로 자리를 정하는 식으로 끝없이 다른 기준을 찾아야 하는 것이다. 방향은 오직 그것을 취하는

---

73 Ibid., 286-88.

주체를 위해서만 존재할 수 있다. 절대적인 "여기"라는 출발점이 없이는 방향이 정해질 수 없다.[74]

메를로-퐁티는 경험주의와 지성주의의 본질적인 한계를 다음과 같이 요약한다. 경험주의의 문제는 거꾸로 뒤집힌 것으로 경험된 세계의 이미지가 어떻게 나에게서 스스로를 바로 세울 수 있느냐 하는 것이다. 반면에 지성주의는 안경을 쓴 후에 세계의 이미지가 거꾸로 선다는 사실에 동의할 수조차 없다. 왜냐하면 구성하는 정신에게는 안경을 쓰기 전후의 경험의 차이, 그리고 시각 경험과 촉각 경험의 충돌이 아무런 영향을 미칠 수 없기 때문이다. 지성주의의 견지에서 볼 때, 그 경험들은 단지 (방향이 없는) 무정형의 질료일 뿐이고, 거기에 공간이라는 형식을 부여하여 방향을 정하는 것은 어디까지나 인간 자신의 의식이다.[75] 그러나 그러한 지성주의의 주장과 달리, 스트라톤의 안경 실험은 우리의 공간이 경험에 영향을 받지 않을 수 없음을 잘 보여준다.

2. 공간 수준과 정박점: 베르트하이머의 실험

경험주의도 아니고 지성주의도 아니라면, 스트라톤의 안경 실험에서 나타난 현상을 어떻게 설명할 수 있을까? 하이데거의 말대로, (1) 세계가 공간 안에 있는 것도 아니고, (2) 공간이 주관 안에 있는 것도 아니라, (3) 오히려 공간은 세계-내-존재인 인간이 열어 밝힌 것으로 세계 안에 있다.[76] 이 세 번째 공간관을 실존적 공간관 또는 현상학적 공간관이라 할 수 있겠는데, 메를로-퐁티는 이를 베르트하이머(Wertheimer)의 한 실

---

74 Ibid., 288.
75 Ibid., 288.
76 Heidegger, *Sein und Zeit*, 111.

험을 가지고 설명한다. 피실험자는 이 실험에서 방안에 있는 모든 것을 45도 기울어진 거울을 통해 보고 있다. 처음에는 그에게 방이 기울어진 것으로 보인다. 그리고 그 안에서 걸어 다니고 있는 사람은 한쪽으로 기울어져 있는 것으로 보인다. 문틀에서 떨어지는 마분지 조각은 비스듬히 움직이는 것으로 보인다. 전체적인 느낌은 한마디로 "괴상하다"이다. 그러나 몇 분 후에 갑자기 변화가 일어난다. 벽들과 방안에서 걸어 다니는 사람과 마분지가 떨어지는 경로가 수직으로 변하여 보인다.[77]

메를로-퐁티는 이 실험과 관련하여 우리의 공간 경험의 메커니즘을 심층 분석해 들어간다. 그는 이 실험에서 정위, 즉 방향 설정이 지각의 주체 쪽에서 전면적인 행동으로 일어남에 주목한다. 그리고 그는 이러한 변화를 "공간 수준"(niveau spatial; spatial level)이라는 새로운 개념을 가지고 이해할 것을 제안한다. 이 실험 전에 피실험자의 지각이 어떤 공간 수준을 인지하고 있어서, 그 공간 수준과의 관계에서 실험에 주어진 광경이 처음에는 비스듬한 것으로 나타나다가 실험이 진행되면서 그 광경이 새로운 공간 수준을 유발했고, 이 수준과의 관계에서 시각 장 전체가 다시 똑바로 세워졌다. 그것은 마치 어떤 대상들(방 안에 있는 벽들과 문들과 사람)이 주어진 공간 수준과의 관계에서 처음에는 경사져 있는 것으로 보이다가, 그 대상들 자신이 이제는 "정박점"(anchoring points)으로 작용하여 자신들의 방향을 특권화하고 자신들에게로 공간 수준을 끌어온 것처럼 보인다.[78]

---

77 이 실험 보고는 Wertheimer, *Experimentelle Studien uber das Sehen von Bewegung*, 258에 수록되어 있다. Merleau-Ponty, *Phenomenology of Perception*, 289.

78 Merleau-Ponty는 여기서 우리가 시각적 광경을 공간 내 방향의 근거로 삼는 실재론적 오류에 빠지지 말 것을 경고한다. 왜냐하면 우리에게 주어지는 광경은 공간 수준과의

그럼 공간 수준이란 정확히 무엇일까? 그리고 어떻게 정박점들은 하나의 특정 공간 내부에서 작용하면서 새로운 공간 수준의 구성을 제안할 수 있는 것일까? 메를로-퐁티는 먼저 우리의 신체의 정위와 공간 수준은 서로 구별되어야 한다고 말한다. 신체의 의식이 공간 수준에 중요하게 기인하는 것은 사실이다. 그러나 신체의 의식은 다른 경험들과 경쟁 관계에 있어서 때로는 다른 경험들에 의해 설정된 방향을 받아들이기도 한다. 메를로-퐁티는 베르트하이머의 실험은 시각 장이 어떻게 신체의 것이 아닌 정위를 부과하는지 보여준다고 말한다. 어떤 사람은 우리의 신체의 균형 축에 의해 수직이라는 기준이 세워지고 그에 의해 공간 수준이 마련되는 것이라 생각할 수도 있을 것이다. 그러나 우리의 신체는 바닥에 누워 있거나 비스듬히 기울어져 앉아 있는 가운데서도 정상적으로 기능한다. 메를로-퐁티는 "광경의 방향을 정하는 것은 실제 있는 그대로의, 객관적 공간에 있는 물체로서의 나의 신체가 아니라 가능한 행동들의 체계로서, 그 과제와 상황에 의해 규정되는 현상학적 장소를 가진 '가상의 신체'(a virtual body)"라고 말한다. 그래서 우리의 신체는 어디든 무언가가 행해져야 할 그곳에 있다.[79]

베르트하이머의 실험에서 실제의 신체는 기울어진 광경에 적응하지 못한다. 그러나 곧 가상의 실체가 실제의 신체를 밀어내며, 피실험자는 실제의 팔과 다리 대신에 거울에 비친 방에서 행동하기 위해 필요한 팔과 다리를 가지고 있다고 느낀다. 가상의 신체를 통해 새로운 세계에 거

관계에서 바로 서 있는 것으로 또는 기울어져 있는 것으로 보이며, 그것 자신이 스스로 우리에게 새로운 위-아래의 축을 제공하는 것은 아니기 때문이다. Merleau-Ponty, *Phenomenology of Perception*, 289-90.

79 Ibid., 291.

주하게 된 것이다. 그렇다면 "이것은 나의 신체가 세계를 소유한 것이며, 나의 신체를 세계에 맞도록 조정한 것이다."[80] 그런데 메를로-퐁티는 이러한 소유 또는 조정은 나의 운동 지향성과 지각 장이 힘을 합치는 곳에서 나타난다고 말한다. 그렇게 함으로써, 우리의 실제 신체는 광경에 의해 요청되는 가상의 신체와 하나가 되고, 실제 광경은 나의 신체가 그 광경에 흩뿌리는 세팅과 하나가 된다.[81]

우리의 모든 지각이 그렇듯이, 공간 지각은 하나의 지각 장 내에서 이루어진다. 지각 장이 주체에게 가능한 정박점을 제안함으로써 공간 지각에 동기 부여를 하는 것이다. 다른 말로 하자면, 공간성이 성립하기 위해서는 주체가 세계 안에서 수립되며, 결국 주체가 세계에 귀속되어야 한다.[82] 공간이란 그 자체로서 존재하는 것이 아니라 세계의 토대 위에서 존재하기 때문이며, 그래서 세계 경험은 공간 경험의 가능 조건이기 때문이다. 공간을 해명하기 위해서는 먼저 세계의 해명이 이루어져야 한다.[83]

이렇게 우리의 신체와 지각은 우리에게 주어진 환경에 심어져[84] 그 환경을 세계의 중심으로 삼아 새로운 공간을 형성한다. 그래서 그 공간을 중심으로 삶이 이루어진다. 그러나 우리는 그 공간에 반드시 제한되어 살아가는 것은 아니다. 나는 여기에 머물면서도 다른 어느 곳에 있을 수 있기 때문이다. 예를 들어 도시에 살던 사람이 휴가를 맞아 시골에 가게

80　Ibid., 291.
81　Ibid., 291-92.
82　Ibid., 327.
83　이남인, 『후설과 메를로-퐁티』, 218.
84　Merleau-Ponty, *Phenomenology of Perception*, 328.

되면, 그는 그곳의 자연 환경에 심취하여 그곳을 세계의 중심으로 삼아 새로운 공간을 형성한다. 그러나 그러다가 도시의 친구가 나를 방문하거나, 매스컴을 통해 도시의 뉴스를 접하고 나면, 나는 마치 실제의 삶으로부터 떨어져 나가 멀리 갇혀 있는 듯한 느낌에 빠지게 된다. 또 도시에 살면서도, 내가 사랑하는 것들로부터 격리될 때가 있는데, 그럴 때 우리는 마치 우리의 실제 삶과 떨어져 있는 것처럼 느끼게 된다.[85]

메를로-퐁티의 공간 논의는 여기서 더 나아가 메스칼린을 복용한 환각 상태에서 경험되는 공간과 정신분열증 환자가 경험하는 공간에 대한 논의로 이어지며, 그로부터 더 나아가 밤의 공간성, 꿈이나 신화나 시에 등장하는 상징적인 공간성, 그리고 원시인들이 경험하는 신비적 공간, 조병 환자(maniac)가 경험하는 공간 등에 대한 논의로 이어진다.[86] 메를로-퐁티가 이러한 논의를 통해 보여주려는 것은 우리의 공간 지각이 지각의 깊은 차원에서 이루어지는 근원적인 활동이며, 이러한 공간 지각의 양상들이 주체의 전체적인 삶을 표현해내고, 공간 지각이 우리의 삶의 양상으로부터 동기화되어 주어진다는 것이다.[87] 이러한 내용은 앞서 이미 설명한 실존적 공간 개념에 기초한 다양한 사례의 서술이라 할 수 있으므로, 더 상세히 논하지는 않겠다.

E. 요약

우리는 지금까지 후설의 현상학을 배경으로 하이데거와 메를로-퐁티가

---

85 Ibid., 333.
86 Ibid., 328-33.
87 조광제, 『몸의 세계 세계의 몸』, 348.

말하는 실존적 공간 또는 현상학적 공간이 무엇인지 살펴보았다. 현상학적 공간에 대한 서술을 마무리하면서, 메를로-퐁티를 중심으로 세 철학자에 대한 논의를 간략하게 다시 요약 정리해보자.

후설은 현상학적 공간 이해를 위한 토대를 놓았다. 우리는 그의 기여를 무엇보다도 "신체를 가진 의식"의 "지향성"과 의식의 지향적 상관자인 "생활세계" 그리고 생활세계를 "지평"으로 하는 의식의 "구성 작용"에 대한 발견에서 찾을 수 있다. 정적 현상학이라 불리는 후설의 초기 현상학은 순수 의식에 집중해 있었지만, 그의 연구는 우리의 의식이 신체를 가진 의식이라는 사실과 키네스테제에 대한 발견에까지 나아가면서 신체 공간을 기반으로 한 메를로-퐁티의 공간 개념이 발전할 수 있는 토대가 되었다.

하이데거는 "세계-내-존재"로서의 인간과 세계의 공속 관계에 주목하여 후설의 현상학을 해석학적 현상학으로 발전시켰다. 그는 무엇보다도 "도구로서의 사물" 개념을 통해 인간과 세계의 공속 관계를 설명한다. 도구는 "손안에 있는 존재"로서 공간성과 함께 신체성을 함의한다. 세계-내-존재로서 인간은 세계 안에 "거주"한다. 건축은 거주를 위해 장소를 건립하는 행위이며, 이러한 장소들에 의해 공간이 마련된다.

메를로-퐁티는 후설이 말한 "신체를 가진 의식"을 깊이 파고들어 "지각"에 도달한다. 지각된 세계가 곧 생활세계다. 그런데 지각은 한편으로는 본능적인 하부 구조와 다른 한편으로는 낮은 단계의 이성 작용을 담당하는 상부 구조로 이루어져 있다. 메를로-퐁티의 위대한 점은 지각의 낮은 단계에 해당하는 감각 경험에서 이미 "근원적인 지향 작용"이 나타남을 드러낸 것이다. 감각에 지향성이 있다면 당연히 그 지향 작용에 동반되는 "감각 장"이 있기 마련이다. 감각의 장은 우리의 지각을 형성하는 여러 층들 가운데서도 가장 아래에 있는 층이다. 이렇게 감각 장을 포함하는 다양한 층으로 구성되어 있는 것이 바로 "현상적 장"이며, 이것이 바로 객관적 세계에 선행하는 선반성적 영역으로서의 생활세계 또는 "지각된 세계"다.

지각의 구조는 곧 "신체"의 구조이기도 하다. 우리의 고유한 신체와 심리 현상은 별개의 현상이 아니라 하나의 연속선상에 존재하는 두 개의 현상으로서 동일한 실존의 상부층과 하부층에 해당한다. 이러한 신체와 심리 현상의 통일성을 성적 지각을 통해 잘 확인할 수 있다. 성적 욕망과 행위는 단순한 기계적 반사 작용도 아니고 그렇다고 단순한 표상 작용도 아니다. 그것은 양자 사이에 존재하는 생명적인 영역으로서의 "에로스" 또는 "리비도"의 작용으로 인한 것이다. 에로스는 신체가 다른 신체를 지향적 상관자로 하여 일어나는 것으로서 근원적인 지향성 중 하나다.

이러한 통일체로서의 신체를 기반으로 실존적 공간을 이해할 수 있다. 메를로-퐁티는 먼저 "신체 도식"을 통해 신체의 공간성을 보여준다. 일종의 암묵적인 3차원 지도로서 신체 도식은 외적 감각을 통해 형성된 이미지가 아니라 관절이나 신경 등의 변화에서 느끼는 내적 감각을 통해 구성된 이미지다. 그래서 신체의 공간성은 위치의 공간성이 아니라 상황의 공간성이다. 그리고 이러한 신체 공간은 "여기"를 중심으로 세워진다. "여기"란 최초의 좌표 설정이고, 신체가 자신이 처해 있는 상황에 정박함이다. 그래서 신체 공간은 여기를 중심으로 정위된 공간이다. 메를로-퐁티는 신체 도식은 나의 신체가 "세계 내에 그리고 세계에로" 존재함을 나타나는 하나의 방식이라고 말한다.

"여기"로서의 신체 공간은 극장에서 공연 장면을 잘 보이게 하기 위해 필요한 어둠과 같으며, 그 앞에서 동작과 그 목표가 드러나는 휴면 중인 "배경"이라 할 수 있다. 신체와 운동의 관계는 "배경"과 "전경"의 관계 또는 지평과 지점의 관계로 도식화할 수 있다. 우리 자신의 운동을 포함하여, 우리 눈에 들어오는 모든 전경은 하나의 실천적 체계를 이루는 신체 공간과 외부 공간이라는 이중 지평 안에서 그 윤곽을 드러낸다.

메를로-퐁티는 이것을 정신맹 환자 슈나이더의 사례를 통해 설명한다. 슈나이더가 "구체적 행동"은 잘하는 반면에 "추상적 행동"을 하지 못하는 이유는 단순한 반사 작용과 운동의 표상 작용 사이에 있는, 즉 신체에서 작동하는 운동의 기획투사 또는 운동 지향성과 관련해서 설명되어야 한다. 메를로-퐁티는 이를 가키려 "지향호"라 말한다. 지향호란 우리 내부와 외부에서 어떤 대상을 겨누고 그 대상과의 관계에서 행동을 취할 있게 하는 근본적인 기능을 가리키는 말이다. 우리의 감각과 지성 그리고 운동의 통일성은 지향호를 통해 이루어진다. 그런데 슈나이더에게는 이 지향호가 손상되어 있어서 추상적 행동의 토대가 되는 세계를 기획투사하지 못하고, 그래서 그의 신체 공간이 추상적 행동의 기반으로 작동하지 못한다.

메를로-퐁티는 근원적인 지각의 세계, 즉 생활세계에서 우리에게 경험되는 공간이 무엇인지를 해명하는 데 관심이 있었다. 그는 스트라톤의 안경 실험을 사례로 들어 경험주의와 지성주의 양자의 공간 개념을 함께 논박하고, 그 대안으로 베르트하이머의 실험 사례를 이용해서 현상학적 공간 이해를 제시한다. 우리의 신체는 어디든 무언가가 행해져야 할 그곳에 있기 위해 주어진 상황에 따라 "공간 수준"을 조정해서 새로운 세계에 거주하는데, 이 과정에서 신체와 여러 경험들이 함께 "정박점"으로 작용한다. 이 과정을 주도하는 것은 객관적 공간에 있는 하나의 물체로서의 신체가 아니라 현상학적 장소를 가진 가상의 신체다.

F. 추가적 논의: 상호주관성

여기까지의 논의에 한정해서 보면, 현상학은 "나"의 한계 내에 머물러 있는 지극히 유아론적인 철학(solipsistic philosophy)이라는 인상을 받을 수 있을 것이다. 그것은 이 책이 "공간"이라는 주제에 초점을 맞춘 가운데 타자의 문제를 따로 다루지 않았기 때문이다. 그러나 현상학에서는 나의 의식 또는 나의 지각뿐만 아니라 "타자 경험" 또는 "상호주관성"(Intersubjektivität)이라는 주제도 함께 중요하게 다룬다. 우리는 이 책의 주제의 범위를 벗어나기 때문에 상호주관성의 문제를 자세히 다루지 않았다. 하지만 우리가 뒤에서 다루게 될 몇몇 학자들이 공간 이론과 관련해서 상호주관성을 중요한 개념 틀로 사용하기 때문에 그 개념을 간략하게나마 언급하고 지나갈 필요가 있다.

종종 후설의 현상학은 타자의 문제를 바로 해명할 수 없는 일종의 유아론(solipsism)이라는 비판을 받기도 한다. 그러나 이것은 후설의 현상을 오해한 것이다. 상호주관성은 후설의 현상학, 특히 그의 발생적 현상학에서 매우 중요한 위치를 차지하는 개념이기 때문이다.[88] 상호주관성이란 나의 주관이 다른 사람들과 완전히 격리되어 별개로 존재하는 것이 아니라 다른 사람들의 심리 경험이 나에게 간접적으로 공유되어 있다고 보는 것이다. 후설은 이 간접적인 경험을 대상이 그 자체로 생생

88　이 주제는 Husserl 사후(1976) Martinus Nijhoff 출판사에 의해 세 권으로 나뉘어 출간된 『상호주관성의 현상학』(*Zur Phänomenologie der Intersubjektivität: Texte aus dem Nachlass*; Hua XIII, XIV, XV)을 비롯하여 여러 글들에서 다루어진다.

하게 떠오르는 직접적인 "현전 의식"(Gegenwärtigung)이 아니라 우리에게 직접 주어지는 타자의 신체적 표현을 토대로 그 사람의 심리 현상이 간접적으로 주어지는 일종의 "현전화 의식"(Vergegenwärtigung)이라고 말한다. 이렇게 타자의 심리 현상이 소여되는 방식으로서의 현전화 작용을 후설은 다른 현전화 작용과 구별하여 "자기투사"(Einfühlung)라고 부른다.[89] 이것은 나를 타자로 전이시키는 자기투사 작용을 통해 간접적으로 타자의 주관에 접근하는 것이다.

상호주관과 관련된 또 하나의 중요한 개념이 "모나드"다. 후설은 습성과 인격의 담지자로서 구체적인 역사적 주체를 가리켜 "모나드"라고 말한다. 라이프니츠의 폐쇄된 모나드와 달리 후설의 모나드는 외부로 향한 창을 가지고 있어서 상호결합과 의사소통이 가능하고, 이에 바탕한 "모나드의 공동체"(Monadengemeinschaft)가 존재한다.[90] 후설은 존재론적으로 모든 모나드는 하나의 실체이나 단지 상대적인 구성체이므로, 필연적으로 다른 모나드의 존재를 요청하는 불완전한 존재라고 말한다.[91] 따라서 모나드가 자립적인 존재가 되기 위해서는 다른 모나드와 결합하여 공동체, 즉 "모나드의 총체"(Monadenall)를 이루어야 한다.[92] 이 모나드의 총체는 모나드들의 단순한 총합이 아니라 유기적 연결이며 그 자체로서 하나의 독자적인 존재성을 지닌다.[93]

---

89 이남인, "본능적 지향성과 상호주관적 생활세계의 구성", 『철학과 현상학 연구』 7 (1993), 46. "Einfühlung"은 "감정 이입"으로 많이 번역되는 단어다.
90 박인철, 『에드문트 후설』, 105.
91 Edmund Husserl, *Zur Phänomenologie der Intersubjektivität. Texte aus dem Nachlass, Zwiter Teil. 1921-1928* (Den Haag: Martinus Nijhoff, 1973; Hua XIV), 295.
92 Ibid.
93 박인철, 『에드문트 후설』, 100-12은 Husserl의 상호주관성에 대해 좀 더 상세하고도 친절한 안내를 제공한다.

메를로-퐁티도 후설의 상호주관 개념의 기본 틀을 따른다.[94] 그는 초월론적 장은 상호주관적 차원, 즉 사회적 차원을 가지고 있으며, 따라서 어떤 초월론적 주관도 역사적 맥락을 벗어나 존재할 수 없고, 그런 점에서 모든 사유는 역사적 사유(Cogito historique; historical cogito)라고 말한다.[95] 그는 『지각의 현상학』 제2부에서 공간과 함께 마지막 항목으로 "타자와 인간적 세계"를 다룬다. 메를로-퐁티는 신체적 주체인 나는 근원적인 지각의 세계에서 살아가는 다른 신체적 주체와 근원적으로 결합되어 있기 때문에, 그를 어떤 유비 추론의 매개도 없이 직접적으로 경험하며,[96] 직접적인 지각의 방식으로 타인을 경험함에 있어 언어가 결정적으로 중요한 역할을 담당한다고 말한다. 언어를 통해 대화하면서 나와 타인들 사이에 공동의 장이 형성되며, 나의 생각과 타인들의 생각이 서로 엮여 하나의 직물을 구성한다는 것이다.[97] 우리가 살아가는 사회는 실존의 한 차원이기 때문에, 우리는 늘 그 차원과 관련되어 어떤 상황에 처해 있다. 이처럼 사회적 세계가 실존의 한 차원이기 때문에, 후설과 메를로-퐁티의 현상학에서는 어떤 유아론도 불가능하다.[98]

---

94 예를 들어 Merleau-Ponty는 타자와 인간적 세계에 관해 논의하는 가운데, "초월론적 주관은 드러난 주관이요 자신과 타인에게 드러난 앎이며, 이러한 이유에서 그것은 상호주관"이라고 말한다. Merleau-Ponty, *Phenomenology of Perception*, 421; 이남인, 『후설과 메를로-퐁티』, 65.

95 Merleau-Ponty, *Phenomenology of Perception*, 431; Husserl과 Merleau-Ponty의 상호주관성에 관한 상세한 논의는 다음 책을 참조하라. 이남인, 『후설과 메를로-퐁티』, 110-132.

96 Ibid., 410 ff.

97 Ibid., 412-13.

98 이남인, 『후설과 메를로-퐁티』, 233.

제2부

현상학적
공간 이론의 발전

제4장

현상학에서 지리학으로

볼노브, 바슐라르, 엘리아데,
노베르그-슐츠

오토 프리드리히 볼노브(Otto Friedrich Bollnow, 1903-1991)는 자신의 『인간과 공간』(Mensch und Raum, 1963) 서론에서 자신보다 앞선 현상학적 공간 연구의 사례들을 소개한다. 그는 먼저 심리학과 정신 병리학의 영역에서 하이데거의 영향을 받은 그라프 뒤르크하임, 민코프스키, 에르빈 슈트라우스, 루드비히 빈스방거 등을 나열한 후, 그들의 이론들은 철학의 영역으로 들어오지 못했고, 다른 분야에서는 금방 잊혔다고 평가한다. 그는 철학의 영역에서는 카시러와 라센만이 있지만 역시 별다른 주목을 받지 못했다고 말하며, 뵈이텐디에크를 비롯한 몇몇 사람들의 소논문 모음도 함께 언급한다. 볼노브는 그 학자들에 이어 마지막으로 가스통 바슐라르를 소개한다. 그는 바슐라르가 몇 권의 책에 이어 저술한 『공간의 시학』이 "공간"이라는 주제를 본격적으로 철학의 핵심 주제로 끌어올렸다고 평가한다. 실제로 볼노브는 자신의 책에서 바슐라르를 자주 인용한다. 그의 평가를 따른다면, 우리가 하이데거와 메를로-퐁티 이후 현상학적 공간 개념을 체계적으로 발전시킨 사람으로서 가장 먼저 관심을 기울일 대상은 바슐라르다.

프랑스의 과학철학자이자 상상력 연구가인 가스통 바슐라르(Gaston

Bachelard, 1884-1962)는 공간에 관한 시적 몽상에 주목하여 그것을 "이미지의 현상학"으로 발전시켰고, 바슐라르를 적극적으로 수용한 독일의 철학자 볼노브는 현상학의 공간 개념을 철학적으로 더 심화시켰다. 이들의 연구는 다시 크리스티안 노베르그-슐츠(Christian Norberg-Schulz, 1926-2000)의 건축 현상학의 이론적 기반이 되었고, 그 후 인문지리학자 이-푸 투안(Yi-Fu Tuan)과 에드워드 렐프(Edward Relph)는 각각 바슐라르와 노베르그-슐츠로부터 큰 영향을 받아 "현상학적 장소론"을 발전시켰다. 이렇게 인문지리학에 이르는 계보와는 별개로 현상학은—오늘날 경제지리학을 비롯한 여러 분야에서 공간 이론의 태두로 간주되는—앙리 르페브르(Henri Lefebvre, 1901-1991)의 "공간 생산" 이론에도 적지 않은 영향을 미쳤다. 르페브르는 그의 『공간의 생산』에서 종종 하이데거, 메를로-퐁티, 바슐라르, 노베르그-슐츠 등 현상학자들을 언급한다. 우리는 이들과 함께 종교현상학자 미르체아 엘리아데(Mircea Eliade, 1907-1986)에게도 관심을 기울일 필요가 있다. 그의 『성과 속』에 포함된 "성스러운 공간"에 대한 조사와 분석이 우리의 연구에 중요한 시사점을 던져줄 수 있기 때문이다.

제2부의 서술은 대체로 앞에 제시한 학자들의 저술 연대 순서를 기본으로 하되 그것과 함께 주제의 흐름을 고려해서 배열하고자 한다. 예를 들어, 볼노브를 바슐라르보다 먼저 소개하려 하는데 그 이유는 다음과 같다. 곧 바슐라르가 시적 몽상이라는 특정 영역에 사유를 집중한 반면 볼노브는 현상학적 공간 전반을 다루며 그것을 체계적으로 이론화하고 있어서 제1부에서 이미 논의한 현상학자들과 제2부에서 새로 소개할 다른 학자들을 연결하는 가교 역할을 볼노브가 해줄 수 있다고 판단해서다. ① 볼노브와 ② 바슐라르 다음으로는 ③ 엘리아데를 소개하며 그

에 이어 ④ 노베르그-슐츠, ⑤ 투안, ⑥ 렐프, ⑦ 르페브르의 순으로 논의를 전개해나가려 한다. 이 책에 소개된 학자들의 생애 연대와 주요 저술 연대는 다음과 같다.

생애 연대	저술 연대
후설(1859-1938)	후설, 초중기 저술(1900-1920)
하이데거(1889-1976)	후설, 후기 저술(1920 이후)
메를로-퐁티(1908-1961)	하이데거, 『존재와 시간』(1927)
바슐라르(1884-1962)	하이데거, 후기 저술(1930 이후)
르페브르(1901-1991)	메를로-퐁티, 『지각의 현상학』(1945)
볼노브(1903-1991)	바슐라르, 『공간의 시학』(1957)
엘리아데(1907-1986)	엘리아데, 『성과 속』(1957)
노베르그-슐츠(1926-2000)	바슐라르, 『몽상의 시학』(1960)
투안(1930생)	볼노브, 『인간과 공간』(1963)
렐프(1944생)	노베르그-슐츠, 『실존 공간 건축』(1971)
	르페브르, 『공간의 생산』(1974)
	투안, 『토포필리아』(1974)
	렐프, 『장소와 장소 상실』(1976)
	투안, 『공간과 장소』(1977)
	노베르그-슐츠, 『장소의 혼』(1980)
	노베르그-슐츠, 『거주의 개념』(1985)

<표 3> 이 책에서 다룬 학자들의 생애 연대와 저술 연대

A. 볼노브의 『인간과 공간』

오토 프리드리히 볼노브는 하이데거와 메를로-퐁티의 실존적 공간 또는 현상학적 공간 개념을 이어받아 그것을 구체화하고 체계화해서 하나의 현상학적 공간 이론으로 발전시킨 사람이다. 여기서는 그의 이론 체계가 고스란히 담겨 있는 그의 책『인간과 공간』을 중심으로 현상학적 공간 이론이 어떻게 발전되어가는지 탐색해보기로 하자.

1. 체험된 공간: 수학적 공간과 비교

볼노브의 공간은 "체험된 공간"(erlebter Raum)이다. 그는 체험된 공간을 수학적 공간과 구별하여 개념화하는데, 그가 소개하는 두 공간의 특징을 여기서 한 번 정리해보는 것이 도움이 될 듯하다. 왜냐하면 이는 지금까지 살펴본 현상학자들의 공간 개념의 특징들을 다시 정리해주며, 동시에 앞으로 소개할 학자들의 공간 논의도 대체로 이 틀에서 이루어질 것이기 때문이다. 두 공간 개념은 각각 자연적 태도와 생활세계적 태도를 대변한다.

현대인들이 일상적으로 "공간"이라 하면 대개는 3차원의 수학적 공간, 즉 유클리드 공간을 떠올릴 것이다. 이것은 위치나 넓이를 측량할 수 있는 공간이며, 그래서 우리가 땅이나 건물과 같은 부동산에 값을 매겨 사고 팔 때 또는 전세나 월세를 얻을 때 사용하는 공간 개념이기도 하다. (1) 수학적 공간에서는 공간 내 어느 지점도 다른 지점보다 우월하지 않다. 우리가 보통 위도, 경도, 고도의 좌표를 설정할 때는 지구상의 어느 지점을 기준으로 하여 각각의 숫자를 부여하지만, 이것은 편의상 정치적으로 결정된 것일 뿐이고, 원래 수학적 공간에는 정해진 좌표의 중심점이 없다. 원칙적으로, 우리는 수학적 공간에서 임의대로 어느 쪽으로든 좌표를 이동시켜 아무 지점이나 좌표의 중심점으로 만들 수 있다. 이를 수학적 공간의 "균질성"이라 부를 수 있다. (2) 수학적 공간에서는 어느 방향도 다른 방향보다 우월하지 않다. 우리가 일반적으로 생각하는 좌표에는 x, y, z라는 세 개의 고정된 축이 있다. 그러나 이것은 편의상 부여한 것이고, 원칙적으로는 공간의 어느 지점이든 우리가 원하면 그곳을 좌표 축으로 만들 수 있다. 그렇게 만들어진 어느 좌표계도 다른 좌표계보다 우월하다고 주장할 수 없다. 이를 수학적 공간의 "등방성"이라 성격화할 수 있겠다. 볼노브는 이 수학적 공간의 내부는 나뉘어 있지 않으며, 모든 지점이 완전히 균일하고, 그러므로 수학적 공간은 모든 방향으로 무한히 연장된다고 말한다.[1]

그러나 체험된 공간은 이와 다르다. (1) 우리가 체험하는 공간에는 다른 지점보다 우월한 중심점이 있고, (2) 그 중심점에 기초한 우월한 좌표계가 있다. 그 좌표계는 인간의 신체 그리고 중력에 저항하는 직립 자세를 기준으로 부여된다. 즉 중력이 끌어당기는 지구의 중심을 향해 있는 발이 아래이고 그 반대편에 있는 머리 방향이 위로 설정되며, 얼굴이 향한 앞쪽과 등이 향한 뒤쪽이 그리고 그에 따라 왼쪽과 오른쪽이 정해진다. 그 좌표계의 중심은 "나"다. (3) 체험된 공간 속의 각 방역과 장소에는 질적 차이가 있다. 체험된 공간은 이렇게 서로 다른 가치를 가지는 방역과 장소들의 상호관계를 토대로 다양하게 분류된다. (4) 체험된 공간에는 통로와 경계선이 있다. (5) 체험된 공간은 처음에는 폐쇄된 유한한 공간으로 주어지지만, 시간이 지나면서 우리의 경험을 통해 무한히 넓은 공간으로 확장된다. (6) 체험된 공간은 우리에게 도움이 되거나 방해하는 방식으로 인간과 관계를 맺는다. 그러므로 체험된 공간은 가치중립적이지 않다. 따라서 (7) 체험된 공간 속의 모든 장소들은 인간에게 어떤 의미가 있다. 나아가 (8) 체험된 공간은 인간과 분리되거나 독립된 무엇이 아니라 인간을 위해 존재하는 공간이다. 따라서 체험된 공간은 인간과 공간의 관계를 의미한다. 공간은 인간으로부터 떼어놓을 수 없다.[2] 이를 다시 도표로 요약해보면 다음과 같다.

1　Otto Friedrich Bollnow, 이기숙 옮김, 『인간과 공간』(서울: 에코리브르, 2011), 16.
2　Bollnow, 『인간과 공간』, 16-17.

수학적 공간	체험된 공간
(1) 균질성: 어느 지점도 다른 지점보다 우월하지 않음. 따라서 좌표의 중심점이 없음 (2) 등방성: 어느 방향도 다른 방향보다 우월하지 않음. 따라서 어느 방향이라도 좌표축으로 만들 수 있음	① 우월한 중심점 있음 ② 우월한 좌표계 있음 ③ 지점마다 질적인 차이 있음 ④ 통로와 경계선 있음 ⑤ 유한 공간으로 주어져 무한 공간으로 확장됨 ⑥ 가치 부여됨 ⑦ 의미 부여됨 ⑧ 인간과 관계 맺음

<표 4> 수학적 공간과 체험된 공간

그런데 볼노브는 "체험된 공간"(erlebter Raum)이라는 표현에 대해 유보적이다. 왜냐하면 이 용어는 자칫 주관적인 뜻으로, 즉 공간 자체는 인간의 경험과 무관하게 독자적으로 존재하는 상태에서 인간이 그 공간을 체험하는 방식으로 해석될 여지가 있기 때문이다. 그는 이에 비해 뒤르크하임의 용어인 "살아진 공간"(gelebster Raum)은 인간이 공간 속에서 공간과 함께 살아간다는 점을 잘 드러내준다는 점에서, 즉 공간이 인간 삶의 매개체임을 보여준다는 점에서 더 나은 표현일 수 있다고 말한다. 그러나 우리말에서도 그렇듯이, 독일어에서 "살다"(leben)는 자동사이기 때문에 그것을 수동태로 표현하는 것은 어색하다. 말하자면, 볼노브는 "살아진 공간"이라는 표현이 더 나을 수 있으나 철학이 어법을 어기면 안 된다고 생각하기 때문에 "체험된 공간"이라는 표현을 선호한다. 그는 이와 함께 민코프스키의 용어인 "생활 공간"(Lebensraum; espace vécu)에 대해서도 논의한다. 이 표현은 현상학에서 널리 사용되는 "생활세계"(Lebenswelt; monde vécu)와 연속성을 가지고 있기 때문에 현상학적 공간을 가리키는 이름으로 가장 적절할 수 있다. 그러나 볼노브는 이 말

이 이미 독일어에서 "생활의 확장을 위해 확보된 공간"이라는 전혀 다른 의미로 사용되어온 언어 습관이 있다고 말한다.[3] 또 『인간과 공간』을 번역한 이기숙에 의하면, "생활 공간"은 19세기 말 유럽의 식민지 정책과 관련하여 생겨난 용어로서 독일의 지리학자 프리드리히 라첼(Friedrich Ratzel)이 1901년 『생활 공간』이라는 책을 출간한 후에, 독일이 영국과 프랑스를 모델 삼아 국가를 통일하고 식민지를 획득하자는 의미에서 표어로 사용되었다. 그리고 그 후 아돌프 히틀러가 『나의 투쟁』에서 팽창하는 제3제국을 위해 러시아와 동유럽을 "생활 공간"으로 삼자고 주창하면서 이 용어는 독일 제국주의를 대변하는 것으로 굳어졌다.[4]

볼노브는 공간이란 결코 주체와 분리된 대상이 아님을 강조한다. 인간 현존재는 공간과의 관계를 통해서 규정되기 때문에 공간은 현존재 자체의 구조이기도 하다. 볼노브는 이런 의미에서 "인간 현존재의 공간성"이라는 용어를 사용한다. 인간 현존재가 공간성을 가진다는 말은 단지 인간의 삶이 공간적으로 확장되어 있다는 데카르트적 의미가 아니라 존재하는 모든 것은 공간과의 관계를 통해서만 존재할 수 있고, 인간은 자신을 펼치기 위해 공간이 필요하다는 뜻이다. 볼노브는 이것을 하이데거의 시간 개념을 원용하여 부연 설명한다. 하이데거가 인간 현존재의 구성 형식으로서의 "시간성"과 객관적인 흐름으로서의 "시간"을 구별하듯이 공간성과 공간도 구별되어야 한다(그는 그 공간이 체험적 공간이든 수학적 공간이든 이 단계에서는 중요하지 않다고 첨언한다). "공간성은 인간 현존재의 존재 규정이다." 따라서 우리는 살면서 언제나 우리가 처해 있

---

3 Ibid., 17-19.
4 Ibid., 18-19. 본문 속에 괄호와 함께 삽입된 옮긴이 주를 참조하라.

는 공간과의 관계를 통해서 규정될 수밖에 없다.⁵

인간이 공간과 관계를 맺는다는 것은, 마치 인간과 공간이 별개로 존재하여 인간이 처음에는 공관과 무관한 상태로 존재하다가 나중에 공간과 관계를 맺게 된다는 그런 뜻이 아니다. 인간의 삶은 근원적으로 공간적인 관계 속에 존재하며 그래서 인간은 생각에서조차 공간과 떨어질 수 없는 존재라는 뜻이다. 그는 이것이 하이데거가 말하는 "내-존재"(Ins-sein), 즉 인간의 존재가 세계와 서로 공속되어 있음을 말하는 방식과 동일한 것임을 확인해준다. 그런 점에서 "공간에 대한 물음은 결국 인간의 선험적 구성 틀에 관한 물음이다. 다르게 말하면, 공간은 인간과 무관하게 그냥 존재하지 않는다. 인간이 공간적인 존재인 이상, 다시 말해 인간이 공간을 구성하고 자기 주변에 공간을 펼치는 존재인 한에서만 공간은 존재한다."⁶

그가 서론에서 제시하듯이, 『인간과 공간』의 논의는 체험된 공간의 탐구에서 출발하여 인간의 공간성 구조를 역으로 추론해 들어가는 방식으로 진행된다. 이는 어찌 보면, 의식의 탐구로부터 시작하여 생활세계의 해명으로 나아갔던 후설이나, 인간의 존재로부터 출발하여 존재 일반의 규명으로 나아가고자 했던 하이데거의 논의 순서를 뒤집은 것이라 할 수 있다. 볼노브는 이를 위해 먼저 체험된 공간을 이론적으로 분류하고, 넓은 세계로부터 시작하여 집으로 범위를 좁혀가며 그 이론을 구체화한 후에, 공간에 대한 몇 가지 관점을 소개하고, 마지막으로 이를 정리하여 인간 삶의 공간성을 규명해낸다. 이번 장에서는 볼노브의 논의를 따라

---

5 Ibid., 22-23.

6 Ibid., 23.

가며 인간 현존재의 공간성에 관해 함께 살펴보자.

2. 정위된 공간: 중심을 둘러싼 질서

수학적 공간의 특징이 등방성이라면, 체험된 공간의 특징은 비등방성이다. 메를로-퐁티의 표현을 따르자면, 체험된 공간은 "정위된 공간"(orientated space)이기 때문이다. 볼노브는 정위되어 있는 체험된 공간에는 다른 방향보다 우월한 특정 방향이 있고, 이는 인간과 공간의 관계를 통해 필연적으로 주어져 있는 것임을 강조한다. 인간이 체험하는 공간을 이루는 가장 단순한 도식은 수직축과 수평면이다. 수평면은 우리의 손에 잡히는 현실이며, 우리의 삶이 이루어지는 주 무대다. 이 지면은 공간을 전혀 이질적인 두 영역, 즉 내 위에 있는 창공과 내 밑에 있는 지하 공간으로 양분한다. 그렇게 하여 두 개의 반구가 만들어지는데, 우리의 시야에 열려 있는 반구는 위에 있는 하나뿐이다. 그 반구는 위로는 돔 경기장의 천장처럼 보이는 천구에 둘러싸여 있고, 아래로는 지표면으로 막혀 있으며, 그 두 표면을 연결하는 경계선, 즉 지평선으로 맞닿아 있다. 볼노브는 이 지평선이 구체적으로 체험된 공간과 수학적 공간을 구분하는 또 하나의 결정적 차이점이라고 말한다.[7]

인간의 직립 자세에 따라 방향이 정해지는 이 체험된 공간에서 각 방향은 서로 다른 가치를 지닌다. 즉 체험된 공간은 비균질적이다. 볼노브는 위에 있는 높은 산은 종종 구원 사건이 일어나는 자리로 이해되지만, 지옥은 아래에 있는 것으로 그려짐에 주목한다.[8] 앞은 인간이 행동을 위

---

7 Ibid., 58-59.
8 Ibid., 56-57.

해 바라보는 방향이다. 목적지를 향해 가는 우리의 길에서 앞과 뒤는 가는 길의 방향에 의해 규정되어 서로 바꿀 수 없는 특정한 의미를 획득한다. 여러 문화에서 길을 가는 행동은 도덕적인 성격을 획득한다. 뒤로 물러나는 행위는 종종 어떤 과제를 완수하지 못했다는 윤리적 평가와 결부된다. 전진 행위는 자연스러운 것으로 받아들여지나, 뒤돌아보거나 물러나거나 되돌아오는 것은 종종 부정적인 것으로 간주된다. 오른쪽과 왼쪽도 마찬가지다. 순수하게 기하학적으로 보면, 왼쪽과 오른쪽은 위와 아래 또는 앞과 뒤처럼 어느 쪽이 다른 쪽보다 우월하다 할 만한 동기를 갖고 있지 않다. 그럼에도 우리는 두 방향에 서로 다른 가치를 둔다. 우리말이나 영어에서도 오른쪽이 "바른"(right) 쪽인 것처럼, 독일어에서 오른쪽을 뜻하는 "recht"는 구불거리는 곡선과 다른 똑바름을 의미하고, "richtig"(참된, 정당한)는 "gerecht"(공평한, 정의로운)와 통한다.[9]

체험된 공간에는 중심이 있다. 볼노브는 이 체험된 공간의 기점은 두 눈 사이 비근이 위치한 곳이라고 말한다. 내가 좌우로 고개를 돌려 주위를 돌아볼 때 내 시선은 극좌표계[10]의 벡터이고, 사물을 바라보는 나 자신이 좌표의 기점이 된다. 이것은 현상학자들의 공간 개념이다. 그러나 볼노브는 여기에 머물지 않고, 이러한 개념이 자연적 공간 개념과 일치하지 않는 점이 있음을 지적한다. 우리는 공간의 중심에 있지만, 그렇다고 해서 달팽이가 제 집을 지고 다니듯 공간을 가지고 다니지는 않는다.

---

9 Ibid., 62-68.
10 "극좌표계"란 평면 위의 위치를 각도와 거리를 써서 나타내는 2차원 좌표계다. 극좌표는 반지름 성분과 각 성분의 두 성분으로 결정되는데, 주로 r로 나타내는 반지름 성분은 극(원점)으로부터의 거리를, 그리고 주로 θ로 나타내는 각 성분은 0°(직교 좌표계에서 x축의 양의 방향에 해당)에서 반시계 방향으로 잰 각의 크기를 나타낸다.

우리는 보통 우리가 "공간 속에서" 움직인다고 말하는데, 이것은 공간이 고정되어 있고 우리가 그 공간 속의 한 지점에서 다른 지점으로 옮겨 간다는 뜻이다. 한편으로는 내가 공간 속에서 움직이지만 그렇다고 해서 공간이 그저 나의 외부에 독립적으로 주어져 있는 것이 아니라, 공간이 주체와 관련을 맺고 있다. 공간은 이렇게 양면성을 가지고 인간과 이중적인 관계를 맺는다. 볼노브는 공간이 이렇게 특이한 방식으로 인간과 얽혀 있음에 주목하며 이를 해명하려 한다.[11]

볼노브는 공간의 이러한 이중성을 해명하기 위해 떠남과 돌아옴이라는 행동에 초점을 맞춘다. 우리가 떠난다거나 돌아온다고 말할 때 그 기준점은 어디인가? 그는 이 질문에 대답하기 위해 내가 속한 곳과 지금 내가 머물고 있는 곳을 구별해야 한다고 말한다. 둘 중 떠남과 돌아옴의 기준이 되는 지점은 내가 속한 곳이다. 예를 들어, 나는 카페에 앉아 있다가 내 테이블을 "떠나서"는 주문한 음료를 찾아 "돌아올" 수 있다. 내 테이블이 기준점이다. 그러나 나는 하루 일과를 마치고 아침에 등교하느라 "떠났던" 내 방으로 "돌아간다." 그런데 내가 묵고 있는 방은 학교 기숙사다. 그러므로 나는 방학이 되거나 명절이 되면 부모가 있는 고향 집으로 "돌아간다." 이렇게 기준점은 관찰의 층위에 따라 바뀌고, 불분명하며 복잡한 위계질서에 따라 한 층위의 기준점은 더 높은 층위의 기준점에 의해 상대화된다. 그 기준점을 우리는 보통 "집"(home)이라 부른다.[12]

위의 사례에서 내가 찾아갔던 곳들은 공간의 중심인 집을 기준으로

11　Bollnow, 『인간과 공간』, 69-70.
12　Ibid., 70-72

얽혀 있다. 집은 가정의 공간이다. 그러나 이것을 가정보다 더 큰 공동체로, 다시 말해서, 영어를 사용하여 "home", "hometown", "home country" 등으로 확대할 수 있다. 그렇게 되면 좌표계의 중심은 개인이 아니라 공동체의 관점에서 규정된다. 시골 마을들에는 읍내라는 중심이 있고, 더 크게는 군청이나 도청 소재지가, 그리고 더 나아가서 나라의 중심인 서울이 있다. 이렇게 연쇄적인 관계의 사슬이 만들어지면서, 내가 주체로서 관계를 맺는 체험된 공간은 매번 더 높은 층위의 울타리에 포함된다. 이런 식으로 초개인적인 중심점이 존재하며 이러한 관계의 사슬에는 종착점이 없다.[13]

여기까지의 논의를 토대로 볼노브의 사유를 활용하여 앞에 제시한 질문에 우리 나름의 잠정적인 해답을 내려보자. 내가 중심이 된 공간과 내가 그 속에서 움직이는 공간의 이중성에 대한 질문 말이다. 그 이중성은 중심으로서의 나와 중심으로서의 공동체라는 서로 다른 두 중심으로 인해 나타나는 이중성이라 할 수 있다. 나를 중심으로 공간이 형성되지만, 나는 동시에 공동체의 중심에 의해 정위된 공간 속에서 움직인다. 그리고 그 중심은 상황에 따라 더 많아질 수 있으며, 서로 다른 중심들은 복합적인 위계질서를 이루고 있다. 이처럼 체험된 공간은 개인과 공동체의 중심들을 통해 정위된 이중성 또는 다중성을 가진 공간이다. 주의할 것은 이러한 공간의 이중성이 현상학의 한계를 보여주는 것은 아니라는 점이다. 앞서 메를로-퐁티를 통해 확인했듯이, 우리는 언제나 주어진 환경에 심겨 그 환경을 중심으로 새로운 공간을 구성하지만, 반드시 그 공간에 제한되지 않고 여기에 머물면서도 동시에 다른 어느 곳에 있을 수

---

13 Ibid., 73-74.

있기 때문이다.[14]

볼노브는 여기서 "세계 축"에 대한 논의로 넘어간다. 이것은 성서의 해석과도 관련된 중요한 주제이므로 좀 더 주의해서 살펴보자. 과거에는 많은 민족이 자기 나라가 세계의 중심이고 나머지 모든 나라는 그 중심을 기준으로 배치되어 있다고 믿었다. 다시 말해서, 자기 나라가 세계의 중심이라 믿은 것은 "중국"뿐만이 아니었다. 각각의 민족은 자기 영토에서 세계의 중심을 분명히 확인하고자 했고, 그래서 그리스인들은 델포이에 있는 세계의 배꼽을 세계의 중심으로 간주했다. 마찬가지로, 유대인들에게는 예루살렘 성전이 세워진 바위가, 중국인들에게는 북경의 황궁이 세계의 중심이었다.

지표면에 있는 이 중심은 그로부터 수직으로 올라간 세계 축으로 확장된다. 세계 축은 공간을 천상 세계, 지하 세계, 그리고 인간이 사는 이 세상의 셋으로 나누어 그 셋을 연결한다. 세계의 중심으로서의 이 세계 축은 많은 경우 높은 산으로 나타나고, 성스러운 기둥과 같은 인조물이 세계 축으로 간주되기도 한다. 어떤 유목민들의 경우에는 성스러운 기둥을 가지고 다니면서 정착하는 곳마다 그 기둥을 새로 세웠다고 한다. 그들은 이동하며 체류지를 바꾸더라도 늘 세계의 중심에 있었던 것이다. 볼노브는 언급하지 않았지만, 광야 생활 40년간 이스라엘과 함께 여러 곳을 옮겨 다닌 성막 및 그 성막 위에 높이 솟은 불 기둥과 구름 기둥도 이동하는 세계 축의 역할을 했음이 분명하다. 고대인들의 세계는 이 세계 축을 중심으로 한 유한한 세계였다. 자신들이 사는 세계의 거

---

14 Merleau-Ponty, *Phenomenology of Perception*, 333을 보라.

주 영역의 경계선 밖에는 더 이상 세계가 존재하지 않았다.[15] 사도행전 1:8을 보면, 예루살렘에서 시작해서 땅끝까지 복음이 확장되는 공간적 구도가 제시되는데, 우리는 예루살렘과 땅끝의 관계도 세계의 중심과 경계선의 관계로 이해할 수 있을 것이다. 이에 대해서는 제3부에서 자세히 살펴보기로 하자.

3. 호돌로지 공간과 행위 공간

앞에 소개한 내용은 볼노브의 『인간과 공간』 제1부(공간의 기본적인 분류)의 일부다. 그에 이어 제2부와 제3부는 각각 "넓은 세계"와 "안식처로서의 집"에 대한 논의에 할애되는데, 그것은 인간이 살아가는 공간을 떠남과 돌아옴의 행위에 의해 크게 둘로 나눈 것이다. 우리는 집을 떠나서 넓은 세계로 나갔다가 다시 집으로 돌아오는 여정을 반복하지 않는가? 그에 앞서 바슐라르는 『공간의 시학』에서 공간을 집 안과 밖으로 나누어 집과 세계로 분류한 바 있는데, 볼노브도 그 형식을 따르고 있다 할 수 있다. 물론 볼노브의 책은 그 내용이나 방식에서 바슐라르와 대조적이다. 바슐라르는 이러한 분류 후에 그의 관심을 좀 더 미시적으로 좁혀 더 작고 세밀한 공간들에 천착해나간 반면에, 볼노브는 넓은 세계에 대한 거시적인 논의를 기반으로 인간의 공간성을 해명하려 하기 때문이다. 이렇게 볼노브는 넓은 세계와 집으로 나누어 공간의 전반적인 성격을 논의한 후에 공간의 내부 구조로 관심을 옮겨, 공간에 대한 여러 관점들을 소개하면서 체험된 공간의 성격을 잘 드러내 보여준다. 그것은

---

15 Bollnow, 『인간과 공간』, 74-77. 이 주제에 대해서는 다음 장에서 Eliade의 종교현상학을 통해 좀 더 상세히 살펴보기로 하자.

호돌로지 공간, 행위 공간, 낮 공간과 밤 공간, 분위기 있는 공간, 현재적 공간, 인간의 공동생활 공간 등이다. 나는 그중 첫 두 관점, 즉 호돌로지 공간과 행위 공간에 주목하고자 한다. 이는 두 공간이 노베르그-슐츠에게 그리고 노베르그-슐츠를 통해 렐프에게 이어지며, 서사의 해석에도 유용한 관점을 제공하기 때문이다.

우리가 어느 지역에 처음 이사하여 그 지역에 익숙해지는 과정을 떠올려보자. 많은 경우 우리의 공간 경험은 길을 따라가면서 이루어진다. 물론 지도나 건물의 설계도를 보며 전체 구조를 파악할 수도 있고, 가까운 산이나 높은 빌딩에 올라가 그 지역을 조망할 수도 있겠으나, 대부분의 경우는 일상생활을 통해 길을 오가며 자연스럽게 그 공간에 익숙해지기 마련이다. 이렇게 길에 의해 구성되는 공간이 호돌로지 공간(hodologische Raum; hodological space)[16]이다.

우리가 호돌로지 공간에서 체험하는 거리는 지도상에 표시된 것과 일치하지 않는다. 볼노브는 이를 설명하기 위해 추상적으로 극단화된 하나의 예를 보여준다. 아파트에서 우리 집과 붙어 있는 이웃집 벽의 한 지점으로부터 그 지점에 면해 있는 우리 집 벽의 해당 지점까지의 거리는 얼마일까? 수학적으로 따지면, 벽의 두께에 따라 불과 몇 센티미터에 불과할 수도 있다. 그러나 실제적으로는 그보다 훨씬 멀다. 우리가 우리 집을 나가 돌아서 그 집으로 가고 다시 현관을 통해 방으로 들어가야 하는 동선을 고려해야 할 뿐 아니라, 우리가 그 집에 들어가는 것을 주인이 허락할지 안 할지도 알 수 없기 때문이다.[17] 만일 주인이 절대 허락하지 않

---

16 "호돌로지"는 "길"을 뜻하는 "호도스"(ὁδός)라는 그리스어를 사용한 조어다.
17 Bollnow, 『인간과 공간』, 250-51.

는다면, 그 거리는 달나라보다 더 먼 거리가 될 것이다.

볼노브는 호돌로지 공간과 거리라는 개념이 레빈(K. Lewin)[18]이 도입하고 사르트르가 수용한 것이라 소개한다. 호돌로지 공간은 체험된 공간의 성격을 잘 보여주는데, 이 공간에서 "최상의 길"은 두 지점을 잇는 최단 거리인 직선이 아니라 가장 돈이 적게 드는 길, 가장 빨리 갈 수 있는 길, 최고의 즐거움을 주는 길, 또는 가장 안전한 길 등으로 그때그때 사물의 관계에 따라 그리고 인간의 마음에 따라 달라진다.[19]

호돌로지 공간은 길을 통해 형성되면서도 집이라는 자연스러운 중심점을 기점으로 하는 공간이다. 그것과는 별도로, 같은 길에 의해 형성되면서도 집을 중심으로 삼지 않는 공간이 있다. 볼노브는 "넓은 세계"를 다루는 제2부에서 오늘날 집을 중심으로 삼지 않는 (고속)도로에 의해 경관이 균질화되는 현상을 언급한다. 그것은 초개인적이고 중립적인 "교통" 공간으로서, 인간을 거주자가 아닌 방랑자로, 중심을 지향하지 않고 오히려 중심을 벗어나는 존재로 성격화한다. 길 위에 있는 인간에게 의미 있는 행동은 단 하나, 앞으로 나아가는 것이다. 중단은 오직 휴식할 때만 정당화된다. 도로는 머무르는 곳이 아니다. 도로는 인간을 내몰아 가장 빠른 길로 가장 짧은 시간 내에 목적지로 가는 그 하나의 행동을 위해 존재한다. 그것은 사람을 조급하게 하고 서두르게 한다. 도로 위에서 이동하는 사람의 관점에서 보면, 전체 공간의 성격도 함께 변화한다. 주변의 경관은 사라지고, 운전자는 좁은 도로의 테두리에 정신을 집중

---

18 K. Lewin, "Der Richtungsbegriff in den Paychologie: Der spezielle und allgemeine hodologische Raum," *Psychologische Forschung* 19 (1934), 249-99.
19 Bollnow, 『인간과 공간』, 254-56.

한다. 그 길 너머에 있는 영역은 그에게 더는 의미 있는 공간이 아니다.[20] "도로 위에 있는 인간"은 현대 교통 시스템의 발달과 함께 도로망이 도시들을 연결하는 고유의 기능을 잃어버리고 장소로부터 분리되어버린 현대의 경관, 그리고 그 속에서 집이라는 장소를 상실한 채 살아가는 현대인을 묘사하는 것이다. 그러나 이 "길"과 "길 위에 있는 인간"이라는 모티프는 고대에 기록된 성서 서사를 이해하는 데도 부분적으로 그리고 간접적으로 도움을 줄 수 있을 것으로 보인다. 예를 들어 마가복음은 등장인물들이 계속하여 이동 중인 것처럼 기술하는데,[21] 이는 마가복음에 담겨 있는 임박한 종말론과 관련지어 해석될 수 있다. 마가복음의 이야기는 사건의 자세한 부분을 가급적 생략한 채, 한 사건에서 다른 사건으로 지체 없이 움직이며, 예루살렘이라는 목표지를 향하여 그리고 곧 다가올 종말을 향하여 빠른 속도로 진행되어간다.

다시 호돌로지 공간으로 돌아가보자. 위에서 설명한 교통 공간과 달리 호돌로지 공간은 체험된 공간의 한 특성을 잘 보여준다. 그러나 그것만으로 체험된 공간을 다 설명할 수는 없다. 볼노브는 두 방향에서 이 개념을 확장하고자 하는데, 하나의 길과 함께 그 길의 목표점의 성격을 규정하는 것이다. 다른 하나의 길은 길이라는 말의 의미가 가지는 제한성이다. 길은 개별 장소들과 집과 일터를 연결한다. 반면에 우리는 집 안에서도 끊임없이 이동하며 활동을 하지만 그것을 가리켜 길이라 말하지는 않는다. 예를 들어 가정주부가 싱크대에서 식탁으로, 거실로, 세탁실로

---

20 Ibid., 131-41.
21 이것은 마가복음의 처음부터 분명히 나타난다. 마가복음은 대다수의 단락을 예수의 이동을 기술함으로 시작한다. 그중 첫 두 장만 살펴보면 다음과 같다. 1:9, 12, 14, 16, 21, 29, 35; 2:1, 13, 23 등.

이동해 다니는 흔적을 가리켜 길이라 하지는 않는다. 그러므로 우리는 체험된 공간을 바로 이해하기 위해 길뿐만 아니라 우리가 일하거나 쉬기 위해, 즉 거주하며 머무는 공간을 함께 고려해야 한다. 볼노브는 이를 "행위 공간"(Handlungsraum; space of action)으로 분류한다.[22]

볼노브의 행위 공간은 하이데거가 도구의 쓰임새 지시연관을 통해 공간을 설명한 것을 받아들여 좀 더 구체화한 것이다. 그는 하이데거의 용어인 "손안에 있음"과 "눈앞에 있음", "자리"(Platz)와 "방역"(Gegend), "거리 없앰"(Entfernung)과 "방향 잡음"(Ausrichtung) 등을 사용하여 행위 공간의 특징을 설명하며, 그것을 "목적 공간"(Zweckraum)으로서의 "생활 공간"으로 확장해나간다. 그러면서 그는 동시에 우리의 생활 공간 밖에는 사람의 손길이 닿지 않은 새로운 영역이 있음을 지적하는 것도 잊지 않는다. 이처럼 볼노브는 행위 공간을 공간을 바라보는 하나의 관점으로 간주하고 거기에 여러 다른 관점들을 더하면서 한편으로는 하이데거의 설명이 실존적 공간의 한 측면만을 드러내는 데 그쳤음을 보여주고, 다른 한편으로는 그 실존적 공간 개념을 더 포괄적으로 일반화하고 체계화한다.

4. 인간 현존재의 공간성

볼노브는 이러한 체험된 공간에 대한 논의를 거쳐 『인간과 공간』 마지막 장에서 인간 현존재의 공간성이라는 주제로 다시 돌아온다. 인간 삶의 공간성이란 공간이 어떤 방식으로 인간의 본질에 속하느냐 하는 질문과 관련된 문제다. 볼노브는 현상학자들을 따라 인간이 지향성이라는 방식으로 공간과 관계를 맺는다는 점에 주목한다. 인간은 그 관계를 통

---

22 Bollnow, 『인간과 공간』, 263-266.

해 지향적 공간의 중심이 된다. 따라서 지향적 공간은 인간과 함께 움직인다. 지향적 공간의 관점에서 보면, 우리의 이동은 공간 속에서 하나의 좌표계로부터 그에 대응하는 다른 좌표계로의 이행일 뿐이다. 그렇다면 인간이 공간 속 어딘가에 위치한다는 것은 또 어떻게 설명해야 하는가? 이것은 앞서 제시했던 공간의 이중성에 관한 질문이다. 하이데거는 인간이 어떤 상황에 "처해 있다"(sich befinden) 또는 "던져져 있다"(geworfen)라고 말하는데, 볼노브는 지향적 공간 개념으로는 이런 현상을 설명할 수 없다고 지적한다. 그는 공간은 하나의 매개체로서 객관적인 "대상"도 아니고 단지 주관적인 "관찰 방식"도 아닌 그 중간 지점에 있다고 말한다. 즉, 공간은 주체와 무관한 하나의 틀도 아니고 단순히 주관적인 설계도 아니다.[23]

앞서 이미 살펴보았듯이, 이것은 공동체의 중심으로서의 집이라는 장소를 가정할 때에만 대답될 수 있는 문제다. 하이데거가 인간의 처해있음과 던져져 있음을 말할 때, 거기에는 집 또는 고향이 암암리에 전제되어 있는 것이다. 그러므로 볼노브는 "인간은 '세계 속에 던져지기' 전에 집이라는 요람에 눕혀진다"는 바슐라르의 말[24]을 인용하며 그에게 동조한다. 삶은 행복하게 집이라는 품에 둘러싸이고 에워싸여 아주 따뜻하게 시작되며, 그 후에 밖으로 내던져진다. 이처럼 그는 하이데거를 비판하지만 그 비판을 통해 하이데거의 논지를 더 풍부하게 발전시킨다. 볼노브가 공간성을 본질로 가진 인간을 위해 제시하는 행복한 삶을 위한 처방도 하이데거의 "거주"와 바슐라르의 "장소애"(topophilie)의 모델을

---

23 Ibid., 351-54.
24 Gaston Bachelard, 곽광수 옮김, 『공간의 시학』(서울: 동문선, 2003), 81-82.

따른 것이다. 특히 그는 하이데거가 시간성의 관점에서 요청한 진정성을 공간성으로 확장한다. 인간의 본래적인 시간성이 저절로 이루어지는 것이 아니라 실존의 모든 것을 걸고 노력해야 실현할 수 있는 것이듯이, 인간의 공간성의 참다운 실현인 거주도 우리 자신의 존재를 쏟아부어 진정한 노력을 경주할 때만 실현할 수 있다.[25]

마지막으로, 볼노브가 제시하는 참된 거주의 세 가지 방향은 다음과 같다. (1) 우리는 공간 내의 일정 장소에 정착하여 그곳에서 단단히 토대를 다지고 안식을 주는 개인 공간을 마련해야 한다. (2) 우리는 내부 공간에서 웅크리고 있지 말아야 한다. 우리는 위협적이고 위험한 외부 공간도 온전히 삶 속에 포함하고, 인간의 삶이 실현되는 유일한 바탕인 내부와 외부 공간의 긴장을 이겨내야 한다. (3) 우리는 위협적인 외부 공간과 긴장 상태가 지속되더라도 자기 집의 굳건함에 대한 순진한 믿음을 극복하고 전폭적인 신뢰 속에서 큰 공간에 몸을 맡기는 것이 중요하다. 그러면 이 큰 공간도 위험한 성질을 잃어버리고 스스로 보호 공간이 되어준다. 그래서 우리는 집에 거주하면서도 더 큰 공간 전체를 신뢰할 수 있다.[26]

지금까지 살펴본 것처럼, 볼노브는 현상학적 공간에 관련된 주제들을 포괄적으로 담아내고 체계적으로 이론화하면서 철학자다운 면모를 아낌없이 보여주었다. 그는 그러한 이론화 작업을 통해 철학적 현상학과 다른 학문들 사이에서 가교 역할도 했고, 현상학적 공간 이론이 이후 다양한 학문 분야에서 꽃을 피울 수 있는 못자리를 마련했다고 할 수 있다. 그러나 볼노브가 현상학적 공간 이론을 체계화하기 전에도 이미 현상학

---

25 Bollnow, 『인간과 공간』, 398.
26 Ibid., 399.

은 다양한 분야로 그 적용 분야를 확대해나가고 있었다. 우리가 그것 중 공간이라는 주제와 관련하여 눈여겨보아야 할 사람들은 바슐라르와 엘리아데다. 바슐라르는 시적 몽상이라는 특정 영역에 집중하여 문학 작품에 담긴 공간의 이미지들을 대상으로 현상학적 연구를 확대했고, 엘리아데는 현상학의 관점을 종교 체험에 적용하여 "성스러운 공간"이라는 현상을 실존적으로 분석했다. 이 두 분야에서 이루어진 현상학적 공간 연구를 간략하게 살펴보자.

B. 바슐라르의 이미지의 현상학

1. 바슐라르의 생애

가스통 바슐라르(Gaston Bachelard, 1884-1962)는 출생 연대로 보면 볼노브(1903)는 물론이고 하이데거(1889)나 메를로-퐁티(1908)보다도 앞선 학자다. 그러나 그는 불우한 생활 환경으로 인해 다른 사람들보다 늦게 학문의 길에 들어서서 과학철학자로서 학문 여정을 시작했고, 현상학에 주력한 것은 그보다 훨씬 뒤였다. 따라서 그의 대표적인 현상학 저술인 『공간의 시학』(1957)과 『몽상의 시학』(1960)은 메를로-퐁티의 『지각의 현상학』이 저술된 후 10여 년이 지나서야 비로소 세상에 나온다.

『공간의 시학』과 『몽상의 시학』에 가득 담겨 있는 아름다운 시적 정서와 달리 바슐라르의 생애는 그리 순탄하지 않았다. 먼저 홍명희의 서술을 따라, 자수성가한 바슐라르의 생애를 잠시 돌아본 후,[27] 그의 사상

---

27 여기에 소개된 Gaston Bachelard의 생애 약사는 홍명희, 『상상력과 가스통 바슐라르』 (서울: 살림, 2005), 9-27을 요약한 것이다.

에 대한 논의로 들어가자. 그는 1884년 프랑스의 한 전형적인 시골 마을에 태어나 가정 형편이 여의치 않았음에도 불구하고 유년기에는 화목한 분위기에서 자라났다. 중학교 시절에는 매년 우수상을 타는 뛰어난 학생이었고, 축구팀 선수이자 학교 오케스트라의 바이올린 연주자이기도 했다. 그러나 고등학교 졸업 후 그의 삶에 역경이 시작된다. 바슐라르는 1902년 고등학교 졸업시험이자 대학 입학시험인 바칼로레아(Baccalauréat)에 합격했으나 학비를 댈 수 없어 대학 진학의 꿈을 접고, 길을 바꾸어 우체국 전신 기사가 된다. 레미르몽의 우체국에서 일하다가 군 복무를 마치고 1907년부터는 다시 파리의 우체국에서 일하게 된다. 이때부터 그는 주경야독하며 독학으로 대학 학사 자격증을 하나씩 취득해나간다. 이후 그가 취득한 학위는 수학 학사학위, 물리학 학사학위, 일반 수학 수료증명서, 이론 역학 수료증명서, 대수학 수료증명서, 미적분학 수료증명서, 수리 물리학 수료증명서, 심화 천문학 수료증명서 등이다.

1914년 그는 잔 로시와 결혼하지만, 결혼 3주 만에 제1차 세계대전이 발발하여 다시 군에 징집당하고 42개월간 전선에서 사병으로 근무한다. 바슐라르는 군에 있는 동안 부인 로시가 중병에 걸리자 수월하게 간호를 하기 위해 장교 진급 시험을 치러 1917년에 소위로 임관하지만, 그것은 그리 좋은 선택이 아니었다. 그때는 연합군의 공세가 가장 치열하던 기간이라, 그는 제5기병연대 통신 중대장으로서 막중한 부담감에 시달리게 되었기 때문이다. 1919년 3월, 전쟁이 끝나고 고향으로 돌아왔을 때 바슐라르는 이미 35세였다. 그는 만삭의 아내를 가까이 돌보기 위해 전신 기사 일을 그만두고, 자신의 모교인 바르-쉬르-오브(Bar-sur-Aube) 중학교의 물리 화학 교사가 된다. 초등학교 교사인 부인이 12km

떨어진 브와니로 발령이 났기 때문에, 아내의 학교 부근에 집을 구한 바슐라르는 매일 그 먼 거리를 몇 시간씩 걸어서 출퇴근한다. 얼마 후 딸 쉬잔이 태어나지만, 병약한 아내 잔은 7개월 만에 세상을 떠난다. 그때부터 바슐라르는 혼자서 딸 쉬잔을 돌보며 교사 일을 계속한다. 그는 나중에 『몽상의 시학』에 이렇게 적었다. "인생에 있어서 가장 큰 불행 속에서도 어린아이라는 버팀목을 가지고 있으면 우리는 용기를 내게 된다." 이러한 어려움 속에서도 그는 전선에서 돌아온 지 8년만인 1927년 5월, 43세의 나이로 소르본 대학에서 박사 학위를 취득한다.

박사학위를 받은 지 3년 후인 1930년 바슐라르는 디종 문과대학의 철학과 교수로 임명된다. 1902년 대학 입학이 좌절된 후 28년 만에 학생이 아닌 교수로서 대학의 일원이 된 것이다. 그로부터 10년 후인 1940년에 바슐라르는 소르본 대학의 과학사와 과학철학 교수로 자리를 옮긴다. 그리고 1952년에는 콜레쥬 드 프랑스에 자리가 비어 바슐라르가 천거되지만, 그는 그 자리를 메를로-퐁티에게 양보하고 소르본에 남아 거기서 자신의 일생을 마무리한다. 그의 경력이 보여주듯이, 바슐라르는 과학철학자로서 학문의 길을 시작했으며, 나중에야 현상학으로 길을 바꾸었다. 『공간의 시학』(1957)과 그 책의 후속편인 『몽상의 시학』(1960)이 그의 "이미지의 현상학"을 대변하는 책들이다. 바슐라르가 두 시학서를 저술한 것은 그의 생애의 마지막 단계인 70대 중반으로, 그가 이미 소르본에서 은퇴하고 명예 교수가 된 후의 일이었다.

2. 상상력 연구

『공간의 시학』(*La poétique de l'espace*)[28]과『몽상의 시학』(*La poétique de la rêverie*)[29]에서, 바슐라르는 시적 몽상(reverie) 그리고 몽상에 의해 창조되는 이미지들에 주목한다. 그런데 이 시적 몽상은 이성에 의한 반성적·객관적 사고가 이루어지기 전의 근원적인 영역으로서 메를로-퐁티가『지각의 현상학』에서 해명해낸 그 지각(perception)의 한 영역이 바로 몽상이라 할 수 있다.[30] 두 시학서는 바슐라르의 말년에 이르러서야 비로소 세상에 모습을 드러낸다. 그러나 두 책에 담겨 있는 그의 이미지의 현상학은 그 책들에서 갑자기 나타난 것이 아니라 그 전부터 계속되어온 바

---

28   Gaston Bachelard, 곽광수 옮김,『공간의 시학』(서울: 동문선, 2003).
29   Gaston Bachelard, 김웅권 옮김,『몽상의 시학』(서울: 동문선, 2007).
30   곽광수, 김웅권, 홍명희는 Bachelard를 Husserl과 비교하며, Merleau-Ponty에 대해서는 언급하지 않는다. 그러나 Bachelard의 이미지의 현상학은 Husserl뿐만 아니라 Merleau-Ponty의 지각의 현상학과 비교해볼 필요가 있다. Bachelard는 Merleau-Ponty와 동시대인이자 같은 프랑스인으로서 서로 영향을 주거나 받았을 가능성이 많다. Bachelard는 그의 두 시학서에서 Husserl, Heidegger, Merleau-Ponty 등 현상학자들의 이름을 언급하지 않지만,『몽상의 시학』에서 "상상력의 현상학"으로 "지각의 현상학"을 대체할 것을 제안한다. 이에 대한 곽광수의 논의에 대해서는 그가 번역한『공간의 시학』에 함께 수록되어 있는 "바슐라르와 상징론사" 각주 8을 참조하라. Bachelard,『공간의 시학』, 31-34. 김웅권의 논의는 그가 번역한『몽상의 시학』옮긴이 후기를 참조하라. Bachelard,『몽상의 시학』, 275.
     현상학에 대한 홍명희의 서술에는 동의하기 어려운 점이 있다. 홍명희는 현상학이라는 용어가 그 본질상 Bachelard의 이미지나 상상력과는 어울리지 않기 때문에 "상상력의 현상학"이라는 말은 일종의 모순 어법(oxymoron)이라고 말한다. 왜냐하면 홍명희는 현상학을 "합리주의 철학의 극단에서 이루어지는 이성의 방법론"으로 규정하기 때문이다. 그는 Bachelard가 "이미지와 개념은 인간의 정신 활동의 서로 대립되는 두 개의 극을 형성하는데, 그것은 바로 상상력과 이성"이라고 말한 대목을 인용하며, 이 문장에서 현상학이 후자, 즉 "이성"과 "개념"을 대표하는 것으로 이해한다. 그것은 Bachelard의 문장을 정반대로 뒤집어 읽은 것이다. Bachelard의 표현을 따를 때, 현상학은 개념과 이성의 학문이 아니라 이미지와 상상력의 학문이기 때문이다. 홍명희, "바슐라르의 상상력의 현상학",『프랑스문화예술연구』24(2008), 359-61을 참조하라.

슐라르의 상상력 연구가 현상학을 통해 완성된 것이라 할 수 있다. 상상력에 대한 그의 관심은 1938년에 출간된 『불의 정신분석』(*La psychanalyse du feu*)[31]에서 이미 나타나기 시작했는데, 그 책은 바슐라르가 과학철학자에서 이미지의 현상학자로 넘어가기 시작하는 첫 단계를 보여준다. 과학철학자로서 그는 객관적이고 분석적인 연구에 익숙해 있었고, 책 제목이 보여주듯이 『불의 정신분석』 역시 아직 정신분석학의 객관적 연구 방법에 머물러 있었다. 그러나 그는 객관적 연구 방법에 머물러 있었지만 그러한 관점으로부터 결별을 시작한다.[32] 그는 과학적인 방법으로 연구가 시작되었으나, 불의 이미지를 연구하는 가운데 이미지의 매력에 빠지게 되었고, 결국 상상력에 대한 찬양에 이르게 되었다. 그 책의 결론의 한 구절을 살펴보자.

> 상상력은 의지보다 더한, 생의 약동보다 더한 정신의 생산력 자체인 것이다. 우리는 정신적으로 우리의 몽상에 의해 창조되어 있다. 우리가 우리의 몽상에 의해 창조되고 한정된 존재라고 하는 까닭은 우리 정신의 마지막 경계들을 그리고 있는 것이 바로 몽상이기 때문이다. 상상력은 불꽃처럼 자신의 정점에서 작용한다.[33]

『불의 정신분석』 이후 바슐라르의 상상력 연구는 "불", "물", "공기", "흙"이라는 사원소의 이미지에 대한 연구로 확장되고 심화되며, 이는

---

31 Gaston Bachelard, 김병욱 옮김, 『불의 정신분석』(서울: 이학사, 2007).
32 송태현, "과학과 시: 가스통 바슐라르의 이원성과 통일성", 『세계문학비교연구』 36 (2011), 234-35을 참조하라.
33 Gaston Bachelard, 김병욱 옮김, 『불의 정신분석』(서울: 이학사, 2007), 199.

다음 여러 저서들의 잇단 출간으로 열매를 맺는다. 『물과 꿈』(*L'eau et les rêves*, 1942),[34] 『공기와 꿈』(*L'air et les songes*, 1943),[35] 『대지 그리고 휴식의 몽상』(*La terre et les rêveries du repos*, 1946),[36] 『대지와 의지의 몽상』(*La terre et les rêveries de la volonté*, 1948),[37] 『합리적 물질론』(*Le matérialisme rationnel*, 1953), 『촛불의 미학』(*La flamme d'une chandelle*, 1961)[38] 등. 바슐라르는 조각가가 작품을 만들어내기 위해 물질을 필요로 하듯이 시적 이미지 역시 사원소 중 하나 또는 그 이상의 물질을 필요로 한다고 주장한다. 물질은 진정한 시적 몽상의 필수 요소라는 것이다. "시인의 첫 번째 임무는 꿈꾸고자 하는 물질의 닻을 우리 안에서 올려 풀어주는 일이다."[39]

상상력 연구에 앞서, 바슐라르는 과학철학자로서 수많은 철학자와 연금술사들이 사원소에 기초한 사유를 해왔음을 보게 되었다. 그리고 이번에는 시인들도 수많은 시 작품들 속에서 이미지들을 통해 소박한 우주론을 다시 체험하고 있음을 확인했다. 그리고 바슐라르는 이러한 연구의 과정에서 상상력이 오랜 세월 동안 동질성을 지녀왔다고 판단했고, 상상력을 인간 본성의 근저에 밀착되어 있는 근거로 보았다.[40] 그의 이러한 연이은 상상력 연구는 이미 현상학과의 만남을 예고하고 있

---

34 Gaston Bachelard, 이가림 옮김, 『물과 꿈』(서울: 문예출판사, 1993).
35 Gaston Bachelard, 정영란 옮김, 『공기와 꿈』(서울: 이학사, 2000).
36 Gaston Bachelard, 정영란 옮김, 『대지 그리고 휴식의 몽상』(서울: 문학동네, 2002).
37 Gaston Bachelard, 민희식 옮김, 『불의 정신분석; 초의 불꽃; 대지와 의지의 몽상』(서울: 삼성출판사, 1976).
38 Gaston Bachelard, 이가림 옮김, 『촛불의 미학』(서울: 문예출판사, 2010).
39 Gaston Bachelard, *L'Air et les songes. Essai sur l'imagination du mouvement* (Paris: José Corti, 1943), 217; 송태현, "가스통 바슐라르: 과학철학에서 상상력철학으로", 『한국프랑스학회논집』 42(2003), 191에서 재인용.
40 송태현, "가스통 바슐라르: 과학철학에서 상상력철학으로", 192-93.

었다. 아마도 바슐라르는 그동안 이어온 상상력과 이미지의 연구를 체계화하고 집적할 수 있는 최상의 틀을 현상학에서 발견했을 것이다. 그리하여 그가 스스로 "이미지의 현상학"(phénoménologie de l'image; phenomenology of image) 또는 "상상력의 현상학"(phénoménologie de l'imagination; phenomenology of imagination)이라 이름 붙인 『공간의 시학』과 『몽상의 시학』이 태어날 수 있었다. 두 시학서는 이름에 걸맞은 수려한 문장과 표현들로 가득 채워져 있다. 나는 다음에 이어질 두 시학서의 소개에서 바슐라르의 글을 나의 말로 풀어쓰기 위해 애쓰겠지만, 동시에 그의 문장들 자체가 문학적 가치가 있다고 판단해 많은 경우에는 그의 표현들을 그대로 살려 발췌하고자 한다.

3. 이미지의 현상학

바슐라르에 의하면, 상상력의 현상학이란 시적 이미지가 그 현행성에서 파악된 인간 마음의, 영혼의, 존재의 직접적인 산물로서 의식에 떠오를 때 이미지의 현상을 연구하는 것이다.[41] 후속편인 『몽상의 시학』에서 그가 술회한 대로 『공간의 시학』의 핵심은 "시적인 이미지들에 탄복하는 주체의 자각을 현상학의 원리들에 따라 분명히 밝혀내는 것"이다.[42] "시적인 이미지들에 대한 현상학적 요구는 단순하다. 결국 그것은 이 이미지들의 시원적 효력을 강조하고, 그것들이 지닌 독창성의 존재 자체를 파악하며, 그리하여 상상력의 생산성이라는 탁월한 정신적 생산성을 받아들이는 것이다."[43] 그리고 그것을 독자의 체험 속에 현재화하는 것

41　Bachelard, 『공간의 시학』, 44.
42　Bachelard, 『몽상의 시학』, 7.
43　Ibid., 8.

이다.[44]

바슐라르는 『공간의 시학』에서 기존의 전기적 비평과 정신 분석적 비평이 인과성의 원리에 입각해서 시적 이미지를 작가의 과거에 일어난 어떤 일의 결과로 이해하는 것을 거부한다. 우리가 이러한 실증주의적 관점과 다르게 문학 작품에 담긴 시적 이미지들에 감동을 느낀 독서 체험을 되돌아보면, 우리는 그것이 작가의 생애와는 무관하게 이루어졌음을 알게 된다. 즉 우리는 작가의 생애를 전혀 모르고도 문학 작품에서 감동을 받는다.[45] 우리가 "시인이 제공하는 말의 행복, 시인의 생애의 드라마마저 뛰어넘는 그 말의 행복을 체험하기 위해 시인의 괴로움들을 살아 보아야 할 필요는 조금도 없는 것이다."[46] 이미지는 과거의 어떤 원인에 의해 만들어지는 것이 아니다. 오히려 그것은 "이미지의 번쩍임에 의해 먼 과거가 메아리들로 울리는 것이며, […] 그 새로움과 약동 속에서 시적 이미지는 그 자체의 존재와 그 자체의 힘을 가지는" 것, 그래서 "하나의 직접적인 존재론"이라 부를 수 있다.[47] 따라서 상상력은 기억의 재현이 아니라 이미지를 산출해내는 능력이다. 회화로 말하자면, 그것은 외부 세계의 빛의 반영이 아니라 내적인 빛에 참여하는 것이다.[48] 요한 파울 리히터(Johann Paul Richter, 1763-1825)가 말하듯 "재현하는 상상력은 산출하는 상상력의 산문"에 불과하다.[49] 따라서 우리가 이미지에 접근하기 위해서는 후설의 용어를 사용해 표현하면 정신의 작용에 대한

---

44 Ibid., 11.
45 곽광수, "바슐라르와 상징론사", 9.
46 Bachelard, 『공간의 시학』, 60.
47 Ibid., 43. "[…]"로 표시한 생략은 나의 것이다.
48 Ibid., 48.
49 Ibid., 68.

일종의 현상학적 "판단중지"가 필요하다. 바슐라르는 이를 다음과 같이 기술한다. "지식은 동시에 그 지식의 망각에 동원되어야 하는 것이다. 비지식이란 무지가 아니라 앎의 초월이라는 어려운 행위다."[50]

바슐라르는 이미지와 메타포를 구별한다. "메타포란 표현하기 어려운 인상에 구체적인 형태를 주기 위해 있는 것"인데, 그 인상은 다른 정신적 존재에 관련된 것이다. 그와 반대로, 절대적 상상력의 소산인 이미지는 그의 전 존재를 상상력으로 얻는다. 바슐라르는 메타포는 단지 "조작된 이미지, 깊고 참되고 실제적인 뿌리가 없는 조작된 이미지"에 불과하며, 그것은 한 번 사용되고 버려질 순간적인 표현에 지나지 않는다고 말한다. 메타포가 거짓된 이미지인 이유는 그것이 몽상 가운데서 형성되는 이미지의 창조력을 가지고 있지 않아서다. 따라서 메타포는 현상학적 연구의 대상이 될 수 없다. 그러나 "메타포와는 반대로 우리는 독자로서 우리의 존재를 이미지에 바칠 수 있다. 이미지는 존재의 증여자이기 때문이다. 절대적 상상력의 순수한 소산인 이미지는 하나의, 존재의 현상, 말하는 존재의 특유한 현상의 하나다."[51]

이미지와 메타포의 구별은 정신과 영혼의 구별에 기초한다. 바슐라르는 시란 정신의 현상학이 아니라 영혼의 현상학이라 말한다. 일반적으로 몽상이라 하면 흔히 꿈과 혼동되는 정신적 차원을 말한다. 그러나 "시적인 몽상, 스스로를 즐길 뿐 아니라 또한 다른 영혼들에게도 시적인 즐거움을 마련해주는 그러한 몽상"이란 단지 꿈꾸는 것이 아니다. 정신은 꿈을 꾸며 휴식할 수 있지만, 시적인 몽상 속에서의 영혼은 긴장 없이 휴

---

50 Ibid., 64-65.
51 Ibid., 170.

식한 채로 맑게 깨어 활동한다. 정신은 완성된 한 편의 시를 쓰기 위해서 창작 계획을 할 것이다. 그러나 단순한 하나의 시적 이미지의 경우에는 계획이란 없고, 오직 하나의 영혼의 움직임만 있으면 된다. 영혼은 하나의 시적 이미지 가운데서 현전(présent)하는 자신의 존재를 이야기하기 때문이다. 따라서 바슐라르는 『공간의 시학』 머리말 첫 문단에서 우리가 오직 시적 이미지에 현전할 것을 요청한다.

> 오직 시적 이미지를 읽는 순간에, 이미지에 현전, 현전해야 할 따름이다. 시의 철학이 있다면, 그 철학은 한 주된 시행을 접하여 한 고립된 이미지에 대한 전적인 찬동 가운데, 바로 말하자면 이미지의 새로움에서 오는 법열 그 자체 가운데 태어나고 다시 태어나야 한다. 시적 이미지란 갑작스러운 정신의 융기, 부수적인 심리적 인과 관계로는 잘 밝혀지지 않는 정신의 융기다. […] 시의 철학은 다음과 같이 주장해야 한다. 곧 시적 행위는 과거를, 적어도 그것이 준비되고 나타나는 과정을 우리가 따라가 붙을 수 있는 그러한 가까운 과거를 가지고 있지 않다.[52]

이와 함께 바슐라르는 이미지의 현상학이 이미지들에 대한 단순한 수동적·경험적 묘사가 아님을 강조한다. 오히려 현상학자는 그러한 경험 자료를 저자뿐만 아니라 독자의 "지향성의 축에 가져다 놓기 위해 개입해야 한다."[53]

52　Ibid., 41-42. "[…]"로 표시한 생략은 나의 것이다.
53　Bachelard, 『몽상의 시학』, 11.

오, 나에게 방금 주어진 그 이미지가 나의 것, 진정으로 나의 것이 되고— 독자의 지극한 오만이지만!—나의 작품이 되어야 한다. 내가 시인의 도움을 받아서 시적인 지향성을 체험할 수 있다면, 얼마나 영광스러운 독서이겠는가! 시인의 영혼이 모든 진정한 시의 의식적인 개방성을 발견하는 것은 시적 상상력의 지향성을 통해서다.[54]

여기서 후설과 메를로-퐁티의 상호주관성(intersubjectivity)에 비길 수 있는 이미지의 "통주관성"(transsubjectivity)이 부각된다. 바슐라르는 오직 현상학만이 이미지의 통주관성을 복원하고 그것의 크기와 힘과 의미를 가늠하도록 도와줄 수 있다고 평가한다.[55] 그리고 이미지의 통주관성으로 인해 유진 민코프스키(Eugène Minkowski)가 말하는 울림이 가능해진다.[56] 바슐라르는 반향과 울림을 구별한다. 반향은 세계 안에서 우리 삶의 서로 다른 여러 측면으로 흩어진다. 반면에, 울림은 우리로 하여금 우리 자신의 존재의 심화에 이르게 한다. "우리가 반향 속에서 시를 듣는다면, 울림 속에서는 우리 자신의 시를 말한다." 시는 이러한 울림을 통해 우리 자신의 것이 된다. 그리고 이때 시인의 존재는 마치 우리 자신의 존재인 듯이 여겨진다. 우리가 읽고 있는 시 작품이 우리의 존재를 온통 사로잡는다.[57]

---

54 Ibid., 11.
55 Bachelard, 『공간의 시학』, 45.
56 Bachelard는 이 대목에서 Eugène Minkowski의 『우주론을 향하여』(*Vers une cosmologie*) 제9장을 인용한다. Bachelard, 『공간의 시학』, 43, 각주 9.
57 Ibid., 50-51.

4. 공간의 시학

『공간의 시학』과 『몽상의 시학』에는 이러한 이미지의 현상학의 시도들이 담겨 있다. 이번 장에서는 그 두 권의 시학서 중 우리의 중심 주제인 공간을 다루고 있는 전자에 주목하고자 한다. 앞에서 볼노브를 통해 그 일면을 이미 소개한 것처럼, 바슐라르는 『공간의 시학』에서 행복한 공간의 이미지, 내밀함(intimacy)의 이미지들의 검토를 통해서 ─ 소유되는 공간, 적대적인 힘에서 방어되는 공간, 사랑받는 공간을 향한 ─ 인간의 "장소애"를 드러내고자 노력한다. 그 내밀함의 이미지는 "집"(home)으로 대변된다. 그는 "집"과 집을 둘러싸고 있는 "세계"라는 주제에서 출발해 그 논의를 사물들의 집으로 간주할 수 있는 서랍, 상자, 장롱, 새집, 조개껍질 등으로 확장하고 그것을 집에서 우리가 몸을 웅크리고 앉는 골방과 구석에 적용한다. 그리고 그는 그러한 관찰을 통해 그 이미지들 속에서 몇 가지 대조되는 성격들을 발견한다. 그것은 한편으로는 세미화(miniature)와 내밀의 무한(intimate immensity) 사이의 변증법이고, 다른 한편으로는 안과 밖의 변증법이다. 그는 마지막으로 집의 이미지들에 나타나는 둥근 모양, 즉 원의 이미지를 분석한 후 글을 맺는다.

집은 공간의 시학의 핵심이자 출발점이다. 바슐라르는 우리가 잊히지 않는 과거를 되돌아볼 때, 은밀한 방, 없어진 방들이 거소로 나타남에 주목한다. 우리는 휴식에 최적한 상황을 거기서 발견한다. 또한 그는 우리가 잠시 동안 머물렀던 은신처나 우연히 찾았던 피난처들이 때로 아무런 객관적인 근거도 없이 우리의 내밀함의 몽상에서 중요한 위치를 차지하게 됨에 주목한다. 우리는 그가 여기서 그저 우리의 어릴 적 기억에 남아 있는 집의 사실을 말하려는 게 아니라는 점에 주의해야 한다. 그는 집이 우리에게 추억과 그 추억을 넘어서는 태고의 종합을 밝혀 보이는 어렴풋한 몽상의 빛을 환기해준다고 말한다. 그 먼 영역에서 기억과 상상은 분리되지 않는다. 그래서 바슐라르는 기억력과 상상력의 연대를 깨뜨리지 않을 조심성을 가지고 집에 관한 추억들보다는 시 작품들에 나타나는 집의 이미지들을 살펴본다. 우리는 이러한 집의 이미지에서 인간의 사상과 추억과 꿈을 통합하는 힘을 발견하게 되는데, 그 연결의 원리는 몽상이다. 집은 몽상을 지켜주고, 집은 몽상하는 이를 보호해준다.[58]

바슐라르는 이미지의 현상학자로서 그보다 앞선 현상학자들의 이론을 몽상이라는 영역을 통해 심화할 뿐 아니라 동시에 그 한계를 극복하고자 한다. 이후에 볼노브가 비중 있게 인용했던 다음과 같은 바슐라르의 글에서 우리는 "처해 있음"(Befindlichkeit)과 "던져져 있음"(Geworfenheit)에서 인간 현존재를 발견하는 하이데거에 대한 바슐라르의 비판이 담겨 있음을 엿볼 수 있다.

인간은 성급한 형이상학들이 가르치듯 "세계에 내던져"지기에 앞서 집이라는 요람에 놓인다. 그리고 우리의 몽상 가운데서 집은 언제나 커다란 요람이다. 구체적인 형이상학이라면 이 사실을, 이 단순한 사실을 옆으로 밀쳐놓을 수 없다. […] 삶은 잘 시작된다. 삶은 집의 품속에 포근하게 숨겨지고 보호되어 시작된다. 우리의 견지에서, 이미지의 시원으로써 살아가는 현상학자의 견지에서 본다면, 존재가 "세계에 내던져"지는 순간에 성찰의 입장을 마련하는 의식의 형이상학은 이차적인 형이상학에 지나지 않는다. 그 순간에 앞서 존재가 바로 안락인 예비적인 단계, 인간 존재가 안락의 상태, 존재에 원초적으로 결합되어 있는 그 안락의 상태에 놓이는 그

---

58 Bachelard, 『공간의 시학』, 78-80.

러한 예비적인 단계를 형이상학은 지나쳐버린다.[59]

바슐라르는 집을 비롯한 우리의 내면적인 삶의 장소들에 대한 조직적이고 심리적인 연구를 가리켜 "장소분석"(topoanalyse)이라 부른다. 그의 장소분석에 의하면, 모든 집의 이미지들을 연결하는 두 개의 주된 테마가 있다. 그것은 수직성과 중심성이다. 집의 수직성은 지하실과 곳간의 양극성으로 확보되어 지붕의 합리적 성격과 지하실의 비합리적 성격을 함께 가진다. 볼노브가 주목했던 세계 축이 국가나 부족 공동체와 같은 큰 규모가 아니라 집에서 유사한 형태로 발견되고 있다. 집의 중심성은 피난처의 원초성에 닿아 있다. 그리고 앞서 이미 지적했듯이, 여기에 나타나는 수직성과 중심성 그리고 피난처의 원초성을 갖춘 집이란 단지 기억의 사실로 남아 있는 집뿐만이 아니라 시적 이미지 속에 살아 있는 집을 말한다. 예컨대 "태어난 집 안에서도, 가족들이 모여 앉는 방 안에서도 피난처를 꿈꾸는 몽상가는 오두막집을, 새집 같은 보금자리를, 구멍 속에 들어가 있는 짐승처럼 몸을 웅크리고 싶은 구석을 꿈꾼다. 이리하여 그는 인간적인 이미지들의 저편에서 산다."[60] 메를로-퐁티가 말한 것처럼, 우리는 여기에 머물면서도 다른 어느 곳에 있을 수 있기 때문이다. 바슐라르는 이것을 앙리 바슐랭(Henri Bachelin)의 회상을 통해 잘 보여준다.

그 시간들은 맹세코 단언하지만, 그 방 안의 우리 집 식구들이 그 조그만

---

59 Ibid., 81. "[…]"로 표시한 생략은 나의 것이다.
60 Ibid., 111.

도시에서, 프랑스에서, 전 세계에서 떨어져 나와 있는 것 같은 강한 느낌에 깊이 제가 젖어 들곤 하는 시간이었지요. 저는 숲 한가운데 따뜻하게 덮혀진 숯꾼들의 오두막집 속에서 우리 집 식구들이 살고 있다고 상상하면서 즐거워하곤 했습니다. 저는 그 즐거운 감각을 저 혼자서만 즐겼습니다. 저는 이리들이 우리 집의 닳아지지 않는 화강암의 문지방에 그들의 발톱을 대고 뾰족하게 가는 소리를 듣고 싶을 지경이었습니다. 제게 우리 집은 그런 오두막집과 같은 것이었지요. 저는 제가 그 안에서 주림과 추위에서 지켜지고 있음을 보는 것이었습니다. 제가 몸을 떨었다면 그것은 다른 것이 아니라 오로지 안락 때문이었습니다.[61]

바슐라르는 이러한 집의 이미지를 집 밖의 세계와 대조한다. 보들레르가 『인공 낙원』(*Les Paradis artificiels*)에서 그리는 것처럼, 집은 집 밖의 추운 겨울과 대비되는 따뜻함과 포근함을 나타낸다. 바슐라르는 이러한 집과 세계의 변증법을 바슐랭과 릴케의 글을 통해 보여주며, 그 둘이 상상력의 세계에서 어떻게 서로가 서로에 의해 생동하게 되는지를 밝혀낸다. 이를 통해 한편으로는 인간과 집의 역동적인 공동체성이 드러나고, 다른 한편으로는 집과 세계의 역동적인 적대성이 드러난다. 그는 우리가 집을 위안의 공간, 내밀함의 공간, 내밀함을 응축하고 지켜줄 공간으로 여길 때, 집은 인간적인 것으로 전치된다고 말한다.[62]

---

61 Ibid., 112-13.
62 Ibid., 123-68.

C. 엘리아데의 종교 현상학

다음은 종교 현상학자인 엘리아데로 넘어가보기로 하자. 간단히 말하자면, 종교 현상학(phenomenology of religion)이란 현상학의 방법을 종교라는 사태의 연구에 적용한 것이다. 종교 현상학자들은 종교의 현현된 양상, 엘리아데의 표현을 따르자면, "성현"(hierophany)이라는 사태에 도달하기 위해 기존에 종교에 대해 가지고 있던 선입견을 현상학적으로 판단중지(Epoché)하고, 그 종교 현상이 스스로를 드러내 보이는 대로 기술하고자 한다. 종교 현상학은 종교학을 성현의 지향적 양태를 파악하기 위한 기술적 작업으로 이해한다. 종교학은 인간을 가리켜 "종교적 인간"(homo religiosus)이라 부른다. 왜냐하면 모든 인간이 본질적으로 종교성을 가지고 있기 때문이다. 다시 말하자면, 인간의 실존은 종교성을 포함한다고 할 수 있다. 따라서 종교 현상학의 견지에서 보자면, 인간의 실존적 경험은 종교적 경험의 맥락에서 접근될 수 있고, 지금까지 우리가 함께 논의해온 실존적 공간에 대한 경험 역시 종교적 공간 또는 성스러운 공간에 대한 경험이라는 견지에서 연구될 수 있다.

1. 성스러운 공간

미르체아 엘리아데(Mircea Eliade, 1907-1986)는 자신의 『성과 속』(Das Heilige und das Profane)을 "성스러운 공간"에 대한 논의에서 시작한다. 그는 제1장을 다음과 같은 문장으로 시작한다. "종교적 인간에게는 공간이 균질하지 않다." 바로 앞서 언급한 것처럼, 여기서 "종교적 인간"(homo religiosus)이란 특별히 종교성이 뛰어난 어떤 특정 부류의 사람들이 아니라 이 땅에 존재하는 모든 사람을 가리킨다. 그런데 엘리아데는 원시적인 부족들을 연구하면서 인간의 종교적 경험이 곧 성스러운 공간의 경험으로 나타나는 것을 발견했다. 그는 그것이 호렙산에서 모세에게 처음 나타나신 하나님이 "이리로 가까이 오지 말아라. 네가 서 있는 곳은 거룩한 땅이니, 너는 신을 벗어라"(출애굽기 3:5, 새번역)하고 말씀하실 때 경험되었던 그 거룩한 공간의 경험이라고 말한다. 그런데 이 성스러운 공간의 경험은 그 주변을 둘러싸고 있는 무정형의 속된 공간 가운데서 특별한 가치를 지닌 공간의 경험으로 일어나기 때문에 종교적 인간에게는 공간이 균질하지 않다.[63]

전통 사회의 하나의 특징은 그들이 사는 영역과 그 영역을 둘러싼 미지의 불확정적인 공간 사이의 대립을 상정한다는 점이다. 그들이 사는 영역은 세계(더 정확히 말하면 우리의 세계)이자 코스모스(우주)다. 그 이외에는 코스모스가 아니라 일종의 "다른 세계"이며, 유령과 악마와 "외인들"(이들은 악마와 죽은 자의 영들과 동일시되고 있음)이 살고 있는 이질적인 혼돈의 공간이다. 일견 이 공간의 단절은 사람이 거주하는 질서 있고 우주화된 영역과 그 영역을 벗어난 미지의 공간의 대립에 기인하는 것처럼 보인다. 즉, 한편에는 코스모스가 있고 다른 한편에는 카오스가 있다. 그러나 우리는 사람이 거주하는 영역이 하나의 코스모스라는 것을 보게 될 것이다. 그것이 우선 정화되었기 때문에, 그리고 다른 한편으로 그것은 신들이 한 일이기 때문에 혹은 신들의 세계와 교류하고 있기 때문이다.[64]

엘리아데는 공간에서 일어나는 이러한 단절로 인해 모든 방향의 중심

---

63 Mircea Eliade, 이은봉 옮김, 『성과 속』(서울: 한길사, 2016), 55.
64 Ibid., 61.

이 되는 고정점이 산출된다고 말한다. 성스러운 것이 "성현"(hierophany) 속에서 그 스스로를 드러낼 때, 이 현현은 세계를 존재론적으로 창조한다. "아무 목표도 없고 방향도 없는 무한히 균질적인 공간 가운데 하나의 절대적인 고정점, 하나의 중심이 성현을 통해 드러나게 되는 것이다." 엘리아데는 이 성스러운 공간의 발견, 즉 계시가 실존적 가치를 지닌다고 말한다. 왜냐하면 우리는 방향이 정해지지 않으면, 즉 "정위"(orientation)가 되지 않으면 아무 일도 할 수 없기 때문이다. 그래서 종교적 인간은 항상 세계의 중심에 거주처를 정하고, 그곳을 중심으로 세계를 창조하고자 한다. 그에 반하여 속된 경험은 공간의 균질성과 상대성에 머문다. 거기에는 어떤 방향도 존재하지 않기 때문에, 어떤 세계도 더 이상 존재하지 않는다.[65]

2. 세계의 축

성현의 장소는 수평면의 중심점일 뿐 아니라 수직적인 세계 축(axis mundi)이 된다. 앞서 볼노브와 바슐라르의 논의에 연이어 등장했던 그 세계 축 말이다. 그곳을 중심으로 동서남북의 수평적인 방위가 정해질 뿐 아니라 동시에 그곳은 존재의 서로 다른 차원들을 수직적으로 연결하는 장소가 된다. 엘리아데는 이것을 잘 보여주는 사례로 구약성서 창세기에서 야곱이 자기 형 에서를 피해 하란의 외삼촌 집으로 가는 길에서 밤

---

[65] Eliade는 속된 공간 체험 가운데에도 어느 정도 종교적 체험 공간의 비균질성에 버금가는 일들이 일어남을 인정한다. 그것은 다른 지역과 질적으로 다른 특수한 장소, 즉 고향이나 첫사랑의 장소나 젊은 시절에 처음 방문한 외국 도시와 같은 곳들이다. 그런데 그는 이러한 공간 경험을 종교적 공간 경험에 빗대어 설명한다. 그곳은 그 사람의 개인적 우주의 "성지"다. 그와 같은 장소에서는 비종교적 인간이라 할지라도 일상과 다른 현실이 계시된다. Ibid., 55-56.

에 일어난 사건을 든다. 야곱이 돌베개를 베고 자다가 꿈을 꾸었는데, 땅에서 하늘까지 이어진 사다리가 있고, 그 사다리를 통해 하나님의 천사들이 오르락내리락 하는 것을 보고 있던 중 하늘에서 말씀하시는 하나님의 음성을 듣게 된다. 잠에서 깬 야곱은 두려움에 사로잡혀 이렇게 말한다. "이 얼마나 두려운 곳인가! 이곳은 다름 아닌 하나님의 집이다. 여기가 바로 하늘로 들어가는 문이다." 야곱은 베개 삼아 베고 자던 돌을 가져다가 기둥으로 세우고 그 위에 기름을 붓고, 그곳의 이름을 "벧엘"이라 불렀다. "벧엘"은 "하나님의 집"이라는 뜻이다. 우리는 이 이야기에 세계 축의 전형이 되는 중요한 요소들이 담겨 있음을 볼 수 있다. 곧 그것들은 땅과 하늘을 연결하는 사다리, 하늘의 문이 열려 천사들이 오르락내리락 함, 하늘에서 하나님의 음성이 들려옴 등이다. 엘리아데는 "신현"(theophany)이 그 장소를 위로 열리게 하여 하나의 존재 양식으로부터 다른 존재 양식으로 가는 이행점으로서 천상계와 교류가 일어나게 하면서 어떤 장소를 정화한다고 말한다.[66]

『성과 속』에는 세계 여러 부족들에서 발견되는 중심점이자 세계 축의 다양한 사례들이 소개된다. 힌두교 베다의 한 의례를 보면, 토지의 취득은 아그니(Agni) 신에게 바치는 불의 제단의 건립과 함께 비로소 공식적인 효력을 발생한다. "사람들은 화단(gārhapatya)을 건립할 때에 거기에 거처를 정하게 되고 화단을 세운 모든 사람은 정식으로 거기에 정주하게 된다"(『샤타파타 브라흐마나』, VII, 1, 1, 1-4).[67] 오스트레일리아 아룬타족의 아킬파인 전승에 의하면, 눔바쿨라(Numbakula)라는 신적인 존재가 그

---

66 Ibid., 59.
67 Ibid., 62.

들을 창조할 때 고무나무 줄기로 성스러운 기둥인 카우와아우와(kauwa-auwa)를 만들고 거기에 피를 바른 후 그 위로 올라가 하늘로 사라졌다. 그로써 그 기둥을 둘러싼 지역은 거주할 수 있는 곳으로, 세계로 변화된다. 아킬파인은 유목 생활로 옮겨 다닐 때에도 항상 기둥을 가지고 다니면서 기둥이 기울어지는 방향에 따라 움직였다. 그 외에도 고대 로마, 고대 인도, 카나리아 제도, 브리티시 컬럼비아의 콰키우틀족, 인도네시아 플로레스 섬의 나다족 등 다양한 문화권에서 세계 축이 발견된다.[68]

세계 축은 다양한 형태와 규모로 나타난다. 그중 가장 두드러진 것은 우주산이다. 인도의 메루산, 이란의 하라베레자이티산, 메소포타미아의 신화적인 "국가의 산", 그리고 무엇보다 예루살렘의 성전산을 빼놓을 수 없을 것이다. 또 엘리아데는 기독교 신자들에게 골고다는 우주산 정상에 있다고 말한다. 신전과 같은 인공 건축물도 세계의 중심으로 간주된다. 예루살렘 성전, 바빌로니아의 지구라트, "두란키"(Dur-an-ki)라는 이름을 가진 바빌로니아의 신전들이 그 사례다. 그 외에 바빌론 도시는 "압수(apsū)[69]의 문" 위에 세워졌다고 믿어졌고, 예루살렘 성전의 기초를 이루며 "대지의 배꼽"이라 여겨진 바위는 테홈의 깊이에 도달해 있으며 테홈의 입을 막고 있는 것으로 간주되었다. 여기서 압수와 테홈은 둘 다 카오스, 즉 혼돈을 의미하는 단어다. 압수의 문과 테홈의 입을 막고 있는 바위는 하계와 지상의 교차와 교통을 보여주며, 두 우주적 평면 사이의 존재론적 차이를 드러낸다.[70] 엘리아데는 언급하지 않았지만, 구약성서에도 세계의 "배꼽"이라는 표현이 나온다. 에스겔 38:12은 예루살

---

68   Ibid., 64-65.
69   압수는 우주 창조 이전의 카오스(혼돈)의 물을 가리킨다.
70   Eliade, 『성과 속』, 67-70.

렘을 "세상의 중앙"으로 기술하는데, 이것이 70인역(히브리어 구약성서를 그리스어로 번역함)에는 "대지의 배꼽"(ὀμφαλός)으로 옮겨져 있다. 세계의 축을 품은 공간은 그 자체로 "세계의 모상"(*imago mundi*)이 된다. 요세푸스의 『유대 고대사』에 의하면, 예루살렘 성전은 천상과 지하를 연결하는 세계 축의 구조를 가지고 있는데, 성전 경내는 바다, 즉 세계의 아래에 있는 영역을, 성소는 지상을, 그리고 지성소는 천상을 표상한다(『유대 고대사』, III, 7, 7).[71] 엘리아데는 이상의 관찰을 다음과 같은 네 가지 요점으로 정리한다.

(1) 성스러운 장소는 공간의 균질성의 단절을 가져온다.
(2) 이 단절은 (천상에서 지상으로, 지상에서 하계로) 하나의 우주 영역에서 다른 우주 영역으로 이행할 수 있게 하는 출구로 상징된다.
(3) 천상과의 교류는 기둥(우주의 기둥, *universalis columna*), 사다리(야곱의 사다리), 산, 나무, 넝쿨 등 여러 형상으로 상징되는데, 그것은 모두 우주 축과 관계한다.
(4) 이 우주 축의 주위에 "세계"(=우리의 세계)가 놓여 있다. 따라서 이 축은 "중앙에", 즉 "대지의 배꼽"에 있으며, 그것은 세계의 중심이다.[72]

3. "우리의 세계"는 항상 중심에 있다

독자들은 앞서 볼노브가 지향적 공간 개념의 한계를 지적했던 것을 기억할 것이다. 그것은 지향적 공간에서는 내가 좌표의 중심이 되지만, 우

---

71 Ibid., 70.
72 Ibid., 66-67.

리는 달팽이처럼 공간을 지고 다니는 것이 아니라 "공간 속에서" 움직이기도 한다는 주장이다. 이러한 이중성은 나뿐만 아니라 내가 속한 공동체를 중심으로 장소가 형성된다는 사실에 의해 답이 되었다. 때로는 집이 중심이 되고, 또 때로는 내가 속한 다양한 규모의 장소가 중심이 되기도 한다. 다시 말해서, 세계는 "나의 세계"일 뿐 아니라 "우리의 세계"이기도 하다. 엘리아데는 성스러운 공간을 중심으로 만들어지는 세계를 가리켜 "우리의 세계"라 부르며, 그 세계가 모든 세계의 중심에 있음을 강조한다.

　종교적 인간은 가능한 한 세계의 중심에 가까이 살고자 하는 염원을 가지고 있다. 그는 자신의 집이 그 중심에 존재하고 또 세계의 모상이 되기를 원한다. 왜냐하면 그 중심으로부터 세계(코스모스)가 창조되기 때문이다. 따라서 모든 건축은 우주 창조의 전형을 따른다. 인간이 어느 장소에 정주하는 것은 우주의 창조를 반복하는 것이다. 발리섬을 비롯한 아시아의 몇몇 지역에서는 두 길이 직각으로 교차하는 자연적 교차점을 찾아 그곳을 중심으로 마을을 세운다. 마을은 그 교차점에 의해 네 개의 지역으로 구분되는데, 이는 우주를 네 개의 지평으로 구분하는 것에 상응한다. 로마 역시 이와 비슷한 구조를 가지고 있다. 이에 대해서는 노베르그-슐츠를 다룰 때 더 자세히 살펴보기로 하자. 뉴기니의 와로펜이나 알곤킨족을 비롯한 여러 종족들은 마을 중심에 신성한 오두막을 세운다. 그 오두막의 지붕은 하늘의 궁륭을 표상하며, 네 개의 기둥은 하늘을 지탱하는 네 개의 기둥을, 그리고 사면의 벽은 우주 공간의 네 방향을 상징한다. 이 신성한 오두막을 세우는 것은 곧 우주 창조를 재현하는 것이다.[73]

73　Ibid., 72-73.

그런데 우주 창조의 재현으로서의 건축은 마을 중심의 성스러운 건물에 대해서만 적용되는 것이 아니다. 엘리아데에 의하면, 앞서 예로 든 베다의 토지 취득 의례가 이루어졌던 인도를 비롯하여 북아메리카, 북아시아, 중앙아시아 등 많은 지역에서 일반인들의 주거지도 우주의 표상을 따라 세워진다. 집은 세계의 모상으로, 집의 중심 기둥은 세계의 기둥으로, 그리고 중심 기둥에 의해 떠받쳐진 천막은 하늘로 여겨진다. 그래서 집도 도시나 성전처럼 전체나 일부가 우주론적 상징이나 의례에 의해 성화된다. 거주 장소를 의례에 의해 코스모스로 변화시키는 방법은 크게 두 가지다. 하나는 중심점으로부터 사방의 지평으로 투사하거나(마을의 건설) 상징적인 세계 축을 창건하면서(집의 건축) 집을 코스모스와 동질화하는 것이고, 다른 하나는 바다의 용이나 혼돈으로부터 세계가 태어나는 것을 가능하게 했던 신들의 창조 행위를 건축 의례를 통해 반복하는 것이다.[74]

그런데 마을의 중심도 세계의 중심이고 집들도 세계의 중심이라면, 세계의 중심이 동시에 여러 개 존재하는 모순이 발생한다. 그러나 엘리아데는 이것이 종교적 사고에 아무런 어려움을 일으키지 않는다고 말한다. 그것은 기하학적 공간과는 전혀 다른 구조를 가진 실존적 공간이며 성스러운 공간이기 때문이다.[75] 이러한 모순은 종교적 공간에만 나타나는 것이 아니다. 우리가 앞에서 "나의 공간"과 "우리의 공간"의 이중성을 통해 이미 확인한 것처럼 말이다. 이러한 현상은 우리를 "우주와 집과 인간 신체의 등질성"(homologation cosmos-house-human body)이라는 결

---

74 Ibid., 77-78.
75 Ibid., 81.

론으로 이끌어간다. 엘리아데는 종교적 인간은 성스러운 세계에서만 존재에 참여하고 진정한 실존을 가질 수 있다고 말한다.[76] 어떤 장소에 정착하여 거주하는 것은 신들의 우주 창조를 모방하는 것이기에, 종교적 인간에게는 자신을 장소에 위치시키고자 하는 모든 실존적 결단이 사실상 종교적 결단이 된다.[77] 이렇게 실존적 결단과 장소에의 거주와 성스러운 공간을 통한 우주 창조가 하나로 수렴됨으로써, 엘리아데가 말하는 대로 우주와 집과 인간의 신체는 등질화된다. 이것은 다음과 같은 글에 잘 표현되어 있다. "인간은 그 자신이 창조한 집이나 우주 속에 거주하는 것과 동일한 방식으로 자기의 신체 속에 거주한다."[78] 하이데거가 시간성의 맥락에서 요청한 진정성을 볼노브가 공간성으로 확대했다면, 엘리아데는 거기에 종교성을 더했다고나 할까? 그러나 엘리아데의 종교적 진정성의 요구는 거기서 끝나지 않는다. 그것은 최고의 진리를 향해 둥지를 떠나는 "순례"를 통해 실천적으로 표현된다.

집의 소유가 세계에서 안정된 상황의 선택을 의미한다면, 집을 버리는 순례자와 고행자들은 그들의 "보행"에 의하여, 그들의 끊임없는 이동에 의하여 이 세계를 떠나 어떤 세속적인 조건도 거부하려는 욕망을 표현한다. 집은 하나의 "둥지"다. […] 탐색, 중심으로의 길을 선택한 사람은 가족과 사회 안에서의 그의 위치, 즉 둥지를 포기하고 최고의 진리를 향한 보행에 전적으로 몸을 바쳐야 한다.[79]

---

76 Ibid., 85.
77 Ibid., 86.
78 Ibid., 163.
79 "[…]"로 표시한 일부 문장의 생략은 나의 것이다. Ibid., 168.

D. 노베르그-슐츠의 건축의 현상학

1. 노베르그-슐츠와 현상학

현상학적 공간에 대한 볼노브의 포괄적이고 체계적인 연구는 크리스티안 노베르그-슐츠(Christian Norberg-Schulz, 1926-2000)로 이어져 심화된다. 그는 볼노브가 제안한 공간의 관점들을 건축의 영역에 적용하고 이론적으로도 더 발전시킨다. 노베르그-슐츠가 "건축의 현상학"(phenomenology of architecture)이라는 이름을 붙인 첫 책은 『장소의 혼: 건축의 현상학을 위하여』(*Genius Loci: Towards a Phenomenology of Architecture*, 1980)다. 노베르그-슐츠는 이 책의 서문에서 자신의 책이 하이데거의 철학에서 큰 영향을 받았음을 밝힌다. 그는 호프슈타터(Albert Hofstadter)가 하이데거의 글을 발췌하여 영어로 번역 출간한 『시, 언어, 사상』(*Poetry, Language, Thought*, 1971)에서 특히 많은 도움을 받았고, 하이데거의 "거주" 개념을 빌려왔다고 말한다.[80] 『시, 언어, 사상』에는 하이데거의 글 일곱 편이 담겨 있는데, 그 가운데 앞에서 우리가 하이데거의 후기 저술로 다룬 "예술 작품의 근원"(The Origin of the Work of Art), "건축, 거주, 사유"(Building Dwelling Thinking), "사물"(The Thing), "시인은 시적으로 거주한다"(…Poetically Man Dwells…) 등이 포함되어 있다.

노베르그-슐츠는 『장소의 혼』(1980)을 건축의 현상학을 위한 첫 디딤돌로 평가하지만, 그 책의 주요 개념 중 다수는 이미 『실존·공간·건축』(*Existence, Space and Architecture*, 1971)[81]에서 다루어진 것들이다. 그는 그러한 학문적 욕구가 이미 그의 박사학위 논문인 『건축에서의 지향』(*Inten-*

---

80 Christian Norberg-Schulz, 민경호 외 옮김, 『장소의 혼: 건축의 현상학을 위하여』(서울: 태림출판사, 1996), 5.
81 Christian Norberg-Schulz, 김광현 옮김, 『실존·공간·건축』(서울: 태림문화사, 2002).

tions in Architecture, 1965)[82]에서 시작되었다고 말한다. 그러나 그 책은 그가 스스로 밝히듯이 "자연과학으로부터 빌려온 방법에 의하여 과학적으로 분석"한 책이다.[83] 따라서 건축의 현상학에 대한 논의는 『실존·공간·건축』으로부터 시작하는 것이 적절하리라 생각된다. 그의 현상학적 논의는 『실존·공간·건축』(1971), 『장소의 혼』(1980)과 함께 노베르그-슐츠 건축 현상학의 3부작으로 평가되는[84] 『거주의 개념』(*The Concept of Dwelling: On the way to figurative architecture*, 1985)[85]으로 이어진다.

『실존·공간·건축』은 현상학의 방법으로만 저술된 책은 아니다. 노베르그-슐츠는 그 책에서 현상학의 방법을 구조주의와 기호학과 함께 사용한다. 따라서 우리가 현상학의 관점으로 그 책을 읽고자 한다면, 그가 의도한 것이든 아니든, 책 내용 중 어느 부분에 현상학이 사용되었는지

---

82 우리말로는 "건축론"이라는 제목으로 번역되었다. Christian Norberg-Schulz, 정영수 옮김, 『건축론』(서울: 세진사, 1987).

83 Norberg-Schulz, 『장소의 혼』, 5. 『건축에서의 지향』이라는 책 제목에 포함된 "지향"(intention)이라는 단어가 현상학을 가리키는 것처럼 들리기도 한다. 그러나 그는 서문에서 그 책을 "건축의 심리학적 배경"에 대한 논의로 규정하고, "지향"이라는 개념도 현상학자들이 아니라 심리학자인 Egon Brunswik(1903-1955)에 근거한다고 말한다. 『건축에서의 지향』에는 그가 Brunswik을 논의하는 과정에서 Husserl을 부수적으로 한 번 언급한 것 외에 Heidegger, Merleau-Ponty 등 주요 현상학자에 대한 언급이나 인용이 전혀 등장하지 않고, 현상학의 영향을 받은 것으로 보이는 내용도 찾아보기 쉽지 않다. 그러나 Brunswik의 지향성 개념이 현상학과 완전히 동일한 것은 아닐지라도 양자 사이에 상당한 유사성이 있다는 것은 사실이다. 따라서 Brunswik의 인용을 통해 『건축에서의 지향』은 이미 조금이나마 현상학적 함의를 가지게 되었다고 볼 수 있다. 그러한 현상학적 함의는 『실존·공간·건축』이후의 책들에서 구체화되고 꽃을 피운다.

84 정태용, "노르베르크-슐츠의 건축 현상학이 갖는 의의와 한계", 『한국실내디자인학회 논문집』 25(2016), 90.

85 Christian Norberg-Schulz, 이재훈 옮김, 『거주의 개념: 구상적 건축을 향하여』(서울: 태림문화사, 1991).

를 가려내는 작업이 필요할 것이다. 그러나 이 문제는 의외로 간단히 해결될 수 있다. 왜냐하면 그가 스스로 "건축의 현상학"이라 이름 붙인 『장소의 혼』과 그 후 현상학적 사유를 더 발전시킨 『거주의 개념』의 주요 개념들이 이미 『실존·공간·건축』에 들어 있기 때문이다. 내용의 비중으로 볼 때, 『실존·공간·건축』은 나중에 저술한 두 책에 비해 실존적 공간의 이론적 체계화에 더 공을 들인 책이다. 따라서 『장소의 혼』과 『거주의 개념』에 담겨 있는 개념 범위 내에서 『실존·공간·건축』에 담긴 상세한 서술을 토대로 하여 논의를 진행한다면 큰 무리가 없을 것으로 생각된다. 이번 장에서는 가급적 건축의 전문 분야에 대한 내용은 제외하고 주로 일반적인 공간 이론의 범위 내에서 그의 연구 결과를 소개하고자 한다.

2. 공간의 체계

지금까지 살펴본 학자들에게서 공간은 대체로 둘로 분류되었다. 그들은 대개 자연적 태도, 즉 이성의 반성적 사유에 의해 추상화된 공간을 한편에 두고, 다른 한편으로는 인간이 근원적·직접적으로 경험하는 공간을 생활세계적 태도로 현상학적 기술을 통해 드러내고자 했다. 전자에는 "범주적 공간", "객관적 공간", "추상적 공간", "물리적 공간", "수학적 공간" 등의 이름이 붙여졌고, 후자는 "실존적 공간", "지각된 공간", "현상학적 공간", "체험된 공간", "살아진 공간" 등으로 불렸다. 노베르그-슐츠는 이것을 더 세분화하여 공간의 체계를 세우고자 한다. 그는 추상성의 정도에 따라 공간을 다섯 가지로 구별한다. 우리가 그것을 추상도가 낮은 것에서 높은 것 순으로 배열하면 ① 실용적 공간, ② 지각적 공간, ③ 실존적 공간, ④ 인지적 공간, ⑤ 논리적 공간이다.

"실용적 공간"(pragmatic space)은 동물의 본능적 공간이다. 그러나 노베르그-슐츠는 인간의 공간 경험에도 실용적 공간의 층위가 있다고 본다. 그는 초기 문명 또는 원시 문명에서 사용되는 언어들을 그 근거로 제시한다. 그 언어들에서는 위와 아래, 앞과 뒤, 왼쪽과 오른쪽 같은 방향을 기술하는 용어들이 객관적으로 추상화되어 있지 않고, 인간 자신이나 그의 환경과의 직접적인 관계 속에서 표현된다. 예를 들어 아프리카의 어떤 언어에서는 "눈"이라는 단어가 "~의 앞에"라는 뜻을 함께 가지고 있다. 고대 이집트인들에게 공간은 특정 지리 구조에 의해 규정되어 그들의 언어에서는 "상류"와 "하류"가 "남"과 "북"을 대신한다. 두 경우 공간의 인지적 개념은 직접적인 경험을 넘어 추상화되지 않은 대상물이나 장소를 가리키는 구체적인 정위로서 "정서적 색채"를 강하게 띤다.[86]

인간의 공간은 지각 작용에 의해 동물의 공간인 실용적 공간과 구별된다. 노베르그-슐츠는 장 피아제(Jean Piaget, 1896-1980)를 인용하여 지각에 의해 형성되는 공간을 공간 지각의 발달 단계에 따라 "지각적 공간"(perceptual space)과 "실존적 공간"(existential space)의 두 단계로 구별한다. 피아제는 인간이 환경에 적응(adaption)해가는 과정에서 "동화"(assimilation)와 "조절"(accomation)의 균형을 통해 공간에 대한 이미지, 즉 "공간 도식"(space schemata)이 형성되어간다고 주장한다. 이는 그 도식의 형성 정도에 따라 지각적 공간과 실존적 공간을 구별하는 것이다. 노베르그-슐츠는 지각적 공간은 "직접적인 정위"로서 "자기중심적이고 연속적으로 변화"하는 반면에, 실존적 공간은 환경에 대하여 안정된 이미지, 안정된 공간 도식이 형성된 단계라고 말한다.[87] 실용적 공

---

86 Christian Norberg-Schulz, 『실존·공간·건축』, 8-9.
87 Ibid., 11-12.

간은 인간을 자연적이며 유기적인 환경과 통합하고, 지각적 공간은 한 개인으로서의 정체성 형성에 필수적이며, 실존적 공간은 인간을 사회적·문화적 전체에 소속시킨다.[88]

이 세 공간보다 더 추상화된 단계인 ④ 인지적 공간(cognitive space)은 물리적 공간이 개념화된 것이고, ⑤ 추상적 공간(abstract space)은 순수한 논리적 관계에 의해 구성되는 공간이다. 나아가 그는 이 네 번째와 다섯 번째 공간을 건축과 예술이라는 특정 영역으로 확장해서 새로운 분류를 더한다. 각각 인지적 공간과 추상적 공간에 상응하는 것이 예술에서는 ④ 표현적 또는 예술적 공간(expressive or artistic space)과 ⑤ 미학적 공간(aesthetic space)이며, 건축에서는 ④ 건축적 공간(architectural space)과 건축적 공간의 이론으로서의 ⑤ 미학적 공간이다. 건축학자인 노베르그-슐츠의 중심적인 관심사가 되는 것은 물론 마지막 분류인 건축적 공간과 미학적 공간이다. 그는 특히 실존적 공간과 건축적 공간의 관계에 주목하여 건축적 공간이란 실존적 공간을 구체화한 것이라고 정의한다.[89]

일반	예술	건축
① 실용적 공간		
② 지각적 공간		
③ 실존적 공간		
④ 인지적 공간	④ 표현적 공간	④ 건축적 공간
⑤ 추상적 공간	⑤ 미학적 공간	⑤ 미학적 공간

<표 5> 노베르그-슐츠의 공간의 체계

---

88 Ibid., 13-14.
89 Ibid., 14-15.

여기서 더 나아가기 전에 노베르그-슐츠의 공간 분류와 현상학의 관계를 살펴볼 필요가 있다. 그가 말하는 실용적 공간은 동물적인 것이다. 그런데 노베르그-슐츠는 인간에게도 공간 경험의 가장 낮은 층에, 실용적 공간에 해당하는 동물적인 경험이 포함되어 있다고 본다. 그것은 인간의 지각이 작용하기 이전, 즉 지향 작용이 일어나기 이전의 경험이다. 그는 "인간이 지향을 수행할 수 있기 위해서는 공간 관계들을 이해하고 그 관계들을 "공간 지각" 안에서 통일시켜야" 한다고 주장한다.[90] 그러나 이것은 현상학의 견지에서는 받아들이기 어려운 생각이다. 왜냐하면 대상에 대한 경험이 이루어진다는 것은 이미 지향 작용이 일어나고 있음을 의미하기 때문이다. 앞에서 확인한 것처럼 지향 작용이 없이는 대상이 형성되지 않고, 대상이 없이는 지향 작용이 일어날 수 없다. 나아가 인간의 지각은 가장 낮은 단계의 본능적이고 정서적인 감각까지 포함하는 것이기 때문에, 인간의 공간 경험에서 지각 이전의 단계를 설정하는 것은 현상학적이지 않다. 이것은 인간의 신체를 사물 또는 동물과 같은 즉자적 존재(l'être en-soi; An-sich-Sein; being in itself)[91]로 이해했던 데카르트식의 이분법이 여전히 영향을 미치고 있음을 보여준다. 노베르그-슐츠는 원시인들의 실용적 공간이 강한 "정서적" 색채를 띠고 있다고 말했는데, 이것 역시 이성만을 인간적인 것으로 받아들이고 감정은 인간 이하의 것으로 간주했던 이성주의적 사고의 영향이라 할 수 있다.

이후 노베르그-슐츠의 논의는 주로 실존적 공간과 건축적 공간의 관계에 집중되며, 『실존·공간·건축』에 제시되었던 다섯 공간의 분류는 이

---

90 Ibid., 8.
91 간단히 말해 즉자적 존재는 의식에 의존하지 않는 물적 존재, 즉 있는 그대로의 자신을 의미한다.

후에 저술된 『장소의 혼』과 『거주의 개념』에는 다시 나타나지 않는다. 말하자면, 다섯 공간 중 실존적 공간과 건축적 공간이라는 두 공간을 중심으로 논의를 진행하는 것인데, 이 점에서 노베르그-슐츠 역시 큰 틀에서는 공간을 둘로 나누었던 과거 현상학자들의 분류 방식으로 돌아갔다고 할 수 있다.

그러나 이런 한계에도 불구하고 노베르그-슐츠의 다섯 공간 체계는 우리가 고려할 필요가 있는 중요한 한 가지 측면으로 우리의 관심을 이끌어준다. 그는 피아제를 원용하여 유아의 발달 과정에 따라 인간의 공간 도식, 즉 공간의 이미지가 완성되어간다는 것을 보여준다. 그것은 지각적 공간에서 출발하여 실존적 공간으로 나아가는 과정이라 할 수 있다. 이것은 서사 공간 이해에도 중요한 관점을 제공할 수 있다. 서사 공간은 처음부터 완성품으로 주어져 있지 않고, 서사의 담론 과정을 통해 구성되어가는 것이기 때문이다.

3. 실존적 공간

노베르그-슐츠는 실존적 공간의 정위 구조가 두 측면을 가진다고 말하는데, 하나는 추상적인 것이고 다른 하나는 구체적인 것이다. 실존적 공간의 추상적 측면은 위상학적(topological) 성질을 가진 일반적인 도식으로 구성되며, 구체적인 측면은 자연 경관, 도시 경관, 건축물, 물리적 사물 등의 환경적 요소와 관계된다. 여기서는 그가 추상적 측면이라 부르는 위상학적 이미지에 초점을 맞추어보자.

노베르그-슐츠는 피아제와 게슈탈트 심리학의 연구 결과에 기초하여 초기에 조직되는 공간 도식은 "중심" 또는 장소(근접관계), "방향" 또는 통로(연속관계), "구역" 또는 영역(폐합관계)의 성립에 있다고 말한다. 그는 이러한 공간 도식에 따라 실존적 공간에 대한 논의를 ① 중심과 장소, ② 방향과 통로, ③ 구역과 영역이라는 세 요소를 따라 진행해간다. 그는 이 세 요소를 케빈 린치(Kevin Lynch)에게서 빌려왔다. 린치는 공간의 기본 구조를 결절점(node), 통로(path), 구역(district), "가장자리"(edge), "랜드마크"(landmark)라는 다섯 가지 요소로 설명했지만, 노베르그-슐츠는 그것을 셋으로 요약했다.[92] 린치는 이 요소들 간의 지각된 상호관계가 하나의 "환경적 이미지"(environmental image)를 구성하며, 뛰어난 환경적 이미지는 그 소유자에게 정서적인 안정감을 준다고 말한다.[93] 노베르그-슐츠의 공간의 세 요소는 『실존·공간·건축』뿐 아니라 『장소의 혼』과 『거주의 개념』에서도 일관되게 그의 공간 이론의 틀로 사용된다.

a) 중심과 장소

노베르그-슐츠는 실존적 공간이 중심/장소, 통로/방향, 구역/영역이라는 세 요소로 구성된다고 말한다. 먼저 중심과 장소(center and place)에 대한 그의 논의를 살펴보자. 앞서 여러 학자들을 통해 반복적으로 확인했듯이, 인간의 공간은 주체를 축으로 중심화되어 있다. 그것은 수많은 문화와 집단들에서 나타나는 세계 축(axis mundi)으로 대변된다.[94] 노베르그-슐츠는 엘리아데를 인용하여 그 중심에 도달하는 것은 하나의 성

---

92 Kevin Lynch, 한영호·정진우 옮김, 『도시환경디자인』(서울: 광문각, 2003), 72-75. 이 책의 원제는 *The Image of the City* (Campridge: MIT, 1960)이다. Norberg-Schulz는 Lynch와 함께 A. E. Brinckmann과 Paul Zucker도 인용한다. 그들은 "광장", "가로", "지구"의 세 요소로 공간을 설명한다. Ibid., 63.
93 Lynch, 『도시환경디자인』, 15. Lynch는 Norberg-Schulz의 세 저서 모두에서 자주 인용된다.
94 Norberg-Schulz, 『실존·공간·건축』, 34; Norberg-Schulz, 『거주의 개념』, 20-21.

별화, 즉 통과 의례를 성취하는 것이고, 그것은 중심을 향한 순례라고 말한다.[95] 그는 집도 그와 비슷한 의미를 가지고 있다고 말한다. 이는 호메로스의 『오뒷세이아』가 보여주는 것처럼 우리는 집을 쉽게 잃어버리고, 그래서 그 잃어버린 집을 찾기 위한 힘난한 행로를 거친다는 의미와 같다. 또 그는 볼노브를 인용하여 집은 우리의 개인적인 세계의 중심으로서, 주변에 펼쳐진 두려움을 불러일으키는 미지의 세계와 대조적으로 이미 알려진 것을 뚜렷이 밝혀준다고 말한다. 집은 우리가 공간 속에서 생각하는 존재로서 그 안에서 위치를 획득하는 지점이며, 우리가 거기에 지체하고 생활하는 지점이다. 그러나 장소는 집으로 국한되지 않는다. 집은 우리의 일생에서 가장 먼저 형성되는 장소이지만, 성장과 함께 분화되고 다양화되어 새로운 중심들이 집을 보완하기 때문이다.[96]

무엇보다도 모든 중심은 행위의 장소, 즉 이러저러한 활동이 이루어지는 장소이며, 사회적인 상호 작용이 일어나는 장소다. 행위는 특정 장소와의 관계 속에서만 비로소 의미 작용을 가지며, 그 장소의 특성에 의해 영향을 받는다. 노베르그-슐츠는 영어에서 "장소를 차지한다"(take place)는 말이 어떤 일이 일어난다는 뜻으로 사용됨을 환기한다. 장소는 이렇게 우리의 실존의 의미 있는 사건들을 경험하는 목표 또는 초점이지만, 그것은 동시에 우리가 그것으로부터 우리 자신을 정위하고 환경을 소유하는 출발점이기도 하다. 장소에는 너무 작지도 너무 크지도 않은 어느 정도의 크기가 필요하다. 그리고 그것을 둘러싼 외부와 구별하고 그것을 내부로 체험할 수 있기 위해서는 그 범위를 한정하는 경계선

---

95 Mircea Eliad, *Patterns in Comparative Religion* (Lincoln: University of Nebraska, 1958), 382. Norberg-Schulz, 『실존·공간·건축』, 35.
96 Norberg-Schulz, 『실존·공간·건축』, 36.

이 필요하다.⁹⁷ 이로 인해 장소는 구심성을 가진 원형⁹⁸으로 상정된다. 이러한 크기와 경계선으로 인해 장소는 볼노브가 말한 보안성 또는 안전성(Geborgenheit)⁹⁹을 가진다. 기하학적으로는 "근접성"(proximity), "중심성"(centralization), "폐합성"(enclosure) 등이 함께 실존적 공간의 기본 요소를 이룬다.¹⁰⁰

b) 방향과 통로

장소는 다수이며, 하나의 장소는 더 넓은 맥락에 위치한다. 그리고 그 맥락에서 모든 장소는 방향(direction)을 가진다. 각 방향은 서로 다른 가치를 지닌다. 수직 방향은 상승 또는 하락을 나타내며, 그로 인해 수직성은 구원과 심판을 함의하는 공간의 신성한 차원으로 간주되었다. 그래서 세계 축은 수평적인 중심일 뿐 아니라 수직적으로 하나의 평면으로부터 다른 평면으로 넘어가는 돌파구가 된다. 또 수직성은 집을 세우는 과정과 결부되어 인간의 자연 정복 능력을 상징하기도 한다.¹⁰¹

이렇게 수직성이 무언가 초현실적인 함의를 가지고 있다면, 수평성은 인간의 구체적인 행동 세계를 보여준다. "인간이 환경을 소유한다는 것은 항상 자기가 거주하는 장소로부터의 출발을 의미하며, 자신의 목적과 환경의 이미지에 의해 방향이 정해지는 통로(path)를 지나는 것을 의

---

97 물론 장소의 규모는 그 장소가 어떤 공동체와 연결되느냐에 따라 다양하다. Norberg-Schulz, 『거주의 개념』, 20을 참조하라.
98 장소가 가지는 원의 이미지에 대해서는 Bachelard가 『공간의 시학』 마지막 장에서 논의한 바 있다.
99 Bollnow, 『인간과 공간』, 387 이하.
100 Norberg-Schulz, 『실존·공간·건축』, 39-40.
101 Ibid., 40-41.

미한다."[102] 인간의 행동이 주로 이 수평면에서 이루어지기 때문에, 방향 또는 통로에 대한 노베르그-슐츠의 논의도 주로 이 수평적 차원에 집중된다. 통로는 한 장소로부터 목표가 되는 다른 장소로 가는 전진이기도 하고 다시 원래의 장소로 돌아오는 후퇴이기도 하다. 그래서 통로는 이미 알고 있는 것과 아직 알지 못하는 것 사이에서 작용하는 긴장, 내부와 외부 사이의 긴장, 볼노브의 표현을 빌자면 "떠남"과 "돌아옴" 사이의 긴장을 내포한다.[103]

  길을 통해 열리는 공간을 해명하기 위해 노베르그-슐츠도 볼노브를 따라서 레빈의 "호돌로지 공간"을 인용한다. 노베르그-슐츠는 이것을 "운동이 가능한 공간"으로 번역하며, 호돌로지 공간이 포함하는 것은 직선이 아니라 "짧은 거리", "안전성", "최소작업량", "최대경험량" 등 여러 요소를 절충한 "바람직하여 선택된 통로"라 말한다. 이러한 요구는 많은 경우 지형적 조건에 따라 결정되지만, 우리의 심리적 요인을 비롯한 다른 요인들도 거기에 함께 작용한다.[104] 노베르그-슐츠가 구체적으로 언급하지는 않았지만, 그 당시의 정치적 상황이나 비용 또는 문화적 관습 등도 그 길의 "바람직함"을 결정하는 요인이 될 것이다.

  장소는 그것을 한계 짓는 요소들의 근접성으로 결정되고, 폐합성으로 인해 테두리가 지어지는 반면, 통로는 선적인 연속체로 이해된다. 통로는 출발점이 되는 장소로부터 목표가 되는 장소에 이르기까지 따라가는 방향이다. 그러나 도중에 어떤 사건이 일어나면 통로는 그 자체로서 어떤 성격을 가진 것으로 체험되기도 한다. 이 통로의 사건은 출발점과 목

---

102 Ibid., 40-42.
103 Norberg-Schulz, 『거주의 개념』, 21.
104 Norberg-Schulz, 『실존·공간·건축』, 44.

표 사이에 긴장감을 더해준다. 또 경우에 따라서는 통로가 그에 수반되는 여러 요소들을 조직하는 축으로서 기능하기도 한다. 이때는 목표로서의 장소가 가지는 중요성이 상대적으로 작아진다.[105]

c) 구역과 영역

통로들은 잘 알려져 있기도 하고 잘 알려져 있지 않기도 한 여러 "구역"(areas)으로 인간의 환경을 분할한다. 노베르그-슐츠는 그렇게 질적으로 한정된 구역들을 가키려 "영역"(domains)이라 말한다. 어떤 의미에서 보자면, 영역도 하나의 장소다. 영역은 장소처럼 근접성, 폐합성, 유사성(similarity) 등에 의해 한정되기 때문이다. 그럼에도 노베르그-슐츠는 장소와 영역을 구분하는 것이 유익하다고 말하는데, 이는 우리가 환경에 대하여 가지고 있는 이미지에는 분명히 우리가 그 안에 속해 있지도 않고 목표의 기능을 갖지도 않는 구역들이 포함되어 있기 때문이다. 그래서 그는 영역을 구조화가 잘 되어 있지 않은 배경(ground)으로 정의한다. 이러한 덜 두드러진 배경 위에 장소와 통로가 전경(figure)으로 드러난다. 영역은 이러한 구조 속에서 실존적 공간의 모든 요소를 하나로 통일해낸다.[106]

> 영역은 이미지를 "완성하고", 이미지가 하나의 긴밀한 공간이 되도록 한다. 우리들 자신의 고향, 즉 전체로서의 지구를 생각해본다면, 우리는 먼저 바다, 사막, 산맥, 호수 등 하나의 연속적인 모자이크를 형성하는 다양

---

105 Ibid., 44-45.
106 Ibid., 45-46; Norberg-Schulz, 『거주의 개념』, 21.

한 영역에 대해서 생각한다. 이러한 "자연적인" 영역들은 정치적·경제적 영역과 결합하여 한층 복합적인 패턴을 만들어낸다.[107]

영역은 우리의 활동을 위해 잠재적인 장소로 기능한다. 따라서 노베르그-슐츠는 우리가 장소를 소유하는 것은 통로와 장소를 수단으로 하여 환경을 영역으로 구조화해가는 것을 의미한다고 말한다. 그는 이것을 보여주는 적절한 사례로 로마의 정주지를 제시한다. 고대 로마에서는 남북을 가로지르는 "카르도"(Cardo)와 동서를 가로지르는 "데쿠마누스"(Decumanus)라는 두 개의 주축이 방위를 결정하면서, 구역을 4개의 영역, 즉 사분지구(quarters)로 분할했다. 옛날부터 세계는 4개의 부분으로 구성되어 있다고 생각해온 점을 고려하자면, 로마는 하나의 "세계의 모상"(*imago mundi*)이었다고 할 수 있다.[108] 린치는 한 영역을 다른 영역과 구별하는 통로라 여겨지지 않는 선을 가리켜 "가장자리"(edge)라 말한다.[109] 이 가장자리에 의해 영역이 한정되는데, 먼저 해안선, 하천, 언덕과 같은 자연적인 요소가 그 역할을 할 수도 있고, 농업이나 주거와 같은 인간의 활동에 의해 경계가 지어질 수도 있다. 더 큰 규모에서는 기후도 그런 역할을 한다.[110]

107　Norberg-Schulz, 『실존·공간·건축』, 46.
108　Norberg-Schulz, 『실존·공간·건축』, 46-47; Norberg-Schulz, 『거주의 개념』, 21. 로마인들은 기원후 70년 예루살렘 함락 후 예루살렘을 로마와 비슷한 방식으로 구획하고 정리했다. Norberg-Schulz, 『거주의 개념』, 46.
109　Lynch, 『도시환경디자인』, 72-73.
110　Norberg-Schulz, 『실존·공간·건축』, 48-49.

d) 세 요소의 상호 작용

앞서 서술한 장소, 통로, 영역은 노베르그-슐츠가 말하는 실존적 공간의 구성 요소로서 정위의 기본적인 도식이다. 정위는 중심과 길에 의해 영역으로 환경을 구조화하는 것이다.[111] 그는 이 세 요소의 관계가 문화와 집단에 따라 서로 다른 비중으로 결합될 수 있다고 말한다. 예를 들어 유목인들의 실존적 공간에서는 영역이 제일 중요하며, 그 영역 내에서는 통로가 매우 자유롭다. 이들의 공간에서는 장소의 개념이 영역의 개념만큼 발달되지 않았다. 반면에 초기의 농경 문명에서는 장소가 가장 중요했다. 농경민들은 구심적으로 닫혀 있는 구역 안에서 지냈으며, 통로는 외부의 목표를 향한 방향으로 기능하기보다 오히려 원형으로 주위를 둘러싸고 움직였다.[112] 여기에 우리 나름대로 구약성서의 사례를 하나 더해볼 수 있다. 출애굽하여 40년간 광야 생활을 했던 이스라엘에게는 통로가 가장 근원적인 상징이었다. 그들은 종종 광야 내의 어떤 지점들에 머물며 적지 않은 기간 그곳에서 삶을 영위했지만, 그 광야의 장소들은 그들의 실존에서 중심으로 작용하지 못했다. 출애굽 과정에서 자주 대립한 것은 가나안을 향한 전진을 계속할 것이냐 아니면 이집트로 돌아갈 것이냐 하는 두 가지 상반되는 선택이었다. 이집트라는 출발지와 가나안이라는 목표지 사이에서 전진과 후퇴가 분명히 상반된 가치를 지니며, 그 사이에서 긴장이 계속 일어났다. 그리고 이러한 긴장이 통로를 분명히 성격화했다. 그들에게 광야라는 영역은 출발점과 목표점과 통로를 전경으로 부각해주는 하나의 배경이었다.[113]

111　Norberg-Schulz, 『거주의 개념』, 21.
112　Norberg-Schulz, 『실존·공간·건축』, 49-50.
113　이스라엘의 광야 생활에 대해서는, 구약성서 출애굽기 12장에서 시작하여 레위기, 민

노베르그-슐츠가 말하는 공간의 세 요소는 볼노브가 제시한 공간에 대한 관점들을 발전시킨 것이라 할 수 있다. 볼노브의 관점 중 첫 두 가지는 호돌로지 공간과 행위 공간인데, 이는 각각 노베르그-슐츠의 통로와 장소에 상응한다고 할 수 있기 때문이다. 그는 그 둘을 전경으로 두고 여기에 배경으로서의 영역을 더하여 공간의 이미지를 완성한다. 장소(중심), 통로(방향), 영역(구역)으로 구성되는 공간의 이미지는 누가-행전의 서사 공간 분석을 위해서도 적절한 도구가 될 수 있다. 누가-행전의 서사 공간 전체는 예루살렘이라는 "장소"를 중심으로 구성되어 있으며, 여행 설화와 바울의 전도 여행을 포함하여 두 책 내용의 많은 부분은 예루살렘을 향해 가거나 그로부터 떠나가는 이동 과정("통로")을 기술한다. 물론 누가-행전에는 그 외에도 수많은 장소들이 나타나며, 장소와 장소를 잇는 통로들이 서사의 전개에서 중요한 역할을 한다. 그리고 그 배후에는 전경화되지 않은 팔레스타인과 로마 제국의 "영역"이 배경으로 놓여 있다. 그 배경, 즉 누가-행전의 영역은 예루살렘에서 시작해 온 유대와 사마리아를 거쳐 땅끝까지 펼쳐져 있다.

e) 장소와 정체성

노베르그-슐츠는 실존적 공간을 논의한 『실존·공간·건축』 제2장의 결론에서 다음과 같이 말한다. "공간의 경험(지각)이란 자신이 놓여 있는 직접적인 상황과 실존적 공간 사이에서 생기는 긴장 속에 존재한다." 지금 나의 위치가 실존적 공간의 중심과 일치할 때에는 "집에 있는" 것으로 체험되지만, 만약 양자가 일치되지 않는다면 우리는 "길 위에" 있거나

수기, 신명기 전체에 걸쳐 기록되어 있다.

"어떤 다른 곳에" 있거나 아니면 "길을 잃은" 처지가 된다. 이것은 우리는 우리가 머무는 곳이 아닌 다른 곳에 있을 수 있다는 메를로-퐁티의 말을 다시 떠올리게 하는 대목이다. 이것은 우리의 관심을 지금까지 노베르그-슐츠가 주로 다루어 온 "정위"의 문제로부터 또 다른 주제인 "동일시"(identification)의 문제로 이끌고 간다. 노베르그-슐츠는 동일시란 정위와 함께 거주의 두 측면이자 일반 구조라 말하는데,[114] 그것은 바슐라르의 핵심 주제였던 "장소애" 또는 볼노브가 비중 있게 다룬 "진정성 있는 거주"와 관련된 주제이기도 하다. 물론 동일시의 문제는 안정된 공간 도식을 형성하는 정위의 문제와 밀접하게 연결되어 있다.

노베르그-슐츠에게서 동일시란 특별한 환경과 친구가 되는 것[115] 또는 전체 환경을 의미체로서 경험하는 것[116]을 의미한다. 그는 정위가 어디에 존재하느냐의 문제라면, 동일시란 어떤 장소에 어떻게 존재하느냐의 문제라고 정의한다.[117] 그리고 동일시가 사물의 성질을 밝히는 것이라면, 정위는 그것들의 공간적 상호관계다.[118] 이러한 동일시는 인간의 정체성 형성에도 영향을 미친다. 인간은 동일시를 통해서 세계를 소유하기 때문이다. 다시 말해서, 인간이 동일성/정체성(identity)을 가지기 때문이다.[119] 그러므로 인간의 정체성은 장소의 정체성을 전제한다.[120] 이 주제는 렐프에 의해서 더 발전되므로 뒤에서 함께 더 논의하기로 하자.

114　Norberg-Schulz, 『거주의 개념』, 17.
115　Norberg-Schulz, 『장소의 혼』, 28.
116　Norberg-Schulz, 『거주의 개념』, 16.
117　Norberg-Schulz, 『장소의 혼』, 28.
118　Norberg-Schulz, 『거주의 개념』, 17.
119　Ibid., 20.
120　Norberg-Schulz, 『장소의 혼』, 30.

제5장
인문지리학의 장소 이론

투안과 렐프 그리고 대안적 입장들

A. 인문지리학과 "장소"[1]

인문지리학자들은 "장소"(place)를 "공간"(space)과 구별하여 특화한다. 장소란 한마디로 말해서 사람들이 의미를 부여하고 어떤 방식으로든 인간과 관계를 맺는 공간이다.[2] 장소는 오래 전부터 인문지리학의 핵심 주제 중 하나였지만, 오늘날 회자되는 의미의 "장소"가 북미주 지리학계에서 핵심 개념이 되기 시작한 것은 1970년대 말과 1980년대 초 이-푸 투안(Yi-Fu Tuan)과 에드워드 렐프(Edward Relph)를 통해서였다.[3] 이들은 공간을 기하학이나 물리학의 척도 또는 좌표로 이해하기보다는 사람들이 그 안에 존재하고 또 체험하는 공간으로 이해하며, 그러한 공간이 사람들에 의해 체험되는 방식에 주목한다.[4] 이들의 이론은 공간 과학의 차가운 논리를 따르기보다는 인간의 주관성과 경험을 강조하며, 공간을

---

1 여기에는 다음 글 중 일부가 사용되었다. 안용성, "한국 성서학의 공간적 전환을 위한 '장소' 이론의 가능성과 한계", 『한국기독교신학논총』 85(2013), 43-48.
2 Tim Cresswell, *Place: A Short Introduction* (Malden, MA: Blackwell, 2004), 7.
3 Ibid., 12.
4 이진경, 『근대적 주거공간의 탄생』(서울: 소명출판, 2000), 36.

세계에 대한 태도 및 가치와 연관시키기 때문에 "인본주의 지리학"이라 불리기도 하고, 현상학과 실존주의 철학에 토대를 두고 있기 때문에 "현상학적 장소론"이라 일컬어지기도 한다.

투안과 렐프가 사용하는 장소와 공간의 대조는 하이데거 이후 현상학자들이 실존적 공간과 범주적 공간에 다양한 이름을 붙여 대조한 것의 연속선상에서 이해될 수 있다. 즉 "장소"란 대체로 현상학자들이 "실존적 공간", "지각된 공간", "체험된 공간" 등으로 부르는 현상학적 공간에 상응하며, "공간"이란 그와 대별되는 "객관적 공간", "물리적 공간", "추상적 공간" 등과 함께 배열될 수 있는 것이다. 물론 두 가지 분류를 완전히 일치시키기는 어렵다. 왜냐하면 장소라는 말은 현상학 이전부터 사용되었고, 인문지리학자들이 그 개념을 설명하기 위해 나중에 현상학의 사유를 빌려온 것이기 때문이다. 그러나 적어도 "장소"라 할 때 인문지리학자들이 현상학적 공간과 비슷한 사태(Sache)에 주목하고 있었음은 분명하다. 그리고 그들은 자신들의 인본주의적 태도가 현상학의 생활세계적 태도에 의해 학문적으로 뒷받침될 수 있다고 여겼을 것이다.

지리학을 인간과 환경의 관계에 대한 연구로 재규정하는 투안은 실증적 지리학의 대상인 낯설고 차가운 공간이 인간의 경험과 활동을 통해서 안정과 정체성의 원천이 되는 친밀한 장소로 바뀌어가는 과정을 잘 설명해준다.[5] 그러한 과정에서 형성된 장소에 대한 애착, 즉 장소애

---

5   현상학에 의하면, 장소가 먼저이고, 공간은 장소로부터 그 존재를 부여받는다. 그러나 Tuan과 Relph는 주류 지리학의 과학적 방법으로부터 시작하여 현상학으로 넘어왔기 때문에, 공간으로부터 사고를 시작할 수밖에 없었을 것이다. 이 점은 뒤에 나올 경제지리학자들의 "사회적 공간" 개념에서도 비슷하게 나타난다.

(topophilia)⁶가 장소의 토대가 되는데, 이는 장소에 대한 거부감 또는 반감(topophobia)과 대조될 수 있다. 비슷한 견지에서, 렐프는 지리학을 사물로 이루어진 그리고 채워지기를 기다리는 빈칸에 불과한 공간을 다루는 학문으로 이해하기를 거부하고, 그 공간을 사람이 거기에 존재하고 기억하는 장소로, 그리고 단일하거나 등질적이지 않고 제각기 이름이 있으며, 근본적이거나 편안하거나 혹은 위협적으로 경험되는 어떤 것으로 이해할 것을 제안한다.⁷

이번 장에서는 먼저 현상학적 장소론의 문을 연 투안과 렐프를 소개하고자 한다. 두 사람은 캐나다 토론토 대학교(University of Toronto)의 사제 관계다. 그리고 투안은 렐프의 박사학위 논문(1973)이기도 했던 『장소와 장소 상실』(1976)의 지도 교수였다. 그러나 현상학적 장소론에 국한해서보자면, 누가 먼저인지 단정하기 어렵다. 두 사람의 현상학 저술들은 출간 연대가 비슷하고, 오히려 렐프가 앞서기도 한다. 게다가 두 사람은 같은 현상학의 범주 내에 있으면서도, 서로 상당히 다른 접근 방법을 사용하고 있어 서로의 영향 관계를 밝혀내기가 쉽지 않다. 그러나 누구를 먼저 다루든 그것이 이 책의 논리의 흐름에 큰 영향을 미치지는 않을 것이다. 여기서는 투안과 렐프에 이어서 그들로부터 이어지는 인문지리학의 흐름을 간단히 소개하고, 고전적 입장에 대한 비판과 대안적

---

6 "토포필리아"(장소애)는 Bachelard의 용어로서 인본주의 지리학의 효시라 할 수 있는 Tuan의 한 책의 제목이기도 하다. Yi-Fu Tuan, *Topophilia: Study of Environmental Perception, Attitudes and Values* (Englewood Cliffs, N.J.: Prentice Hall, 1974). 번역서의 서지 사항은 다음과 같음: Yi-Fu Tuan, 이옥진 옮김, 『토포필리아: 환경 지각, 태도, 가치의 연구』(서울: 에코리브르, 2011).
7 Edward Relph, 김덕현·김현주·심승희 옮김, 『장소와 장소 상실』(서울: 논형, 2005), 32. 영문판의 서지 사항은 다음과 같다. Edward Relph, *Place and Placelessness* (London: Pion, 1976).

입장들도 함께 소개하고자 한다.

B. 투안

1. 현상학적 장소론

인본주의 지리학의 효시가 된 투안의 두 대표적인 저서는 『토포필리아』 (1974)와 『공간과 장소』(1977)다. 두 책은 얼핏 보면 상당히 비슷하다. 두 책은 모두 실증주의를 비판하고 그것을 인본주의적 관점으로 대체하려 한다는 점에서 공통된 시도를 하고 있으며, 그에 걸맞게 실증주의 지리학이 간과한 영역들을 과감하게 지리학의 주제로 끌어오고 있다. 두 책은 비슷한 주제들을 비슷한 방식으로 다루며, 먼저 출간된 『토포필리아』에 수록된 그림 14개 중 5개가 『공간과 장소』에 다시 수록되기도 한다.[8] 또 투안은 이미지의 현상학자인 바슐라르의 『공간의 시학』을 자신의 저서들의 모델로 삼고 있는 것으로 보이는데, 투안의 책 제목이 된 "토포필리아"(topophilie; topophilia)라는 용어도 바슐라르에게서 온 것이다. 그래서 투안의 두 책은 종종 함께 현상학적 장소론의 문을 연 작품으로 소개되기도 한다.

그러나 두 책 사이에는 한 가지 근본적인 차이가 있다. 그것은 두 책이 불과 3년이라는 시간적 간격을 두고 출간되었지만, 나중에 출간된 『공간과 장소』에는 현상학이 깊이 배어 있는 반면에 『토포필리아』에서는 현상학의 흔적을 찾아보기 어렵다는 점이다. 바슐라르는 선반성적·선

---

8 Yi-Fu Tuan, 구동회·심승회 옮김, 『공간과 장소』(서울: 대윤, 2007), 7에 실린 옮긴이 서문을 참조하라.

객관적 단계에서 작동하는 지각의 한 영역 또는 측면으로서의 시적 몽상에 주목했지만, 바슐라르의 용어를 제목으로 채택한 투안의 책에서는 그런 현상학적 통찰이 보이지 않는다. 그러나 투안은 『토포필리아』를 출간하기 전부터 이미 현상학에 대한 관심을 구체화해가고 있었다. 그는 1971년에 『캐나다 지리학자』(Canadian Geographer)라는 저널에 "지리학, 현상학, 그리고 인간 본질에 대한 연구"(Geography, Phenomenology, and the Study of Human Nature)라는 논문을 발표한다. 투안은 이 논문에서 현상학을 "세계를 지향성과 의미의 세계로 기술하기 위해 가능한 한 공식적 과학의 전제들과 방법을 유보하는 철학적 관점"이라 정의하고, 현상학은 인간, 공간 또는 경험의 본질을 더 깊은 수준에서 드러내준다고 소개한다.[9] 그는 과학적 방법을 사용하여 객관적 대상을 기술하고자 하는 기존의 공식 지리학을 환경주의라 부르며, 이를 자신의 실존주의적 입장과 대별한다. 투안은 환경주의가 질서에서 의미를 찾고 대규모로 결정되며 무시간적이고 정돈된 세계에서 의미를 추구하고, 반면에 실존주의는 문학처럼 풍경에서 의미를 추구한다고 말한다. 왜냐하면 풍경은 인간의 분투의 보고이기 때문이다.[10] 이 소논문을 읽다 보면, 현상학에 대한 투안의 이해가 아직은 그리 깊고 체계적이지 않다는 느낌을 받는다. 아마도 이 논문에서 시작된 현상학적 모색의 시도들은 시간이 지나며 무르익어간 것으로 보인다.

---

9 Yi-Fu Tuan, "Geography, Phenomenology, and the Study of Human Nature," *Canadian Geographer* 15 (1971), 181.
10 Ibid., 184.

2. 『공간과 장소』

투안이 계속해서 현상학적 모색을 시도한 열매가 『공간과 장소』(*Space and Time: The Perspective of Experience*)다. 현상학의 관점에서 볼 때, 1977년에 출간된 이 책은 『토포필리아』와는 확연히 다르다. 투안이 하이데거나 메를로-퐁티로부터 직접 영향을 받았는지는 분명하지 않다. 왜냐하면 그는 『공간과 장소』에서 이 두 현상학자를 각각 단 한 번씩 그것도 지엽적으로 인용할 뿐이기 때문이다.[11] 그리고 그는 현상학의 중심 개념인 지향성에 관해 언급할 때도 후설이나 메를로-퐁티가 아니라 폴 리쾨르(Paul Ricœur, 1913-2005)[12]를 인용한다. 아마도 투안은 바슐라르의 『공간의 시학』을 통해 현상학의 영향을 받지 않았을까 짐작해본다.

그러나 그 영향이 어떤 경로로 온 것이든 『공간과 장소』에는 현상학, 특히 메를로-퐁티의 지각의 현상학의 함의가 가득하다. 그 가운데 생활 세계와 신체에 관련된 예를 하나씩만 들어보기로 하자. 먼저 『공간과 장소』의 저술 목적은 장소에 관한 인간의 경험을 체계화하는 것이다.[13] 그런데 그 경험은 상징에 의해 매개되는 간접적이고 개념적인 경험이 아

---

11 그는 신체에 관해 논의하는 가운데 Merleau-Ponty가 『지각의 현상학』에서 정위된 공간에 관해 언급한 것을 인용하고, 환경과 감정의 연관성에 대해 논의할 때는 Heidegger의 "예술과 공간"을 인용한다. Norberg-Schulz, Bachelard, Bollnow도 한 번씩만 인용된다. Tuan, 『공간과 장소』, 79, 98의 각주 10, 237의 각주 21.

12 Ricoeur는 Merleau-Ponty와 동시대인으로서 Heidegger로부터 분기해나간 해석학적 현상학을 이어받아 텍스트 해석학을 발전시킨 학자다. 따라서 투안이 지향성을 서술할 때 Ricoeur를 인용하는 것은 얼마든지 가능한 일이다. 하지만 표상주의를 극복하는 지향성 개념이 Husserl에게서 시작했고, 그것을 감각과 운동과 공간의 세계로 확장한 사람은 Merleau-Ponty이며, Tuan이 다루는 주제가 Merleau-Ponty와 더 가깝기 때문에, 그리고 그가 Merleau-Ponty에게서 직접적인 영향을 받았다면, 그가 이 대목에서 Husserl이나 Merleau-Ponty를 인용하는 것이 더 자연스럽다.

13 Tuan, 『공간과 장소』, 321.

니라 직접적이고 친밀한 경험의 세계,[14] 즉 현상학자들이 "생활세계" 또는 "지각된 세계"라 부르는 세계에서 이루어지는 경험이다. 투안이 그 책에서 말하는 공간 조직의 근본 원리는 신체다. 그는 공간이 인간의 신체 도식에 따라 명확히 표현된다고 말하며, 우리가 공간 내에서 편안함을 느끼는 것은 그 공간이 신체를 따라 정위되기 때문이라고 설명한다.[15] 우리는 『공간과 장소』에서 이런 점들을 포함해 현상학적 공간 개념과 관련된 서술들을 자주 발견할 수 있다.

『공간과 장소』의 서론에 의하면, 그 책은 세 가지 주제, 곧 (1) 공간에 관한 생물학적 사실들, (2) 공간과 장소의 관계, (3) 다양한 경험의 방식을 다룬다. 그리고 투안은 자신의 책을 "인간이 공간과 장소에 대해 어떻게 느끼는지를 이해하려는 연구, 다양한 경험 양식(촉각, 시각, 개념)을 설명하려는 연구, 공간과 장소를 복잡한—종종 상반되는—감정의 이미지로 해석하려는 연구"로 성격화한다.

투안은 그의 논의를 인간의 경험의 구조에 대한 분석으로부터 시작한다(제2장). 경험은 후각, 미각, 촉각 등 더 직접적이고 수동적인 감각으로부터 능동적인 시각적 인지를 거쳐 상징화라는 간접적인 경험에 이르기까지 다양하다. 그런데 투안은 메를로-퐁티가 지각의 구조에 관해 말하는 것처럼 이런 다양한 경험을 서로 분리된 것이 아닌 하나로 연속된 것으로 이해한다.[16] 그리고 그는 우리의 감각 단계에서 이미 지향성이 작동한다고 말하는데, 그 지향성은 표상을 향한 것이 아니라 외부 대상을 직접 향한 것이다. 리쾨르를 인용한 다음의 서술에 주목해보자.

---

14 Ibid., 20.
15 Ibid., 65.
16 Ibid., 23의 서술과 도표를 함께 참조하라.

경험은 외부 세계를 향해 있다. 보는 것과 생각하는 것은 분명히 자아를 넘어 그 외부에 다다른다. 느낌은 더 모호하다. 폴 리쾨르가 말한 것처럼 "느낌은…의심의 여지없이 지향적이다. 이것은 "무언가"에 대한, [예를 들어] 사랑스러운 것과 증오하는 것에 대한 느낌이다. 그러나 이것은 매우 낯선 지향성이다. 이 지향성은 한편으로는 사물에서, 사람에게서, 세계에서 느껴지는 성질을 가리키고, 다른 한편으로는 자아가 내적으로 영향 받는 방식을 밝혀내고 드러낸다." 무언가를 느낄 때, "지향과 영향이 동일한 경험에서 합치된다."[17]

위의 서술은 우리의 감각이 수동적일 뿐만 아니라 능동적인 특성을 갖고 있음을 보여준다. 투안은 경험이 수동적이지만 동시에 사람이 겪는 일로부터 배울 수 있는 능력을 뜻한다고 말한다. 이것은 주어진 경험이 그 자체만으로 알려지는 것이 아니라 경험 주체가 참여하여 그 경험을 구성하고 창조해낸다는 의미다.[18]

투안은 경험에 대한 이러한 현상학적 이해로부터 출발하여 그것을 운동 감각, 시각, 촉각뿐 아니라 미각, 후각, 피부 감각, 청각 등이 공간 지각에 기여할 수 있는 가능성을 탐색한다. 그리고 관심의 범위를 넓혀서, 어린아이가 성장해가며 공간 감각과 개념이 어떻게 발전해가며 또 장소에 애착을 가지게 되는지를 분석하고(제3장), 인간의 신체를 기준으로

---

17 인용의 출처는 Paul Ricoeur, *Falible Man: Philosophy of the Will* (Chicago: Henry Regnery Co., 1967), 127. 번역은 나의 것이다. 구동희와 심승희의 우리말 번역이 이 서술의 현상학적 함의를 잘 살려내지 못했기 때문이다. Yi-Fu Tuan, *Space and Place: The Perspective of Experience* (Minneapolis: University of Minnesota, 1977), 9. 우리말 번역은 Tuan, 『공간과 장소』, 24을 참조하라.

18 Tuan, 『공간과 장소』, 25.

수립되는 정위가 어떻게 각 방향에 서로 다른 가치를 부여하여 공간이 사회적으로 생산되는 데 기여하는지를 보여준다(제4장). 나아가 투안은 공간 능력, 즉 메를로-퐁티가 "공간 지각"이라 부르는 것이 공간에 대한 지식보다 앞서 있음을 해명하며(제6장), 그 논의를 신화적 공간(제7장)과 건축 공간으로 확대한다(제8장). 그리고 시간과 공간의 관련성에 대해서도 논한다(제9장).

투안의 논의가 현상학적 공간의 해설로부터 인문지리학의 장소론으로의 전이를 분명히 보여주는 것은 책의 중반부를 지나면서부터다. 투안은 낯선 공간이 어떻게 근린(neighborhood)으로 바뀌는지, 그리고 방위의 격자에 따라 공간적 질서를 부여하려는 시도가 어떻게 중요한 장소들의 패턴으로 바뀌는지를 탐색해나간다.[19] 그는 장소성의 표본이라 할 수 있는 집이나 고향과 같은 친밀한 장소(제10장)가 어떻게 형성되는지의 경험을 서술하고, 경험의 가시성과 시간이 장소 형성에 어떻게 기여하는지를 분석한다. 투안은 세계 대부분의 지역에서 인간 집단은 그들 자신의 고향을 세계의 중심으로 간주하는 경향이 있다고 말하며,[20] 그것을 종교와 관련하여 탐문한다(제11장). 특정 개인과 집단에 중요한 의미를 가지는 많은 장소들에는 가시성이 있는데, 그 가시성은 건축과 의례와 축제 그리고 자연적인 경계와 같이 눈으로 볼 수 있는 것뿐만 아니라 문학 작품이나 역사와 같은 무형물도 포함된다(제12장). 또 장소에 뿌리를 내리기 위해서는 오랜 시간이 필요하다. 물론 그 시간의 크기는 단순히 시간의 길이만을 의미하지는 않는다. 경험의 질과 강도 역시 시

19　Ibid., 219.
20　Ibid., 239-40.

간의 지속만큼 중요하다. 이성에게 첫눈에 반해버릴 수 있는 것처럼, 장소를 첫눈에 사랑하게 될 수도 있기 때문이다(제13장). 그러나 일반적으로는 시간의 길이가 중요하다. 이에 관해 투안의 말을 들어보자.

장소를 아는 것은 즉석에서 가능할지라도, 장소에 대한 느낌을 획득하는 데에는 더욱 오랜 시간이 소요된다. 그것은 매일매일 그리고 여러 해에 걸쳐 반복되는, 주로 순간적이고 극적이지 않은 경험들로 구성된다. 그것은 시각, 청각, 후각의 고유한 혼합물이며, 일출/일몰 시간, 노동/놀이 시간과 같은 자연적·인공적 리듬의 독특한 조화다. 장소감은 사람의 근육과 뼈에 기록된다.[21] 선원의 자세는 대양에서 요동치는 배의 갑판에 적응되어 있으므로 그의 걸음걸이는 독특하다. 이보다는 덜하지만, 산골에 사는 농부는 산을 타본 적이 없는 대평원의 주민과 비교할 때, 아마도 다소 상이한 근육 구조와 걸음마를 가지고 있을 것이다.[22]

C. 렐프

1. 렐프와 현상학

투안의 책은 일반적인 이론서보다 오히려 문학서를 닮은 독특한 분위기로 인해 사회 과학이나 철학의 딱딱한 글에 익숙한 독자들에게는 다소

---

21 경험의 주체가 우리의 신체임을 멋들어지게 보여주는 이 문장과 이어지는 문장들은 Bachelard를 옮겨 쓴 것으로 짐작된다. Bachelard는 『공간의 시학』의 한 대목에서 이렇게 말한다. "그리고 오솔길이란 얼마나 아름다운 역동적인 대상인가! 언덕의 그 정다운 오솔길들은 우리들의 근육 의식에 얼마나 또렷이 남아 있는가?" Bachelard, 『공간의 시학』, 87.

22 Tuan, 『공간과 장소』, 293.

낯설게 받아들여지곤 한다. 그에 비해 렐프의 『장소와 장소 상실』(*Place and Placelessness*, 1976)은 좀 더 이론서다운 체계를 갖추고 있다. 본래 투안의 지도를 받아 작성된 박사학위 논문(1973)이었던 그 책은 투안의 책과 함께 현상학적 장소론의 효시가 되었으며, 인본주의 지리학의 전성기가 끝났다고 하는 지금까지도 지리학의 범위를 넘어서까지 자주 인용되고 있다. 그 책에서 렐프는 현상학을 "직접 경험으로 이루어진 생활세계의 현상을 출발점으로 하여 엄밀한 방법으로 주의 깊은 관찰과 기술에 의해 이러한 현상들을 밝히려는 철학 전통"으로 정의한다.[23] 그는 그보다 앞서 아마도 그가 박사과정 학생이었을 1970년에 "현상학과 지리학의 관계에 대한 탐구"(*An Inquiry into the Relations between Phenomenology and Geography*)라는 현상학에 관한 소논문을 발표했다. 그는 이 논문에서 현상학의 문제를 다음 세 가지, 곧 (1) 인간의 경험 세계인 생활세계의 중요성, (2) 과학주의적 사고의 독재에 대한 반대, (3) 가설을 검증하고 이론을 발전시키는 방법에 대한 대안 구성 시도로 이해하고 있었다.[24]

렐프는 먼저 발표한 소논문에서는 주로 스피겔버그(Herbert Spiegelberg), 루이펜(William Luijpen), 코켈만스(J. J. Kockelmans) 등의 2차 자료에 의지하여 현상학의 방법과 개념들을 이해하고 있었다. 『장소와 장소 상실』에서는 하이데거의 실존적 공간 개념에 기초해서 논의를 진행하지만, 그 책 역시 하이데거를 직접 연구한 결과물로 보이지는 않는다. 그가 하이데거를 언급할 때는 주로 비시나스(Vincent Vycinas)의 하

---

23 Relph, 『장소와 장소 상실』, 13.
24 Edward Relph, "An Inquiry into the Relations between Phenomenology and Geography," *Canadian Geographer* 14 (1970).

이데거 해설서[25]와 노베르그-슐츠의 책들[26]을 비롯한 2차 문헌들을 통해서 간접 인용하기 때문이다.[27] 그러나 렐프는 하이데거로부터 시작하여 볼노브와 노베르그-슐츠로 이어져 온 실존적 공간 논의의 많은 내용을 그 책에 축약해놓았으며, 주로 유럽의 학자들을 통해 이루어져 온 현상학적 공간 담론을 북미 대륙에 처음 소개하면서 새로운 영역을 개척한다. 그러나 렐프의 기여는 단지 유럽의 이론을 북미에 그리고 철학과 건축학의 논의를 지리학의 영역에 소개한 것에 그치지 않는다. 그는 자신의 책에서 현대의 경관에 대한 분석을 제시하며, 무엇보다도 그동안 많이 사용되면서도 아직 체계적으로 정의되지 않았던 "장소"의 개념과 "장소 경험"의 본질을 이론적으로 체계화하면서 인문지리학에 새로운 논의의 장을 연다.

렐프는 『장소와 장소 상실』의 제1장(서론)에서 이 책의 저술 목적이 장소를 "일상적으로 경험하는 생활세계 지리학의 한 현상"으로 탐구하는 것이라고 밝힌다. 그리고 그의 관심은 생활세계에 대한 우리의 경험이나 의식 속에서 장소가 그 자신을 드러내는 다양한 방식, 그리고 경관 속에서 표현되는 장소와 무장소의 독특하고 본질적인 구성 요소에 있다

---

25 Vincent Vycinas, *Earth and Gods: An Introduction to the Philosophy of Martin Heidegger* (The Hague: Martinus Nijhoff, 1961).
26 Norberg-Schulz의 책들 가운데서는 『실존·공간·건축』을 가장 자주 인용한다.
27 Relph가 Heidegger를 잘못 인용하는 경우도 있다. 그는 그의 책 첫 장의 첫 문단에서 Heidegger의 주장이라면서 다음 문장을 인용한다. "장소는 인간 실존이 외부와 맺는 유대를 드러내는 동시에 인간의 자유와 실재성의 깊이를 확인하는 방식으로 인간을 위치시킨다." Relph는 이 문장이 Heidegger를 영어로 번역한 책(*The Question of Being*, New York: Twayne Publications, 1958)에 들어 있는 것으로 인용했는데, 확인해보면 이것은 Heidegger가 쓴 글이 아니라 그 책의 영어 번역자들(William Kluback and Jane T. Wilde)이 추가해놓은 서문에 들어 있는 글이다. Relph, 『장소와 장소 상실』, 25을 참조하라.

고 말한다. 그 책은 총 여덟 장으로 구성되는데, 그 가운데 전반부 네 장은 서론과 이론 작업에 할애되어 있으며, 후반부 네 장은 무장소(장소 상실)의 현실을 조망하고 진정한 장소감의 회복을 촉구하는 문화 비평 또는 장소 비평에 가까운 성격을 지니고 있다. 렐프가 후반부에서 제시한 문제들은 그 후 지리학과 문화 연구를 포함한 여러 분야에서 열띤 토론의 주제가 되고 있다. 하지만 현상학으로 장소를 이론화하는 전반부가 우리의 관심사에 더 가깝다. 따라서 여기서는 첫 네 장을 중심으로 렐프의 책을 요약한 후, 그에 이어지는 지리학자들의 장소 논의를 간략히 덧붙여 소개하고자 한다.

2. 공간과 장소

렐프의 이론적 논의는 『공간과 장소』라는 제목의 제2장에서, 직접 경험과 추상적 사고라는 양극 사이에서 서로 연속적인 관계에 있는 여러 형태의 공간을 분류함으로 시작된다. 이것은 노베르그-슐츠가 『실존·공간·건축』에서 제시한 다섯 공간의 체계를 그대로 이어받아 확장한 것이다. 그것들을 직접 경험에 가까운 순으로 배열하면, ① 실용적 또는 원초적 공간, ② 지각적 공간, ③ 실존적 공간 또는 살아진 공간, ④ 건축 공간과 계획 공간, ⑤ 인지적 공간, ⑥ 추상적 공간이다. 각 공간의 개념과 배열은 노베르그-슐츠와 대동소이하다. 한 가지 노베르그-슐츠는 건축 공간/계획 공간과 인지 공간을 같은 층위에 병렬하고, 반면에 렐프는 이를 나누어 연속적으로 배열한다. 그리고 노베르그-슐츠가 각 공간의 개념 정의를 간략하게 제시하는 선에서 그친 데 반해, 렐프는 이에 더 친절하고 상세한 설명을 덧붙여 확대한다.[28]

노베르그-슐츠처럼 렐프도 실존적 공간에 가장 공을 들인다. 그는 실존적 공간을 원주민의 "성스러운 공간"과 현대 세속 사회의 "지리적 공간"으로 나누고 다양한 그림 자료들까지 더하여 상세하게 설명한다. 성스러운 공간이란 고대의 종교적 체험 공간으로서, 엘리아데가 『성과 속』에서 말한 바로 그 공간이다. 우리의 관심사에 비추어보자면, 렐프는 성스러운 공간을 지리적 공간과 함께 실존적 공간의 하나로 분류하여 엘리아데의 공간 연구가 현상학적 공간 연구에서 차지하는 위치를 설정해주면서 그 이론을 성서의 서사 공간 해석에 적용하고자 하는 우리의 시도에 적절한 안내를 제공한다. 지리적 공간에 대한 렐프의 설명에서는 건축과 거주에 대한 하이데거의 서술이 중요한 이론적 근거로 제시된다.[29]

렐프는 여기서 그치지 않고 노베르그-슐츠가 실존적 공간의 정위 구조의 "추상적 측면"(위상학적 측면)과 "구체적 측면"이라 부른 요소들을 각각 "수평적 구조"와 "수직적 구조"라는 다른 이름을 붙여 끌어온다. 실존적 공간 구조의 추상적 측면이란 장소(place), 경로(path), 구역(district) 등 공간의 이미지를 구성하는 세 요소다. 그리고 구체적 측면이란 장소와 통로와 구역이 배치되는 서로 다른 단계들로서, 지리 단계, 도시 단계, 주거 단계, 사물 단계 등으로 좁아지는 구조다.[30]

전체적으로 보아, 렐프는 노베르그-슐츠가 『실존·공간·건축』에서 제시한 이론적 틀 거의 전부를 그대로 자신의 책 제2장에 가져다가 자신의 이론적 틀로 삼았다. 한 가지 차이가 있다면, 노베르그-슐츠는 다섯 공간의 체계에 대해서는 간략하게 설명하고 실존적 공간의 구조를 설명하

---

28 Relph, 『장소와 장소 상실』, 39 이하.
29 Ibid., 47-58.
30 Ibid., 58-63.

는 데 많은 비중을 둔 반면, 렐프는 그와 반대로 여섯 가지 공간의 체계에 큰 비중을 두고 실존적 공간의 구조는 간단하게 설명했다는 점이다. 그러나 이것이 과연 현명한 선택이었는지에 대해서는 의문이 남는다. 왜냐하면 앞서 살펴보았듯이 다섯 (여섯) 공간의 체계는—지향적 경험의 범주를 벗어나 있는—동물적 공간으로서의 실용적 공간을 포함한 것으로서, 현상학적으로 받아들이기 어렵기 때문이다. 사실 그래서 노베르그-슐츠 자신도 그 분류와 설명에 많은 비중을 두지 않았으며, 그 책에 이어지는 본격적인 현상학 연구서인 『장소의 혼』과 『거주의 개념』에서는 그 논의를 삭제한 것으로 보인다. 그러나 렐프는 현상학적인 것으로 보기 어려운 공간 체계를 오히려 가져와 더 확대하면서 "현상학적 장소론"이라는 이름을 다소 무색하게 만들고 있다.

3. 장소의 본질

렐프는 제3장에서 "장소의 본질"이 무엇인지 묻는다. 다시 말해서, 장소를 장소되게 하는 요인이 무엇이냐 하는 것이다. 그는 우선 존 도낫(John Donat)을 인용하여 장소가 다차원적인 경험 현상임을 전제하고 논의를 시작한다. "장소는 나의 장소, 너의 장소, 거리, 동네, 시내, 시, 군, 지역, 국가와 대륙들, 공간적 정체화가 가능한 모든 수준에서" 형성되는데, 그 장소들이 깔끔한 위계질서에 따라 분류되는 것이 아니라 "모든 장소는 서로 겹치고, 서로 섞이며, 다양하게 해석될 수 있다." 그러므로 그는 이러한 다차원성을 전제하고, 위치나 경관 같은 장소의 다양한 속성과 개인적인 장소 경험 등을 탐구해보자고 질문한다.

 장소의 본질은 무엇일까? 먼저 장소를 구성하는 속성으로서 "위치"(location)를 생각해볼 수 있다. 그러나 렐프는 지리적 위치가 장소의 필요충분조건은 아니라고 말한다. 바다 위를 운항하는 배나 자주 이동하는 야영지도 장소가 될 수 있기 때문이다. 두 번째로 그는 "경관"(landscape)으로서 장소의 물리적이고 시각적인 형태를 말한다. 그러나 그는 장소가 항상 가시적으로 분명한 것은 아니라고 지적한다. 세 번째로는 "시간"(time)이다. 고향에 대한 애착은 거기에 살았던 시간의 길이에 따라 증가한다. 의식과 관습 및 신화들이 장소의 지속성을 강화하는 것도 이와 관련된다. 그러나 현대로 올수록 장소 형성에서 긴 시간이 차지하는 비중은 줄어들고 있다. 네 번째는 "공동체"(community)다. 공동체와 장소는 서로가 서로의 정체성을 강화하기 때문이다. 그래서 "사람은 곧 자신이 살고 있는 장소이고, 장소는 곧 그곳에 살고 있는 사람이다." 그리고 "장소는 공적(public)이다. 장소는 상징과 의미를 공유하면서 경험을 함께하고 관련을 맺으면서 창조되고 알려지기 때문이다." 그러나 렐프는 공적 장소 역시 장소 현상의 특별한 형태일 뿐 본질은 아니라고 말한다. 그럼 다섯 번째로 "사적 장소들"(private and personal places)은 어떨까? 사적 장소들은 우리의 개별성을 표현해주기 때문에 중요하다. 그러나 많은 개인들에게서 장소들이 불러일으키는 것은 지리적 위치보다는 그 당시 나의 삶의 모습이다.[31]

다음으로 렐프는 (바슐라르와) 투안이 말하는 장소애(topophilia), 즉 "강렬하게 개인적이고 심오하게 의미 있는 장소와의 만남"으로 독자들을 이끌어들인다. 그에 의하면, "한 장소에 뿌리를 내린다는 것은 세상을 내다보는 안전 지대를 가지는 것이고, 사물의 질서 속에서 자신의 입장을 확고하게 파악하는 것이며 그리고 특정한 어딘가에 의미 있는 정신

---

31 Ibid., 77-93.

적이고 심리적인 애착을 가지는 것이다." 장소를 소중히 여긴다는 것은 어떤 장소에 대한 전적인 관심 및 헌신과 책임을 의미하며, 그것은 하이데거가 말하는 세계를 향한 소중한 "보살핌"을 포함한다. 제1부에서 확인했듯이, 하이데거는 "건축함, 거주함, 사유함"에서 거주를 사방세계(das Geviert)와 관련지어 논하는 가운데, 가장 먼저 인간은 땅을 구원하는 한에서 거주한다고 말한다. 그것은 "본래적으로는 어떤 것을 그것이 고유한 본질에로 자유롭게 놓아둠(freilassen)을 의미"하는 보살핌이다.[32] 렐프는 그 언급을 인용하여, 그러한 보살핌이 장소애의 핵심이며 "집"이 실현될 수 있는 것도 그러한 유형의 보살핌과 배려를 통해서라고 말한다.[33]

렐프는 계속 하이데거의 사유를 따라 집에 대한 논의를 이어간다. 비시나스가 하이데거의 말을 풀어서 말한 것처럼, 집은 "우리가 복종할 수밖에 없는 압도적이고 교환 불가능한 무엇이며, 우리가 여러 해 동안 집을 떠나 있었다 해도 우리 삶의 방향을 정하고 길잡이가 되는 어떤 것"[34]이고, 개인으로서 그리고 공동체의 일원으로서 우리의 정체성의 토대, 즉 "존재의 거주 장소"(dwelling-place of being)다. 그는 하이데거가 오늘날의 집을 금전적 가치로 바뀌어 버린, 왜곡되고 비뚤어진 현상이라 비판하며, 현대인을 집 잃은 존재, 즉 집이라는 장소에 대한 애착을 상실한 존재로 기술한 점에 동의한다. 그러나 동시에 렐프는 오늘날의 집에 대해 하이데거가 지나치게 비판적이라고 지적한다. 그리고 장소와의 깊은 관계가 필수적이지만, 그와 함께 장소가 모든 사람에게 전적으로 즐겁게 경험되는 것이 아니라, 어떤 사람에게는 장소가 고역(drudgery)이

---

32 Heidegger, "건축함 거주함 사유함", 205.
33 Ibid., 95-96.
34 Vycinas, *Earth and Gods*, 84.

된다는 점을 함께 상기시킨다. 르페브르가 "일상생활의 끔찍함"[35]이라 부른 그 고역 역시 장소에 대한 깊은 개입의 한 측면이다.[36]

4. 장소의 본질로서의 지향성

렐프가 이러한 논의 과정을 거쳐 도달하는 최종 귀착지는 지향성이다. 앞서 제시한 모든 것이 장소의 일반적이고 필수적인 특성이긴 하지만, 그것들보다는 "장소를 인간 실존의 심원한 중심으로 정의하는 대체로 무의식적인 지향성에 장소의 본질이 있다."[37] 그런데 여기서 렐프가 지향성이라는 결론을 통해 말하려는 바가 무엇인지가 분명하지 않다. 사실 이 결론은 당혹스럽다. 왜냐하면 지향성은 장소보다 더 일반적인 것으로서 인간의 의식과 경험의 본질이기 때문이다. 따라서 장소의 본질, 즉 장소를 장소되게 하는 것이 지향성이라면, 장소뿐 아니라 우리가 알고 경험하는 이 세계의 모든 것의 본질이 지향성이라 해야 할 것이다. 그렇다면 이것은 너무 일반적인 진술이 된다. 그리고 앞서 볼노브가 지적했듯이, 우리의 지향성에 의해 구성되는 공간은 나를 중심으로 한 공간이다. 내가 좌표계의 중심이기 때문에 지향적 공간은 마치 달팽이집처럼 나와 함께 이동해 다닌다. 그래서 이 지향적 공간은 공동체를 중심으로 한 장소, 즉 나와 함께 움직이는 것이 아니라 내가 그 속에서 움직이는 그 공간과 어긋나며, 우리는 이것이 공간의 이중성 문제를 야기한다는 사실을 이미 확인한 바 있다. 따라서 지향성이 공간의 본질이라는 진

---

35 Henri Lefebvre, *Everyday Life in the Modern World* (New York: Harper and Row, 1971), 35.
36 Relph, 『장소와 장소 상실』, 96-102.
37 Ibid., 104.

술은 개념의 모호성과 함께 여러 가지 부수적인 문제를 야기할 수 있다.

우리는 렐프가 어떤 의미로 "지향성"이라는 용어를 사용하고 있는지 지금 묻지 않을 수 없다. 렐프의 현상학 이해는 노베르그-슐츠의 『실존·공간·건축』에 많이 의존하고 있다. 그러나 우리가 앞서 함께 확인했듯이 노베르그-슐츠는 그 책을 저술할 당시 아직 현상학적 연구에 본격적으로 들어서지 않았다. 그리고 그 책에서는 아직 지향성을 완벽하게 이해하지 못하고 있었다. 그가 인간이 경험하는 공간 가운데 지향성이 작용하지 않는 동물적 공간인 "실용적 공간"이 있다고 본 것이 바로 그의 현상학적 사유가 아직 성숙하지 않았음을 보여주는 일면이다. 렐프는 그 실용적 공간 개념을 그대로 받아들였다. 현상학의 견지에서 보자면, 지향성을 벗어난 경험이란 있을 수 없다. 따라서 그의 지향성 개념이 그러한 실용적 공간 경험을 전제한 것이라면, 그것은 현상학의 지향성 개념과 정확히 일치한다고 할 수 없다. 렐프는 그러한 불완전한 상태의 지향성 개념을 이어받았다.

그래서인지 렐프는 그의 책에서 지향성 개념을 현상학자들과는 조금 다른 의미로 사용한다. 현상학에서 지향성은 우리의 인식과 경험이 그저 수동적이지도 않고 그저 능동적이지도 않음을 잘 보여주는 말이다. 주체가 일방적으로 대상을 구성하는 것도 아니고, 대상을 단순히 수동적으로 받아들이는 것도 아니다. 그리고 지향성은 이성적 사유 이전에 이미 작용하기 때문에 주체가 마음대로 통제할 수 있는 게 아니다. 그런데 렐프는 그 글에서―그것이 무의식적인 것임을 인정하면서도―지향성을 주로 경험 주체의 능동성을 대변하는 개념으로 사용하고 있다. 그럴 경우 이 용어는 지향성보다는 "intention"이라는 영어 단어의 일반적 의미인 "의도"나 "의향"에 가까운 말이 되고, 현상학에서 지향성이라는 말이 가지는 본래의 의미와 개념적 탁월성을 왜곡할 가능성이 많아진다. 그러나 다음 문장들을 읽어보면 렐프가 영어 단어 "intention"과 "intentionality"를 "의도"와 "의도성"에 가까운 뜻으로 사용하고 있음을 알 수 있다.

장소의 의미는 인간의 "의도"(intention)와 경험을 속성으로 한다. 의미는 변화할 수 있고 한 대상에서 다른 대상으로 옮겨질 수 있다. 그리고 의미는 복합성, 모호성, 명확성 등 자신의 성질을 가지고 있다. 이러한 모든 것은 스테판 스트라세(Stephan Strasser)가 인용한 예에 잘 묘사되어 있다. 1084년 쾰른의 브루노(Bruno of Cologne)는 은둔하면서 수도하기 위해 프랑스 알프스로 갔다. 거기에 도착하기 전까지 그에게 환경은 전적으로 중립적이었다. 그것은 아무런 의미를 가지지 않는 무엇이었다. 그러나 쾰른의 브루노와 그의 추종자들이 산중에서 묵상할 장소를 찾으면서 그 산은 그들의 "의도"와 결합해 의미를 얻게 되었다. 산들은 "위험"하지 않으면 "안전"하고, "유용"하거나 아니면 "무용"한 곳이 되었다. 나중에 그들의 "의도"가 바뀌어서 적당한 곳을 찾아 농사를 시작하려고 할 때, 혹은 그의 추종자들이 성가신 여행객들을 쫓아내려고 할 때, 알프스의 상황은 수정되었다. 다시 말해서 상황, 즉 장소의 의미가 쾰른의 브루노와 그의 추종자들의 "의도"에 따라 규정되었다. 물론 이것은 매우 직접적인 예다. 하지만 의미는 이보다 훨씬 복잡하다. "의도성"(intentionality)은 특정한 흥미와 경험과 관점을 반영하는 개인적이고 문화적인 다양성을 포함하는 것으로서 그 자체로 매우 복잡한 것이기 때문이다. 그러나 쾰른의 브루노의 예는 장소가 사람들이 부여하는 의미 속에서만 파악될 수 있다는 사실을 시사한다.[38]

렐프는 이 인용문에서 쾰른의 브루노 일행이 알프스에 도착하기 전에는 그 산이 전적으로 중립적인 것으로서 아무런 "의미"를 갖지 않는 것이었다고 말한다. 그런데 그들이 그곳에 도착하여 묵상할 장소를 찾으면서 그 산은 그들의 "의도"와 결합하여 비로소 "의미"를 부여받게 되었다. 이것은 현상학에서 사용되는 고유한 의미의 "지향성" 그리고 "의미"와 일치하지 않는다. 앞서 인용한 지향성의 정의에서 렐프 자신이 말했듯이, 지향성은 우리가 의식적으로 어떤 것에 주목하든 아니면 무의식적으로 주목하든 관계없이 작용한다. 쾰른의 브루노 일행은 알프스에 도착하기 전에 이미 그 산을 알고 있었다. 그것은 브루노라는 인식 주체와 알프스라는 인식 대상 사이에서 이미 지향성이 작용하고 있었다는 뜻이다. 그리고 현상학에서 어떤 사물이 지향 작용의 대상이 된다는 것은 그 대상이 의미를 가진다는 말과 같다. 렐프 자신이 그 책에서 언급했듯이 "세계 속에 있는 사물과 특징은 그 의미 속에서 경험되는 것으로서 의미와 분리될 수 없"[39]기 때문이다. 알프스는 브루노 일행이 도착하기 전에 이미 그들에게 어떤 — 렐프가 보기에는 "전적으로 중립적" — "의미"를 가지고 있었다.

렐프는 쾰른의 브루노 일행이 알프스에 도착한 후에 그들의 "의도"가 묵상으로부터 농사를 짓는 것으로, 그리고 성가신 여행객들을 쫓아내는 것으로 바뀌어가며 그 산의 "의미"도 함께 바뀌어갔다고 말한다. 이렇게 그의 글에서 "지향성" 즉 "의도성"(intentionality)이란 사람의 "특정한 흥미와 경험과 관점"을 반영하는 것으로, 그리고 장소의 의미는 "사

---

38 Ibid., 113.
39 Ibid., 103.

람들이 부여"하는 것으로 간주된다. 또 렐프의 책의 다른 부분에 사용된 문장에 의하면, 장소에 대한 인간의 "의도"는 전적이고 광범위할 수도 있고 제한적이거나 부분적일 수도 있다.[40] 어느 곳에서는 "의도적 깊이"(intentional depth)에 따라 경관의 진정성을 평가하기도 한다.[41] 이렇게 렐프가 사용하는 "intentionality"와 "의미"는 현상학에서 사용되는 것과 정확히 일치하지 않는다. 우리는 이 점을 감안하여 렐프의 진술을 이해할 필요가 있다. 『장소와 장소 상실』을 번역한 김덕현, 김현주, 심승희는 "intentionality"가 현상학계에서 "지향성"으로 번역된다는 사실을 알고 있으면서도 일부러 그 용어를 "의도성"으로 번역한다.[42] 그것은 아마도 일차적으로 렐프 자신이 그 용어를 주로 그러한 뜻으로 사용하고 있고, 그렇게 번역할 때 문장이 더 자연스럽기 때문일 것이다.[43] 우리는 이 점을 고려하면서 "지향" 대신 "의도"라는 번역어를 사용하여 렐프가 장소의 본질을 서술한 문장들을 읽어보자.

장소는 행위와 "의도"의 중심이며, "우리가 실존의 의미 있는 사건들을 경험하게 되는 초점이다"(노베르그-슐츠, 1971, p. 19).[44] […] 장소는 "의도"적으로 정의된 대상들이나 대상들의 그룹들이나 사건들을 위한 맥락이나 배경이다. 혹은 장소 그 자체로도 "의도"의 대상이 될 수 있다. 앞의 맥락에

---

40 Ibid., 122.
41 Ibid., 177.
42 Ibid., 55의 옮긴이 주 12을 참조하라.
43 Relph가 『장소와 장소 상실』보다 먼저 발표한 소논문에서도 그런 사례가 자주 발견된다. Relph, "An Inquiry into the Relations between Phenomenology and Geography," 194, 197을 보라.
44 Norberg-Schulz의 『실존·공간·건축』에서 인용한 문장이다. 우리말 번역서는 36을 참고하라.

서 보자면, 모든 의식은 단지 무언가에 대한 의식일 뿐 아니라 그것의 장소에 있는 무언가에 대한 의식이며, 그런 장소들은 개략적으로 대상들과 그 대상들의 의미라는 견지에서 정의될 수 있다고 말할 수 있다. 대상들이 그 자체로 그런 것처럼 — 대개 고정된 위치를 가지고 있고 하나의 식별 가능한 형태를 유지하는 특징들을 소유하고 있는 — 장소들은 본질적으로 "의도"의 초점들이다.[45]

5. 장소의 정체성

여기서 렐프가 장소의 본질로서 "의도"와 "의도성"이라는 용어에 담아내고자 하는 것은 무엇보다도 사람들과 공간 사이에 형성되는 경험적이고 "의도적인" 관계, 그리고 그러한 의도와 관계에 따라 그 공간에 서로 다른 의미가 부여된다는 사실인 것으로 보인다. 그래서 그의 논의는 제4장에서 자연스럽게 장소의 정체성(장소와의 동일시)에 대한 논의로 넘어간다. 렐프는 정체성(동일성) 문제를 둘로 나누는데, 하나는 "장소의 동일성"(identity of a place)이고, 다른 하나는 한 개인이나 집단이 스스로를 장소와 동일시하는 것, 즉 "장소와의 동일성"(identity with a place)이다. 장소의 정체성은 우편 주소가 부여되듯 객관적으로 주어지는 것이 아니라 그 장소에 머무는 사람들이 저마다 다른 정체성을 장소에 부여할 수 있다. 그리고 이러한 정체성은 상호주관적으로 결합되어 공통의 정체성을 형성한다. 이 정체성은 장소 경험에 영향을 주고 또 영향을 받기도 한다. 그래서 장소의 동일성은 장소와의 동일성과 함께 고려되어야 한다.[46] 렐프

---

45 "[…]"로 표기한 내용 생략은 나의 것이다. Relph, 『장소와 장소 상실』, 103.
46 Ibid., 108-10.

가 장소의 동일성과 장소와의 동일성을 구분하는 것은 노베르그-슐츠가 장소의 "동일성"(identity)과 장소와의 "동일시"(identification)를 구분했던 것에 상응한다. 아마도 여기서 렐프는 "동일시"라는 용어를 "동일성"으로 바꿈으로써 장소가 인간의 정체성 형성에 미치는 영향을 더 강조하고자 했던 것이 아닌가 생각된다. 그는 자신의 책 앞 장에서 가브리엘 마르셀(Gabriel Marcel)을 인용하여 다음과 같이 말한 바 있다. "개인은 자신의 장소와 별개가 아니다. 그가 바로 장소다."[47]

그럼 장소의 정체성을 구성하는 요소들은 무엇일까? 렐프는 그것이 ① 물리적 환경과, ② 인간 활동과, ③ 의미라고 답한다. 여기서 물리적 환경은 땅, 바다, 하늘과 같은 자연 환경과 인간이 만들어낸 환경을 포함한다. 장소의 정체성은 이러한 환경에 의해 결정될 뿐 아니라 인간이 그 속에서 어떤 활동을 하느냐에 따라서, 그리고 그 과정에서 그 장소에 어떤 의미가 부여 되느냐에 따라서 결정된다. 그러나 그것이 전부는 아니다. 렐프는 여기에 이러한 구성 요소들을 하나로 감싸 안는 것으로서의 "장소의 정신"(spirit of place)이 함께 고려되어야 한다고 말한다. 장소의 정신은 "장소감"(sense of place) 또는 "장소의 혼"(*genius loci*)과 같은 용어로 규정되기도 하는데, 이 장소의 정신을 통해 장소의 개별성과 고유성이 구성된다.[48]

렐프는 대부분의 경우 장소의 이미지가 곧 그 정체성이라고 말하며,[49] 정체성이 형성되어가는 과정을 안정된 이미지가 형성되어가는 과정과

---

47 Ibid., 104.
48 Ibid., 110-15.
49 Ibid., 129.

동일시한다. 그가 이미지에 대한 논의에 이어 장 피아제를 언급[50]하는 것으로 볼 때, 여기서 "이미지"란 피아제의 "공간 도식"(spatial schemata) 을 가리키는 것으로 보인다. 렐프는 장소의 이미지가 수직적·수평적으로 구조화되어 있다고 말한다. 여기서 수직적인 구조는 경험의 강도와 깊이에 따라 달라지는 여러 층위들이며, 수평적 구조는 개인, 집단, 대중의 내부에 그리고 그들 상호 간에 들어 있는 장소에 대한 지식의 사회적 분포에 관한 것이다.

여기서는 먼저 수평적 구조에 대해 간략히 언급한 후, 수직적 구조에 대해서는 항목을 나누어 좀 더 상세히 살펴보기로 하자. 장소의 이미지는 개인에 따라 다르다. 예를 들어, 같은 거리를 지나면서도 보행자와 운전자는 서로 매우 다른 이미지를 가지고 있다. 한 자리에 앉아 동일한 풍경을 화폭에 담더라도 화가의 수만큼 다른 그림이 나온다. 또 특정 도시 내에서도 슬럼가에 사는 사람과 호화 주택가에 사는 사람, 개발업자, 시민운동가는 그 도시에 대해 서로 다른 이미지를 갖고 있다. 개인의 장소 이미지가 다른 사람들의 이미지와 상호 작용하고 결합하여 집단 정체성을 이룬다. 그것은 구성원들의 합의에 의해 만들어지기도 하고(공적 정체성), 여론 주도자에 의해 만들어져 유포되기도 한다. 이것이 장소 이미지의 수평적 구조다.[51]

6. 장소의 내부성과 외부성

이번에는 장소 이미지의 수직적 구조를 살펴보기로 하자. 여기서 렐프

---

50 Ibid., 135.
51 Ibid., 128-34.

는 동일한 장소에 대해서도 사람들의 경험의 깊이가 다를 수 있음을 상세하게 보여준다. 나는 렐프의 책이 가장 독창적으로 기여하는 지점이 바로 여기라고 생각한다. 우리가 앞서 살펴본 모든 공간 이론가들은 공통적으로 집으로서의 장소와 그 장소에 대한 애착에 주목했기 때문에 집을 잃어버린 오늘의 현실을 단지 극복해야 할 대상으로서 전경이 아니라 하나의 배경으로 다루었다. 그러나 렐프는 "장소 상실"(placeness) 그리고 "장소가 주는 고역"이라는 주제를 부각하며 그 현실을 전경으로 이끌어내고, 그것을 체계화하고자 시도한다. 그래서 그의 논의의 구조는 그 이전의 공간 이론가들보다 더 복잡해진다. 기존의 논의가 장소에 대한 동일한 수준의 경험을 대상으로 이루어졌다면, 렐프는 다양한 장소 경험을 그 깊이에 따라, 가장 깊은 수준부터 가장 얕은 수준까지 여러 층으로 계층화하기 때문이다.

 렐프는 내부성과 외부성이라는 기준으로 장소 경험을 계층화한다. 기존의 공간 이론가들은 집으로 대변되는 장소의 내부성에 집중하지만, 그는 그 내부성의 정도가 사람마다 다르게 경험됨에 주목한다. 그는 그 경험의 친밀도를 장소에 가장 깊이 동화된 상태인 실존적 내부성으로부터 모든 장소로부터 심각한 소외 상태를 나타내는 실존적 외부성까지 일곱 단계로 구분한다. 이는 미국의 종교 사회학자 피터 버거(Peter Berger)가 인류학자들이 (자신이 연구 대상으로 삼는) 문화에 동화되는 수준을 셋으로 나눈 것에 착안하여 그것을 확대해 일곱 단계의 모델을 만든 것이다. (1) 실존적 내부성은 장소에 완전히 그리고 무의식적으로 빠져든 상태다. 그것은 자기 집이나 자신의 영역에 있을 때 또는 다른 사람들에 의해 환영받을 때 나타난다. 이 장소는 바로 내가 속한 곳이라는 사실이 암묵적으로 인지될 때 생긴다. (2) 감정 이입적 내부성은 장소에의 감성적인 참여와 개입을 수반한다. (3) 행동적 내부성은 감정의 동화가 없는 육체적 개입이다. (4) 대리적 내부성은 그 장소를 직접 방문하지 않았으나, 소설이나 미디어를 통한 장소 묘사가 우리에게 친숙한 장소 경험과 일치할 때 명확해진다. (5) 부수적 외부성은 장소가 단순히 다른 활동의 배경이 되는 것이다. (6) 객관적 외부성은 장소가 단순히 입지로 다루어지는 것이다. 이것은 지리학자들이 갖는 태도다. (7) 실존적 외부성은 사람들과 장소로부터 심각하게 소외되어 있는 상태, 돌아갈 집의 상실, 세계에 대한 비현실감과 소속감의 상실을 포함한다.[52]

렐프는 이러한 내부성과 외부성의 단계에 따라 장소 정체성의 유형을 아래와 같이 더 세부적으로 분류한다.

(1) 실존적 내부성의 상태에 있는 개인의 관점이나 영적 교감의 사회관계에서 볼 때, 장소는 생생하고 역동적이며, 우리가 깊이 생각지 않더라도 알고 경험할 수 있는 의미들로 가득하다.
(2) 감정 이입적 내부자의 관점에서는 공동체 속에서 사회관계를 통해 장소를 알게 되고, 장소는 그것을 창조하고 거기서 살아가는 사람들의 문화적 가치와 경험의 기록이며 표현이 된다.
(3) 행동적 내부성의 입장에서 장소는 주위 환경이며 장소에 대한 공공적 또는 합의된 지식의 일차적 기초를 이루는 자연 경관이나 인공적 도시 경관의 성격을 지닌다.
(4) 부수적 외부성의 측면에서 중요한 것은 일반적으로 선택된 장소의 기능이며, 그 장소의 정체성은 그런 기능의 배경에 지나지 않는다.

---

52 Ibid., 116-27.

(5) 객관적 외부자의 태도는 장소를 입지라는 단일한 차원으로 또는 그곳에 입지한 사물과 활동이 점유하는 공간 범위로 의미를 축소한다.

(6) 장소의 대중적 정체성은 보통 대중 매체에 의해 미리 만들어져 제공되기 때문에 직접 경험하는 거리가 먼 대중적 합의의 정체성이다. 그것은 피상적인 정체성이다. 대중적 정체성은 최소 수준의 신뢰성만 유지되는 한, 손쉬운 변장처럼 변조되고 조작될 수 있기 때문이다. 또한 대중적 정체성은 파급력이 강하다. 개인적인 경험과 장소 정체성의 상징적 속성 속으로 슬그머니 침투하여 침식하기 때문이다.

(7) 실존적 외부자에게 장소 정체성이란 이제는 상실되어 다시 회복하기 어려운 관계를 대변한다. 실존 그 자체가 부수적이기 때문에, 장소는 모두 그리고 항상 부수적이다.[53]

7. 장소의 진정성

렐프는 이러한 이론 작업을 토대로 진정한 "장소감"(sense of place)을 현대 사회의 "무장소성"(placelessness)에 대한 대안으로 제시한다. 그는 장소감이 진정하고 순수한 것일 수도 있고, 진정하지 못하고 작위적인 것일 수도 있다고 말한다. 앞서 확인한 바와 같이, 하이데거가 시간성의 관점에서 제안한 "진정성"이라는 개념을 공간에 처음 적용한 사람은 볼노브다. 볼노브는 "참다운 거주"를 위해서는 인간이 자신의 온 존재를 쏟아붓는 노력이 필요하다고 말한 바 있다.[54] 렐프는 장소에 대한 참된 태도란 장소 정체성의 복합성 전체를 직접적이고 순수하게 경험하는 것이

---

53 Ibid., 139-40.
54 Bollnow, 『인간과 공간』, 398.

라고 말한다. 그것은 장소에 대해 사회적으로나 지적으로 왜곡된 경험의 유형을 따르거나 판에 박힌 관습을 따르지 않는 것이다.[55] 또한 그는 진정한 장소감이란 내부에 있다는 느낌이며, 개인으로서 공동체의 일원으로서 "나의 장소"에 속해 있다는 느낌으로서 오래 생각하지 않아도 알 수 있는 것이라고 말한다. 그것은 우리가 집이나 고향 또는 내가 속한 지역이나 국가에 대해 갖는 느낌이다.[56]

진정성의 문제는 무장소성(장소 상실)의 현실을 조명하는 제5-8장에서 집중적으로 다루어진다. 먼저 렐프는 제5장에서 장소의 진성성에 대해 논의한 후에, 참된 장소감을 제공하는, 진정하게 만들어진 장소들의 사례를 제시하고, 제6장에서는 그 반대의 사례, 즉 노베르그-슐츠가 "밋밋한 경관"(flatscape)이라 부르는 장소 상실의 사례들을 소개한다. 그가 말하는 무장소성의 표출 형태는 관광객을 위해 만들어진 타자 지향적 경관, 장소의 획일성과 표준화, 인간적 스케일과 질서의 결핍(예를 들어 건축의 거대화), 개발로 인한 장소 파괴(Abbau), 장소의 일시성과 불안정성 등 다양하다.[57] 제7장에서는 이러한 장소의 진정성의 추구가 자칫 과거로 돌아가자는 복고주의가 될 수 있는 위험을 경고하며, 오늘날의 경관 경험의 특징을 살펴본다. 제8장은 요약과 결론이다.

D. 장소 이론의 발전과 비판

투안과 렐프 이후 "장소"는 지리학의 주요 단어 중 하나가 되었고, 그로

---

55 Relph, 『장소와 장소상실』, 148.
56 Ibid., 150.
57 Ibid., 242-44.

부터 다양한 논의가 발전되었다. 그 흐름을 다 따라가는 것은 이 책의 범위를 벗어나므로, 그중 우리의 관심사와 연결되는 몇 주제만 선택하여 살펴보기로 하자.

1. 이동성의 증가

장소와 관련해서 많은 것이 변화하고 있으나, 그 가운데 특히 주목할 필요가 있는 것은 이동성(mobility)의 증가다. 마르크 오제(Marc Augé)는 오늘날 정체성이나 관계 또는 역사로서 규정될 수 없는 공간, 이전의 장소들과 통합될 수 없는 공간, 즉 비장소들(non-places)이 양산되고 있다고 지적한다.[58] 이런 비장소들은 압도적인 이동성으로 특징지어진다. 사람과 물자의 신속한 운송을 위해 만들어진 고속도로와 공항과 교통수단들,[59] 그리고 이에 더하여 거대한 쇼핑센터와 임시 수용소 같은 곳들이 이에 속한다. 투안이 공간과 구별되는 장소의 특징으로 규정한 바 있는 확고한 정주의 현실[60]은 이곳에서 통과의 현실로 대체되고, 만남의 교차로는 어떤 만남도 없는 고속도로의 인터체인지로 바뀌며, 공간을 체험하는 여행객의 자리는 도착지에 의해서만 정의되는 승객이 대신 차지한다.[61]

오제는 비장소로서의 공간이 정체성의 상실을 야기한다고 말한다. 비

---

58 Marc Augé, *Non-Places: Introduction to an Anthropology of Supermodernity* (London: Verso, 1995), 77-78.
59 오늘날의 고속도로들은 장소들을 연결하기보다 서로 분리하고, 주변 경관과 함께 발전하기보다는 오히려 경관을 위협하고 가로질러서 토막낸다. Relph, 『장소와 장소 상실』, 198.
60 Tuan은 공간과 장소의 관계를 설명하는 가운데 다음과 같이 말한다. "나아가 우리가 공간을 움직임이 일어나는 곳이라 생각한다면 장소는 정지(멈춤)다. 움직임 속에서 정지할 때마다 입지는 장소로 변할 수 있다." Tuan, 『공간과 장소』, 20.
61 Augé, *Non-Places*, 107-08.

장소를 지나는 사람들은 오직 세관에서, 톨게이트에서, 계산대에서 그들의 정체성을 확인할 뿐이다. 그들은 그저 승객이고 손님이고 운전자일 뿐이다. 그들은 비장소와 계약 관계에 있다. 비장소에 진입할 때마다 그들은 신원 확인을 요구받고 어떤 의미에서는 무죄 입증을 요구받는다. 말은 필요 없다. 그들의 신원은 익명으로, 그저 다른 사람들과 동일한 방식의 코드로 확인될 뿐이다. 결국 이러한 비장소로서의 공간은 어떤 단일 정체성도 관계도 만들어내지 못한다. 그저 고독과 유사성만을 쏟아낼 뿐이다.[62]

무장소성 또는 비장소성은 오늘날 지구화된 산업 사회의 일반적인 특징이다. 이제 집을 떠나 사는 것은 많은 사람에게 일상적인 일이 되었다. 자신이 태어난 곳에서 평생을 사는 사람은 오히려 찾아보기 어렵다. 어떤 사람들은 자신의 고향과 멀리 떨어진 곳으로 이주하여 살아가고, 또 어떤 사람들은 민족 국가나 계급, 지역 등 그 어디에도 속하지 못한 채 장소를 상실한(placeless) 또는 탈장소화된(de-placed) 세계인이 되고 있다.[63] 소위 "시공간 압착"(time-space compression)의 가속화와 자본의 확산을 통해 전 세계는 하나의 마을(global village)로 좁혀지고 있고, 발전 과정에서 동질화가 가속되며 각 지역의 특색은 급속도로 사라지고 있다. 이처럼 거래와 이동, 통신 등에서 공간 장벽이 줄어드는 현실은 장소와 장소에 바탕을 둔 정체성의 중요성을 더 고양시킨다.[64]

---

62 Ibid., 103.
63 Linda McDowell, 여성과 공간 연구회 옮김, 『젠더, 정체성, 장소: 페미니스트 지리학의 이해』(서울: 한울, 2010), 22.
64 David Harvey, 박영민 옮김, "공간에서 장소로, 다시 반대로: 포스트모더니티의 조건에 대한 성찰", 『공간과 사회』 5(1995), 33.

이러한 현실에 대한 반응은 양면으로 나타난다. 한편에는 이러한 현실에서 진정한 장소감을 고양하면서 현실의 소란으로부터 도피처를 마련하고자 하는 흐름이 있다. 그들은 한 지역에 뿌리를 내리고 있다는 느낌이 안정성과 정체성의 근원이 될 것이라 기대한다. 이들의 논의에서는 장소가 응집력 있고 동질적인 공동체들에 의해 거주되던 시대가 이상화되며, 그 시대가 오늘날의 파편화되고 지역이 붕괴된 현실과 대조된다. 이와 다르게 다른 편에는 이러한 장소 이론이 갖는 한계와 그것으로 인해 생겨나는 여러 가지 역기능을 지적하는 적지 않은 목소리가 있다.

2. 장소감의 다양한 유형들

이제 그러한 비판과 대안적인 제안들로 관심을 돌려보자. 먼저 장소에 대한 강조가 복고주의로 흐를 수 있는 위험성을 지적하는 의견들이 적지 않다. 장소에 대한 애착은 종종 민족주의나 지역주의와 같은 방어적이고 반동적인 집단 운동으로도 나타나고, 외부인들과 새로 이주해온 사람들에 대한 반감을 정당화하는 논리로 오용되기 때문이다.[65] 장소가

---

65 Doreen Massey, "A Global Sense of Place," in idem., *Space, Place, and Gender* (Minneapolis: University of Minnesota Press, 2001), 146-47. 최병두는 장소의 정치가 갖는 한계와 가능성에 대해 다음과 같이 말한다. "장소에 근거한 차이는 한편으로 지배적 규제력에 의해 재생산되지만, 다른 한편으로는 이러한 권력에 저항할 수 있는 힘을 제공한다. 이러한 차이에 대한 주장은 근대화 과정에서 파편화되고 탈중심화된 주체의 회복과 더불어 타자와 그들의 공간(또는 장소)에 대한 인정과 올바른 인식을 강조하는 데 기여한다.…그러나 장소에 대한 지나친 강조는 어떤 위험, 즉 정체성 조작의 문제를 내포하고 있다.…즉 장소 귀속을 위한 실천과 장소의 의도적 배양(장소 마케팅과 같은)은 구분되어야 한다.…장소의 정치는 좀 더 거시적인 공간의 정치와 결합되어야 한다." 최병두, 『근대적 공간의 한계』(서울: 삼인, 2002), 184-85.

하나의 본질적인 정체성을 갖고 있다는 생각 역시 더 이상 힘을 얻지 못한다. 장소의 정체성은 거기에 거주하는 공동체와 관련되기 마련인데, 단 하나의 공동체를 수용하고 있는 장소는 찾기 힘들며,[66] 그러한 장소가 있더라도 공동체 내부의 모든 사람이 동일한 정체성을 공유하는 게 아니기 때문이다. 같은 공동체라 하더라도, 각 구성원들은 성, 계급, 인종 등에 의해 서로 다른 위치를 차지하기 마련이다.[67]

한 공동체의 구성원들 사이에 다양한 정체성이 형성될 수 있음을 가장 잘 보여주는 것이 여성주의 지리학자들의 연구다. 질리언 로즈(Gillian Rose)는 인본주의 지리학자들의 장소 논의에 대해 많은 부분을 공유하면서도 많은 여성이 그 논의의 핵심에 있는 "집" 또는 "가정"으로서의 장소에 대한 분홍빛 환상을 공유하지 않는다고 지적한다. 많은 여성에게 가정이란 오히려 억압의 장소다. 집은 친숙한 양육의 장소이기도 하지만, 여성들에게는 동시에 답답하고 숨 막히는 장소로, 고된 일에 시달리고 학대와 무시를 당하는 곳으로 경험될 수 있는 곳이다. 그래서 많은 여성이 집을 갈등이 없고 보살핌과 돌봄으로 가득한 장소로 신화화하는 인본주의자들의 견해에 동의하기 어렵다.[68]

린다 맥도웰(Linda McDowell)도 "가정을 통해 정체성을 확인하고 가정에 머물라는 종용을 당하는—어떤 상황에서는 강제되는—여성에게 가정이란 권리 박탈, 혹사, 임무 수행의 장소"라고 말한다. 그녀는 하이데

---

66 그래서 Massey는 장소를 공동체와 동일시하는 것에 반대한다. 공동체들은 동일한 장소에 존재하지 않고서도 유지될 수 있다.
67 Massey, "A Global Sense of Place," 153-54.
68 Gillian Rose, 정현주 옮김, 『페미니즘과 지리학』(서울: 한길사, 2011), 138-44. Massey의 다음 논의도 함께 참조하라. Massey, *Space, Place, and Gender*, 9-11.

거가 가정을 단지 잔인한 일의 세계로부터 떨어진 휴식과 안전의 영역으로 인식하고 있다는 점에서 남성적 관점의 한계를 지적하고, 가정과 일터를 사적 공간과 공적 공간으로 이분하는 전통적 시각을 극복하여 가내 공간(domestic space)을 사회적 질서의 재현으로 이해할 것을 제안한다.[69] 또 맥도웰은 도린 매시(Doreen Massey)와 공동 저술한 "여성의 장소?"(A Woman's Place?)라는 글에서 영국 더럼(Durham)의 탄광촌, 영국 동북부의 목화 농가, 런던의 착취 공장, 앵글리아 동부의 농촌을 예로 들어, 여성의 장소감이 일상적인 움직임과 모임들 및 외부와의 관계에 의해 어떻게 남성의 그것과 다르게 형성되는지를 보여준다.[70]

3. 장소와의 동일시, 비동일시, 역동일시

이러한 장소의 다면성과 앞서 기술한 탈장소의 현실은 사람들과 장소의 관계를 단순한 귀속과 뿌리내림이 아니라 그 반대쪽에서도 함께 고찰할 것을 요청한다. 고전적 입장의 학자들이 주로 장소에 대한 애착(topophilia)의 견지에서 장소감을 다루었다면, 렐프는 그와 함께 장소에 대한 반감(topophobia)을 진지하게 고려해야 함을 보여주었다. 그래서 그는 애착(내부성)과 반감(외부성)을 7단계로 세분했다. 그러나 렐프의 도식은 여전히 애착과 반감이라는 두 개의 극을 중심으로 구성

69　McDowell, 『젠더, 정체성, 장소』, 135-36.
70　Linda McDowell and Doreen Massey, "A Woman's Place?" in *Massey, Space, Place, and Gender*, 191-211. 이 글은 다음 책들에도 실려 있다. Doreen Massey and John Allen, eds., *Geography Matters! A Reader* (Cambridge: Cambridge University Press in Association with the Open University, 1984), 124-47; Harald Bauder and Salvatore Engel-Di Mauro, eds., *Critical Geographies: A Collection of Readings* (Kelowna, British Columbia, Canada: Praxis (e)Press, 2008), 197-217, at http://hdl.handle.net/10214/1809.

된다. 비록 그가 여러 단계로 세분했을지라도 말이다. 로즈는 이에서 한 걸음 더 나아가 우리의 장소감 논의가 세 개의 극을 함께 고려해야 함을 보여준다. 그녀는 우리가 장소와 맺는 관계를 ① "장소와의 동일시"(identifying with a place), ② "역동일시"(identifying against a place), ③ "비동일시"(not identifying) 등으로 구분한다. 로즈는 이 세 관계를 정체성과 연결한다. 왜냐하면 사람들이 장소에 부여하는 의미는 매우 강력해서 그것을 경험하는 사람들의 정체성의 핵심 부분이 되기 때문이다. 첫 번째 관계인 "장소와의 동일시"는 하이데거 이후 대부분의 공간 이론가들이 서술해온 것과 대동소이하므로 생략하고, 나머지 두 관계에 대해서만 좀 더 자세히 살펴보자.

a) 장소와의 역동일시

"장소와의 역동일시"란 자신들의 장소와 매우 다르다고 느끼는 어떤 다른 곳과 스스로의 장소를 대조하면서 낯선 장소와 확연히 구별되는 장소에 속한다는 장소감과 정체성을 구성하는 것이다. 로즈는 에드워드 사이드(Edward Said)의 "오리엔탈리즘"을 역동일시의 좋은 사례로 제시한다. 사이드에 의하면, 19세기 서구인들은 비서구, 특히 근동과 북아프리카를 "오리엔탈"이라는 열등한 주체로 구성하면서 자신들을 우월한 주체로 드러내고자 했다.[71] 즉 그들은 서구 밖에 "오리엔트"라는 낯선 장소를 설정하고, 그와 대조하여 우월한 서구에 속한다는 장소감을 형성하려고 했다. 유럽인들은 오리엔트를 이국적이고 쇠퇴해가며 부패한 것

---

71 Said의 오리엔탈리즘 분석은 다음 책에 실려 있다. Edward W. Said, 박홍규 옮김, 『오리엔탈리즘』(서울: 교보문고, 1991).

으로 규정하였는데, 이는 곧 역동일시를 통해 그와 대조되는 서구를 문명화되고 도덕적인 것으로 은연중 간주하는 것이었다.[72]

b) 장소와의 비동일시

세 번째 관계인 "장소와의 비동일시"란 본인의 의사와 관계없이 새로운 나라에 정착하게 된 난민들이나 망명자들 또는 새로운 나라에 왔으나 거기서 환영받는다는 느낌을 받지 못하는 이주자들의 경우처럼, 어떤 장소를 불편하거나 적대적으로 느끼면서 장소감이 소속감을 불러일으키지 못하는 것을 말한다. 또는 한 장소감이 너무 강해서 다른 장소에 관심을 가지기 힘든 경우도 이에 속한다. 즉 많은 유럽 사람들에게서 "유럽인"이라는 느낌은 "영국인"이나 "프랑스인" 또는 "스페인인"이라는 느낌보다 하위에 있다. 이런 경우, 많은 이유로 인해서 정체성과 장소감은 분리된다.[73]

로즈가 제시한 세 가지 사례들은 장소감이라는 것이 얼마나 복합적인 것인지를 잘 보여준다. 장소감은 지역적이면서 동시에 지구적일 수도 있고, 여러 장소에 대해 동시에 나타날 수도 있으며, 한 장소에 대한 귀속감이 다른 장소에 대한 소외감과 대조되면서 형성될 수도 있다. 서로 다른 집단의 사람들은 동일한 장소에 대해 서로 다른 의미를 가지면서 한 장소에서 다수의 장소감이 형성될 수도 있다. 장소의 복합성에 대한 이러한 관찰들과 지구화의 결과로 나타나는 다양한 현상들은 정체성

---

[72] Gillian Rose, "Place and Identity: a sense of place," in *A Place in the World? Places, Cultures and Globalization*. eds., Doreen Massey and Pat Jess (Oxford: Oxford University, 1995), 92-96.

[73] Rose, "Place and Identity," 96-97.

과 귀속감을 중심으로 전개되어온 장소에 대한 고전적 논의[74]를 재고할 것을 요청한다.

4. 진보적인 장소감

매시는 이러한 비판적 숙고로부터 기존의 한계를 극복하는 진보적인 장소감을 이론화할 것을 제안한다. 그녀는 그것이 배타주의에 빠지지 않고, 지구화의 현실을 포용하면서도, 지리적 차이와 독특성 그리고 뿌리내림 등을 설명해낼 수 있는 것이어야 한다고 말한다. 이러한 견지에서, 매시는 장소를 내향적인 역사에 의해 정의하지 않고 끊임없이 변화하는 과정 속에 있는 사회관계들의 기하학으로 이해할 것을 제안하며,[75] 이를 "공간적인 것"(the spatial)이라는 새로운 용어로 담아내려 한다. "공간적인 것"은 다양한 스케일의 사회관계들로 구성되는데, 사회관계들은 어디서나 불가피하게 힘과 의미와 결부되기 때문에, 이는 동시에 힘과 의미 부여의 사회 기하학이기도 하다. 공간적인 것은 다양한 사회관계와 이해들이 어느 특정 순간에 접합되어 생겨나므로 늘 시공간의 맥락에서 시간과 함께 고려되어야 한다.[76]

이러한 개념 정의와 함께, 매시는 진보적 장소 개념이 갖추어야 할 기존의 장소 개념과 구별되는 네 가지 요소를 다음과 같이 제시한다. 첫째, 장소는 정적이지 않다. 장소 또는 공간적인 것을 구성하는 사회관계들

---

74 여기서 "고전적"이라는 이름은 내가 글의 전개상의 편의를 위해 "대안적" 논의에 상대되는 개념으로, 임의적으로 붙인 것이다. 많은 지리학자가 이에 동의하지 않을 수 있다. 왜냐하면 다른 흐름들과 함께 두 흐름이 오늘날 함께 존재하고 있기 때문이다.
75 Massey, "A Global Sense of Place," 149.
76 Massey, *Space, Place, and Gender*, 3–4.

과 상호 작용은 과정으로 존재하기 때문이다. 둘째, 장소는 내부와 외부를 분리하는 울타리를 가질 필요가 없다. 장소는 단순히 외부와의 대조에 의해서가 아니라 오히려 외부와의 연결의 특수성을 통해 이해될 수 있다. 그 차이가 한 장소를 다른 장소와 구별하는 것이다. 셋째, 장소는 단일한 정체성을 가지지 않는다. 장소는 내적 충돌들로 가득하다. 외적으로 보자면, 서로 가로지르거나 상호 간섭하거나 병렬되거나 역설 또는 대립 관계에 있는 다양한 공간들이 동시적으로 존재한다. 넷째, 매시는 위에서 제시한 요소들은 장소를 결코 부정하지 않고, 장소의 특수성의 중요성도 부정하지 않음을 강조한다. 그러나 그 특수성은 장소에 얽힌 오랜 내적 역사로부터 결과하는 것이 아니라, 장소를 구성하는 사회 관계들이 지리적으로 구별됨에 기인한다.[77]

매시는 경제지리학자로서 장소 간의 차이를 특히 지구적 불균등 발전이라는 견지에서 이해한다. 지리적 다양성이란 "집"에서 자라나며 형성된 독특성이 아니라 지구적 흐름의 공간에서 갖는 서로 다른 위치에 따라 나타나는 특수성이다.[78] 다시 말해서, 장소의 특성이란 지역적이거나 지구적인 다양한 규모의 사회관계들이 특정 지점에서 혼합되어 나타난다. 그리고 이 모든 관계는 그 장소에 축적된 역사와 상호 작용하는데, 그 역사 자체가 층층이 쌓인 그러한 관계들의 집합들로 형성된다.[79]

---

77 Massey, "A Global Sense of Place," 155-56.
78 Massey, "A Place Called Home," in idem., *Space, Place, and Gender*, 161.
79 Massey, "A Global Sense of Place," 155-56.

제6장

르페브르와 경제지리학

A. 사회적 공간

1. 장소와 사회적 공간

현상학의 공간에 대한 논의가 인문지리학의 "장소" 이론을 지나 어느새 경제지리학으로 넘어왔다. 경제지리학은 "사회적 공간", 즉 사회적으로 생산되는 공간에 주목한다. 그런데 "사회적 공간"은 현상학적 "장소" 개념과 충돌할 수 있다. 먼저 현상학자들은 장소를 환원할 수 없는 것으로, 인간 존재에 본질적인 것으로 이해하며,[1] 사회적인 것의 가능성은 장소의 구조 안에서 나타난다고 본다.[2] 노베르그-슐츠는 거기에 피아제의 인지 발달 이론을 더하여 인간의 지각을 통해 공간이 구성되어가는 과정을 보이고자 했다. 그와 반면에 사회적 공간의 주창자들은 공간이 사회적 과정들에 의해 생산된다고 말한다. 한쪽은 인간 내부로부터 공간이 구성된다고 보고, 다른 쪽은 외부의 사회 과정에 의해 공간이 만들어진다고 보는 것이다. 이처럼 두 입장은 표면적으로는 큰 차이를 가지고

---

1 Cresswell, 『장소』, 49.
2 J. E. Malpas, *Place and Experience: A Philosophical Topography* (Cambridge: University of Cambridge, 2004), 35-36.

있는 것처럼 보이지만, 두 가지 중요한 공통점을 함께 가지고 있다. 하나는 공간이 인간의 경험을 통해 만들어지는 것으로서 본질적으로 인간과 깊은 관계 속에 있다는 것이다. 다른 하나는 공간이 처음부터 완성품으로 주어져 있지 않고 어떤 과정을 통해 구성 또는 생산된다는 것이다. 따라서 서사 공간의 해석을 목표로 하는 우리의 목표에 비추어보자면, 두 입장을 통해 동일한 결론이 도출될 수 있다. 그것은 서사 공간이 고정된 배경으로 이미 주어져 있지 않고, 서사의 과정에서 등장인물들과 사건들과의 관계를 통해 구성된다는 것이다. 장소에 대한 개론서를 쓴 팀 크레스웰(Tim Cresswell)도 "사회적 공간"의 개념은 인문지리학이 말하는 "장소"의 정의와 매우 가깝다고 평가한다.[3]

앞서 잠깐 살펴본 것처럼, 매시는 이 사회적 공간을 "공간적인 것"이라는 이름으로 개념화하는데, 그녀에게서 "공간적인 것"이란 물리적인 공간을 사이에 두고 다양한 사회적 관계들이 시간을 통해 축적되어 형성되는 것이다. 비슷한 관점에서, 데이비드 하비(David Harvey)는 "절대 공간"(absolute space) 및 "상대 공간"(relative space)과 구별되는 "관계 공간"(relational space)을 이론화한다. 이번 장에서는 먼저 하비의 관계 공간 개념을 간략하게 소개한 후, 하비와 매시의 것을 포함하는 사회적 공간에 대한 사유의 뿌리라 할 수 있는 르페브르로 넘어가보자. 여기에 하비를 소개하는 이유는 기존의 이론가들이 대개 공간을 둘로 나누는 반면에 하비는 셋으로 분류하면서 우리의 공간 사고를 더 세밀히 하도록 도와주기 때문이다.

---

3 Cresswell, 『장소』, 19.

2. 데이비드 하비[4]

『포스트모더니티의 조건』(*The Condition of Postmodernity*)[5]이라는 책으로 유명한 데이비드 하비는 신자유주의 시대의 정치경제적 현실을 연구하는 경제지리학자다. 하비의 공간 이론은 최근에 발표된 "공간이라는 키워드"(Space as a Keyword)라는 글에[6] 잘 정리되어 있다. 하비는 자신이 1974년 『사회 정의와 도시』(*Social Justice and the City*)[7]에서 이미 제안한 바 있는 공간의 세 범주를 이 글에서 다시 제시하여 체계화한 후 이를 르페브르의 이론과 조합한다. 그는 정치경제 현실을 바로 이해하기 위해서는 공간의 복합적인 성격, 즉 단순한 물리적 위치나 형태를 뛰어넘는 것으로서의 공간에 대한 개념화가 필요하다고 보며, 공간을 세 가지로 구분한다. 이 세 가지 구분은 "절대 공간", "상대 공간", "관계 공간"이다. 여기서 절대 공간은 대체로 범주적 공간 또는 물리적 공간에, 그리고 관계 공간은 사회적 공간으로서 실존적 공간에 가깝다. 상대 공간은 나머지 두 공간의 성격을 골고루 가지고 있다.

절대 공간이란 우리가 일반적으로 가지고 있는 물리적 공간 개념에

---

4 여기에는 다음 글의 일부가 사용되었다. 안용성, "누가-행전 서사에 나타나는 관계 공간의 구성: 하비와 르페브르 공간 이론의 서사적 적용", 『한국기독교신학논총』 83(2012), 78-81.
5 David Harvey, 구동희·박영민 옮김, 『포스트모더니티의 조건』(서울: 한울, 2005).
6 David Harvey, 임동근·박훈태·박준 옮김, "공간이라는 키워드", 『신자유주의 세계화의 공간들』(서울: 문화과학사, 2010), 189-238. 이 책의 원본은 2005년에서 독일에서 먼저 출간된 후, 다음 해 미국에서 다른 이름으로 다시 출간되었다. 두 책의 서지 사항은 다음과 같다. *Spaces of Neoliberalization: Towards a Theory of Uneven Geographical Development* (Stuttgart: Franz Steiner Verlag GmbH, 2005); *Spaces of Global Capitalism: Towards a Theory of Uneven Geographical Development* (London: Verso, 2006).
7 우리말 번역서의 서지 사항은 다음과 같다. David Harvey, 최병두 옮김, 『사회 정의와 도시』(서울: 종로서적, 1983).

가장 가까운 것으로서 위도와 경도와 고도라는 고정된 좌표에 따라 사물들과 사건들의 절대 위치를 규정할 수 있는 것으로 가정되는 공간이다. 이것은 태초부터 움직이지 않고 존재해온 하나의 격자와 같은 것으로 상정되는 "저 밖에 있는" 공간이다. 절대 공간은 뉴턴과 데카르트의 공간이며, 기하학적으로는 유클리드의 공간으로서, 모든 지적 측량과 공학적 관습의 토대가 된다. 이 절대 공간 개념을 따르자면, 세상에 존재하는 모든 물체의 위치는 표준적인 측량 단위에 의해 객관적인 좌표로 측정될 수 있다. 이것은 주로 사물과 사건의 개별화를 위한 공간이며, 사유재산의 공간으로서 국가의 영토나 행정 단위 또는 도시의 구획을 정확히 구분하고 확정짓기 위해 필수적으로 전제되어야 한다.[8]

상대 공간이라는 개념은 두 가지 의미를 함축한다. 첫째, 측정자가 다중적인 기하학들 가운데서 하나를 선택해야 한다는 의미에서 상대적이다.[9] 둘째, 상대화되는 것이 무엇이며 누구의 관점에서 상대화되느냐에 따라 공간의 틀이 결정적으로 달라진다는 의미에서 상대적이다.[10] 첫째 의미는 수학적 공간에 가깝고, 둘째 의미는 사회적 공간에 가깝다. 예를 들어, 생태계에서 에너지 흐름을 표현하는 시공간은 세계 시장에서

---

8   David Harvey, "공간이라는 키워드"(2010), 193-94.
9   첫째 의미의 예를 들면, Gauss가 처음 지구의 곡면 위에서의 정확한 측량을 위해 비유클리드적인 구면 기하학의 규칙들을 정립했을 때, 그는 지표면을 완전히 재현하는 지도를 그리는 것이 불가능함을 재확인했다. 결국 지도 제작자는 자신의 판단에 따라 여러 기하학 가운데서 하나를 선택하여 나름대로 사실에 가까운 지도를 작성할 수밖에 없다. Ibid., 194.
10 Harvey는 Einstein을 둘째 의미의 사례로 제시한다. 그는 모든 종류의 측정은 관찰자의 준거틀에 의존한다는 점을 입증하면서 이러한 이해를 심화했다. 이를 통해 Einstein은 공간을 시간과 분리하여 이해하는 것이 불가능하며, 따라서 시간과 공간이 아니라 시공간 또는 시공간성으로 언어 표현을 바꾸어야 함을 보여주었다. Ibid.

금융의 흐름을 표현하는 시공간과는 전혀 다른 틀을 필요로 한다. 좀 더 가까운 경험적 사례를 들자면, 한 도시의 교통 지도가 보여주는 공간은 사물의 위치를 비용 거리, 시간 거리, 수단 거리(버스, 지하철, 자가용 등)로 계산되는 상대적 위치로 표현함으로써 지도상 두 점의 직경거리로 측정되는 절대 공간의 거리와 분명히 구별된다.[11] 하비의 상대 공간을 앞에서 살펴본 다른 학자들의 분류와 비교해보자면, 그가 상대 공간의 사례로 소개한 교통 지도는 호돌로지 공간에 가깝다. 그런 점에서 상대 공간은 체험된 공간의 성격을 가지고 있다. 그러나 상대 공간 역시 기하학적으로 이론화된다는 점에서는 수학적 공간의 성격을 가지고 있다. 이렇게 상대적 공간은 양면성을 가지고 있다.

하비가 앞서 설명한 두 공간보다 더 공을 들여 개념화하고자 하는 것은 세 번째 개념인 관계 공간이다. 이 개념에 의하면 공간과 시간은 그것을 규정하는 과정의 외부에 존재하지 않는다. 그 과정이 공간 "속에서" 일어난다기보다는 그 과정 자체가 그에 고유한 공간적 틀을 규정한다. 그러므로 우리는 한 공간 지점에서 일어나는 사건을 그 시간 그 지점에 있는 것들만으로는 이해하기 힘들다. 그 외의 다른 요소들, 즉 과거와 현재와 미래를 통과해가는 다양한 경험과 기억들이 그 지점으로 수렴되어 그 공간의 성격을 규정한다.[12] 예를 들어, 예루살렘에 있는 "통곡의 벽"에서 머리를 흔들며 울면서 기도하는 유대인들을 떠올려보자. 그들이 겪은 고난의 역사가 그 공간을 질적으로 다르게 만든다. 사건은 공간 속에서 일어날 뿐 아니라 사건이 공간을 만든다. 이것이 관계 공간이다.

---

11 Ibid., 195-96.
12 Ibid., 197-98.

관계 공간은 절대 공간이나 상대 공간과 달리 전통적인 방법으로 측정하거나 수량화하기 어렵다. 따라서 그것은 실증주의적인 방식으로는 파악하기 어렵다. 하비는 도시의 정치경제학을 연구하는 지리학자로서 "도시 과정에서 나타나는 집단 기억의 정치적 역할" 같은 주제를 다루는데, 이러한 주제들은 절대 공간으로 한정 짓거나 위치 짓기 어렵고, 상대적인 시공간 규칙으로도 이해하기 어렵기 때문에, 관계 공간이라는 또 다른 인식 틀을 필요로 한다.

B. 르페브르의 『공간의 생산』[13]

매시와 하비의 사회적 공간 개념의 뿌리는 앙리 르페브르(Henri Lefebvre)다. 그는 포스트모던 시대 담론의 "공간적 전환" 또는 "공간전회"(spatial turn)와 함께, 경제지리학뿐 아니라 다양한 분야에서 가장 주목 받고 있는 공간 이론가 중 한 사람이기도 하다. 그의 이론은 최근 들어 국내에서도 집중적인 조명을 받고 있는데, 그 범위는 지리학[14]과 도시사회학[15]을 비롯

---

13 이하 Lefebvre를 다룬 내용에는 다음 글의 일부가 사용되었다. 안용성, "하이데거의 "세계"에 비추어보는 르페브르의 "사회적 공간": 성서 서사 공간 해석을 위한 이론적 논구", 『한국기독교신학논총』 91(2014), 5-13, 20-25.

14 윤지환, "도시 공간의 생산과 전유에 관한 연구: 서울 문래예술공단을 사례로", 『대한지리학회지』 46.2(2011), 233-56.

15 Rob Shields, 조명래, "앙리 르페브르: 일상생활의 철학", 『공간과 사회』 14(2000), 10-35; 김남주, "차이의 공간을 꿈꾸며: 공간의 생산과 실천", 『공간과 사회』 14(2000), 63-78; 강현수, "'도시에 대한 권리' 개념 및 관련 실천 운동의 흐름", 『공간과 사회』 32(2009), 42-90; 이득재, "공간, 계급, 그리고 로컬리티의 문화", 『로컬리티 인문학』 6(2011), 205-44.

하여 정치학,[16] 철학,[17] 역사학,[18] 미술,[19] 정신 분석학,[20] 사이버 커뮤니케이션[21] 등 다양하다. 신학에서는 내가『기독교신학논총』에 발표한 두 편의 글에서 르페브르의 이론을 성서의 서사 공간 해석에 활용하는 방법론적 제안을 한 바 있다.[22]

---

16 노대명, "앙리 르페브르의 공간생산이론에 대한 고찰",『공간과 사회』14(2000), 36-62.
17 류지석, "공간과 시간의 결절: 르페브르와 베르그손",『철학과 현상학 연구』46(2010), 35-59.
18 장세룡, "신문화사와 공간적 전환: 로컬리티 연구와 연관시켜",『역사와 문화』23(2012), 139-70; 이영빈, "앙리 르페브르의 일상생활비판론 연구",『서양사학』54(1997), 59-91.
19 이재은, "틈: 지금·여기 소공동 112번지",『현대미술학 논문집』14(2010), 209-53; 김민지, "도시 공간과 실천적 일상전술의 예술적 실행",『현대미술학 논문집』16.2(2012), 37-84.
20 홍준기, "르페브르의 공간 및 도시 공간 이론에 대한 정신분석적 고찰:『공간의 생산』을 중심으로",『라깡과 현대 정신분석』13.2(2011), 163-82.
21 이호규, "주체형성 장치로서의 가상 공간과 커뮤니케이션 모델: 르페브르와 푸코의 논의를 중심으로",『사이버커뮤니케이션 학보』27.2(2010), 173-213.
22 안용성, "누가-행전 서사에 나타나는 관계 공간의 구성: 하비와 르페브르 공간 이론의 서사적 적용",『한국기독교신학논총』83(2012), 75-100. idem., "하이데거의 "세계"에 비추어보는 르페브르의 "사회적 공간", 5-32. 서구 신학계에서 Lefebvre의 공간 이론을 신학에 활용하는 집단적인 연구가 시작된 것은 2000년 AAR/SBL 공동 프로젝트로 조직된 "고대 공간의 구성"(Constructions of Ancient Space) 세미나에 의해서다. 지금도 계속되고 있는 그 프로젝트의 연구 결과들은 다음 시리즈로 집적되어 나오고 있다. Jon L. Berquist and Claudia V. Camp, eds., *Constructions of Space I: Theory, Geography, and Narrative* (New York: T&T Clark, 2007); idem., eds., *Constructions of Space II: The Biblical City and Other Imagined Spaces* (New York: T&T Clark, 2008); Jorunn Økland, J. Cornells de Vos and Karen Wenell, *Constructions of Space III: Biblical Spatiality and the Sacred* (London: Bloomsbury T&T Clark, 2016); Mark K. George, *Constructions of Space IV: Further Developments in Examining Ancient Isreal's Social Space* (London: Bloomsbury T&T Clark, 2013); Gert T. M. Prinsloo & Christl M. Maier, *Constructions of Space V: Place, Space, and Identity in the Ancient Mediterranean World* (London: Bloomsbury T&T Clark, 2013).

르페브르는 데카르트의 객관적 공간 개념을 비판하며, 모든 공간은 사회적이라고 주장한다. 왜냐하면 공간은 사회적 관계들을 내포하고 있기 때문이다. 공간은 사회적 관계들에 의해 지탱될 뿐 아니라 그 관계들에 의해 생산되기도 하며, 그 관계들을 생산해내기도 한다.[23] 공간은 사물이 아니며 사물들(대상들과 생산물들)이 맺고 있는 관계의 총체다.[24] 이처럼 사물들 사이에 그리고 인간과 사물 사이에 관계가 형성되면서 사회적 공간이 생산되는 것은 사회적 노동을 통해서다.[25]

르페브르에 의하면, 각각의 사회 구성체는 "공간 실천"(La pratique spatiale; spatial practice)을 통해 그에 적합한 공간을 조형해낸다. 다시 말해서, 고대 사회와 중세 사회는 각각 그 경제 양식에 적합한 공간을 생산하여 유지했고, 자본주의 사회 역시 자본주의가 잘 돌아가도록 기존 공간을 변형하거나 새로 만들어냈다. 여기서 공간 실천이란 각 생산 양식의 특징을 이루는 "생산과 재생산, 그리고 특화된 장소들의 공간적 조합을" 포함한다.[26] 공간 실천의 사례 중 하나로 반월국가산업단지와 안산 신도시를 생각해보자. 한국은 1970년대 말 경제 개발 과정에서 서울 가까운 곳에 신도시를 건설하고 특화된 장소들을 공간적으로 조합함으로써, 한편으로는 동일 업종의 중소기업들이 한 지역에 모여 생산을 위해 협업하고, 수도권에 있는 대기업들과의 연결 및 재료의 조달과 생산품의 수송을 원활하게 하고자 했다. 그뿐 아니라 다른 한편으로는 안산 신

---

23 Henri Lefebvre, *State, Space, World: Selected Essays*, ed. Neil Brenner & Stuart Elden, tr. Gerald Moore et al. (Minneapolis: University of Minnesota Press, 2009), 186.
24 Henri Lefebvre, 양영란 옮김, 『공간의 생산』(서울: 에코 리브르, 2011), 148.
25 Ibid., 140.
26 Ibid., 77-78.

도시에 유입된 인구의 재생산을 통해 값싼 노동력을 조달하면서 동시에 서울의 인구 집중을 해소하는 등 다방면으로 자본주의 발전을 위한 기틀을 세우고자 했다. 이러한 공간 실천의 결과로 안산이라는 새로운 공간이 태어났다.

사회적 공간은 물리적으로 생산될 뿐 아니라 "공간 재현"(Les représentations de l'espace; representation of space)을 통해 설명되고 또 재생산된다. 공간 재현은 앞에 제시한 반월공단의 사례에서 도시 계획가들이 작성하는 공단의 설계도와 조감도, 기업가들이 내놓는 공단 발전을 위한 구상과 현황 브리핑, 정치가들이 제시하는 안산시에 대한 청사진 등 언어 체계와 과학적 기술을 통해 공간을 재현하는 것을 가리킨다. 그런데 르페브르는 이러한 공간 재현이 현실을 드러내는 동시에 은폐하는 성격이 있다고 말한다. 공간 재현을 주도하는 사람들은 정치가, 기업가, 기술 관료 등 그 사회의 지배 계층이기 때문에, 자연히 그들의 관점이 그 공간 재현에 반영될 수밖에 없다.[27]

따라서 한 사회를 총체적으로 이해하려면, 공간 재현에 담겨 있지 않은 숨겨져 있고 은밀한 측면을 해독하여 드러낼 필요가 있는데, 르페브르는 그 숨겨진 측면을 "재현 공간"(Les espaces de représentaion; space of representation)이라 부른다. 신도시 건설의 배경이 되었던 정부의 경제 개발 계획과 관계없이, 그 도시에서 살아가는 사람들은 자기 나름의 방식으로 그 공간을 변화시키고 길들여서 자기 것으로 만들어나가기 마련이다. 이러한 재현 공간은 지배자가 아니라 피지배자들에 의해 수동적으로 경험되고, 상상을 통한 변화와 전유가 추구되기 때문에 지배자의

---

27 Ibid., 87.

관점에서 이루어지는 공간 재현에 다 담아낼 수 없다.[28]

공간 재현, 즉 추상 공간은 동질성을 강요하며 차이를 억누른다.[29] 그러나 재현 공간은 끊임없이 차이를 만들어낸다. 안산 신도시를 처음 건설할 때, 정책 입안자들은 미국의 도시들을 공간 재현의 모델로 삼았다고 한다. 즉 그들은 주거 단지와 상업 단지를 분리하고 두 지역이 고속도로로 연결되는 획일화된 유형의 대규모 미국형 도시를 건설하고자 했다. 그러나 안산시 인구의 상당수를 차지하는 자가용 차량을 소유하지 못한 저소득층 서민들은 이러한 도시 구조에서 생존하기 어려웠다. 그래서 저소득층이 밀집해 있던 원곡동 라성호텔 주변 지역의 거주자들은 애초에 신도시 계획자들이 구상했던 미국식 생활 방식이 아니라 기존의 생활 방식을 따라 도시 공간을 다시 전유하기 시작했다. 재미있는 것은 거주자들의 행동이 단지 상상을 통한 "재현 공간"에 그치지 않고 도시의 물리적인 모양까지 함께 개조해나가는 저항적인 "공간의 전용과 재전유"(Le détournement et la réappropriation d'espaces; the diversion and reappropriation of space)[30]로 이어진 점이다. 그 결과 대로변에는 우후죽순처럼 노점상들이 들어서서 인도를 따라 재래시장이 형성되었고, 나아가 길가에 위치한 주거용 아파트들의 지상층이 변칙적인 방법으로 상가로 개조되면서 애초의 공간 재현과는 전혀 다른 모습의 도시가 만들어졌다.[31]

---

28 Ibid., 88.
29 Ibid., 526.
30 Ibid., 261.
31 Lefebvre는 이와 비슷한 전유의 사례로 라틴 아메리카 곳곳에 형성된 빈민가들에서 이루어지는 무허가 건축을 소개한다. 그 결과는 모순과 갈등을 함유한 공간의 이원성으로 나타난다. Ibid., 531.

C. 르페브르와 현상학

국내에는 르페브르와 현상학의 관계에 관한 연구가 거의 전무한 형편이나, 그가 현상학으로부터 받은 영향을 고려하지 않으면 르페브르를 정확히 이해하기 힘들다. 그는 『공간의 생산』에서 여러 현상학자를 자주 언급하며 현상학에 대해 비판적인 태도를 유지한다. 그럼에도 우리가 그 책을 자세히 읽어보면, 그가 그들로부터 적지 않은 영향을 받았다는 사실을 확인할 수 있다. 내가 확인한 바에 따르면, 『공간의 생산』에서 후설이 3회 정도 비판적으로 언급되고(우리말 번역 43, 65, 118), 하이데거는 8회 정도 언급되는데, 긍정, 부정, 중립적 평가가 섞여 있는 가운데 긍정적 평가의 비중이 조금 높다(136, 199-201, 208, 357, 368-69, 432, 453, 517). 그 외에도 바슐라르가 약 5회(199-201, 259, 267, 282, 432), 노베르그-슐츠가 약 2회(432) 나오며, 메를로-퐁티가 2회에 걸쳐 부정적으로 언급된다(280, 432). 그리고 현상학 일반에 대한 언급도 4회 정도 된다(65, 118, 295, 432). 다른 인용과 비교하여 그 비중을 정확히 가늠해보지는 않았으나, 현상학의 공간 이해가 르페브르의 이론에서 중요한 고려 대상이 되고 있음은 분명하다.

1. 르페브르와 하이데거

르페브르(1901-1991)는 위에서 언급한 현상학자들과 동시대에 살았던 사람이다. 그들 가운데 현상학적 공간 이론의 효시라 할 수 있는 하이데거와의 관계에 초점을 맞추어보자. 하이데거와 르페브르는 같은 시대에 활동했다. 다만 하이데거(1889-1976)는 독일에서 활동했고 르페브르는 프랑스에서 활동했다. 그러나 하이데거가 1933년 나치에 참여했던 전력이 있는 반면, 르페브르는 제2차 세계 대전 당시 레지스탕스로 활동했다는 점에서 두 사람의 인생 궤적은 서로 반대쪽 극에 있었다고도 할 수 있다. 그러나 이러한 극단적인 차이에도 불구하고, 르페브르의 학문 세계에서 하이데거는 무시할 수 없는 위치를 차지한다. 두 사람의 관련성은 여러 학자들에 의해 주목되어왔는데,[32] 코프만(Eleonore Kofman)과 레바스(Elizabeth Lebas)에 의하면, 르페브르가 20세기 사상가 중 가장 많이 인용한 사람이 하이데거다.[33]

a) 르페브르의 하이데거 평가

양자의 관련성에 대해 심도 있는 논의를 전개한 스튜어트 엘든(Stuart Elden)[34]에 의하면, 하이데거에 대한 르페브르의 초기 반응은 부정적이었으며,[35] 이러한 입장은 꽤 오랫동안 지속되었다. 특히 르페브르는

---

32 그중 하나가 Christian Schmid의 다음 글이다. "Henri Lefebvre's Theory of the Production of Space: towards a three-dimensional dialectic," *Space, Difference, Everyday Life: Reading Henri Lefebvre,* (ed. Kanishka Goonewardena, et al; trans. Bandulasena Goonewardena New York: Routledge, 2008), 28, 38.

33 그러나 그들에 의하면, Lefebvre는 20세기 사상가들보다는 주로 19세기 사상가들에 더 의존했다. Eleonore Kofman and Elizabeth Lebas, "Lost in Transposition: Time, Space, and the City," in Henri Lefebvre, *Writings on Cities* (ed. and trans. E. Kofman and E. Lebas; Oxford: Blackwell, 1996), 8.

34 Elden은 Lefebvre를 Heidegger와 관련 지으면서 Heidegger를 진보 정치적 입장에서 재해석하는 Heidegger 좌파의 가능성을 모색한다. 이러한 시도에 대해, Geoggrey Waite는 마르크스주의적 입장에서 강하게 제동을 건다. Geoffrey Waite, "Lefebvre without Heidegger: "Left-Heideggerianism" qua contradictio in adiecto," *Space, Difference, Everyday Life: Reading Henri Lefebvre,* ed. by Goonewardena, et al (New York: Routledge, 2008), 94-114. Waithe가 Heidegger 좌파의 가능성을 강하게 부정하는 주된 이유는 아마도 Heidegger가 나치에 협력한 전력 때문인 것으로 보인다.

35 실존주의에 대해 매우 비판적이었던 Lefebvre는 Heidegger가 나치에 가담하기 전인 1920년대에 그의 글을 읽은 후 곧 적대적인 입장이 되었다. Lefebvre가 보기에 실존주의란 Hegel의 객관적 관념론을 주관적 관념론으로 바꾼 것에 불과했기 때문이다.

제2차 세계 대전 이후 1946년에 『실존주의』(*L'existentialisme*)에서 하이데거의 철학을 "친파시즘적"이라고 비난했다.[36] 그러나 그는 나중에 이러한 입장을 수정하고,[37] 한 사람의 사상과 정치적 성향을 구별해서 보아야 할 필요성을 여러 글에서 제기한다. 그 후 그의 비판의 핵심은 하이데거의 정치적 성향보다는 그의 사상과 학문이 너무 추상적이고 철학적이어서 구체적이고 일상적인 실천으로 이어지지 못한다는 점으로 바뀐다.[38] 나아가 르페브르는 하이데거에 대해 긍정과 부정의 양면적 견해를 밝힌다. 그의 평가에서, 하이데거는 최선의 것과 최악의 것 그리고 고리타분한 것과 진취적인 것을 함께 포함하고 있는 사람이었다.[39]

b) 데카르트의 공간에 대한 비판

이처럼 르페브르가 하이데거와 적극적으로 대면한 사실을 고려할 때, 르페브르의 사상 속에 들어 있는 하이데거의 영향을 분석해보는 것은 충분한 역사적 근거가 있으며, 또 학문적으로도 유용한 일이라 할 수 있다. 특히 이 글의 주제인 "공간"과 관련해서 엘든은 하이데거와 르페브르 사이에 두 가지 중요한 공통점이 있음을 지적한다. 하나는 두 사람

Stuart Elden, "Between Marx and Heidegger: Politics, Philosophy and Lefebvre's The Production of Space," *Antipode* 36.1 (2004), 88.

36 심지어 그는 Heidegger의 철학에서 Hitler의 정치나 인종주의가 아니라, Hitler 친위대(SS)의 "스타일"이 발견된다고 혹평하기까지 했다. Ibid., 89.
37 그는 1965년에 형이상학에 관해 쓴 글(*Métaphilosophie*)에서 Heidegger에 대한 비판의 방향을 돌려 그가 "독일 민족주의로 흐르는 경향"이 있다고 평가한다. Ibid.
38 Norbert Guterman and Henri Lefebvre, [1936] *La conscience mystifiée* (Paris: Éditions Syllepse, 1999), 58, 143, 179; Henri Lefebvre, *La fin de l'histoire* (Paris: Les Éditions de Minuet, 1970), 153-154; Henri Lefebvre, *Hegel, Marx, Nietzsche ou le royaume des ombres* (Paris: Casterman, 1975), 51-52 등. Ibid., 90-91에서 재인용.
39 Ibid.

이 비슷한 관점에서 데카르트의 공간 개념을 비판한다는 점이고, 다른 하나는 르페브르가 하이데거의 "거주"(wohnen) 개념을 높이 평가한다는 점이다. 데카르트는 공간을 객관적으로 존재하며 양적으로 측정 가능한 균질적인 격자와 같은 것으로 상정했다. 그에 반해, 하이데거는 이러한 객관적 공간은 우리가 직접 경험하는 것이 아니라 오히려 그 경험을 추상화한 결과라고 생각한다. 르페브르 역시 데카르트의 기하학적 공간을 개념화된 것으로, 즉 추상적인 것으로 간주하며, 그러한 공간 이해가 사회적·기술적 지배에 이용된다고 지적한다. 르페브르에게 미친 하이데거의 영향은 무엇보다도 "거주" 개념에 잘 나타난다. 르페브르는 하이데거가 주석했던 횔덜린(Hölderlin)의 시 "인간은 시적으로 거주한다"(dichterisch wohnet der Mensch)를 여러 곳에서 인용하며, 그에 대한 하이데거의 평가[40]를 긍정적으로 언급한다.[41]

르페브르에 대한 광범하고 세밀한 독서를 통해 그와 하이데거의 관련성을 밝혀내었다는 점에서 엘든의 기여는 매우 크다. 그런데 이 글의 주제인 "공간"에 초점을 맞추어볼 때, 르페브르와 하이데거 사이에는 엘든이 드러낸 것 이상의 공통점이 있다. 즉 그것은 데카르트에 대한 비판에서뿐 아니라 두 사람이 각각 대안으로 제시하는 공간 개념에서도 매우

---

40 Martin Heidegger, "…dichterisch wohnet der Mensch…" in idem., *Vorträge und Aufsätze*, (GA 7), 189-208. 이 글의 영역본은 다음 책에 포함되어 있다. "…Poetically Man Dwells…" idem., *Poetry, Language, Thought*, tr. Albert Hofstadter (New York: Harper Colophon Books, 1971), 211-29.

41 물론 긍정적이기만 한 것은 아니다. Lefebvre는 Heidegger의 거주 개념이 엘리트적이고 계급적이라 보며 그의 전원 지향적인 태도에 대해서도 비판적이다. Elden, "Between Marx and Heidegger," 93-97. Hölderlin의 시에 대한 Heidegger의 분석은 Lefebvre의 다음 글들에 언급된다. Lefebvre, *Du rural à l'urbain* (Paris: Anthropos, 1970), 160; idem., *La révolution urbaine* (Paris: Gallimard, 1970), 111; idem.,『공간의 생산』, 453.

유사한 점들이 발견된다는 점이다. 무엇보다도, 말파스(Jeff Malpas)가 적절히 지적한 것처럼, 사회적 공간 개념은 하이데거로부터 나와서 르페브르에게서 심화된 것이라 할 수 있다.⁴² 아쉽게도 말파스는 두 사람의 관련성에 대한 논의를 더 발전시키지 않았으나, 르페브르의 "사회적 공간"은 중요한 측면들에서 하이데거의 "세계"와 "실존적 공간" 개념에 닿아 있다. 하이데거는 인간 현존재를 "세계-내-존재"로 이해하며, 인간과 세계의 관계를 "도구"라는 매개를 통해 설명한다. 이러한 설명은 사회적 노동을 통해 사물에 관계가 부여되고 그러한 사회적 관계들을 통해 사회적 공간이 형성된다고 말하는 르페브르의 길을 닦았다고 할 수 있다.

c) 하이데거의 영향

그럼 이러한 고려에 기초해서, 르페브르의 공간 생산 이론에서 하이데거의 흔적들을 찾아보자. 르페브르는 자신의 『공간의 생산』에서 "사회적 공간"의 특징과 그 생성에 대해 다음과 같이 설명한다.

(1) 사회적 공간은 그것이 품고 있는 대상들이나 대상들의 총합으로 귀착되지 않는다. 이 "대상들"은 단순한 사물들만이 아니라 관계까지도 포함한다. 대상으로서 이것들은 이해 가능한 특성, 즉 윤곽과 형태를 지닌다.
(2) 사회적 노동이 이를 변화시킨다. 사회적 노동은 섬이나 만, 강, 구릉 등 이것들이 지니는 물질성과 자연성 등을 존중하면서 동시에 이것들을 다른 방식으로 시공간 안에 위치시킨다.⁴³

---

42 Jeff Malpas, *Heidegger's Topology: Being, Place, World* (Cambridge, Mass.: The MIT Press, 2006), 88.
43 Lefebvre, 『공간의 생산』, 140. 대괄호 번호는 나의 것이다.

르페브르의 사회적 공간 이론의 핵심을 담고 있다고 할 수 있는 이 구절에는 하이데거와 관련될 수 있는 두 가지 명제가 담겨 있다.

(1) 사회적 공간은 단순히 그 공간에 담겨 있는 대상들의 총합으로 구성되지 않는다.
(2) 사회적 노동이 대상들의 성격을 변화시킨다.

먼저 첫 번째 명제를 살펴보자. 사회적 공간이 단순히 대상들의 총합으로 구성되지 않는 이유는 그 대상들에 사회적 관계가 포함되어 있어 대상들뿐만 아니라 그 관계들을 통해 사회적 공간이 구성되기 때문이다. 르페브르는 같은 책의 다른 곳에서 이에 대해 다음과 같이 부연한다. "(사회적) 공간은 사회적 관계를 내포하고 있으며 이를 감추고 있다. 이 공간은 사물이 아니며 사물들(대상들과 생산물들)이 맺고 있는 관계의 총체다."[44] 이 관계를, 하이데거의 개념을 빌어 말하자면, 공속 관계라 할 수 있다. 사물들은 전통적 존재론이 말하는 것처럼 주체로부터 분리되어 있는 객관적 사물들, 즉 실체들이 아니라, 어떤 면에서건 인간과 관계를 맺는 손안의 존재자들이다. 데카르트의 사물들, 즉 눈앞의 존재자들은 사물을 있는 그대로 본 것이 아니라 이론적인 "바라봄"[45]의 결과로 인지되는 것이며, 이러한 인식에는 손안의 것들을 그것들이 스스로 드러내보이는 대로 인식하는 "둘러봄"이 결여되어 있다. 후설 이후의 현상학은 세계를 사물들의 총체로서 바라보는 자연적 태도를 잠시 유보

44　Ibid., 148.
45　Heidegger, *Sein und Zeit*, 61, 69, 79, 138 등.

하고(판단중지), 세계가 스스로를 드러내보이는 바, 즉 사태 자체로 돌아가고자 하는 것인데, 그렇게 하여 도달되는 생활세계는 단순히 눈앞의 존재자들의 총합이 아니라 사물들의 쓰임새 지시연관의 총체다.[46]

우리는 이 "쓰임새 지시연관"에서 르페브르의 두 번째 명제와 하이데거의 관련성을 찾아낼 수 있다. 쓰임새 지시연관은 "손안의 것"을 대표하는 "도구"의 존재 양식이다. 쓰임새 지시연관에 대해 하이데거는 다음과 같이 설명한다.

예를 들면 망치는 이 손안의 것—그래서 망치라고 불리는 것—을 가지고 망치질하는 데에 자신의 쓰임새 지시연관을 가지는데, 망치질함은 무엇인가를 고정하는 데에 자신의 쓰임새 지시연관을 가지며, 고정함은 폭풍우를 방비하는 데에 자신의 쓰임새 지시연관을 가진다. 이 방비라는 것은 현존재가 그 안으로 피난하기 위함 때문에 있는 것이니, 다시 말해서 현존재의 존재의 한 가능성 때문에 있는 것이다. 하나의 손안의 것이 어떤 쓰임새 지시연관을 가지는가 하는 것은 그때마다 쓰임새 지시연관의 전체성에서부터 앞서 윤곽지어진다.[47]

쓰임새 지시연관이라는 존재 양식 안에서 존재자를 만나게끔 하는 "그리로"이자 자신을 지시하는 이해함의 "그곳"이 세계라는 현상이다. 그리고 현존재가 자신을 그리로 지시하고 있는 그것의 구조가 곧 세계의 세계성을 구성하고 있는 바로 그것이다.[48]

---

46 이남인, 『현상학과 해석학』, 409.
47 Heidegger, *Sein und Zeit*, 84.
48 Ibid., 86.

하이데거가 사용하는 용어들, 즉 "손안의 것", "도구", "배려", "쓰임새 지시연관" 등은 인간과 사물의 관계가 노동을 포함하는 실천 활동을 통해 형성됨을 암시하는데, 이는 사회적 공간이 사회적 관계들의 총체이며, 그 관계를 만들어내는 것이 사회적 노동이라는 르페브르의 정의와 일맥상통한다. 사회적 노동은 우리가 일상적으로 접하는 물질적·자연적 공간들을 다른 방식으로 시공간 안에 위치시키면서 공간을 변모하고, 그 결과 공간은 더 이상 인간과 분리된 사물이 아니라 사회적 관계의 집약체가 된다. 곧 사회적 노동을 통해 사회적 관계의 총체로서의 공간이 생산된다. 사회적 노동을 다른 말로 표현하자면 "생산" 활동이다.[49] 비록 르페브르는 하이데거가 생산의 개념을 매우 제한적인 개념으로 한정한다고 비판하지만,[50] 우리는 하이데거가 사물의 도구적 성격을 드러내면서 사회적 노동을 통해 사회적 공간이 생산되는 과정을 기술하고자 했던 르페브르의 길을 닦았다고 평가할 수 있다.

2. 르페브르와 메를로-퐁티

그럼 이상과 같은 사회적 공간의 세 계기, 즉 공간 실천, 공간 재현, 재현 공간이 현상학의 공간과 어떻게 연결될 수 있을까? 그것은 르페브르가 주체와 공간의 관계를 신체와 관련지어 서술하는 지점에서 연결된다. 여기서 그는 공간 실천을 "지각된 공간"(perceived space)으로 규정한다. "공간 실천은 몸의 이용, 즉 손을 비롯한 사지, 감각 기관의 사용, 노동을 위한 몸짓, 노동 이외의 활동을 위한 몸짓 등을 전제로 한다." 이것은

---

49 Lefebvre, 『공간의 생산』, 210.
50 Ibid., 201.

지각된 것, 즉 "외부 세계를 지각하는 데 필요한 실천적인 토대"의 영역이다.[51] 이와 달리, 공간 재현은 "인지된 공간"(conceived space) 또는 개념화된 공간(conceptualized space)이다. 이것은 "이데올로기와 혼합되어 보급되는 학문적인 지식"인데,[52] 공간 재현을 주도하는 도시 계획가들이나 기술 관료들은 인지된 것을 지각된 것과 동일시하는 경향이 있다. 공간 재현과 구별되는 재현 공간은 "살아진 공간"(생활 공간, lived space)이다. 다시 몸에 비유하자면, 우리가 심장의 위치를 가늠하고 그것을 체험하는 방식은 그것을 생물학의 해부도를 통해 인지하는 방식과 다른데, 공간도 마찬가지다. 크리스티안 슈미트(Christian Schmid)의 설명을 빌리자면, 이 공간은 언어적 재현 뒤에 가려져 있는 "잉여, 잔여물, 표현 불가능하고 분석 불가능한 찌꺼기"와 같은 것이며, 따라서 오로지 예술적 수단을 통해서만 표현 가능하다.[53]

르페브르가 사회적 공간의 세 계기를 주체와의 관계에서 기술할 때 사용하는 "지각된" 공간(l'espace perçu), "인지된" 공간(l'espace conçu), "살아진" 공간(생활 공간, l'espace vécu)은 우리가 앞서 함께 확인했듯이 메를로-퐁티의 용어들을 "공간"과 조합한 것이다. 메를로-퐁티의 『지각의 현상학』의 목표는 객관주의적 사유보다 앞서는 원초적 사유의 영역을 포착하고 해명하는 일이다.[54] 객관적 사유가 "인지"된다면, 원초적 사유는 "지각"된다. 이러한 원초적 경험의 영역은 그로부터 다른 모든 경험과 세계가 분출하는 원천이 되는 선반성적이고 선객관적인 영역이다. 실제

---

51 Ibid., 87-88.
52 Ibid., 89.
53 Schmid, "Lefebvre's Theory," 39.
54 이남인, 『후설과 메를로-퐁티』, 38.

로 르페브르 자신도 생활 공간, 즉 재현 공간에 대해 설명하면서 바슐라르를 예로 들기도 하는데, 주지하듯이 바슐라르의 시적 몽상은 메를로-퐁티가 말하는 "지각"의 한 측면이다. 르페브르의 말을 들어보자.

> 바슐라르의 공간의 시학과 그가 주장한 장소애는 그가 몽상을 통해서 넘나드는 재현 공간(그는 이것을 학문적인 지식에 의해서 형성되는 공간 재현과 구별한다)을 이 은밀하고 절대적인 공간에 접목한다.[55]

여기서 르페브르의 비판은 공간 재현, 즉 인지된 공간에 집중된다. 그는 철학자들의 공간 재현을 통해 탄생한 데카르트적인 공간, 즉 등질적이고 "절대적이고 무한한 신의 속성을 지닌 사물의 공간"은 일상생활로부터 분리되어 있는 추상적 공간이라고 말한다.[56] 그는 이것을 시계가 시간을 추상화하는 것에 비유하여 설명한다.[57]

그럼 "인지된 공간"과 구별되는 "지각된 공간"과 "살아진 공간"(생활 공간)은 어떻게 이해될 수 있을까? 르페브르는 다음과 같이 말한다.

모든 사회적 실천과 마찬가지로 **공간 실천[지각된 것]**은 인지되기 이전에 이미 [직접적으로] 살아진다. 하지만 실제로 **살아진 것**보다 **인지된 것**을 우월하게 생각하는 경향 때문에 실제 삶과 더불어 실천은 사라져버린다. 인지된 것을 우월하게 여기는 태도는 살아진 것의 무의식에 제대로 대응할

---

55 Lefebvre, 『공간의 생산』, 200.
56 Ibid., 55-56.
57 Elden, "Between Marx and Heidegger," 95.

수 없다.[58]

여기서 볼 수 있듯이, 지각된 공간(공간 실천)과 살아진 공간(재현 공간)은 인지된 공간(공간 재현)보다 앞서는 영역이며, 이론적 반성 이전의 근원적인 영역이다. 앞서 살펴본 것처럼, 그것은 후설의 생활세계이자 하이데거의 "세계"이며 메를로-퐁티의 현상적 장으로서 공간의 추상화와 함께 제거되어버린, 그래서 숨겨져 있는 사회적 관계들의 영역이기도 하다. 현상학은 그 근원적인 영역으로 돌아가서 사태가 "그것 자체에서 스스로를 내보이는 대로" 그것을 읽어내고자 시도한다. 그러나 그것은 대개 은폐되어 있기 때문에, 현상학은 판단중지와 환원을 통해 그것을 탈은폐시키려 한다.[59] 르페브르 역시 공간의 생산 과정을 드러냄으로써 공간 재현을 통해 사라져버린 그 지각된 공간을 살려내고자 하며, 근원적 생활세계인 재현 공간을 해독해내고자 한다.

---

58 Lefebvre, 『공간의 생산』, 82. 굵은 글씨는 나의 것이다.
59 Heidegger의 "탈은폐"로서의 진리에 대해서는 『존재와 시간』 "제7절. 탐구의 현상학적 방법"(*Sein und Zeit*, 27-39)과 "제44절. 현존재, 열어 밝혀져 있음, 진리"(*Sein und Zeit*, 212-30)를 참조하라.

제7장

현상학적 공간 이론

주제별 요약

제2부에서는 인문지리학의 장소 이론과 경제지리학의 사회적 공간 이론이 현상학의 영향을 받아 형성되었다는 점에 주목하고 먼저 철학적 현상학과 양대 지리학을 연결하는 가교 역할을 했던 네 명의 학자들(볼노브, 바슐라르, 엘리아데, 노베르그-슐츠)을 탐구했다. 그리고 우리는 이런 탐구에 기초해서 투안과 렐프 그리고 르페브르의 공간 이론을 순차적으로 살펴보았다. 하이데거와 메를로-퐁티가 제시한 실존적 공간 개념과 그것을 이어 발전시킨 현상학적 공간 이론에는 크게 두 가지 강조점이 있다. 하나는 장소의 진정성 또는 참된 거주에 대한 추구이고, 다른 하나는 현상학적 공간이 어떤 구조를 따라 어떤 방식으로 구성 또는 생산되는지 그 메커니즘을 보여주는 것이다. 이번 장에서는 이 두 강조점을 중심으로 현상학적 공간 이론의 특징들을 주제별로 요약 정리해보고 다음 장에서는 그것을 토대로 서사 공간을 분석하는 도구를 만들어보고자 한다.

A. 장소의 3요소

1. 위치, 물질성, 장소감

우선 가장 기본적인 질문부터 다시 시작해보자. 우리가 "장소"라는 말을 사용할 때, 그 단어는 무엇을 가리키는가? 다시 말해서, 우리는 어떤 곳이 어떤 요소들을 갖추고 있어야 그곳을 장소라고 부르는가? 렐프의 논의에서 이 질문은 장소의 본질과 정체성에 관한 질문에 해당할 것이다. 렐프는 장소의 본질이 무엇인가 하는 질문에 대해 지리적 위치, 물리적 경관, 시간, 공동체, 장소애 등을 검토한 후 그 모든 것이 필요충분조건이 될 수 없다고 평가했다. 그리고 그는 인간과 장소 사이에 맺어지는 경험적이고 의도적인 관계를 장소의 본질로 제시했다. 또한 렐프는 장소를 구성하는 세 요소가 물리적 환경과 인간 활동 그리고 의미라고 말하며, 그 요소들을 하나로 연결해서 감싸 안는 것이 장소감이라고 말했다. 그런데 이러한 렐프의 논의는 다소 산만하고 논점이 분명하지 않아 한두 마디로 정리하기가 쉽지 않다. 그럼에도 조금 무리해서 정리한다면, 렐프는 한편으로는 장소의 물질성과 다른 한편으로는 장소가 인간과 맺는 관계 그리고 그 관계를 통해 주어지는 의미를 장소의 본질적인 요소로 제시한다.

정치지리학자인 존 애그뉴(John Agnew)는 장소의 요소들에 대해 렐프보다 좀 더 깔끔한 정의를 제시한다. 애그뉴는 장소의 세 가지 구성 요소로 ① 위치(location), ② 현장(locale), ③ 장소감(sense of place)을 제시한다.[1] 이 세 가지 구성 요소 중 뒤의 두 가지는 렐프의 제안과 일맥상통

---

1 John Agnew, *Place and Politics: the Geographical Mediation of State and Society* (Boston: Allen and Unwin, 1987), 26-28.

하고, 거기에 위치를 더한 것으로 볼 수 있다. 먼저 모든 장소는 "위치"를 가지고 있다. 위치는 "어디에?"라는 질문에 대한 답이다. 렐프는 장소의 위치가 반드시 한곳에 고정된 것은 아니라는 점에 주목하여 지리적 위치가 장소의 본질적 요소가 아니라고 생각했다. 예를 들어 바다 위를 오래 항해하는 배도 그 배에 탄 사람들이 공유하는 하나의 장소가 될 수 있고, 마찬가지로 유랑하는 집시들이나 인디언의 야영지도 하나의 장소가 될 수 있기 때문이다.[2] 그러나 그렇게 움직이는 위치 역시 "어디에?"라는 질문에 대한 답이 될 수 있다. 다시 말해서 그 위치가 한곳에 고정되어 있다는 전제를 버린다면, 모든 장소는 지구상 어디에―아니면 외계의 어느 지점이라 할지라도―정해진 "위치"를 갖고 있다고 할 수 있다. 이렇게 움직이는 위치를 포함해서 어디에도 위치시킬 수 없는 대상이라면, 우리는 그것을 장소라 말하기 어려울 것이다.

둘째, 애그뉴는 모든 장소가 위치와 함께 "현장"을 가지고 있다고 말한다. 현장이란 장소의 물질적이고 구체적인 형태를 가리킨다. 렐프는 "물리적 경관", "물리적 환경" 등에 대해 말했는데, 장소의 그 물리적 요소가 현장이다. 심지어 상상 속이나 문학 작품 속의 장소라 하더라도 그 나름의 물질적 형태를 갖고 있다. 세 번째 요소는 "장소감"이다. 이는 사람들이 장소에 대해 가지는 주관적이고 정서적인 연결을 말한다. 다시 렐프의 설명을 끌어오자면, 장소란 인간의 활동을 통해 인간과 관계를 맺고, 어떤 의미를 가지며, 그 의미가 정서적인 연결로 나타나는 것이다. 그래서 우리는 우리가 현재 살고 있는 곳이나 어릴 적 살았던 곳에 대해

---

2 Susan Langer, *Feeling and Form* (New York: Charles Scribner's Sons, 1953), 95; Relph, 『장소와 장소 상실』, 78에서 재인용.

장소감을 느끼며, 때로는 영화를 보거나 소설을 읽으면서 등장하는 특정한 곳이 어떤 것인지를 아는 것처럼 느낀다.[3]

이 세 가지 요소를 갖추고 있다면, 그곳이 장소라 할 수 있다. 장소의 크기는 다양하다. 지리학자들은 대개 일정 규모의 지역 공간을 연구 대상으로 삼는다. 그래서 한 채의 집이나 벽난로 옆의 안락의자가 연구 대상인 경우는 보기 드물다. 그러나 인본주의 지리학에서는 그것이 가능하다. 장소는 안락의자나 방의 한구석처럼 작을 수도 있고, 지구 또는 우주 전체처럼 클 수도 있다.[4] 지구가 우주 속에 있는 인류의 한 장소라는 사실은 향수에 빠진 우주 조종사를 생각해보면 잘 알 수 있다.[5] 사람들이 "지구촌"이라는 말을 쓰는 것은 지구에 대한 장소감을 자아내기 위해서다. 우리말에서 장소 앞에는 대개 "우리"라는 말이 붙는다. "우리 집", "우리 동네", "우리 학교", "우리 교회", "우리나라"처럼 말이다. 천문학자들은 지구와 태양계가 속해 있는 은하를 다른 은하들과 구별하여 "우리 은하계"라 부른다. 위치와 현장을 가지고 있고, 사람들이 그곳에 대해 장소감을 형성하게 될 때, 그곳은 규모와 관계없이 장소가 될 수 있다.

2. 연구 대상과 방법의 선택

우리가 장소의 요소들에 관한 질문을 먼저 제기한 이유는 그것이 우리의 연구 대상을 한정하는 질문이기 때문이다. 우리가 서사 작품 속의 공

---

3 Cresswell, *Place*, 7-8.
4 Tuan, 『공간과 장소』, 239.
5 Yi-Fu Tuan, "Space and Place: Humanistic Perspective," in *Philosophy in Geography* eds., Stephen Gale and Gunnar Olsson (Boston: D. Reidel Publishing Company, 1979), 419-20. 이 글은 *Progress in Human Geography* 6 (1974), 211-52에서 처음 발표되었다.

간을 연구하거나 또는 신학이나 인문사회과학 전반에 걸쳐 공간과 관련된 주제를 연구하고자 할 때, 우리는 먼저 그 공간이 장소인가 아닌가를 물을 수 있다. 장소가 아닌 공간에 관한 연구도 가능하다. 예를 들어 호미 바바(Homi Bhabha)는 탈식민주의(postcolonial) 시대의 주체들이 처한 문화심리적 상황을 "제3의 공간"(Third Space)으로 이론화한다. 그것은 지배자의 것도 피지배자의 것도 아닌 공간이고, 그러면서도 양자가 복합적으로 공존하는 공간으로서 양가성(ambivalence)과 혼종성(hybridity)으로 점철된 제3의 공간이다. 여기에는 분명히 공간의 유비가 사용되고 있지만, 이 제3의 공간은 위치와 현장을 규정하기 어렵기 때문에 "장소"라고 말하기 어렵다. 그런데 에드워드 소자(Edward Soja)는 이 제3의 공간 개념을 지리학에 끌어들여 장소의 이론으로 발전시킨다. 소자는 기존의 공간 연구가 물리적 공간(제1공간)과 인지된 공간(제2공간)을 이분법적으로 나누어왔음을 비판하며, 물질적 공간이자 동시에 상상된 공간으로서 대안적 성격을 가진 제3의 공간을 제시한다. 바바와 소자는 둘 다 대안적 공간을 이론화한 것이지만, 바바의 제3의 공간은 장소가 아닌 반면에, 소자의 제3의 공간은 장소다.

따라서 공간 연구자들은 자신이 연구하는 주제가 장소인지 아닌지에 따라 적절한 이론과 방법을 선택할 필요가 있다. 예를 들어 정성하는 "장소에 대한 선교적 함의"라는 글[6]에서 기독교와 비기독교적 세계가 만나 소통이 이루어지는 "사이 공간"을 선교학적으로 조명하고자 했다. 그는 이 사이 공간을 현대적 의미에서의 공공성의 견지에서, 즉 물질적 조건에서만이 아니라 정서적·시각적 공유를 통해 조성되는 공적인 공간으

---

6 정성하, "장소에 대한 선교적 함의", 『대학과 복음』 13(2008), 237-78.

로 조망하며, 이 공간을 공존하며 공생하는 공간으로 제시한다. 정성하는 이 사이 공간을 이론화하려고 그 글의 많은 부분을, 렐프를 중심으로 하여 장소 이론을 소개하는 데 할애한다. 그러나 나는 그가 렐프의 책을 세밀하게 읽고 일목요연하게 정리했음에도 불구하고, 엄밀하게 말해서 렐프의 이론은 그의 연구 주제와 일치하지 않는다고 생각한다. 왜냐하면 그가 제시한 사이 공간은 위치와 현장을 가진 곳으로서의 장소가 아니기 때문이다.

이 책에서 다룬 현상학적 공간 이론가들이 모두 장소만을 다룬 것은 아니다. 우리가 제1부에서 후기 하이데거의 사상을 제한적으로만 다룬 이유는 존재의 "장소성"을 탐색하는 그의 "존재의 토폴로지"가 다분히 "장소"를 벗어나 있기 때문이다. 현존재(Da-sein)라는 용어의 문자적 의미인 "거기에 있음"이나 인간의 실존의 "처해 있음"과 "던져져 있음"에서 발견되는 공간성도 장소의 범주 내에 있지는 않다. 사실 하이데거가 말하는 "장소"는 애그뉴가 제시한 기준으로 보자면, 장소가 아닌 경우가 많다. 예를 들어 하이데거는 시를 지음이, 하늘과 땅 사이에 "차원"을 엶으로써 탁월한 건축함이 된다고 말한다. 그는 이 "차원"이 "위로는 하늘에 이르기까지 또한 아래로는 땅에 이르기까지 그 사이가 밝게 비추어져 있어" 철저히 가늠될 수 있다고 말하지만,[7] 그 가늠은 시를 지음으로써만 가능할 뿐이다. 이러한 "차원"은 지리학의 기준으로는 장소라고 말하기 어렵다. 이렇게 장소를 넘어 장소의 유비로 발전되어가던 하이데거의 존재의 토폴로지를 다시 장소로 끌어내린 것이 그 후의 현상학적 공간 이론이라 할 수 있다. 우리가 현상학적 장소 이론에 관심을 가지는

---

7   Heidegger, "…인간은 시적으로 거주한다…", 254-55.

이유는 이 책에서 탐구하고자 하는 중심 주제가 서사 속의 "장소"들이라는 데 있다. 제3부에서는 신약성서 누가복음-사도행전의 서사 속에 나타나는 장소들을 탐색해볼 것이다.

B. 장소의 진정성

1. 참된 거주의 추구

장소의 진정성에 대한 논의의 토대는 하이데거의 거주 개념에 있다. 볼노브는 하이데거가 시간성과 관련해서 사용한 "진정성"이라는 개념을 공간성에도 적용하여 하이데거의 "거주"에 "참된"이라는 수식어를 붙인다. 인간이 자신의 본래적인 시간성을 실현하기 위해서는 실존적인 노력이 필요하듯 인간의 본래적인 공간성의 실현인 거주 역시 우리 자신의 실존을 쏟아붓는 노력을 통해서만 이루어질 수 있다는 것이다. 볼노브는 참된 거주의 방향을 세 가지로 제시하는데, 그것은 (1) 공간에 정착하는 것, (2) 내부와 외부의 긴장을 이겨내는 것, (3) 전폭적인 신뢰 속에 (집보다 더) 큰 공간에 몸을 내어맡기는 것이다.

　참된 거주의 모델은 집이다. 집에 대한 연구는 바슐라르와 투안을 통해 집중적으로 발전했다. 우선 바슐라르는 행복한 공간의 이미지, 내밀함(intimacy)의 이미지들을 조사하여 소유되는 공간, 적대적인 힘에서 방어되는 공간, 사랑받는 공간을 향한 인간의 장소애를 드러내고자 한다. 그는 집과 세계의 대조로부터 시작하여 사물의 집이라 할 수 있는 작은 공간들을 미시적으로 그려낸다. 바슐라르의 『공간의 시학』은 투안의 『토포필리아』와 『공간과 장소』의 모델이 되었다. 투안의 『공간과 장소』는 공간에 관한 생물학적 사실들, 공간과 장소의 관계, 다양한 공간 경험의 방식 등 세 가지 주제를 연구했다. 투안은 인간이 공간과 장소를 어떻게 느끼는지 탐색하고, 인간의 경험 양식인 다양한 감각들을 조사해서 공간과 장소를 복합적인 감정의 이미지로 해석했다.

참된 거주는 장소와의 동일시가 잘 이루어질 때 비로소 가능해진다. 노베르그-슐츠는 우리의 공간 경험이 각 개인이 처한 직접적 상황과 실존적 공간 사이에서 긴장 가운데 존재한다고 말한다. 따라서 우리는 지금 나의 위치가 실존적 공간의 중심과 일치할 때 비로소 집에 있음을 체험한다. 그래서 장소와의 동일시(identification)가 중요하다. 동일시란 특별한 환경과 친구가 되는 것이고 전체 환경을 의미체로서 경험하는 것이다. 그리고 이러한 동일시는 인간의 정체성 형성에도 영향을 미친다. 그래서 노베르그-슐츠는 인간의 정체성이 장소의 정체성을 전제로 한다고 주장한다. 렐프는 이 주제를 이어받아 그의 논의의 기반으로 삼는다. 그의 책은 다양한 장소 상실(무장소)의 사례들을 소개하고 진정한 장소감의 회복을 요청한다.

2. 성서 해석 사례

무장소(장소 상실)의 현실 인식에 기초한 장소의 진정성의 회복 또는 대안적 장소 건설은 구약성서의 이스라엘을 이해하는 데 도움을 줄 수 있다. 예를 들어 시편 137편은 장소를 잃은 이스라엘의 비애를 극적으로 보여준다.

1우리가 바빌론의 강변 곳곳에 앉아서 시온을 생각하면서 울었다. 2그 강변 버드나무 가지에 우리의 수금을 걸어두었더니, 3우리를 사로잡아온 자들이 거기에서 우리에게 노래를 청하고, 우리를 짓밟아 끌고 온 자들이 저희들 흥을 돋우어주기를 요구하며, 시온의 노래 한 가락을 저희들을 위해 불러 보라고 하는구나. 4우리가 어찌 이방 땅에서 주님의 노래를 부를 수 있으랴(새번역).

이 시에서 유대인들은 "집", 곧 나라를 잃고 바빌론에 포로로 잡혀와 있다. 그런데 그 외국 땅은 그들에게 "장소"가 아니기 때문에(고전적 입장), 또는 비동일시의 대상이기 때문에(로즈), 그들은 거기서 하나님의 노래를 부를 수 없다. 이종록은 에스겔서를 연구한 글에서 이스라엘의 공간 경험을 정주보다는 탈주와 회귀 양면에서 조망한다. 이는 자본화된 오늘날의 공간을 인간적 가치에 따라 재분배하고자 하는 대안적 의도에서 비롯된 것이다.[8] 이종록은 에스겔이 하나님의 구원 사건을 공간화하고 하나님의 초월적 개입을 통해 새로운 공간(40-48장, "여호와 삼마"로서의 예루살렘)을 발생시키면서 바빌론 제국이 만들어놓은 지배 공간에 균열을 일으켰다고 말한다.[9]

구약성서만 장소의 진정성의 주제가 될 수 있는 것은 아니다. 차정식은 "중심의 괴로움과 틈의 구원: 김지하의 시적 공간들과 신학적 장소화"(2008)에서 창조부터 시작해서 노아의 방주, 광야 성막과 예루살렘 성전, 예수의 하나님 나라 운동으로 이어지는 역사를 장소의 중앙화와 이에 대응하는 새로운 장소화의 역사로 재구성한다. 그가 이러한 역사적 조명을 통해 그리고 새로운 교회론의 탐색을 통해 시도하는 것은 중앙의 비대화로 인한 공간의 비진정성과 무장소성을 극복하고, 이러한

---

8 이종록, "탈주와 회귀, 그 역설적 공간: 에스겔서를 중심으로 살펴보는 '사건으로서의 공간'에 대한 연구", 『한국기독교신학논총』 65(2009), 29.
9 Ibid., 28-29.

획일화에 저항하는 틈의 작용을 극대화하여 개방과 소통의 장소적 정체성을 회복하는 것이다.[10] 차정식은 "예수의 여행과 '교통 공간'"(2010)에서는 예수가 여행했던 갈릴리의 바다와 대지를 "안과 밖, 부정과 정결, 자연과 인간 문명의 경계를 지우며 사회로 열린 접속과 교통의 도상으로 파악"한다.[11] 그는 예수가 중심부의 유력한 회당 같은 곳에서 공식적인 예전에 맞추어 설교를 한 것이 아니라 오히려 주변부의 병든 생명을 주로 찾았고, 더불어 나누어 먹는 광야의 향연을 베풀었다고 말한다.[12] 그는 이러한 서술을 통해 "세계 종교의 씨알을 머금고 잉태한 그리스도교가 점점 더 통할하는 영토를 넓혀가면서 애당초 예수가 보여준 '교통 공간'이 망실된 부작용에 대한 신학적 반성"을 시도한다.[13]

차정식은 이 글들에서 장소의 진정성에 대한 추구가 어떻게 성서 해석을 더 풍부하게 할 수 있는지 잘 보여준다. 그는 렐프를 인용하면서 앞의 두 글 모두를 시작한다. 그러나 우리는 그의 글들에서 다루어지는 공간들이 장소에 국한되지 않고 장소와 장소 아닌 것을 넘나들기 때문에 그것을 렐프의 이론으로 뒷받침하는 것이 적절한지 질문하지 않을 수 없다. 오히려 그가 렐프보다는 두 번째 글에서 주로 사용하는 가라타니 고진(柄谷行人)의 "교통 공간"(intercourse space) 개념이 더 적절하고 유용하다. 교통 공간이란 안과 밖의 구별이 없는 공동체 사이의 공간이다. 고진은 "교통 공간에 대한 노트" 첫머리에서 "사회"를 "공동체"와 구별하고

---

10 차정식, "'중심'의 괴로움과 '틈'의 구원: 김지하의 시적 공간들과 신학적 장소화", 『한국기독교신학논총』 59 (2008), 238-46.
11 차정식, "예수의 여행과 '교통 공간'", 『한국기독교신학논총』 70(2010), 46.
12 Ibid., 50.
13 Ibid., 33.

"세계 종교"를 "기성 종교"와 구별한다. 그리고 그는 기성 종교와 공동체가 내부와 외부의 분할과 경계로 특징지어지는 반면에 자신이 추구하는 사회와 세계 종교는 공동체 사이에 존재하는 교통 공간으로 특징지어진다고 말한다. 교통 공간을 대변하는 은유는 바다와 사막과 (원)도시이며, 교통 공간의 담지자는 선원과 상인으로 비유된다.[14] 이러한 "교통 공간"은 위치와 현장을 규정하기 힘들다는 점에서 "장소"와는 다른 개념으로 보인다.[15] 차정식 자신이 고진의 교통 공간을 "'공간' 개념을 넘어 형이상학적 위상을 띠는 것"으로 바로 읽어내었듯이,[16] 고진의 교통 공간은 지리적 공간이라기보다는 공간의 은유에 가깝다.

C. 장소의 구성

이처럼 장소의 진정성의 추구가 훌륭한 신학적 사유의 주제가 될 수 있지만 그것이 우리가 이 책에서 탐구하려는 주된 관심사는 아니다. 이 책은 그보다 현상학적 장소 이론의 두 번째 강조점, 즉 장소가 어떤 구조를 가지고 어떤 과정을 통해 구성 또는 생산되는지에 더 관심을 두고 있다. 그래서 지금까지 나는 현상학자들의 공간 이론을 소개할 때 두 번째 강조점을 좀 더 부각해서 상세히 다루었고, 첫 번째 강조점에는 적은 비중을 두어 축약해서 서술했다. 그 미진한 부분에 대해서는 관심 있는 다른 연구자들이 이론과 서사 해석 양면에서 이 주제를 더 발전시키기를 기대해본다.

---

14 가라타니 코오진, 권기돈 옮김, 『탐구 2』(서울: 새물결, 1998), 264-72.
15 코오진, 『탐구 2』, 264.
16 차정식, "예수의 여행과 '교통 공간'", 『한국기독교신학논총』 70(2010), 38.

이 책이 두 번째 강조점에 더 주목하는 이유는 서사에서도 그러한 공간의 구성 또는 생산이 일어나는 것으로 보기 때문이다. 서사에는 위치와 물질성을 가진 장소가 배경(setting)으로서 분명히 존재한다. 나아가 그 공간들은 단지 저 밖에 완성품으로 존재하는 객관적 공간이 아니라 등장인물들과 사건들과의 관계에 의해 구성/생산되는 "장소" 또는 "사회적 공간"이다. 엄밀하게 말하면, "구성"과 "생산"은 서로 다른 관점을 대변하는 용어들이다. 구성은 현상학을 대변한다. 장소가 인간의 근원적 경험으로부터 즉 내면으로부터 구성된다고 보는 것이다. 생산은 경제지리학의 용어다. 장소가 사회관계의 상호 작용을 통해 사회적 공간으로 생산된다고 보는 것이다. 그러나 앞서 보았듯이 사회적 공간 이론은 현상학의 영향을 받았으며, 서사 공간이 서사의 과정을 통해 어떻게 구성 또는 생산되는지 탐구하려는 우리의 입장에서 볼 때, 두 관점은 하나로 통합될 수 있다.

1. 볼노브와 엘리아데

수학적 공간과 대조하여 체험된 공간을 이론화한 볼노브는 공간이 인간의 신체를 중심으로 정위된다고 말한다. 이 공간은 나를 중심으로 극좌표계의 벡터처럼 펼쳐져 있다. 메를로-퐁티가 다음과 같이 "지향호"를 설명하여 말하는 것처럼 말이다. "그것은 탐조등처럼 모든 방향으로 움직이는 벡터로서, 우리는 그것을 통해 우리 내부나 외부에 있는 어떤 것을 향해 방향을 정할 수 있고 그 대상과의 관계에서 한 형태의 행동을 취할 수 있다."[17] 그런데 볼노브는 이렇게 나를 중심으로 한 공간이 우리의

---

17   Mealeau-Ponty, *Phenomenology of Perception*, 156.

공간 경험을 온전히 대변하지 못함을 지적한다. 공간은 달팽이집이 달팽이를 따라 움직이는 것처럼 우리와 함께 움직이기도 하지만, 동시에 우리는 어떤 공간 속에서 움직이고 있기 때문이다. 이러한 관찰은 인간을 더 넓은 공동체의 일원으로 사유하도록 유도한다. 그럴 경우 좌표의 중심점은 "나"뿐만 아니라 "우리", 즉 내가 속한 공동체가 된다.

문화인류학과 종교학의 연구 결과를 보면, 세계 곳곳의 사람들이 자기 공동체를 세계의 중심으로 간주했음을 알 수 있다. 그들은 자신들의 공동체의 중심점을 "세계의 배꼽"(Omphalos)으로 숭상했는데(겔 38:12), 그 중심점은 인간의 평면을 천상과 지하로 수직적으로 연결하는 "세계의 축"(*axis mundi*)이기도 했다. 세계의 축은 신들이 지상으로 강림하고 또 인간이 상징적으로 천상으로 올라가는 통로가 된다. 그리고 그 중심을 품고 있는 도시나 마을의 구조는 "세계의 모상"(*imago mundi*)을 이루고 있었다. 예를 들어 세계의 모상이 되는 마을은 우주의 네 지평에 상응하는 네 지역으로 구분되었다. 고대인들의 세계는 세계의 축을 중심으로 유한한 범위 내에 만들어진 세계였고, 그 세계의 경계선 밖에는 세계가 더 이상 존재하지 않는 것으로 여겨졌다.

엘리아데는 그러한 공간의 중심이 "성현"(hieophany)과 함께 "성스러운 공간"의 창조로 나타남에 주목한다. 인간은 그 고정점을 중심으로 혼돈된 균질성 가운데서 방향성을 획득하며, 그래서 공간은 균질하지 않게 된다. 우리가 의례를 통해 균질한 세속 공간을 코스모스로 변화시키는 데는 두 가지 방법이 사용된다. 첫 번째 방법은 상징적인 세계 축을 창건하고 중심점으로부터 사방의 지평으로 코스모스를 투사하는 것이다. 다른 방법은 혼돈으로부터 세계를 창조해낸 신들의 행위를 의례를 통해 반복하는 것이다. 엘리아데는 종교적 인간은 항상 세계의 중심에 거주처를 정하려 애쓴다는 것을 여러 문화에서 발견한다. 그래서 종교적인 장소뿐 아니라 주거 역시 성화의 과정을 거치고, 이로써 우주와 집과 신체의 등질성이 수립된다.

렐프는 이러한 성스러운 공간을 "지리적 공간"과 함께 실존적 공간의 한 형태로 분류한다. 성스러운 공간을 통한 세계 창조는 실존적 공간을 통한 공간의 구성에 상응하는 것이다. 나아가 엘리아데는 인간의 종교성이 궁극적으로는 집의 소유를 통한 안정된 삶의 선택에 머물지 않고, 집을 버리고 성스러운 중심을 향해 떠나는 순례로 승화된다고 말한다. 그것은 장소의 진정성을 실현하는 참된 거주가 갖는 역설적인 양면성을 보여준다. 진정성 있는 거주란 집에 머무는 것이면서 동시에 집을 버리고 떠나는 것이다.

이 중심으로부터 실존적 공간이 구성된다. 볼노브는 공간에 대한 여러 관점을 소개하는 가운데, ① 호돌로지 공간과 ② 행위 공간을 대조한다. "호돌로지 공간"(hodological space)은 길이 개척하는 공간 또는 길을 통해 경험되는 공간이다. 이 공간은 수학적 공간의 거리 또는 방향과는 전혀 다른 방식으로 경험될 수 있다. 수학적 공간에서 두 지점 사이의 거리는 좌표에 의해서만 결정되고 그 사이에 놓인 공간의 구조는 무시된다. 그러나 호돌로지 공간에서 두 지점 사이의 "최상의 거리"는 그 사이에 놓인 물리적인 장애물과 비용, 사회적 조건, 사람의 마음과 몸의 상태 등에 따라 달라진다. 또 호돌로지 공간에서 방향이란 목표점으로 가기 위해 첫걸음을 떼는 순간 취하는 방향이다. 만일 우회로를 통해야만 목표점에 도달할 수 있다면, 호돌로지의 방향은 기하학의 방향과 많이 다를 수 있다. 호돌로지 공간에서는 풍경도 다르게 경험된다. 예를 들어 전투가 벌어지고 있는 싸움터에서 모든 풍경은 전선에서 끝나고 그 뒤에는 아무것도 없는 것으로 경험된다. 이것은 높은 산이나 강에 의해 앞이 막혀 있는 자연적 지형 또는 국경과 같은 정치적 상황에서도 비슷하다.

길은 주로 집 밖에 존재하며, 호돌로지 공간은 길에서 수행하는 행위들을 바탕으로 형성되기 때문에 인간의 모든 경험을 다 설명할 수는 없다. 이를 보완하는 것이 "행위 공간"(space of action)이다. 행위 공간은 인간이 의미 있는 활동을 하면서 머무르는 공간, 거주하는 모든 공간을 가리키는데, 이것은 "손안에 있음", "도구", "방역", "거리 없앰", "방향 잡음" 등으로 설명되는 하이데거의 공간이다. 그것은 목적 공간으로서 생활 공간이기도 하다. 물론 호돌로지 공간과 행위 공간이 체험된 공간의 모든 것을 나타내는 것은 아니다. 볼노브는 이에 더하여 사람의 손길이 닿지 않는 다른 영역들도 있음을 상기해준다.

2. 노베르그-슐츠

노베르그-슐츠는 피아제의 인지 발달 이론을 빌려 인간의 공간 지각이 순간적으로 형성되지 않고, 성장 과정에서 경험의 축적에 의해 발달함에 주목한다. 그것은 공간에 대한 이미지, 즉 공간 도식이 발달해가는 것으로서 공간 이미지가 아직 안정되지 않은 "지각 공간"(perceptual space)의 단계로부터 환경에 대한 안정된 이미지가 형성된 "실존적 공간"(existential space)으로의 발달이라 할 수 있다. 이렇게 형성되는 실존적 공간은 ① 중심과 장소, ② 방향과 통로, ③ 구역과 영역으로 이루어진 위상학적 구조를 가진다. 이것을 볼노브와 비교하자면, 중심과 장소는 행위 공간에 가까우며, 방향과 통로는 호돌로지 공간에 가깝다. 노베르그-슐츠는 거기에 구역/영역을 더한다.

앞서 반복하여 확인한 것처럼, 장소는 우리의 모든 정위와 행위의 중심이다. 모든 중심은 행위의 장소로서, 우리의 모든 행위는 특정 장소와의 관계 속에서 비로소 의미를 갖는다. 그런 점에서 장소는 출발점이다. 동시에 장소는 우리의 실존의 의미 있는 사건들을 경험하는 목표 또는 초점이 되기도 한다. 그래서 하나의 장소는 다수의 장소로 이루어진 더 넓은 맥락에 위치한다. 그리고 맥락 안에서 모든 장소는 방향과 통로를 갖는다. 통로는 장소와 장소를 연결한다. 그러나 도중에 어떤 사건이 일어나면, 통로는 그 자체로서 어떤 성격을 가진 것으로 경험되기도 한다. 경우에 따라서는 통로가 그에 수반되는 다른 요소들을 조직하는 축으로서 기능하기도 한다.

구역 또는 영역은 어떤 의미에서는 큰 범위를 가진 하나의 장소다. 영역도 장소처럼 근접성(proximity), 폐합성(enclosure), 유사성(similarity) 등으로 한정되기 때문이다. 그럼에도 장소와 영역의 구별이 유용한 이유는 우리가 환경에 대해 가지고 있는 이미지에는 우리가 그 안에 속해 있지도 않고 우리의 행동의 목표로서 기능하지도 않는 구역들이 포함되어 있기 때문이다. 다시 말해서, 그 영역들은 장소와 통로를 "전경"(figures)으로 드러내어주는 "배경"(background)으로서 기능한다. 이러한 구조 속에서 영역은 실존적 공간의 모든 요소를 하나로 통일시켜준다. 장소와 통로와 영역은 문화와 집단에 따라 서로 다른 비중으로 결합된다. 유목민들의 공간에서는 영역이 가장 중요하다면, 농경 문명에서는 장소가 가장 높은 비중을 차지한다. 그런가 하면 출애굽한 이스라엘의 광야 40년의 공간은 통로를 중심으로 형성되었다.

노베르그-슐츠는 우리의 공간 경험은 자신이 놓여 있는 직접적인 상황과 실존적 공간 사이에서 생기는 긴장 속에서 일어난다고 말한다. 지금의 내 위치가 실존적 공간의 중심과 일치할 때는 "집에 있는" 것으로 느끼지만, 양자가 일치하지 않는다면, 우리는 "어떤 다른 곳에" 있거나 "길을 잃었다"고 느끼게 된다는 것이다. 이것은 우리의 논의를 장소와의 "동일시"(identification)라는 주제로 이끈다. 그리고 동일시는 장소의 정체성(identity)뿐 아니라 우리의 정체성 형성에도 영향을 미친다. 동일시를 통해서 동일성을 가지게 되는 것이다.

3. 다양한 장소감: 렐프와 로즈

렐프는 노베르그-슐츠에게서 한 쌍을 이루고 있는 동일성(identity)과 동일시(identification) 개념을 받아들여, 이를 "장소의 동일성"(identity of a place)과 "장소와의 동일성"(identity with a place)이라는 다른 용어를 사용하여 서술한다. 그런데 그는 그 동일시가 반드시 우호적인 애착으로만 나타나지는 않음에 주목한다. 어떤 사람에게는 장소가 고역일 수도 있다는 것이다. 렐프는 이 점에 착안하여 장소의 이미지와 동일성/정체성을 그 애착과 반감의 깊이에 따라 7단계로 구별한다. 그 한쪽 극에는 장소에 무의적으로 빠져든 상태를 말하는 실존적 내부성이 있고, 반대쪽 극에는 사람들과 장소로부터 심각하게 소외되어 있는 상태를 가리키는 실존적 외부성이 있다.

하이데거로부터 렐프까지의 장소 논의는 정도의 차이는 있지만 기본적으로 복고성을 가지고 있다. 현대 사회가 무장소성(장소 상실)으로 대변되기 때문에, 자연히 과거의 사회가 장소성의 이상으로 제시되기 쉬운 것이다. 그러나 오늘날은 다른 관점에서 장소를 사유해야 한다고 보는 흐름도 강하다. 장소의 정체성은 거기에 거주하는 공동체와의 관계 속에서 동일시를 통해 형성되기 마련인데, 오늘날 단 하나의 공동체를 수용하고 있는 장소는 더 이상 찾기 힘들고, 또 그러한 장소가 있다 하더라도 공동체의 모든 구성원이 동일한 정체성을 공유하지 않기 때문이다. 그것은 집에 대한 평가에서도 마찬가지다. 지금까지 살펴본 대부분의 이론가들에게 집은 이상적인 장소이지만, 많은 여성에게 집은 오히려 고역과 학대와 억압의 장소로 경험되기도 한다. 따라서 많은 여성은 집을 갈등이 없는 보살핌의 장소로 신화화하는 분홍빛 환상을 공유하지 않는다.

우리는 이러한 장소의 다면성을 고려하면서 장소와의 동일시라는 현상을 다양한 측면에서 재검토할 필요가 있다. 렐프가 장소감을 두 개의 극으로 나누어 그 스펙트럼을 제시한 반면에, 질리언 로즈(Gillian Rose)는 우리가 장소와 맺는 관계를 ① "장소와의 동일시"(identifying with a place), ② "역동일시"(identifying against a place), ③ "비동일시"(not identifying)라는 세 개의 극을 가진 구조로 제시한다. 첫째, 장소와의 동일시는 다른 학자들이 충분히 설명한 것과 대동소이하다. 둘째, 장소와의 역동일시란 자신들이 머물고 있는 장소와 매우 다르다고 느끼는 어떤 다른 곳과 스스로의 장소를 대조하면서 그 장소와 확연히 구별되는 곳으로서의 장소감과 정체성을 구성하는 것이다. 사이드의 오리엔탈리즘이 역동일시의 좋은 사례다. 셋째, 장소와의 비동일시란 어떤 장소를 불편하거나 적대적으로 느끼면서 장소감과 소속감을 불러일으키지 못하는 경우다. 환영받지 못하는 난민들이나 이주자들의 경험이 그에 속한다.

4. 르페브르

현상학자들은 장소가 인간 존재에 본질적인 것으로 내면으로부터 형성된다고 생각한다. 반면에 르페브르는 공간이 사회적으로 생산된다고 말한다. 얼핏 보면, 이 두 가지 생각은 공간의 기원을 각각 내부와 외부에 두면서 서로 반대되는 것을 주장하는 것 같다. 하지만 양자 모두 공간이 우리의 경험을 통해 만들어지고 그래서 우리와 깊은 관계를 맺고 있다고 보는 점과, 공간이 처음부터 완성품으로 주어져 있는 것이 아니라 어떤 과정을 통해 구성 또는 생산된다고 보는 점에서는 동일하다고 말할 수 있다.

르페브르는 공간의 생산이 ① "공간 실천"(spatial practice), ② "공간 재현"(representation of space), ③ "재현 공간"(space of representation)이라는 세 가지 계기를 통해 이루어진다고 말한다. 먼저 사회적 공간은 공간 실천을 통해 생산되는데, 공간 실천은 단지 공간의 물질적 구조를 조형하는 것뿐 아니라, 각 생산 양식의 특징을 이루는 생산과 재생산 관계 그리고 특화된 장소들의 공간적 조합을 포함한다. 사회적 공간은 공간 재현을 통해서도 생산된다. 공간 재현은 생산 관계와 그 관계가 부여하는 질서를 재현하고 또 새로 만들어내기 때문이다. 르페브르는 이 공간 재현이 현실을 드러내는 동시에 은폐하는 성격이 있다고 말한다. 그에 따르면 공간 재현을 주도하는 사람들은 정치가, 기업가, 기술 관료 등 그 사회의 지배 계층이기 때문에, 공간 재현을 통해 기존 질서를 주입하고 강화하는 경향이 있다. 따라서 한 사회를 바로 이해하려면 공간 재현에 의해 가려져 있는 은밀한 측면을 해독하여 드러낼 필요가 있는데, 이 숨겨진 측면을 가리켜 재현 공간이라 한다.

현대 사회에서 재현 공간은 주로 피지배자들이 자기 나름의 방식으로 공간을 변형하고 길들여서 자기 것으로 만들어나가는 "공간 재전유"로 표현되기도 한다. 공간 실천은 "지각된 공간"에서 이루어진다. 그리고 현실에서는 지배자들의 공간 재현으로 만들어진 "인지된 공간", 즉 추상적 공간이 영향력을 가진다. 그러나 피지배자들은 공간의 재전유를 통해 "살아진 공간" 또는 "생활 공간"을 되살려내고자 시도한다. 르페브르는 여기서 대안적 세계의 한 가능성을 찾는다. 서사 공간의 구성이라는 견지에서 공간의 생산과 재전유는 세계 축의 수립과 창조의 의례적 재현을 통해 코스모스를 건설하는 종교 행위에 비교될 수 있다. 서사란 단순한 현실의 모방이 아니라 현실의 인물들과 사건들을 전형화하는 또 하나의 의례와 같은 것이라고 이해한다면 말이다.

5. 성서 해석 사례

위에 제시한 주제들 가운데 하나인 다양한 장소감의 형성을 성서 해석에 적용한 사례는 서용원의 "마가복음에 나타난 '생존' 모티브: 마가의 '갈릴리-예루살렘' 구조와 공간 정체성"(2000)이다. 이 연구는 지리학의 장소 이론을 성서 해석에 활용한 국내의 첫 사례일 뿐 아니라 영미권의 성서학계에서도 공간 담론이 이제 막 시작될 즈음에 나온 글이라는 점에서 연구의 선도성이 돋보인다.[18] 서용원은 마가 공동체의 정체성을 갈릴리와 예루살렘이라는 두 공간과의 관계에서 조망한 이 글에서 특히 로즈(Gillian Rose)가 제시한, 장소감이 집단에서 공유되는 세 가지 방식, 즉 장소와의 동일시, 역동일시, 비동일시 중 첫 두 가지를 활용하여 논의를 전개한다.[19]

그는 장소와의 동일시와 역동일시를 "안"과 "밖"이라는 분석 관점과

---

18 서용원, "마가복음에 나타난 '생존' 모티브: 마가의 '갈릴리-예루살렘' 구조와 공간 정체성", 『한국기독교신학논총』 18(2000), 33-60.
19 Rose, "Place and Identity," 92-96.

결합해서 마가복음의 갈릴리와 예루살렘에 대한 기존 연구 결과를 교정하려 시도한다. 기존의 마가복음 연구는 일반적으로 갈릴리와 예루살렘을 대립과 갈등의 관계에 놓고, 마가가 전자를 긍정적으로 기술하고 후자는 부정적으로 기술한다고 주장한다. 여기에 장소 이론을 적용하자면, 마가는 갈릴리와의 동일시를 통해 그리고 예루살렘과의 역동일시를 통해 장소 정체성을 형성하고 있는 것으로 이해한다는 것이다. 그러나 서용원은 본문 분석을 통해 이를 반박하고, 마가복음에 갈릴리와 예루살렘 양자에 대한 긍정적 서술과 부정적 서술이 공존함을 밝혀낸다. 즉 동일시와 역동일시 그리고 안과 밖의 공간 기술이 갈릴리에 대한 기술에도, 예루살렘에 대한 기술에도 함께 나타난다는 것이다.[20] 그는 이러한 논의를 통해 마가복음이 특정 계층에 편향된 문서가 아니라 농촌과 도시, 가난한 자와 부유한 자, 유대인과 이방인, 남성과 여성을 함께 고려하는 통합적 관점을 지닌 복음서라는 그의 주장을 뒷받침하려 한다.[21]

서용원은 저자와 청중의 정체성 형성에서 장소감이 중요한 자리를 차지하고 있음을 인식하고 그것을 본문의 지리적·인종적·사상적 갈등 구조와 연결하면서 장소 이론이 성서 해석에 기여할 수 있는 가능성을 잘 보여준다. 한 가지 문제 제기를 하자면, 로즈의 장소 정체성 이론을 적용함에 있어 동일시-역동일시보다는 동일시-비동일시 관계로 본문을 분석하는 것이 로즈의 의도에 더 부합할 것으로 보인다. 서용원의 본문 분석에서, 마가 공동체는 갈릴리나 예루살렘을 아직 가보지 않은 미지의 낯선 장소와 대조하는 것(역동일시)이 아니라 그 장소를 경험하면서 그

---

20   서용원, "마가복음", 45-54.
21   Ibid., 57.

로부터 거리를 두고자 하는 것(비동일시)이기 때문이다. 이러한 적용상의 문제에도 불구하고, 저자가 복음서의 공간 기술에서 동일시와 역동일시 또는 비동일시를 함께 읽어낸 것은, 장소적 감수성이 자칫 배타적·복고주의적인 해석이나 정치에 오용될 수 있는 한계를 감지한 저자의 신학적·문화적 통찰에 기인한 것으로 보인다.

제3부

누가-행전의
서사 공간

제8장
서사 분석 도구

지금까지 정리한 내용을 토대로 신약성서 누가복음-사도행전[1]의 서사를 분석하는 도구를 만들어보자. 우선 내가 제안하는 방법이 현상학적 공간 이론을 이용해서 성서 서사를 해석하는 유일한 방법은 아니라는 점을 분명히 밝히고 싶다. 앞서 살펴본 것처럼, 서사 내에서도 다양한 유형의 공간을 찾아낼 수 있다. 예를 들어 해석의 대상이 되는 공간이 "장소"인지 아닌지에 따라 이론적 근거가 달라질 수 있다. 또 장소를 해석하려고 할 때에도, 장소의 진정성에 주목하느냐 아니면 장소의 서사적 구성에 초점을 맞추느냐에 따라 해석 방법이 달라질 수 있다. 이 책의 관심사는 후자이며 연구의 주제가 되는 텍스트는 성서의 서사들 가운데서도 누가-행전이다. 말하자면, 이 책의 궁극적 목적은 누가-행전의 서사에서 공간이 어떻게 구성되는지를 현상학적 공간 이론을 가지고 해명하는 것이고, 또한 이 목적을 이루는 가장 적합한 해석 도구를 만드는 것이다.

따라서 여기에 제시하는 방법은 현상학적 공간 이론을 이용해서 만들

---

[1] 누가복음과 사도행전은 "누가"라 불리는 동일 저자가 연속해서 저술한 책들이라는 사실이 성서학계에서 일반적으로 받아들여진다. 그래서 보통 두 책을 합쳐서 "누가-행전"(Luke-Acts)이라 부르곤 한다.

수 있는 다양한 해석 방법 중 하나일 뿐이다. 또한 우리는 현상학적 공간 이론의 모든 것을 도구의 재료로 사용하는 게 아니라 그중 일면만을 도구의 재료로 사용할 뿐이다. 물론 이 책은 처음부터 그 점을 염두에 두고 현상학적 공간 이론을 탐구해왔기 때문에, 의식적으로든 무의식적으로든 현상학의 다양한 측면 중에서도 그 목적에 도움이 될 만한 점들을 더 부각했다. 다른 측면에서 다른 관점으로 접근하는 연구자들은 현상학적 공간 이론의 다른 측면에 더 비중을 두고 연구할 수 있으며, 그에 따라 이것과는 다른 강조점을 가진 해석 도구를 만들어낼 수 있을 것이다.

A. 서사 공간

그런데 우리가 다음 단계로 넘어가기 전에 거쳐야 할 관문이 하나 더 있다. 그것은 서사학(narratology)이다. 우리가 현상학적 공간 이론을 토대로 서사 공간을 해석할 수 있는 도구를 만들고자 한다면, 그 이론을 서사학의 연구, 특히 서사 공간에 대한 연구 결과들과 접목할 필요가 있다. 그런데 서사학에서 말하는 서사 공간의 범주 내에는 다양한 유형의 공간들이 함께 포함되어 있다. 따라서 우리는 그 다양한 유형의 공간 중 어떤 공간에 초점을 맞출지에 따라 관심의 범위를 다시 정하지 않으면 안 된다. 서사학은 서사(narrative)를 이야기(story)와 담론(discourse)으로 나눈다. 여기서 "이야기"란 전달되는 내용이며 "담론"이란 그 이야기를 공유하는 방법이다. 서사학자 세이무어 채트먼(Seymour Chatman)은 그것을 더 단순화해서 이야기란 묘사된 서사물 속의 "무엇"(what)이며, 담론이란 "어떻게"(way)에 해당한다고 설명한다.[2] 누가복음을 예로 들어보자. 우리가 누가복음을 읽을 때, 그 텍스트 안에서 누군가가 우리에게 예수의 이야기를 들려준다. 화자(narrator)인 누가가 수화자(narratee)를 향해 담론을 하고 있는 것이다.[3] 그리고 그 담론을 통해 예수의 이야기가 전달된다.[4]

1. 담론 공간과 이야기 공간

담론의 주체인 화자와 수화자는 담론된 내용인 이야기에 대해 서로 공간적 관계에 있다. 예수의 이야기에는 예수와 제자들을 비롯한 수많은 인물이 등장한다. 그 등장인물들은 이야기 속에 들어 있고, 누가복음의 화자와 수화자는 이야기 밖에 있다. 그래서 누가복음의 화자와 수화자는 이야기 속의 등장인물들을 볼 수 있지만, 이야기 속의 등장인물들은 이야기 밖의 화자와 수화자를 볼 수 없다. 화자와 수화자의 공간은 등장인물의 이야기 세계와 다른 층위를 이루기 때문이다. 채트먼은 이러한 담론과 이야기의 구별에 따라 서사 공간을 "담론 공간"(discourse-space)과 "이야기 공간"(story-space)으로 나눈다.[5] 이야기 공간은 등장인물과 사건 그리고 배경으로 구성되는 이야기 속의 공간이다. 그리고 담론 공간은 화자가 수화자에게 이야기를 서술하는 담론 과정에서 형성되는

---

2 Seymour Chatman, 한용환 옮김, 『이야기와 담론: 영화와 소설의 서사 구조』(서울: 푸른사상, 2003), 19.
3 서사의 송신자와 수신자의 관계는 크게 세 층위로 이루어진다. 맨 위 층위에는 실제 저자와 실제 독자가 있고, 그 아래 층위에는 내포 저자와 내포 독자가 있고, 더 아래에는 화자와 수화자가 있다. 여기서는 그것을 나누지 않은 채 화자와 수화자로 단순화하여 서술한 것이다. Chatman, 『이야기와 담론』, 163-68.
4 서사학의 관심사는 "담론된 것으로서의 이야기"(story as discoursed)다. 학자들에 따라서는 서사와 담론을 동일시하기도 하고, "담론"이란 "서사의 수사학", 즉 "이야기가 전개되는 방식"이라고 정의하기도 한다. Mark Allan Powell, 이종록 옮김, 『서사 비평이란 무엇인가?: 성경 이야기 연구』(서울: 한국장로교출판사, 1995), 53-54.
5 Chatman, 『이야기와 담론』, 121 이하.

이야기 밖의 공간이다. 등장인물은 이야기 세계 내에 있는 것들만을 인지할 수 있고, 그의 시점 역시 이야기 공간 안에 제한되어 있다. 반면에 화자는 직접적이거나 간접적인 묘사를 통해 이야기 공간의 한계를 임의로 정할 수 있다. 그리고 이야기의 창조자인 화자는 이야기의 어디에든 동시에 존재할 수 있다.[6]

서사 공간에 대한 채트먼의 논의는 언어 서사물보다는 영화에 집중된다. 영화는 시각 예술로서 영화가 상영되는 단계에서 공간적인 요소들이 분명하게 시각화되기 때문이다. 영화의 이야기 공간은 스크린에 비추어진다. 그런데 스크린에 나타나는 대상들의 규모와 크기, 윤곽, 결, 명암, 위치, 선명도 등은 담론 공간에 있는 카메라의 거리와 각도와 움직임과 밀접한 관계에 있다. 영화와 달리 언어 서사물에서 이야기 공간은 시각적으로 나타나기보다는 언어를 통해 유추되며 독자의 상상을 통해 형성된다.[7] 언어 서사물에서 카메라 역할을 하는 것은 화자의 위치다. 화자가 어느 위치에서 누구의 시각으로 이야기를 서술하느냐가 담론 공간의 중요한 문제가 될 수 있다.[8] 먼저 화자는 이야기의 등장인물 중 한

---

6 Ibid., 131.
7 Ibid., 128.
8 이 문제는 전통적으로 ① 일인칭 주인공 시점, ② 일인칭 관찰자 시점, ③ 삼인칭 관찰자 시점, ④ 전지적 작가 시점 네 가지 시점의 분류를 통해 다루어졌다. 여기서 일인칭이란 화자가 등장인물 중 하나인 경우이고, 삼인칭이란 화자가 이야기 밖에서 서술하는 경우다. 그러나 이러한 구분에 들어맞지 않는 서사들이 있다. 예를 들어 어렸을 적 일들을 회고하는 자전적 소설의 경우, 일인칭(어릴 적의 나)으로 서술하면서도, 화자(장성한 나)는 이야기 밖에 있기 때문이다. 신약성서에도 이런 사례가 있는데, 그것은 요한계시록이다. 계시록에서 요한이 본 계시를 서술하는 많은 부분은 일인칭(계시를 본 시간의 요한)으로 서술되지만 화자(나중에 계시록을 저술하고 있는 요한)는 이야기 밖에 있다. 그래서 요즘은 전통적인 시점 구분보다는 화자와 초점화라는 다른 방식의 구별이 사용된다. 화자와 초점화의 문제를 요한계시록 해석에 적용한 사례로는 다음 논문을

사람일 수도 있고, 이야기 밖에 있을 수도 있다. 제라드 주네트(Gérard Genette)는 전자를 "동종화자"라 부르고 후자를 "이종화자"라 부른다.[9] 또 말하는 사람이 자신의 눈으로 보는 것을 말하느냐 다른 사람의 눈으로 보는 것을 말하느냐에 따라 "내적 초점화"와 "외적 초점화"가 구별된다.[10]

화자와 수화자의 담론 공간의 문제 그리고 담론 공간과 이야기 공간의 관계 문제는, 깊이 들어가 보면, 매우 복잡하다. 예를 들어, 화자와 수화자가 보는 이야기 공간은 이야기 속의 등장인물이 보는 이야기 공간과 다를 수 있다. 왜냐하면 화자와 수화자의 층위에서 볼 수 있는 것을 등장인물의 층위에서는 못 볼 수 있기 때문이다. 그리고 이 층위의 구별은 이야기 속에서도 일어날 수 있다. 예를 들어 누가복음의 예수가 주변에 모인 사람들에게 "선한 사마리아인의 비유"를 들려주실 때, 그 비유에 나오는 등장인물들은 이야기 속에 있고, 예수와 청중은 이야기 밖에 있다. 만일 선한 사마리아인의 비유 속에서 사마리아인이 여관 주인에게 자기가 살아온 이야기를 들려준다면, 거기에 또 새로운 층위가 형성될 수 있다. 이렇게 이야기에 따라서는 그 층위가 한없이 더 세분될 수 있다.

나아가, 담론 공간에서 화자의 공간은 독자의 공간과 다시 구별될 수

참조하라. 안용성, "요한계시록의 이야기 속 이야기 구조", 『신약논단』 17(2010), 1083-111.
9 Gérard Genette, 권택영 옮김, 『서사담론』(서울: 교보문고, 1992), 234-35.
10 화자와 초점화의 문제는 둘 다 이야기 안에 있는지 밖에 있는지에 따라 구별하므로, 언뜻 보아 같은 내용인 것처럼 들릴 수 있다. 그러나 둘 사이에는 중요한 차이가 있다. 전자는 "누가 말하느냐"의 문제이고 후자는 "누가 보느냐"의 문제다. 다음 글을 함께 참조하라. Shlomith Rimmon-Kenan, 최상규 옮김, 『소설의 현대 시학』(서울: 예림기획, 2003), 130-36; Mieke Bal, 한용환·강덕화 옮김, 『서사란 무엇인가』(서울: 문예출판사, 1999), 134-36, 185-92.

있다. 칼 맘그렌(Carl Duryl Malmgren)은 담론 공간, 즉 화자의 "서술하는 공간"(narrational space)을 그가 "병렬 공간"(paraspace)이라 부르는 독자의 공간과 구별한다. 그리고 그는 담론 공간(서술하는 공간)을 다시 세분해서 허구 공간 지도를 그려낸다. 여기서 서술하는 공간은 도상적 공간(iconic space)과 담화 공간(discursive space)으로 나뉘며, 담화 공간은 다시 통사의 층위와 어휘의 층위로 세분된다.[11] 맘그렌은 "병렬 공간", 즉 독자의 공간에 대한 논의에도 많은 지면을 할애한다.[12] 이는 독자가 텍스트의 의미 창출에 어떻게 기여하는지에 주목하는 것이다. 그리고 이를 통해 독자의 공간은 서술하는 공간의 새로운 차원으로 대두된다. 비슷한 관점에서 브루노 힐레브란트(Bruno Hillebrand)는 볼노브의 책 제목을 따른 것으로 보이는 그의 책 『소설 속의 인간과 공간』(*Mensch und Roam in Roman*)에서 하이데거의 "현존재의 공간성" 논의에 기초하여 작가의 의식과 독자의 재체험을 통해 새로이 형성되는 이야기 공간을 해명하려 시도한다.[13] 이는 성서학에서 "독자 반응 비평"(reader-response criticism)이라 부르는 해석 방법과 상통한다. 우리는 이러한 관점에 따라 독자가 텍스트를 읽어나가는 과정에서 이야기에 관한 정보가 쌓여가며, 서사

---

11 Carl Duryl Malmgren, *Fictional Space in the Moderinist and Postmodernist American Novel* (Lewisburg, Pa.: Bucknell University Press, 1985), 60. 도상적 공간은 조판, 페이지, 어휘, 자모 등을 포함하며, 통사(결합) 층위는 메타언어적 진술, 이데올로기적 진술, 지각적 진술을, 그리고 어휘 층위는 어법 유형, 불협화어, 지시어 등을 포함한다. 여기에 사용된 번역어는 장일구, "소설 공간론, 그 전제와 지평", 한국소설협회 편, 『공간의 시학』(서울: 예림기획, 2002), 27을 따랐다.
12 Malmgren, *Fictional Space*, 109-55.
13 Bruno Hillebrand, *Mensch und Roam in Roman: Studien zu Keller, Stifter, Fontane* (München: Winkler-Verlag, 1971), 24-26; 장일구, "소설 공간론, 그 전제와 지평", 21-24에서 재인용.

공간이 어떻게 점차적으로 구성되어가는지 그 독서 과정을 분석할 수도 있다.

2. 서사 공간과 배경

그러나 이 책의 논의는 담론 공간이나 독자의 공간에까지 나아가지 않고, 이야기 공간, 즉 서술된 공간에 머물고자 한다. 우리의 논의는 아직 시작 단계이므로 독자들의 관심이 집중되는 이야기 속의 세계로부터 시작하여 차차 범위와 깊이를 더해나가는 것이 좋으리라 판단되기 때문이다. 여기서 한 가지 주의할 것은 이야기 공간이란 단지 "배경"의 한 요소로 그치지 않는다는 점이다. 이야기의 3요소는 등장인물(characters)과 사건(events)과 배경(setting)이다.[14] 그중 배경에는 시간적 배경, 공간적 배경, 사회적 배경 등 다양한 측면이 있으며, 공간은 전통적으로 이것들 중 한 측면으로 다루어져왔다. 채트먼은 이야기의 요소들을 다시 "사건적 요소"(events)와 "사물적 요소"(existens: 등장인물과 배경)로 나눈 후, 사건적 요소의 차원이 시간이고 사물적 요소의 차원이 공간이라고 말한다.[15] 그에게서 공간이란 배경과 등장인물들이 배치되는 어떤 틀에 불과하며, 등장인물과 그리고 사건들과의 관계에서 구성되는 공간에 대한 관심은 잘 보이지 않는다.

성서 서사 비평을 개괄하는 한 책에서, 마크 알란 포웰(Mark Allan Powell)은 복음서의 공간적 기술이 매우 제한적이며 극적인 효과를 주는

---

14 서사의 3요소는 등장인물과 사건 그리고 배경이다. 여기서 사건이란 등장인물의 행위이고, 배경이란 그 행위가 이루어지는 환경이다. 한 문장에 비유해보자면, 등장인물이 문장의 주어이고, 사건은 동사이며, 배경은 그 외의 부사 어구라 할 수 있다.
15 Chatman, 『이야기와 담론』, 121.

데에 국한되어 있다고 말한다. "공간적인 배경은 예루살렘, 산, 성전 등으로 간략하게 언급되고 있어서, 독자는 플롯에 직접적으로 관련이 없는 한 이러한 장소들에 대해서 아무런 정보도 받지 못한다."[16] 그러나 실존적 공간의 관점에서 볼 때, 공간이란 저 밖에 객관적으로 존재하는 것이 아니라 인간과의 밀접한 관계 속에서 형성되는 것이다. 다시 말하자면, 공간은 등장인물과 사건의 외부에 연극 무대의 세트처럼 완성품으로 존재하는 것이 아니라 등장인물과의 관계 속에서 사건들을 통해 새롭게 구성되어나가는 것이다. 따라서 서사 공간은 단지 하나의 배경이 아니라, 등장인물과 사건과 배경이라는 서사의 세 요소가 상호 작용하며 만들어지는 더 복합적인 것이라 해야 할 것이다. 우리가 이런 관점에서 복음서를 다시 읽어보면, 포웰의 주장과는 달리 복음서가 공간에 대한 정보들로 가득함을 알 수 있게 된다.

B. 현상학적 이야기 공간

그럼 이제 서사 공간 중 이야기 공간에 주목하여 누가-행전의 이야기 공간이 어떻게 구성되는지 현상학의 관점으로 들여다보자. 먼저 우리가 지금까지 현상학적 공간의 특징으로 확인한 몇 가지 요소들, 즉 ① 중심, ② 위상학적 구조(장소, 통로, 영역), ③ 다양한 정체성(동일시, 역동일시, 비동일시), ④ 공간 재전유 등을 누가-행전에 어떻게 적용할 수 있을지 그 방향성을 탐색해본 후 구체적인 본문 해석의 사례로 넘어가보자.

---

16 Powell, 『서사비평이란 무엇인가?』, 124-25.

1. 중심

렐프는 실존적 공간을 성스러운 공간과 세속적인 지리적 공간으로 나누는데, 누가-행전의 서사 공간은 성스러운 공간의 특징들을 고스란히 가지고 있다. 엘리아데에 의하면, 성스러운 공간의 중심은 "성현"을 통해 세워진다. 그 중심에는 수직으로 솟은 "세계의 축"이 있으며, 그 중심 도시는 "세계의 모상"으로 형태화된다. 세계는 그것을 중심으로 유한한 범위 내에 만들어지고, 그 경계선 밖에는 세계가 존재하지 않는 것으로 여겨진다.

누가-행전 서사의 중심은 예루살렘이며, 그 가운데서도 성전이 중심점의 역할을 한다. 누가복음의 이야기는 예루살렘 성전에서 시작하여 성전에서 끝나며, 사도행전의 이야기 역시 예루살렘에서 출발하여 거듭 예루살렘으로 돌아오는 구조로 되어 있다. 누가복음에서 예루살렘이 차지하는 중심적 위치는 공관복음서의 다른 두 책인 마가복음 및 마태복음과 비교해보면 더 분명해진다. 마가와 마태에 의하면, 예수의 공생애 대부분은 갈릴리에서 이루어졌고, 예수는 단지 그의 지상 생애의 마지막 짧은 기간(마가복음에서는 일주간)에 처음으로 예루살렘에 올라갔다가, 거기서 붙잡혀 십자가에 처형당한다. 그러나 그는 사흘 만에 부활하여 갈릴리로 돌아온다(막 14:28; 16:7; 마 26:32; 28:10). 부활하신 예수가 제자들에게 나타난 장소는 갈릴리다(마 28:16). 그러나 누가-행전은 이와 다르게 말한다. 누가복음에서는 부활하신 예수가 예루살렘에서 제자들에게 나타난다(눅 23:33, 36). 누가-행전에서 예수는 탄생 직후와 열두 살 때 이미 예루살렘에 올라가고, 그의 수난, 부활, 부활 현현, 승천 등 핵심적인 사건들이 모두 예루살렘에서 이루어진다.

예수의 승천 장면은 세계 축의 한 모형을 보여준다. 세계의 많은 지역에서 세계 축은 산으로 나타나며, 이 세계 축은 이 세상을 천상과 지하로 수직적으로 연결한다. 세계 축을 통해 한 차원으로부터 다른 차원으로의 이행이 일어나는 것이다. 사도행전 1:9-11은 예수가 예루살렘 부근의 올리브산(감람산)에서 승천한 것으로 기술한다. 누가는 올리브산이 예루살렘과 아주 가까운 거리(1km 이내)에 있음을 강조하면서 올리브산과 예루살렘을 서로 연결된 하나의 중심 공간으로 설정한다(행 1:12).[17] 예수는 이 올리브산에서 하늘로 올라가면서 이 세상으로부터 천상 세계로의 돌파가 일어난다. 올리브산이 세계 축으로서 기능하는 것이다.

그런데 누가는 유대교의 전통을 따라 예루살렘을 중심으로 설정하면서, 동시에 예루살렘의 중심성을 극복하고자 한다. 유대교의 중심인 예루살렘 성전을 상대화하는 것이다. 그래서 스데반은 성전의 전신이라 할 수 있는 증거의 장막, 즉 성막과 광야 교회를 성전의 본질로 제시한다(행 7:44 이하). 출애굽한 이스라엘이 광야에서 40년을 떠도는 동안 그들이 머무는 진의 한 가운데에는 성막이 있었고, 그 성막 위에 낮에는 구름 기둥이 밤에는 불 기둥이 높이 서 있었다. 이스라엘은 그 기둥의 움직임에 따라 이동과 정주를 반복했다(예. 출 13:21-22 등). 그것은 하나님의 현현을 상징하는 것으로서(예. 출 33:9-10) 이동하는 세계 축이라 할 수 있는 것이었다. 그런데 누가가 제시하는, 이동하는 세계 축의 중심은 예수 그리스도다. "변화산"이라 불리는 한 산에서 일어난 사건이 그것을 잘 보

---

17 유대인들의 율법은 안식일에 일하는 것을 금지했으며, 그것은 먼 거리를 걷는 일을 포함했다. 그래서 율법은 생존에 필요한 최소한의 이동만을 허락했는데, 그 허용된 거리는 2천 규빗이다. 2천 규빗은 대략 1km보다 짧은 거리다. F. F. Bruce, *The Acts of the Apostles: Greek Text with Introduction and Commentary* (Grand Rapids: Wm. B. Eerdmans, 1990), 105.

여준다. 예수께서 이 산에 올라 기도하시는 중 하늘로부터 모세와 엘리야가 내려와 예수와 대화를 나눈다(눅 9:28 이하).

이렇게 예루살렘은 누가-행전의 중심이자 세계의 중심이다. 비록 그것은 예수 그리스도에 의해 상대화된다는 전제하에서 기술되긴 하지만 말이다. 사도행전 1:8에서, 부활하신 예수는 그의 제자들이 예루살렘으로부터 온 유대와 사마리아를 거쳐 땅끝까지 이르러 그의 증인이 될 것이라고 예고하시는데, 그 예고대로 예루살렘(행 1-7장)에서 출발한 움직임은 온 유대와 사마리아 지방을 거쳐(행 8:1) 땅끝으로 확장되어간다. 사도행전이 말하는 "땅끝"이 어디인지는 학자들 사이에서 논란거리다. 나는 뒤에서 누가-행전의 "땅끝"이란 예루살렘을 중심으로 펼쳐진 세계의 경계선을 가리킨다는 것을 본문 분석을 통해 보여줄 것이다. 또 뒤에서 자세히 서술하겠지만, 사도행전에서 전 세계는 예루살렘을 중심으로 네 구역으로 분할된다(행 2:9-11).

2. 공간의 위상학적 구조

볼노브는 공간에 대한 여러 관점을 소개하면서 길을 통해 개척되는 "호돌로지 공간"과 인간이 머물러 활동하는 "행위 공간"을 구별한다. 케빈 린치에게서 영감을 얻은 노베르그-슐츠는 거기에 "영역"을 더하여 "장소(중심)"와 "통로(방향)"와 "영역(구역)"의 위상학적 구조를 제안한다. 렐프도 이 구조를 그대로 수용한다. 장소의 특성은 그 자체만으로 머물지 않고 그것을 둘러싼 주변과의 상호 작용의 결과로 이해되는데, 그 상호 작용 속에 장소를 다른 장소와 연결하는 것이 통로다. 영역은 장소와 통로를 전경으로 드러내어주는 배경으로 기능한다. 이 세 요소는 상황에 따라 서로 다른 비중으로 결합된다. 장소는 통로의 출발점이자 목표가 되지만, 때로는 통로 자체가 어떤 성격을 가진 것으로 체험되며, 다른 요소들을 통일하는 중심이 되기도 한다. 또 경우에 따라서는 영역이 중심이 되어 전경으로 부각되기도 한다.

예루살렘은 누가-행전 전체의 1/3에 가까운 분량의 사건들이 일어나는 누가-행전 서사의 가장 두드러진 "장소"이자 "행위 공간"(Handlungsraum; space of action)이다. 예루살렘은 이미 예수의 탄생과 유년 시절 이야기의 무대가 되며(눅 1:5-25; 2:22-38, 41-52), 예수의 수난 및 죽음과 부활의 이야기가 펼쳐지는 수난사화의 배경이기도 하다(눅 19:45-24:52). 사도행전은 예루살렘에서 일어난 사건들을 담은 긴 이야기(행 1-7장)로 시작되어, 그 이후에도 예루살렘이 종종 주요 사건의 무대가 되며(행 11장, 12장, 15장), 바울도 예수처럼 예루살렘에서 고난을 당한다(행 21:17-23:30). 그뿐 아니라 누가-행전 서사의 많은 부분은 예루살렘으로 향하는 또는 예루살렘을 떠나는 여행으로 이루어진 "호돌로지 공간" 또는 "통로"를 기술하는 데 할애된다. 누가복음은 예수와 제자들이 예루살렘을 향해 가는 여행을 길게 기술하며(눅 9:51-19:44), 사도행전 역시 많은 분량을 세 번에 걸친 바울의 전도 여행에 할애한다. 그 둘을 합하면, 누가-행전의 1/3 가까이가 여행 이야기다. 바울은 각 여행을 마칠 때마다 예루살렘에 올라간다(행 15장; 18:22; 19:21-21:16). 바울의 전도 여행에는 수많은 "장소"들이 등장하며, 그 장소들을 잇는 통로들로 우리의 관심을 이끈다.

누가-행전의 장소들과 통로들의 배경을 이루는 것은 로마 제국이 지배하는 "영역"(domain)이다. 누가복음을 마가복음이나 마태복음과 비교해보면 그 배경이 되는 영역에서 뚜렷한 차이가 드러난다. 이것을 그 시대의 통치자들과 관련해서 생각해볼 수 있다. 왜냐하면 그 시대에 땅은 통치자의 것이라서 영역을 구별하는 가장 뚜렷한 지표는 바로 그 땅의 통치자가 누구인지와 관련이 있기 때문이다. 마가복음은 장소와 통로에 집중하는 반면 그 배경이 되는 영역에는 큰 관심이 없어 보인다. 마가복음의 사건들은 주로 갈릴리와 예루살렘이라는 큰 지역을 중심으로 벌어지는데, 두 지역은 영역이라기보다는 장소에 가깝다. 마태복음은 예수가 유대 왕 헤롯 시대에 태어나셨다고 기술하면서 헤롯의 영토인 팔레스타인 전체 지역을 복음서의 배경 영역으로 제시한다(마 2:1). 예수의 모든 활동은 그의 구원의 대상인 유대인들과 유대인들의 땅을 배경으로 이루어진다. 물론 예수의 활동과 그 사역의 목표가 그 땅과 유대인들로 제한되는 것은 아니다. 그러나 심지어 그러한 보편적 구원에 대한 논의까지도 유대인들의 땅을 배경으로 이루어진다.

누가는 마태복음보다 더 넓게 로마 제국을 이야기의 배경으로 설정한다. 누가복음은 예수의 이야기가 시작되기 전에 이미 서문에서 로마의 한 관리로 보이는 "데오빌로"에게 책을 헌정하며(눅 1:3), 아우구스투스 황제(눅 2:1)와 티베리우스 황제(눅 3:1)를 비롯하여 로마의 군인들과 관리들을 곳곳에서 언급하면서(눅 7:1 이하의 백부장; 눅 13:1 이하의 빌라도, 23장의 빌라도와 또 다른 백부장) 처음부터 그리고 반복하여 로마 제국의 현존을 보여준다. 특히 누가는 갈릴리 나사렛에 살던 예수의 부모가 베들레헴에서 아기를 낳게 된 배경을 아우구스투스 황제의 호적령과 관련짓는다. 누가복음 2:1은 아우구스투스가 "온 세계"($πᾶσα\ ἡ\ οἰκουμένη$)에 칙령을 내렸다고 기술하면서 로마가 전 세계를 다스리는 제국임을 보여준다. 이처럼 누가-행전의 모든 이야기는 로마라는 영역을 배경으로 삼아 이루어진다. 그리고 사도행전으로 가면, 로마 제국이 흐릿한 "영역"에 머물지 않고, 전경으로 좀 더 가깝게 부각된다. 사도행전 1:8에 언급된 "땅끝"과 2:9-11에 언급된 지역의 이름들, 특히 바대(파르티아)는 심지어 로마 제국보다 더 큰 영역을 그 영역으로 설정한다. 그것은 사도행전 8장에서 빌립이 만난 여왕 간다게의 관리의 본국인 이디오피아도 마찬가지다. 12장의 헤롯 아그립바 1세는 로마 황제의 비호를 받는 왕이었고, 13장 이후 바울의 전도 여행은 본격적으로 로마 제국의 영역에서 이루어진다. 그리고 사도행전은 바울이 죄수의 몸으로 로마에 호송되어 재판을 기다리는 가운데 그를 찾아온 사람들에게 복음을 선포하고 가르치는 장면으로 끝난다.

3. 동일시, 비동일시, 역동일시

로즈가 잘 보여준 것처럼, 사람들이 장소와 맺는 관계는 다면적이고 복합적이기 때문에, 때로는 동일시에 의해 장소감이 형성되지만, 때로는 역동일시나 비동일시가 이루어질 수도 있으며, 한 장소에 대해서도 여러 가지 장소감이 함께 적용될 수 있다. 누가복음의 예수는 사마리아라는 장소에 대해 일반적인 통념과는 다른 장소감을 가지고 있다. 예수의 제자들을 포함하여 그 시대의 유대인들은 사마리아에 대해 비동일시 또는 심지어 역동일시를 강하게 보여준다. 반면에, 예수는 사마리아와 자신을 동일시하는 것으로 보인다(예. 눅 10:25-37, "선한 사마리아인의 비유"; 눅 17:11-19, "한센병을 치유 받은 사마리아인"). 사도 바울은 예루살렘, 다마스쿠스, 고향 다소(다메섹)를 비롯하여 전도 여행 중 방문한 수많은 장소와 관련된다. 각각의 장소들은 바울에게 조금씩 다르게 경험되었다. 특히 회심 전과 후 그가 예루살렘에 대해 가지는 장소감은 동일하지 않았을 것이다. 그 경험들 역시 동일시, 비동일식, 역동일시의 관점에서 분석해볼 수 있을 것이다.

4. 공간 재전유

공간의 생산은 전에 없던 장소를 새로 만들어내는 일과 함께 기존의 장소를 변형하는 것을 포함한다. 후자를 가리켜 "공간의 재전유"(reappropriation of space)라 한다. 그러나 르페브르의 이론에서 공간의 재전유는 그보다 좀 더 특별한 의미로 사용되기도 하는데, 그것은 피지배자들이 지배자들의 공간을 전유하여 재현 공간(space of representation)으로서의 생활 공간을 되살려내려 하는 시도를 가리킨다.

이 "공간 재전유"는 누가-행전의 해석에 매우 중요한 관점을 제공해 줄 수 있다. 왜냐하면 누가복음의 중심 주제는 다른 공관복음서들과 같이 하나님 나라인데, 하나님 나라는 하나님의 모든 창조 영역에 세워지는 것으로서 로마 제국과 동일한 공간에서 충돌할 수밖에 없기 때문이다. 그래서 누가는 곳곳에서 하나님 나라가 확장되어가는 과정을 로마 제국 공간의 재전유로 기술한다. 누가-행전에서 때로는 로마 제국 전체가 공간 재전유의 대상으로 제시되며(행 1:8), 때로는 성전 공간을 재전유하기도 하고(눅 19:47-21:38; 행 3장), 그보다 작게 한 바리새인의 집에서 공간 재전유가 이루어지기도 한다(눅 7:36-50).[18]

C. 누가-행전의 공간 연구

성서 텍스트의 해석을 주 임무로 하는 성서학의 본분에 비추어볼 때, 새로운 해석 방법의 유용성은 과연 그 방법이 성서 해석에 새로운 빛을 비

---

18 누가복음 7:36-50을 공간 재전유로 해석한 사례는 다음 글을 참조하라. 안용성, "하이데거의 '세계'에 비추어 보는 Lefebvre의 '사회적 공간': 성서 서사 공간 해석을 위한 이론적 논구", 『한국기독교신학논총』 91(2014), 23-26.

추어줄 수 있느냐에 달려 있다. 다시 말해서, 그동안 다른 방법으로는 잘 드러나지 않던 텍스트의 의미가 그 해석 방법을 통해 새로이 드러날 때, 그 방법은 유용성을 인정받는다. 그 방법이 한 텍스트에만 해당되지 않고 그와 유사한 장르나 주제의 다른 텍스트에도 일반적으로 적용할 수 있는 것이라면 그 가치는 더 높아질 것이다. 그러한 유용성의 입증을 위해서는 우선 그동안 기존 성서학계에서 누가-행전의 공간에 대한 연구가 어떻게 이루어져왔는지를 제시하고, 그런 연구와 비교해서 현상학의 관점이 성서학계에 어떤 새로운 기여를 할 수 있는지를 보여줄 필요가 있다. 그러나 이 책은 성서학 내 기존 연구와 비교하는 작업을 생략하고자 하는데, 그것은 성서학 전공자에 국한하지 않고, 좀 더 넓은 범위의 다양한 독자와 학제간 대화를 시도하기 위해서다. 다음 장에서는 현상학적 공간 이론의 관점에서 누가-행전을 해석한 사례들을 제시할 것인데, 가급적 성서학자들의 전문적인 문제들로 깊이 들어가지 않고, 비전공 독자들도 관심을 가질 만한 평이한 주제들을 중심으로 이해하기 쉽게 서술하고자 노력할 것이다.

이 책에서 다루어지는 공간 모티프, 특히 예루살렘의 중심성이나 "길"과 같은 주제들은 기존의 성서학계에서도 중요하게 다루어져 왔다. 특히 현대 누가-행전 연구의 초석이 되었고 지금까지도 그 영향력이 사라지지 않고 있는 콘첼만(Hans Conzelmann)의 『시간의 중심』(*Die Mitte der Zeit*, 1953)[19] 제1부는 누가복음의 지리적 요소들을 분석하는 데 할애되었다. 콘첼만은 자신이 주장하는 누가의 3단계 구속사의 시대 구분을 지

---

19 영어 번역본의 서지 사항은 다음과 같다. Hans Conzelmann, trans. Geoffrey Buswell, *The Theology of St. Luke* (Phliladelphia: Fortress, 1961).

리적 구분과 연결하면서—비록 오늘날 그의 지리적 구도가 널리 받아들여지지는 않을지라도—"공간"을 누가-행전 연구의 피할 수 없는 주제로 만들었다. 그가 현상학적 공간에 관심을 가지고 있었던 것으로 보이지는 않는다. 그러나 콘첼만은 누가-행전의 장소들이 단순히 지도상의 좌표들로 그치지 않고, 등장인물들과 그리고 구원 사건과 긴밀하게 연결되어 있음을 보여주면서 현상학의 관점을 본문 해석에 적용할 수 있는 연결점들을 미리 만들어놓았다.

콘첼만의 영향이 아니더라도, 예수와 바울의 여행이나 예루살렘으로부터 땅끝으로 움직이는 복음의 지리적 확산 등은 누가-행전에 상당히 뚜렷하게 드러나는 주제들이기 때문에, 누가-행전 연구에서 공간은 빠뜨릴 수 없는 관심거리가 되었고, 이에 대해 적지 않은 연구가 축적되었다.[20] 따라서 너무 당연한 말이지만, 이 책에서 다루어진 공간 주제들

---

20 성서지리학은 성서학의 중요한 한 부분이다. 성서 전체와 복음서의 지리에 관한 가장 포괄적인 안내는 다음 글들을 참조하라. P. S. Alexander, "Geography and the Bible," *Anchor Bible Dictionary*, II, 961-88; William D. Davies, *The Gospel and the Land: Early Christianity and Jewish Territorial Doctrine* (Sheffield: JSOT Press, 1994).
　앞에서도 언급했던 다음 다섯 권의 책들은 최근 영미권 성서학계에서 일어나고 있는 새로운 공간 연구의 흐름을 잘 보여준다. Jon L. Berquist and Claudia V. Camp, eds., *Constructions of Space I: Theory, Geography, and Narrative* (New York: T&T Clark, 2007); idem., eds., *Constructions of Space II: The Biblical City and Other Imagined Spaces* (New York: T&T Clark, 2008); Jorunn Økland, J. Cornells de Vos and Karen Wenell, *Constructions of Space III: Biblical Spatiality and the Sacred* (London: Bloomsbury T&T Clark, 2016); Mark K. George, *Constructions of Space IV: Further Developments in Examining Ancient Isreal's Social Space* (London: Bloomsbury T&T Clark, 2013); Gert T. M. Prinsloo & Christl M. Maier, *Constructions of Space V: Place, Space, and Identity in the Ancient Mediterranean World* (London: Bloomsbury T&T Clark, 2013).
　누가-행전 연구에서는 Richard Bauckham, Loveday Alexander, James M. Scott 등의 연구가 기존 성서지리학의 관점과는 다른 시각을 열어준다. Richard Bauckham, "James at the Centre: A Jerusalem Perspective on the New Testament," Inargural Lecture as

이 처음 다루어진 것은 아니다. 이 책은 그것을 다만 현상학적 공간이라는 새로운 관점에서 다룰 뿐이다. 현상학적 관점의 연구도 전혀 없었던 것은 아니다. 종교 현상학자인 엘리아데의 "세계의 축"과 "세계의 모상"이라는 관점을 성서 해석에 적용한 사례들은 종종 발견된다. 그러나 그 외에는 현상학적 공간의 관점으로 누가-행전을 해석한 사례가 거의 없다. 나는 이 책에서 연구한 현상학의 관점을 누가-행전의 서사 연구에 적용하면서 기존의 연구들이 주목하지 못했던 새로운 의미를 드러내 줄 수 있다고 생각한다. 또 기존의 해석들이 이미 제시한 논점들과 관련해서도 그런 논점을 더 설득력 있게 뒷받침해주거나 논박할 것을 기대한다. 이제 앞에서 제시한 몇 가지 주제를 염두에 두고 누가-행전의 이야기 공간으로 들어가 보자.

Professor of New Testament Studies, University of St Andrews, delivered on 17 March 1994; Loveday Alexander, "'In Journeying Often': Voyaging in the Acts of the Apostles and in Greek Romance"; idem., "Narrative Maps: Reflections on the Toponomy of Acts," in idem., *Acts in Its Ancient Literary Context* (New York: T&T Clark, 2005); James M. Scott, "Luke's Geographical Horizon," in *The Book of Acts in its First Century Setting, vol. II. Graeco-Roman Setting* (eds. David Gill & Conrad Gempf; Grand Rapids: Wm. B. Eerdmans, 1994), 483-544.

제9장

누가-행전 해석 사례

예루살렘에서 땅끝까지

A. 예루살렘: 누가-행전 서사의 중심

예루살렘이 유대교와 기독교에서 차지하는 중심성에 대해서는 따로 언급할 필요가 없을 것이다. 과거나 지금이나 예루살렘은 유대교의 중심 도시일 뿐 아니라 기독교의 성지이기 때문이다. 그래서 누가-행전에서 예루살렘이 중심적인 위치를 차지한다는 사실이 많은 독자들에게는 그리 새로울 것이 없는 진부한 주장으로 들릴 것이다. 그러나 신약성서 저술 당시의 상황을 떠올려보면 그것이 그리 당연한 일은 아님을 알 수 있다. 왜냐하면 예수는 유대교 지도자들의 모함으로 빌라도의 법정에서 유죄 판결을 받고 십자가에 처형되었고, 그 지도자들의 본거지이자 예수의 처형 장소가 바로 예루살렘이었기 때문이다. 예수뿐 아니라 그리스도인들도 예루살렘에서 전혀 환영받지 못했다. 사도행전은 예루살렘에서 자행된 그리스도인들에 대한 탄압과 박해를 반복해서 보여준다(행 3-5장, 7장, 12장, 21-23장 등). 이러한 상황을 반영하여, 다른 복음서들은 갈릴리를 예수께 우호적인 장소로 성격화하고, 예루살렘은 예수께 적대적인 장소로 성격화하고 있음을 볼 수 있다. 그런데 어떻게 누가복음과 사도행전에서는 예루살렘이 중심적인 위치에 놓이게 된 것일까?

1. 누가-행전의 예루살렘

누가-행전에서 예루살렘은 다른 복음서들보다 훨씬 더 자주 사건의 무대가 될 뿐 아니라 서사 내의 중요한 지점들에서 예루살렘이 등장한다. 좀 더 구체적으로 살펴보면, 먼저 누가복음의 모든 이야기는 예루살렘에서 시작해 예루살렘에서 끝난다. 누가복음 서문(눅 1:1-4) 후에 이어지는 이야기의 첫 장면(눅 1:5 이하)[1]은 예루살렘 성전에서 제사장 사가랴가 분향하던 중 일어난 일을 기술한다. 여기서 사가랴는 자기 아들 세례 요한의 탄생에 대한 예고를 천사로부터 듣는다. 그리고 누가복음의 마지막 장면은 제자들이 부활하신 예수를 만나고 그가 하늘로 올라가신 후에 그들이 예루살렘 성전에서 기뻐하며 찬양하는 모습을 보여준다(눅 24:52-53).

누가복음과 함께 공관복음을 구성하는 마가복음 및 마태복음과 비교해보면, 누가복음에서 예루살렘이 차지하는 중심적 위치가 더 분명히 드러난다. 마가복음과 마태복음에 의하면, 예수의 지상 사역의 주 무대는 갈릴리였고, 그가 예루살렘을 처음 방문하신 것은 그의 지상 생애 마지막 짧은 기간뿐이었다. 마가복음은 이 기간을 종려주일 입성으로부터 부활주일까지 단 한 주간(막 11-16장)으로 기술한다. 그 전에도 마가복음에서 예루살렘이 언급되기는 한다. 그러나 예루살렘은 두 번 비교적 우호적으로 언급된 것(막 1:5; 3:8)을 제외하고는 초반부터 주로 부정적인 함의를 띠고 나타난다. 예루살렘에서 내려온 유대교 지도자들은 예수의

---

[1] 눅 1:1-4은 누가복음의 서문으로서 이야기 세계 밖에 존재한다. 누가복음은 예수의 이야기인데, 서문은 그 이야기 세계 속에 있는 일을 기술한 것이 아니라 이야기 세계 밖에서 화자와 수화자가 주고받는 내용이다. 그래서 1:5 이하를 누가복음의 첫 장면이라 하는 것이다.

적대자들이며(막 3:22; 7:1), 예루살렘의 지도자들이 예수를 죽음으로 몰아갈 것임이 예고된다(막 10:32-33). 그것은 마태복음에서도 크게 다르지 않다.

그러나 누가복음은 다르다. 물론 누가복음에서도 예루살렘은 예수에게 적대적인 장소이며(눅 22:1-24:53), 마태복음이나 마가복음처럼 누가복음에서도 그 일이 미리 예고된다(눅 18:31-33). 그러나 그러한 부정적 측면과 함께 누가복음의 예루살렘은 많은 긍정적인 측면들을 가지고 있다. 나아가 누가복음에서 예루살렘은 다른 복음서들에서는 언급되지 않은 중요한 사건들의 무대가 된다. 누가복음의 첫 장면(눅 1:5 이하)에서 예루살렘은 하나님의 계시의 장소다. 예수는 태어난 직후에 이미 부모에게 안겨 예루살렘을 방문하는데, 그곳에는 예수를 알아보는 경건한 사람들이 있었다(눅 2:22 이하). 예수가 열두 살 되던 해에 유월절을 지키기 위해 예루살렘에 올라갔을 때에도, 그 도시는 소년 예수에게 호의적이었다(눅 2:41 이하).

예루살렘은 예수의 십자가 처형이라는 비극적 사건이 일어난 장소이지만, 부활과 부활 현현 그리고 승천이 이루어진 영광의 장소이기도 하다. 마태복음과 마가복음에서 부활 현현의 장소, 즉 부활하신 예수께서 제자들에게 자신을 드러내 보이신 장소는 갈릴리다. 예수는 최후의 만찬 자리에서 제자들에게 그가 다시 살아난 후 갈릴리로 갈 것이라 예고하며(막 14:28; 마 26:32), 부활의 새벽에 무덤에 나타난 천사들이 그 약속을 다시 확인해준다(막 16:7; 마 29:10). 부활하신 예수는 자신의 말씀대로 갈릴리에서 제자들을 만난다(마 28:16). 그러나 누가복음에서는 부활하신 예수가 예루살렘에서 제자들을 만난다(눅 23:33, 36). 그뿐만 아니라 그는 예루살렘 부근 올리브산에서 하늘로 승천한다(행 1:9-11). 누가는 올리브산이 예루살렘으로부터 아주 가까운 거리에 있다는 사실을 강조하면서(행 1:12), 올리브산을 예루살렘이라는 공간의 범위 내에 포함시킨다. 사도행전에서도 예루살렘은 유대교의 중심지로서 제자들을 박해하는 장소이지만(행전 4-5장; 6:8-8:1; 12장, 21-23장 등), 동시에 그리스도인들이 적극적으로 활동한 교회의 발상지이자 중심지이기도 하다(행 2-3장; 5:12-16).

누가가 "예루살렘"을 언급할 때 그것은 지도상에 위치한 한 지리적 공간을 가리킨다. 하지만 때로 그는 예루살렘에 거주하는 사람들을 가리켜 "예루살렘"이라 부르기도 한다. 여기서도 예루살렘의 양면성이 나타난다. 한편으로 예루살렘은 어떤 악의 지배로부터 "속량" 받아야 할 하나님의 백성들(눅 2:38)이지만, 다른 한편으로는 하나님의 예언자들을 박해하는 악의 무리들이기도 하다(눅 13:34). 하나님은 암탉이 병아리를 품듯 예루살렘 사람들을 품고자 하셨으나, 그들은 이를 거부했다(눅 13:34). 그러나 예루살렘에는 그런 사람들만 있는 것이 아니라 예수의 십자가 처형을 슬퍼하여 처형장으로 울며 따라오는 여인들도 있다. 예수는 그 여인들을 가리켜 "예루살렘의 딸들"이라 부르신다(눅 23:28). 이처럼 예루살렘은 지리적 공간을 나타낼 뿐만 아니라 그곳에 거주하는 사람들도 나타낸다. 다시 말해서, 예루살렘은 단지 지리상의 한 객관적 공간이 아니라 그곳에 거주하는 사람들과의 밀접한 관계 속에서 그 정체성이 결정되는 "장소" 또는 "사회적 공간"이다.

2. 예루살렘의 정체성

누가복음의 예루살렘은 긍정적인 동시에 부정적인 양면성을 가지고 있기 때문에, 예루살렘이라는 장소의 정체성 또는 화자와 등장인물들이 그 장소에 대해 가지는 장소감 역시 복합적이다. 동일한 인물이 예루살렘에 대해 복합적인 장소감을 가지며, 또 이야기 내의 서로 다른 등장인물들이 그 도시에 대해 서로 다른 장소감을 가진다. "동일시", "역동일시", "비동일시"라는 로즈의 관점을 여기에 적용해보자. 예수가 예루살렘을 바라보며 우시는 장면에서 예루살렘에 대한 예수의 장소감이 가장 극명하게 드러난다. 이것은 예수가 그의 지상 사역의 마지막 기간에 예루살렘에 입성하는 과정에서 일어난 일이다.

예수께서 예루살렘 가까이에 오셔서 그 도성을 보시고 우시고 이렇게 말씀하셨다. "오늘 너도 평화에 이르게 하는 일을 알았더라면, 좋을 터인데! 그러나 지금 너는 그 일을 보지 못하는구나. 그날들이 너에게 닥치리니, 너의 원수들이 토성을 쌓고, 너를 에워싸고, 너를 사면에서 죄어들어, 너와 네 안에 있는 네 자녀들을 짓밟고, 네 안에 돌 한 개도 다른 돌 위에 얹혀 있지 못하게 할 것이다. 이것은 하나님께서 너를 찾아오신 때를, 네가 알지 못했기 때문이다"(눅 19:41-44).

이 장면에서 예수는 예루살렘을 2인칭 "너"로 호명하시는데, 그 2인칭의 사용은 양의성을 가지고 있다. 먼저 "너"는 나와 친밀한 관계에 있는 대상을 가리키는 말로서 예루살렘에 대한 예수의 친근감을 표현한다. 예수는 이미 어린 시절부터 예루살렘을 방문하여 친밀한 관계를 형성하고 있었고, 성전을 가리켜 "내 아버지의 집"이라 부르셨다. 그가 예루살렘을 보고 우시는 것은 그 친근감이 바탕에 있기에 가능한 일이다. 그러나 동시에 "너"라는 호칭은 분리를 암시한다. 우리가 동일시를 이루는 장소는 대개 1인칭 소유격으로 수식된다. "내" 집, "내" 고향 또는 "우리" 집,

"우리" 마을 식으로 말이다. 그러나 예수는 이제 예루살렘을 1인칭(내 아버지의 집)이 아니라 2인칭(너)으로 부르면서 거리감을 표현한다. 이것은 예루살렘이 하나님의 방문을 거절했기 때문이다. 하나님의 도성이었던 예루살렘이 언제부터인가 적대자들에게 넘어가 하나님을 거부하는 장소가 되어 있는 것이다. 따라서 예루살렘을 바라보며 흘리는 예수의 눈물에는 애정과 회한의 양가감정, 즉 동일시와 비동일시가 함께 담겨 있다고 할 수 있다.

예루살렘에 대한 동일시는 예수만의 것이 아니다. 그의 적대자들도 예루살렘에 대해 강한 동일시를 하고 있다. 예수께서 성전에 들어가셔서 사람들을 가르치실 때, 대제사장들과 율법학자들과 장로들은 예수께 나아와 이렇게 따져 묻는다. "당신이 무슨 권한으로 이런 일을 합니까? 누가 이런 권한을 당신에게 주었습니까?"(눅 20:1-2) 이 말 속에는 성전에 대한 권한이 자신들에게 있다는 주장이 암시되어 있다. 그들은 성전의 지도자들로서 성전이 자신들의 공간이라 믿고 있다. 예수는 그들의 질문에 대해 유명한 "포도원 소작인의 비유"(눅 2:9-18)로 응수하신다. 그 비유의 핵심은 성전의 소유자는 그들이 아니라 하나님이시며, 그들은 관리를 위탁받은 소작인들에 불과하다는 것이다. 예수는 성전이 그들의 공간이 아니라 "내 아버지의 집"이라 말씀하고 계신다.

예루살렘의 정체성이 이렇게 복합적이라면, 그러한 장소가 이야기의 중심이 될 수 있을까? 엘리아데의 관찰에 비추어 볼 때, 세계의 축이자 코스모스의 중심이 되는 그 공간은 성스러운 공간이다. 그렇다면 세계의 중심이란 이런 모든 갈등과 대립을 초월한 곳이 되어야 하지 않을까? 만일 중심이 이렇게 불안하다면, 어떻게 그 중심에 토대해서 새로운 세계가 만들어질 수 있을까? 결론을 먼저 말하자면, 누가-행전의 예루살렘은 이미 정립된 중심이 아니라 이제 바야흐로 중심으로 세워져 가는 과정에 있는 공간이다. 누가-행전은 예루살렘 주변에 펼쳐진 혼돈의 세계(카오스)를 뚫고, 그곳에 상징적인 세계 축을 창건함으로써 그곳으로부터 새로운 코스모스를 건설해가는 과정을 보여준다.

3. 예루살렘 공간 재전유

서로 적대적인 두 그룹이 동일한 장소를 동일시의 대상으로 삼을 때, 거기에는 대립과 갈등이 불가피하게 발생한다. 그 대립과 갈등은 예루살렘 공간에 대한 예수의 재전유로 이어진다. 그 공간의 재전유가 가장 두드러지게 나타난 사건이 예수의 성전 개혁이다. 종려주일에 예루살렘에 입성하신 예수는 마치 미리 계획하고 작정하신 듯 곧바로 성전에 들어가서 장사하는 사람들을 내쫓으며 성전의 질서를 바로잡으신다(눅 19:45-46).

우리가 이 사건을 이해하기 위해서는 그 당시의 역사적 배경을 잠시 되돌아 필요가 있다. 예수 당시 예루살렘 성전은 유대교의 중심이면서 동시에 권력형 부패의 본산이기도 했다. 대제사장을 비롯한 성전 관리자들이 성전 권력을 자신들의 사익의 수단으로 삼았기 때문이다. 구약성서의 율법은 짐승을 제단에 바칠 때 흠이 없는 온전한 것들만 드릴 수 있도록 규정했는데, 제사장들이 이를 악용해 예배자들이 가져온 짐승들에 대해 부적격 판정을 남발했다. 부적격 판정을 받은 이들 중 멀리 지방에서 올라온 사람들은 짐승을 구하러 다시 집에 다녀오기 힘들기 때문에 할 수 없이 성전에서 파는 짐승을 구입해서 제사를 드려야 했다. 그렇게 짐승을 팔아 얻는 수익이 막대했고, 상인들과 성전 관리자들 사이에는 수의 계약이 오가며 부패가 이어지고 있었다. 다른 하나는 모든 유대인은 성전세를 납부해야 하는데, 그 성전세를 반드시 유대의 화폐로 환전해서 내도록 하면서 환전 차익을 거두는 것이다. 그런 연유로 해서 성전 뜰에는 짐승을 파는 상인들과 돈을 바꾸어주는 환전상들이 진을 치고 있었다. 그런데 예수께서 그들을 성전 밖으로 쫓아내신 것이다. 그렇게 행동하시면서 예수는 부패한 유대교 지도자들의 공간이었던 성전을 재전유(reappropriation of space)하신다.

이 사건에서 우리가 주목할 것은 예수께서 성전을 가리켜 "내 집"이라 부르시는 장면이다. 예수의 말씀을 들어보자.

> 성경에 기록하기를 "내 집은 기도하는 집이 될 것이다" 하였다. 그런데 너희는 그것을 강도들의 소굴로 만들어버렸다(눅 19:46).

물론 예수께서 인용하신 이사야 56:7에서 "내 집"이란 "하나님의 집"을 가리킨다. 그러나 앞서 확인한 것처럼 어린 시절 예수는 성전을 "내 아버지의 집"으로 인식하고 있었고, 이 성전 정화 장면에서는 아버지의 권한을 대행하는 존재로서 성전과의 강한 동일시를 보여주고 계신다. 우리의 일상적인 어법에서도 "내 집"(우리 집)은 곧 아버지의 소유인 집일 경우가 많지 않은가? 설령 그것과 동일하지는 않더라도 비슷한 점이 많다고 할 수 있다. 예수는 성전 지도자들이 자기들의 영역으로 간주하고 있었던 성전을 다시 회복, 즉 재전유하여 그곳에 코스모스의 중심을 세우고자 하신다.

그런데 이러한 성전 개혁은 예수의 공간 재전유의 서막일 뿐이다. 그 후에도 예수는 성전을 재전유하는 행동을 계속해가시는데, 그 공간 전유의 핵심적인 방법은 가르침이다. 누가복음 20:1-2에 의하면, 성전 지도자들이 예수께 와서 "당신이 무슨 권한으로 이런 일을 하느냐?"라고 따져 물으며 그들의 성전에 대한 소유 의식과 위기감을 표출할 때, 예수께서 하고 계시던 일은 성전에서 백성을 가르친 것이다. 그런데 그 가르침의 대부분은 유대교 지도자들과의 논쟁이다. 그는 논쟁과 대중 연설을 통해 그들의 정체를 드러내고 그들의 주장의 허위성을 폭로하신다. 그 결과 성전에 계시는 동안 예수의 주변에는 늘 백성들이 두텁게 진을 치고 있었고, 그로 인해 유대교 지도자들이 그를 잡아 해하고자 하면서도 백성들이 두려워 손을 쓰지 못하고 있었다.

4. 하나님 나라와 어둠의 권세

예수와 유대 지도자들 사이의 이러한 대립은 어디서 오는 걸까? 그 기반에는 공관복음의 일관된 중심 주제인 "하나님 나라"가 있다. 하나님 나라란 하나님께서 다스리시는 나라다. 전통적으로 기독교인들 사이에는 하나님 나라를 죽은 후에 가는 천국과 동일시하는 습관이 널리 형성되어 있지만, 그것은 성서를 정확히 읽은 것이 아니다. 왜냐하면 성서가 말하는 하나님의 다스림은 저세상의 초월적인 영역에서만 이루어지는 것이 아니기 때문이다. 하나님의 다스림은 이 세상과 저세상을 포함하는 모든 창조 영역에서 이루어진다. 그것은 우리가 죽은 후에 비로소 이루어지는 것이 아니라 우리가 살아 있는 현세에서 이미 하나님의 다스리심은 시작된다. 예수의 공생애 첫 선포는 하나님 나라가 가까이 왔다는 것이었고(막 1:15), 예수는 종종 하나님 나라가 이미 사람들 가운데 와 있음을 강조하신다(예. 눅 17:21).

성서에서 하나님 나라가 강조되는 이유는 성서 시대 이스라엘이 연이은 제국의 지배하에 살고 있었기 때문이다. 이스라엘은 본래 하나님과의 계약 관계로 시작되었다. 하나님은 그 계약에 의해 이스라엘의 유일신이 되시고, 이스라엘은 그분이 다스리시고 책임지시는 나라가 된다. 그런데 구약성서는 이스라엘이 반복하여 계약을 어기고 그 관계로부터 뛰쳐나간 결과 강대국들의 속국이 되었음을 보여준다. 기원전 8세기에 시작된 그 강대국들의 지배는 신아시리아, 신바빌로니아, 페르시아, 그리스, 로마 제국으로 이어지며 신약성서 시대에 이르고 있었다. 이스라엘은 그러한 지배와 억압을 겪으며 하나님께서 그들을 다시 찾아오셔서 하나님 나라를 회복해주시기를 고대했다.[2] 이처럼 하나님 나라에 대한 이스라엘의 기대는 동시에 제국의 지배로부터의 해방에 대한 기대였다. 따라서 이를 좀 더 자세히 풀어서 말하자면, "○○의 지배가 아니라 하나님 나라"로 표현될 수 있는 것이었다. 예를 들어, 유대인들이 신바빌로니아에 포로로 잡혀가 있는 동안에 하나님 나라란 "신바빌로니아의 지배가 아니라 하나님 나라"였으며, 그리스 제국의 속국으로 살던 기간에는 "그리스 제국의 지배가 아니라 하나님 나라"였다. 예수 당시는 로마 제국이 (그 사람들이 알고 있던 거의) 전 세계를 지배하고 있었다. 그러한 상황에서 이스라엘은 하나님께서 그들을 다시 찾아오셔서 "로마 제국의 지배가 아니라 하나님 나라"를 이루시기를 고대하고 있었던 것이다.

누가복음을 포함한 공관복음에 담긴 예수의 사역의 핵심은 하나님 나라다. 복음서에 담긴 예수의 사역은 크게 네 범주로 요약될 수 있는

---

2 그러한 기대가 단순히 하나의 줄기로만 이루어진 것은 아니고 "하나님 나라"라는 특정 용어를 사용한 것은 그중 한 흐름일 뿐이기 때문에, 이에 대한 성서학자들의 논의는 좀 더 복잡하다. 그러나 크게 보아 그러한 여러 흐름을 "하나님과의 계약 관계에 의한 하나님 나라의 회복에 대한 기대"로 묶어서 보아도 큰 무리는 없다. 이 책에서는 그 자세한 논의는 담지 않는다.

데, 그것은 ① 선포와 가르침, ② 기적 행위를 포함하는 여러 가지 사역들, ③ 적대자들과의 대화와 논쟁, ④ 십자가에서의 죽음과 부활이다. 이 네 사역은 하나님 나라라는 주제 아래에 하나로 통합된다. 예수는 ① 하나님 나라를 말씀으로 선포하고 가르치실 뿐 아니라 ② 소외된 사람들과 함께하며 그들의 고통을 치유하시는 행동으로 하나님 나라를 보여주셨다. 이에 대해, 수많은 무리가 기뻐하며 하나님 나라를 받아들였으나, ③ 그 하나님 나라를 거부하고 저항하는 세력들도 있었다. 그 가운데 가장 두드러지는 하나님 나라의 적대자들은 바리새파, 사두개파, 서기관들, 대제사장들, 장로들을 포함하는 유대 지도자들이었다. 예수는 그들과 논쟁하며 대립을 계속해나가셨고, 결국 그들에 의해 ④ 십자가에 처형 당하셨으나 사흘 만에 다시 살아나셔서 아버지 하나님을 잇는 하나님 나라의 통치자가 되셨다.

복음서들은 예수의 사역 내내 적대자들과의 사이에서 갈등과 대립이 계속되었음을 보여준다. 이는 한편에서는 예수께서 하나님 나라 사역에 매진하시고 계셨고, 그 반대편에는 하나님 나라를 거부하는 적대자들의 무시할 수 없는 세력이 엄존하고 있었기 때문이다. 누가복음 22:53은 그 세력을 가리켜 "어둠의 권세"라 부른다. 그 어둠의 권세를 명시적으로 대변하는 세력은 유대 지도자들이다. 그런데 누가복음은 그 유대 지도자들이 독자적이고 주체적인 세력이 아니라 로마 제국을 섬기며 그 제국의 권력으로 호가호위하는 로마에 종속된 세력임을 잘 보여준다. 이에 대해서는 나의 논문 "예수와 어둠의 권세: 누가 수난 서사의 시공간과 힘의 관계"(2006)[3]에서 자세하게 논의한 바 있고, 복음서와 로마 제국의 관

---

3 이 글은 2005년에 제출된 나의 박사학위 논문(2006년에 Brill Academic Publishers에서

계를 다룬 다른 연구들도 적지 않으므로 여기서는 생략하겠다. 누가-행전 이야기의 (여러 줄기 중) 커다란 한 줄기는 한편으로는 하나님 나라를 이루어가시는 예수와 그의 제자들을 중심으로 흘러간다. 그리고 다른 한편으로 그것은 하나님 나라에 반대하는 적대 세력으로서의 유대 지도자들과 로마 제국 사이에서 이루어지는 갈등과 대립을 중심으로 흘러간다.

5. 성전과 예루살렘[4]

하나님 나라와 어둠의 권세 사이의 이러한 대립은 모든 복음서에서 공통적으로 나타난다. 그러나 다른 복음서들과 다르게 누가복음은 공간적으로 구조화해서 이 대립을 나타낸다는 점에서 두드러진다. 마태복음과 마가복음에서 이 대립은 대개 갈릴리와 예루살렘이라는 두 공간의 대립으로 형상화된다. 갈릴리가 예수께 우호적인 공간이라면, 예루살렘은 예수께 적대적인 공간이다. 그런데 누가복음에서 이 대립은 예루살렘 안에서 이루어진다. 말하자면 예루살렘 안에 예수께 우호적인 공간과 적대적인 공간이 함께 있는 것이다. 그것은 성전과 예루살렘 성이라는 두 공간의 대립이다. 누가는 성전과 예루살렘을 서사적으로 서로 다른 두 공간으로 분리하여 성전을 예수의 공간으로, 그리고 도시 예루살렘을 어둠의 권세의 공간으로 성격화하는 것이다. 사실 이것은 좀 어색

출간)의 일부를 요약하여 발표한 것이다. 안용성, "예수와 '어둠의 권세': 누가 수난 서사의 시공간과 힘의 관계", 『신약논단』 13(2006), 353-75. Yong-Sung Ahn, *The Reign of God and Rome in Luke's Passion Narrative: An East-Asian Global Perspective* (Leiden: Brill, 2006).

4 이 항목의 내용은 앞에 소개한 글의 일부를 요약한 것이다. Ibid., 358-62.

해보이는 구도다. 왜냐하면 성전은 예루살렘 성내에 위치해 있기 때문이다. 그래서 성전에 들어가기 위해서는 먼저 예루살렘 성문을 통과해야만 한다. 그러나 누가복음 19:45은 예수께서 예루살렘 성문을 통과하셨다는 언급이 없이 바로 성전으로 들어가셨다고 묘사하면서 성전과 예루살렘을 마치 별개의 공간인 것처럼 서술한다.

예수께서 성전 공간을 재전유하신 일에 대한 기록은 누가복음 19:47-21:38에 담겨 있다. 이 단락은 수미상관의 쌍괄식 구조로 되어 있다. 단락의 첫 두 절과 마지막 두 절이 비슷한 내용을 담은 요약문으로서 두 요약문이 이 단락을 여닫는 구조로 이루어져 있다.

예수께서 날마다 성전에서 가르치셨다. 대제사장들과 율법학자들과 백성의 우두머리들이 그를 없애버리려고 꾀하고 있었으나 어찌해야 할지 방도를 알지 못했다. 백성이 모두 그의 말씀을 열심히 듣고 있었기 때문이다(눅 19:47-48).

예수께서 낮에는 성전에서 가르치시고 밤에는 나와서 올리브산이라고 하는 산에서 지내셨다. 그런데 모든 백성이 그의 말씀을 들으려고 이른 아침부터 성전으로 모여들었다(눅 21:37-38).

두 요약문이 잘 보여주듯이, 이 단락에는 예수께서 성전에서 하신 일이 기록되어 있다. 그 내용을 도린 매시(Doreen Massey)가 제시한 사회적 공간 개념, 즉 그녀가 "공간적인 것"(the spatial)으로 개념화한 관점으로 이해해 볼 수 있다. 매시는 "공간적인 것"은 ① 시간과 ② 공간 그리고 그 속에서 이루어지는 ③ 사회적 관계, 힘의 관계(space-time, and power relations)로 구성된다고 말한다. 그러한 기준으로 위의 본문을 분석해보면, 다음과 같이 "공간적인 것"이 구성되고 있음을 알 수 있다. 예수께서 ① 낮 시간에, ② 성전에서 활동하시는 동안, ③ 힘의 관계에서 예수의 분명한 우위가 이루어지고 있었다.

사건의 공간적 배경이 성전에서 도시 예루살렘으로 넘어가는 것은 누가복음 22:54부터다. 최후의 만찬을 마치고 올리브산에서 기도하시던 예수가 배반자 가룟 유다가 이끌고온 군인들에게 잡혀 예루살렘 성으로 끌려가신 것이다. 그는 그 도시 예루살렘에서 유대 권력과 로마 총독에게 심문을 당하시고 사형 언도를 받아 그날 즉시 처형당하신다. 그렇게 예루살렘으로 공간 이동이 일어나기 직전, 누가복음 22:53에서 예수는 자신을 잡으러온 자들에게 다음과 같이 말씀하신다.

> [전반부] 내가 날마다 성전에서 너희와 함께 있었으나,
> 너희는 내게 손을 대지 못하였다.
> [후반부] 그러나 지금은 너희의 때요, 어둠의 권세가 판을 치는 때다.

이 구절의 전반부와 후반부를 비교해보자. 그러면 거기에 두 개의 "공간적인 것"이 뚜렷이 대비되어 나타나는 것을 발견할 수 있다. 전반절의 상황은 앞서 살펴본 두 요약문과 같다. 전반절의 시간은 "날마다"인데, "헤메라"(ἡμέρα)라는 그리스어 단어는 하루 24시간을 가리킬 수도 있고, 해가 떠 있는 "낮"을 가리킬 수도 있다. "데이"(day)라는 영어 단어가 그런 것처럼 말이다. 예수께서 성전에서 활동하신 것은 낮 시간뿐이다. 따라서 전반절이 가리키는 "날마다"는 내용상으로는 "낮마다" 즉 "매일 낮에"로 이해되어야 한다.

이번에는 같은 관점으로 후반부를 관찰해보자. 이 말이 떨어지자마자 다음 절(눅 22:54)에서 공간적 배경이 예루살렘 성으로 바뀌므로, (1) 후반절의 공간적 배경은 도시 예루살렘이라 할 수 있다. (2) 후반절의 시간은 "어둠"으로 특징지어지는 시간, 즉 밤 시간이다. 그리고 (3) 힘의 관계에서 도시 예루살렘에서는 어둠의 권세가 힘의 우위를 보인다. 예수로부터 어둠의 권세로 힘의 우위가 옮겨간 것이다. 이러한 힘의 이동은 백성들의 모습에서 극단적으로 드러난다. 성전에서 예수를 둘러싸고 경호원 노릇을 하던 백성들이 도시 예루살렘에서는 유대 지도자들의 선동에 넘어가 예수를 십자가에 못 박으라 소리를 치고, 결국 예수는 그들의 손에 죽임을 당하고 만다. 도시 예루살렘에서 어둠의 권세의 주도하에 벌어진 사건들을 기록한 누가복음 22:53b-23:49를 자세히 관찰해보면, 여기서도 또 하나의 수미상관 구조를 발견할 수 있다. 이 단락의 마지막 문단은 오후 열두 시에 온 땅에 어둠이 몰려와 세 시까지 그 어둠이 계속되었다는 기술을 담고 있다. 다시 말해서, 이 단락은 어둠의 권세를 말하는 예수의 선언으로 시작되어 하루 중 가장 밝은 시간에 어둠이 몰려온 것을 보여주는 서술로 끝나면서 그 모든 일이 상징적인 어둠의 시간에 일어났음을 보여준다. 이상의 내용을 간단히 도표로 정리해보면 다음과 같다.

	예수의 공간 (눅 22:53a)	어둠의 권세의 공간 (눅 22:53b)
시간	낮	어둠
공간	성전	도시 예루살렘
힘의 관계	예수 우위	"어둠의 권세" 우위

<표 6> 성전과 예루살렘 공간

6. 예수의 부활과 승천

위에서 본 두 공간의 대조에서 어둠의 권세가 지배하는 공간은 비단 도시 예루살렘뿐만이 아니다. 예루살렘 성은 이스라엘의 권력의 핵심부로서, 예루살렘에 대한 지배는 곧 팔레스타인 전체에 대한 지배를 함의하기 때문이다. 또 어둠의 권세란 로마 제국과 유대 권력을 포괄하기 때문에, 어둠의 권세의 지배는 로마 제국 전역, 나아가 로마 제국으로 대변되는 온 세계에 미친다고 해야 할 것이다. 따라서 두 공간이 대조되는 위의 상황을 정확히 해석하자면, 어둠의 권세가 팔레스타인과 로마 제국 전역을 지배하는 가운데 예수께서 성전 공간을 재전유하시면서 그곳을 새로운 중심으로 세우시고, 예루살렘을 기점으로 로마 제국에 대한 공간 재전유를 시작하신 것으로 이해할 수 있을 것이다.

이러한 예수의 공간 재전유에 화룡점정이 되는 것은 그의 부활과 승천이다. 신약성서에서 ① 예수의 십자가와 ② 부활 그리고 ③ 예수의 주 되심은 하나로 연결된 결정적 구원 사건이다. 그 가운데 승천은 예수께서 아버지를 이어 하나님 나라의 통치자가 되심을 상징적으로 보여주는, ③ 예수의 주 되심의 사건이다. 누가-행전은 그 세 사건이 모두 예루살렘에서 이루어졌음을 보여준다. 공간의 관점에서 볼 때, 그 세 사건은 함께 예루살렘 공간에 대한 예수의 재전유를 완성한다. 예루살렘이 회복되어 세계의 중심으로 다시 세워지는 것이다.

이와 관련하여 누가복음 9:28-36은 소위 "변화산 사건"이라 불리는 재미있는 이야기 하나를 들려준다. 예수께서 베드로와 요한과 야고보, 세 제자를 데리고 기도하러 한 산에 오르셨다. 예수께서 기도하시는 중에 그의 얼굴 모습이 변하고 그 옷이 눈부시게 희어져 광채가 났다. 그런데 보니 하늘에서 모세와 엘리야가 내려와 예수와 대화를 나누고 있는 것이 아닌가! 그 자체로도 세계 축의 요소를 가지고 있는 이 사건에서, 예수께서 모세와 엘리야와 나누신 대화의 주제는 그가 앞으로 예루살렘에서 이루실 일이었다. 누가복음은 예루살렘에서 이루어질 그 일을 가리켜 "엑소도스"(ἔξοδος)라는 그리스어 단어를 사용한다. "엑소도스"는 영어의 엑소더스(exodus), 즉 출애굽 사건을 가리키는 단어다.

여기서 엑소도스란 앞으로 예루살렘에서 이루어질 십자가, 부활, 승천 중 어느 하나 또는 그 전체를 가리키는 말일 것이다. 이 말이 정확히 무엇을 가리키는지 그리고 그것을 왜 엑소도스라 하는지에 대해서는 성서학자들 사이에 논쟁이 있으나, 나는 세 사건 전체를 가리키는 것으로 해석하는 입장을 지지한다. 그 이유는 엑소도스가 이 사건 바로 앞에 기록된 누가복음 9:27과 관련이 있기 때문이다. 누가복음 9:27에서 예수께서는 제자들 중 몇 명이 하나님 나라를 볼 것이라 예고하셨고, 9:28은 변화산 사건을 그 예고와 연결하는데, 십자가와 부활과 승천이 함께 하나님 나라를 이루는 사건들이기 때문이다. 그리고 이 사건들을 가리켜 엑소도스라 하는 이유는 엑소도스가 구약성서에서 하나님의 구원을 대표하는 사건이기 때문일 것이다. 이렇게 예수는 예루살렘에서 엑소도스의 구원 사건, 곧 하나님 나라의 사건을 이루시면서 예루살렘을 그 자신의 공간으로 재전유하시고, 거기에 세계의 중심을 다시 세우신 것이다.

B. 땅끝까지: 중심 이동

누가복음에 담긴 예수의 이야기 중 거의 2/3는 예루살렘 안에서 또는 예루살렘으로 올라가는 길에서 이루어진다. 이는 누가복음이 예루살렘 공간을 재전유하는 일에 얼마나 큰 관심을 가지고 있는지 재확인할 수 있

게 하는 대목이다. 이렇게 누가복음을 예루살렘 공간의 재전유로 특징
지을 수 있다면, 사도행전은 그 중심으로부터, 로마 제국의 공간을 재전
유하며, 세계를 다시 건설해가는 과정으로 성격화할 수 있다. 그 세계의
건설 과정이 다음 한 절에 요약되어 있다. 이것은 부활하신 예수께서 승
천하시기 직전에 제자들에게 하신 말씀이며, 사도행전 전체를 한마디로
요약해주는 구절이기도 하다. 익숙한 독자들을 위해 개역개정판으로 인
용하자.

> 오직 성령이 너희에게 임하시면 너희가 권능을 받고 예루살렘과 온 유다
> 와 사마리아와 땅끝까지 이르러 내 증인이 되리라(행 1:8).

여기서 증인이 된다는 말은 좀 더 구체적으로 예수의 부활의 증인이
된다는 뜻이다(행 1:22; 2:32; 3:15; 4:33; 5:32). 그것은 나아가서 하나님 나
라의 증인이 된다는 뜻이기도 하다. 예수는 로마 제국이 지배하는 온 세
계에 "로마의 지배가 아니라 하나님 나라"를 건설하는 사명을 그의 제자
들에게 위임하신다.

1. 땅끝은 어디일까?

위의 인용문에서 예수는 그의 제자들이 "땅끝까지" 이르러 그의 증인
이 될 것이라 예고하신다. 여기서 땅끝이란 어디일까? 우리는 이에 대한
성서학자들의 해석을 크게 넷으로 요약할 수 있다. 첫 후보지는 스페인
이다. 이는 바울이 로마서에서 자신의 선교 목표지를 스페인으로 제시
하고 있으며, 바울이 로마에 가는 이유는 스페인으로 가는 교두보를 마

련하기 위함이기 때문이다(롬 15:22-24).[5] 그러나 바울은 스페인이 "땅끝"이라 말하지 않으며, 스페인이 그의 선교의 최종 목적지라 말하지도 않는다. 둘째 후보지는 로마다. 왜냐하면 사도행전의 이야기가 로마에서 끝나기 때문이다. 사도행전 초두에 나오는 이야기의 목표는 땅끝으로 설정되었고, 이야기가 로마에서 끝났으니 땅끝을 로마로 볼 만한 근거가 있는 것이다.[6] 그러나 사도행전은 미완성으로 끝나며 독자들에게 남은 이야기를 완성하도록 요청하는 구조로 되어 있기 때문에, 로마가 이야기의 끝이라 보기는 어렵다. 세 번째 입장을 지지하는 사람들은 "땅끝"이라는 말을 지리적으로 이해하기보다는 인종적으로 이해해야 한다고 주장한다. "땅끝"이란 이방인들을 가리키는 은유라는 것이다. 그러나 땅끝이 가지는 지리적 함의를 무시하기는 어렵다. 그리고 우리는 사도행전에서 바울이 가는 곳마다 유대인들과 이방인들 모두를 대상으로 활동하기 때문에 단순하게 땅끝을 은유로 해석하는 입장을 따르긴 어렵다.[7] 가장 설득력이 있는 입장은 네 번째 입장이다. 이 입장은 "땅끝"이란 지구상의 어느 한 지점이라 아니라 복음이 전 세계의 모든 곳으로 확장될 것을 보여주는 표현이며, 이것은 지리적이고 인종적인 범주를 포

---

5 Ben. Witherington, III, *The Acts of the Apostles: A Socio-Rhetorical Commentary* (Grand Rapids, Eerdmans, 1998), 110-11; E. E. Ellis, "'The End of the Earth' (Acts 1:8)," *Bulletin for Biblical Research* 1 (1991), 123-32.

6 Hans Conzelmann, trans. J. Limburg et al. *The Acts of the Apostles* (Philadelphia: Fortress, 1987), 7. Joseph A. Fitzmyer, 박미경 옮김, 『사도행전 주해』(왜관: 분도출판사, 2016), 284.

7 Thomas S. Moore, "To the End of the Earth: The Geographical and Ethnic Understanding of Acts 1:8 in Light of Isaianic Influence on Luke," *Journal of the Evangelical Theological Society* 40 (1997), 389-99.

괄한다고 주장한다.⁸ 외경 솔로몬의 시편 1:4을 보면, "땅끝까지"라는 표현을 "온 땅에"라는 표현과 병행하여 두 어구를 같은 뜻으로 사용하는데, 이것이 사도행전 1:8의 해석에도 적절한 지침이 될 수 있다. 제임스 스콧(James M. Scott)은 신약성서 당시 사람들의 인식을 반영하여, 각 방향에서 땅끝으로 인식되고 있던 나라들을 다음과 같이 나열하기도 한다. 북쪽의 스키티아, 동쪽의 인디아, 남쪽의 이디오피아, 서쪽의 스페인.⁹

이 네 번째 입장은 현상학의 관점으로 뒷받침될 수 있다. 현상학적 공간에서 세계는 중심에 있는 세계 축(axis mundi)으로부터 (세계를 세계 밖의 카오스와 구별하는) 경계선까지 이어진다. 땅끝이란 지도상의 어느 한 지점이 아니라 그 경계선을 가리키는 것이다. 그것을 뒷받침해주는 것이 누가복음 11:31에 나오는 "땅의 경계들"(τὰ πέρατα τῆς γῆς)이라는 표현이다. 이 표현은 오늘날의 과학적 세계관에 기초해서는 바로 이해되기 어렵고, 고대의 세계관에 비추어 해석되어야 한다. 역사의 아버지로 불리는 헤로도토스(Herodotus)가 기원전 5세기에 저술한 역사책의 정보에 토대하여 재구성한 지도(그림 1)¹⁰를 보면, 그 당시 사람들의 세계관이 어떤 것이었는지를 잘 알 수 있다.

---

8 땅끝에 대한 포괄적인 논의는 다음 책들을 참조하라. David W. Pao, *Acts and the Isaianic New Exodus* (Tübingen: Mohr, 2000), 93; Darrell Bock, *Acts* (Grand Rapids: Baker Academic, 2007), 64-67.

9 James M. Scott, "Luke's Geographical Horizon," in *The Book of Acts in its First Century Setting, vol. II. Graeco-Roman Setting* (eds. David Gill & Conrad Gempf; Grand Rapids: Wm. B. Eerdmans, 1994), 527.

10 H. G. Wells, *The Outline of History* (New York: The Macmillan Company, 1921), 287에서 가져옴.

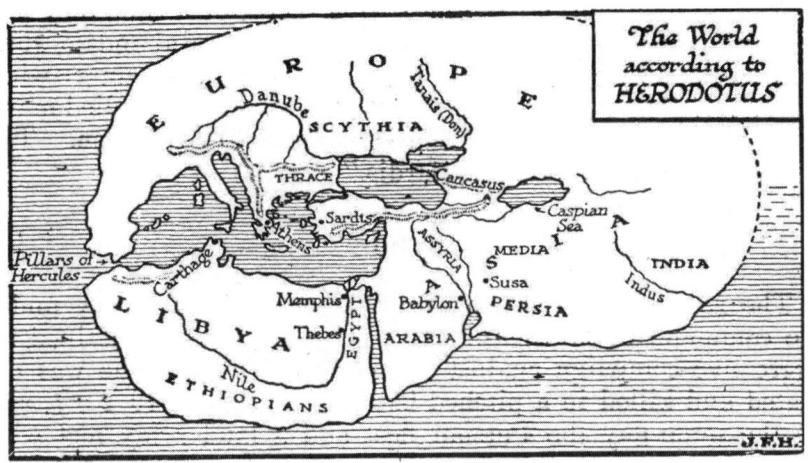

<그림 1> 헤로도토스가 상상한 세계(기원전 5세기)

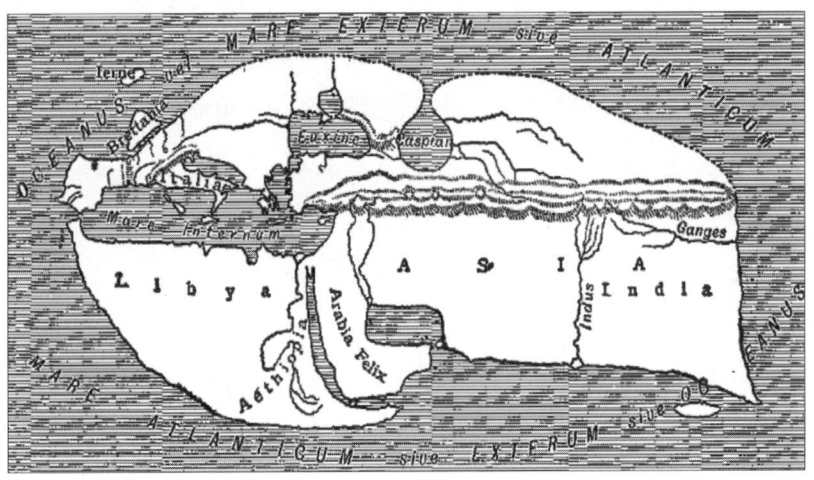

<그림 2> 스트라본이 상상한 세계 (기원전/기원후 1세기)

헤로도토스의 지도에서 전 세계의 북쪽 절반은 유럽이 차지하고 있으며, 나머지 남쪽 절반은 각각 리비아(아프리카)와 아시아로 나누어진다. 그 후 4-5백년 지나 기원전 1세기 말 또는 기원후 1세기 초에 스트라본(Strabo)이 보여준 지리학 지식(그림 2)[11] 역시 그것과 크게 다르지는 않다.

물론 헤로도토스와 스트라본의 인식은 그 당시로서는 가장 과학적인 것으로서, 우리가 세밀하게 당시 사람들의 사고 속으로 들어가면, 모든 사람이 그들의 견해를 공유하고 있었던 것은 아니다. 그러나 큰 틀에서는 큰 차이가 없다고 할 수 있다. 고대인들은 전 세계가 하나의 땅 덩어리로 되어 있고, 그 세계 밖에는 바다가 있으며, 바다 밖에는 낭떠러지가 있다고 믿었다. 이러한 세계관에서 "땅끝"이란 땅과 바다가 만나는 경계선, 즉 "땅의 경계들"이다. 이러한 구도에 비추어볼 때, "땅끝까지" 증인이 되라는 말은 곧 "온 땅에" 그리고 모든 민족에게 증인이 되라는 말에 다름 아닌 것이다.

사도행전에서 땅끝이 땅의 경계선을 의미한다는 사실은 누가가 세계를 지리적으로 이해하는 방식을 통해서도 잘 드러난다. 사도행전은 전 세계를 예루살렘을 중심으로 네 부분으로 나누어 이해한다. 그것을 잘 보여주는 것이 사도행전 2:9-11에 나오는 순례자들의 출신지 목록이다. 이 목록에는 오순절을 맞아 전 세계로부터 예루살렘을 찾아온 사람들의 거주 지역이 동쪽으로부터 시작해서 네 그룹으로 나열되어 있다. 리처드 보컴(Richard Bauckham)이 정확하게 관찰한 것처럼 말이다.[12] ① 동쪽: 바대(Parthia), 메대(Media), 엘람(Elam), 메소포타미아(Mesopotamia); ⓪ 중심: 유대(Judaea); ② 북쪽: 갑바도기아(Cappadocia), 본도(Pontus), 아시아(Asia), 브루기아(Phrygia), 밤빌리아(Pamphylia); ③ 서쪽: 이집트(Egypt), 구레네(Cyrene) 근처 리비아(Libya), 로마(Rome), 크레타(Crete);

---

11 *Encyclopaedia Biblica*(1903)에서 가져옴.
12 Richard Bauckham, "James at the Centre: A Jerusalem Perspective on the New Testament," Inargural Lecture as Professor of New Testament Studies, University of St Andrews, delivered on 17 March 1994.

④ 남쪽: 아라비아(Arabia).¹³ 이 지도에서 유대 지방의 예루살렘은 세계의 중심에 위치해 있으며, 세계의 모든 나라는 예루살렘을 기점으로 동서남북으로 정위(orientation)된다. 이것은 세계 축을 품은 마을이나 도시들이 두 축을 따라 네 개의 구역으로 건설되곤 하는 것을—그것과 정확히 일치되지는 않지만—떠올리게 하며, 누가가 어떻게 예루살렘을 중심으로 세계를 이해하고 있는지를 잘 보여준다. 누가-행전에서 세계는 예루살렘을 중심으로 땅끝까지, 즉 "땅의 경계들"까지 펼쳐져 있는 것이다.

사도행전 1:8에서 지리적 범주와 함께 고려되어야 하는 것은 인종적 범주다. 이 구절에서 예수는 제자들이 예루살렘과 온 유대와 사마리아를 거쳐 땅끝까지 그의 증인이 될 것이라 말씀하시는데, 여기에 갈릴리가 왜 빠져 있는지 질문할 수 있다. 왜냐하면 팔레스타인 땅은 남쪽으로부터 시작해서 예루살렘이 속해 있는 유대와 사마리아와 갈릴리의 세 지역으로 구성되기 때문이다. 갈릴리가 빠져 있는 이유는 사도행전 1:8이 단순히 복음의 지리적 확산을 넘어 구원의 대상이 되는 인종의 확대를 포함하기 때문이다. 갈릴리가 지리적으로는 유대와 구별되지만, 인종적으로 보면, 갈릴리와 유대는 유대인이라는 한 범주에 속한다. 하나

13　Loveday Alexander는 이 목록에서 로마와 크레타를 서쪽으로 분류하고 이집트와 리비아를 남서쪽으로 분류하여, 모두 다섯 개의 범주로 나눈다. 그것은 그 당시 사람들의 방위 개념에서는, 〈그림 3〉에서 보는 것처럼, 로마가 예루살렘의 정서 방향에 있는 것으로 간주되었기 때문이다. 그러나 이것이 누가의 목록에 의도된 분류 방식이라 생각되지는 않는다. 왜냐하면 이 목록은 동쪽으로부터 시작하여 시계 반대 방향으로 돌아가고 있는데, 만일 누가가 알렉산더처럼 서쪽과 남서쪽을 별도의 범주로 나누었다면, 로마와 크레타가 이집트와 구레네보다 먼저 언급되어야 하기 때문이다. 그보다는 Bauckham이 제안하는 것처럼, 누가가 동서남북의 네 범주를 염두에 두고 지역 명을 배열했다고 보는 것이 목록의 나열순서에 더 잘 들어맞는다. Loveday Alexander, "In Journeyings Often," 30을 참조하라.

님의 구원은 중심에 있는 예루살렘을 기점으로 해서 유대인들과 사마리아인들뿐만 아니라 땅끝까지 나아가 모든 이방인을 포함한다. 그래서 구원은 모든 민족에게로, 즉 땅끝까지 이른다. 〈그림 3〉[14]의 지역 목록과 관련해서 사도행전 2:5은 그 순례자들이 세계 "모든 민족으로부터"(ἀπὸ παντὸς ἔθνους) 왔다고 말한다. 인종적인 견지에서 볼 때, 땅끝으로부터 사람들이 예루살렘으로 모여든 것이다.

그런데 사도행전을 계속해서 읽어보면, 제자들은 1:8의 예고를 지리적인 범주로만 이해하고 있었음을 알 수 있다. 그래서 그들은 예루살렘 밖으로 흩어진 후에도 오직 유대인들에게만 복음을 전했다(행 11:19). 사도행전 10장에 나오는 베드로의 이야기는 그러한 유대인들의 모습을 대표적으로 보여준다. 고넬료의 가정에서 일어난 일을 통해 베드로와 예루살렘 교회는 사도행전 1:8이 지리적으로뿐만 아니라 인종적으로도 이해되어야 함을 비로소 깨닫는 변화를 경험한다(행 10:1-11:18). 그것은 부활하신 예수께서 누가복음의 끝부분에서 이미 예고하신 일이기도 하다. 사도행전 1:8은 그 말씀의 재연이라고 할 수 있다.

> 그의 이름으로 죄 사함을 받게 하는 회개가 예루살렘으로부터 시작하여 모든 민족에게 전파될 것이다. 너희는 이 일의 증인이다(눅 24:47-48).

---

14 Loveday Alexander, "In Journeyings Often," 48에서 가져옴.

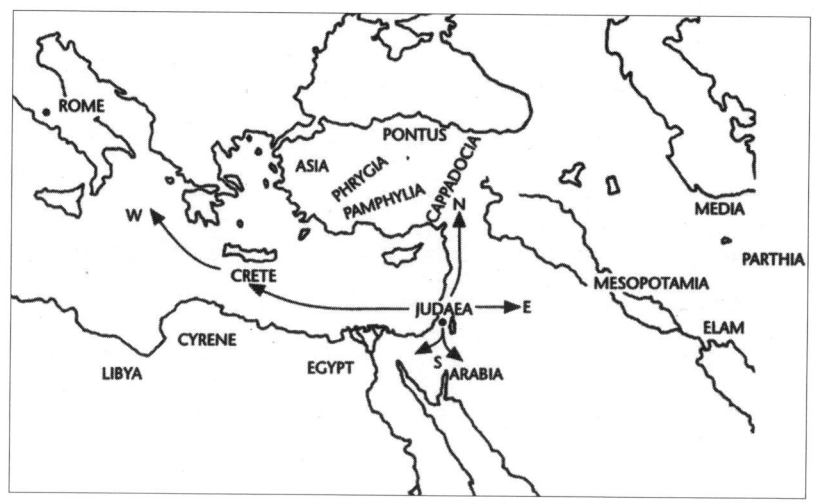

<그림 3> 순례자들의 출신지 목록 (행 2:9-11)

2. 땅끝으로!

누가복음은 황제 아우구스투스의 호적령으로 시작된다(눅 2:1). 제국의 중심인 로마부터 전 세계로 퍼져나갔을 이 칙령은 로마 제국이 전 세계에 대한 지배를 완료했음을 과시하는 것이다. 그 지배는 물론 팔레스타인을 포함한다. 따라서 예루살렘에 본거지를 둔 유대인들의 의회, 즉 산헤드린의 권력은 로마의 비호하에 그리고 로마에 철저히 부역하는 가운데서만 가능하다. 예수는 그 로마의 칙령을 따라 힘없이 움직이는 피지배자들의 아기로 이 장면에 등장한다(눅 2:1-7). 그러나 그는 그 지점으로부터 예루살렘 공간에 대한 재전유를 시작한다. 그렇게 누가복음에서 예루살렘을 재전유하여 세계의 중심을 다시 세우신 예수는 사도행전 초두에서 그의 제자들에게 예루살렘을 기점으로 땅끝까지 로마 제국의 공간을 하나님 나라로 재전유하라고 명령하신다(행 1:8). 사도행전은 이 명령에 따라 예수의 제자들이 하나님 나라를 확장해나가는 이야기다. 여기서 우리는 한 가지 질문이 생긴다. 그렇다면 제자들이 땅끝까지 예수의 증인이 되는 것은 다름 아닌 로마 제국이 황제의 영토를 전 세계로 확장하는 것과 같지 않은가? 하나님 나라는 로마 제국을 대체하는 또 하나의 제국에 불과한가?

〈그림 3〉의 지역 목록이 등장하는 이야기에는 이 질문과 관련된 중요한 내용이 함께 담겨 있다. 그 목록은 오순절을 맞이하여 예루살렘을 방문하고 있었던 순례자들의 출신지를 나열한 것이다. 사도행전 2장에 의하면, 예수의 부활과 승천 후 처음 맞이한 오순절에 예루살렘에서는 신기한 사건이 벌어졌는데, 그것은 예수의 제자들에게 성령이 임하여 그들이 제각기 "다른 언어들로" 말하게 된 것이다. 사도행전은 그 현상을 기술하여 하늘에서 세찬 바람이 부는 듯한 소리와 함께 혀 모양의 불꽃들이 내려와 각 사람 위에 내려앉았다고 말한다. 세계의 축에서 다시 한 번 하늘의 차원과 지상의 차원이 교류하는 사건이 일어난 것이다. 예수의 승천에서는 지상으로부터 천상으로의 이행이 일어났다면, 이번에는 반대로 천상으로부터 지상으로의 돌파가 일어났다 할 수 있겠다. 이러한 현상으로 인해 그 사건이 일어난 예루살렘은 다시 세계의 중심으로 세워진다. 〈그림 3〉의 지도는 이러한 현상에 기초해 있는 것이다.

여기서 제자들이 말한 "다른 언어들"의 정체가 무엇인지에 대해서는 논란이 있다. 많은 사람이 그것을 일반적으로 "방언"(tongue)이라 부르는 신비한 언어 현상과 동일시한다. 간단히 말하자면, 그것은 기도할 때 사용하는 특수한 언어로서, 일반적으로 다른 사람들은 알아들을 수 없는 종류의 말로 이해된다. 많은 사람이 고린도전서 12장에 나타나는 방언이 이런 종류의 언어 현상일 것이라 추측한다. 말하자면, 방언은 기도를 통해 하나님과의 사이에서만 소통이 이루어지는 특수한 언어다. 개신교의 교파 중 우리나라에서는 "순복음 교회"라 불리는 오순절 교회(Pentecostal Church)가 있는데, 오순절 교회에 속한 사람들은 앞서 말한 의미의 방언을 중요시한다. 그리고 이들은 사도행전 2장에 기록된 오순절의 방언이 그런 의미의 방언이라 믿기 때문에 그들을 오순절 교회라 부른다. 그러나 사도행전 2장에 나타나는 것은 그런 방언 현상이 아니다. 오순절에 제자들이 성령을 받아 말한 "다른 언어들"은 다른 사람이 알아들을 수 있는 평범한 언어이기 때문이다. 〈그림 3〉의 지역 이름들은 바로 이 맥락에서 등장한다. 세계 각국에서 예루살렘으로 모여든 순례자들은 갈릴리에서 온 제자들이 제각기 순례자들 자신의 지방 언어로 말하는 것을 듣고 놀란다. 그들은 이렇게 말한다.

> 보시오, 말하고 있는 이 사람들은 모두 갈릴리 사람이 아니오? 그런데 우리 모두가 저마다 태어난 지방의 말로 듣고 있으니, 어찌 된 일이오? 우리는 […][15] 사람인데, 우리는 저들이 하나님의 큰 일들을 우리 지방의 언어로 말하는 것을 듣고 있소!(행 2:7-11)

이처럼 오순절의 방언은 사람들이 알아들을 수 없는 특수한 언어가 아니라 각 지역에서 사용되는 일반적인 언어, 즉 지방 언어로서의 방언(dialects)이었다.

이 현상은 무엇을 의미하는 것일까? 이 사건을 사도행전 전체의 공간 구도와 비교하여 자세히 살펴보면, 우리는 이 사건에서 사도행전 1:8의 예고가 이미 실현되기 시작하고 있음을 알 수 있다. 사도행전 1:8에서 부

---

[15] 〈그림 3〉의 지역 이름들이 여기에 나열된다.

활하신 예수는 다음과 같이 예고하셨다.

(1) 성령이 너희에게 내리시면,
(2) 너희가 능력을 받고,
(3) 땅끝에까지 이르러 내 증인이 될 것이다.

이것을 오순절 사건에 대입해보자.

(1) 오순절에 제자들에게 성령이 내리심
(2) 갈릴리 시골 출신인 제자들이 배우지 않은 외국어로 말하는 신기한 능력을 받음
(3) 세계 각국에서 온 사람들에게 "하나님의 큰 일들"을 말함

앞서 우리는 "땅끝까지"라는 말이 곧 "온 땅에 있는 모든 사람들에게"를 의미하며, 그 방향은 지도상의 어느 한 지점을 향한 것이 아니라 "땅의 경계들"을 향하여 사방으로 펼쳐져나가는 것임을 확인한 바 있다. 오순절에 전 세계로부터 모여든 순례자들에게 하나님의 큰 일이 증언되었으니, 이제 그들은 명절이 끝난 후 다시 자신들의 지역으로 돌아가 그곳에서 예수의 증인이 될 것이다. 복음이 "땅의 경계들"을 향해 확산되기 시작한 것이다.

그런데 주지하듯이, 신약성서 시대의 세계 공용어는 그리스어였다. 기원전 4세기에 마케도니아의 알렉산더가 지중해 연안의 수많은 나라를 정복하고, 그를 이어 그 휘하의 장군들이 몇 개의 제국을 건설한 후 헬레니즘과 그리스어가 세계의 문화와 언어를 통일하게 된 것이다. 그

후 그리스의 제국들은 로마에 의해 정복되어 정치적으로는 새로운 제국이 세워졌지만, 문화와 언어 면에서는 여전히 헬레니즘과 그리스어의 지배가 이어지고 있었다. 라틴어가 주로 관공서나 지식인들 사이에서 사용되는 반면에 평민들의 일상생활에서는 그리스어가 통상적으로 사용되고 있었던 것이다. 그래서 이 시대를 가리켜 "그리스-로마"(Graeco-Roman) 시대라 한다. 이 그리스-로마 시대에 세계 모든 사람에게 복음을 증언하고자 한다면, 그것을 위해 가장 효과적인 방법은 세계 공용어인 그리스어나 라틴어를 사용하는 것이다. 그런데 왜 오순절 성령 강림의 결과는 그러한 제국의 언어들이 아니라 지방 언어를 말하는 것으로 나타났을까?

그리스-로마 시대, 대부분의 도시들에서는 그리스어가 일반적으로 사용되고 헬레니즘 문화가 사람들의 생활과 의식 속으로 깊이 스며들어 있었지만, 여전히 시골 지역에서는 지방의 토착 언어들이 사용되며 토착 문화가 상당히 보존되어 있었다. 또 비문이나 문서들은 그리스어나 라틴어로 기록된 반면, 평민들의 일상생활에서는 지방 언어가 사용되는 경우가 많았을 것으로 생각된다.[16] 물론 도시와 시골을 정확히 이분법적으로 나누기는 힘들다. 또 헬레니즘이라는 문화 자체가 그리스 문화와 피지배 지역 문화의 혼합으로 형성된 것이기 때문에, 이 시대 헬레니즘과 토착 문화 사이에 분명한 경계선을 설정하기는 어렵다. 한편으로는 도시에서도 그리스어와 함께 지방 언어가 여전히 사용되고 있었을 것이고, 다른 한편으로는 헬레니즘이 도시뿐 아니라 시골 지역에도 어

---

16 William Shiell, *Reading Acts: The Lector and the Early Christian Audience* (Leiden: Brill Academic Publishers, 2004), 12-14; Jerry Toner, *Popular Culture in Ancient Rome* (Cambridge, UK: Polity, 2009), 1.

느 정도는 침투해 있었을 것이다. 이러한 사실은 그리스어뿐 아니라 고대 근동의 제국 언어들인 아람어나 페르시아어에도 비슷하게 적용된다. 〈그림 3〉에 담긴 순례자들의 출신지 중 동쪽 지역들은 과거 제국의 판도에 따라 아람어나 페르시아어가 공용어로 사용되던 지역들이다. 그러나 구약성서 에스더서가 보여주는 것처럼, 페르시아 제국 내에서도 각 지방 언어들은 여전히 살아남아 사용되고 있었다. 그래서 언어가 서로 다른 남녀가 결혼하는 일도 있었고(에 1:22), 하만과 모르드개가 각각 주도하여 제국 전역에 내린 조서는 각 지방과 민족의 언어로 기록되었다(에 1:22; 3:12; 8:9). 이렇게 제국의 언어들이 지배하고 있는 상황에서도 피지배자들의 모국어와 토착 문화가 가지는 정서적 친밀감은 여전히 살아 있었을 것이고, 그래서 지방 언어와 문화는 여전히 그 지역 사람들의 정체성을 형성하는 중요한 요소가 되고 있었을 것이다. 사도행전은 바로 그 점을 드러내고 있는 것이다. 로마 제국의 공간을 하나님 나라로 재전유하는 일이—제국에 의해 감추어지고 억눌려 있던—피지배자들의 정체성을 되살려내는 일로부터 시작되고 있는 것이다.

여기서 로마 제국과 하나님 나라가 근본적으로 구별된다. 제국은 지배한다. 제국은 땅끝까지 가서 제국의 언어와 문화를 피지배자들에게 강요하고, 그들을 지배하여 그들을 노예로 만든다. 제국이 중심이며 피지배자들은 변두리다. 중심은 문명이며 변두리는 야만이다. 제국이 땅끝을 향해 움직이는 것은 땅끝에 사는 사람들을 위한 것이 아니다. 오히려 땅끝에 있는 것들을 중심으로 가져다가 중심을 채우기 위함이다. 제국은 피지배국의 주권을 박탈하고, 그들의 물자를 수탈하며, 그들을 포로로 잡아다가 노예로 부린다. 그래서 제국의 표면은 땅끝으로 움직이지만, 그 본질은 확산이 아니라 집중이다. 제국은 권력을 집중하고, 부를 집중하며, 인력을 집중하여 높은 바벨탑을 세우고, 그 바벨탑 위에서 세상을 지배하고자 한다. 많은 해석자가 오순절 성령 강림 사건을 창세기 11장의 바벨탑 사건의 역전으로 이해하는데, 그것은 바로 이 점에서 그러하다. 창세기 11장에서 하나님은 사람들의 언어를 흩으심으로써 이러한 집중화의 시도를 해체하신 것이다.

하나님 나라는 섬김이다. 하나님 나라는 각 사람의 정체성을 존중하고, 그래서 각 사람이 그 자신의 언어와 그 나름의 방식으로 하나님의 주되심을 실현하도록 돕는다. 그래서 하나님 나라에서 모든 사람은 민족과 성과 계급에 관계없이 하나님의 자녀로서 높은 자존감을 갖는다. 이렇게 하나님 나라는 모든 사람을 주체로 세워준다. 그래서 하나님 나라는 진정으로 땅끝으로 향하는 움직임이다. 중앙이 아니라 주변으로, 힘 있는 사람이 아니라 약자에게로, 부자가 아니라 가난한 자에게로, 인정받는 사람들이 아니라 무시당하는 사람들에게로 향하는 움직임이다. 그래서 바벨탑 사건에 등장한 사람들이 하나의 언어를 중심으로 집중화를 시도한 반면에, 사도행전 2장의 제자들은 땅끝의 언어, 지방의 언어를 사용함으로써 하나님 나라의 섬김의 실천을 시작한 것이다.

3. 중심 이동

땅끝으로 가는 것은 단지 중심으로부터 경계들을 향해 이동하는 것에 그치지 않는다. 그것은 중심 자체가 이동하는 것이다. 그래서 다수의 중심을 세우는 것이다. 누가-행전은 중심을 다시 세우고 공간을 재전유하는 일뿐 아니라 이러한 중심 이동에 대해서도 큰 관심을 가지고 있다.

예수는 예루살렘을 재전유하여 중심으로 세우지만, 예루살렘은 결코 절대적이거나 고정된 중심이 아니다. 이 문제가 정면으로 부각된 사건이 스데반의 순교다. 사도행전 6-7장에 의하면, 스데반은 보수적인 유대주의자들에 의해 고발을 당하는데, 그 죄목은 그가 율법과 성전을 모독했다는 것이다(행 6:11-14). 스데반은 그 고발에 대한 변론에서 예루살렘 성전의 전신이 되었던 "증거의 장막", 곧 광야 생활 40년간 이스라엘이 행진할 때는 맨 앞에서 행렬을 이끌고 정주할 때는 진의 중심에 세워져 하나님의 임재를 보여주었던 성막을 회상시킨다. 하늘에 닿은 구름 기둥과 불 기둥으로 세계 축의 형상을 가지고 있었던 그 성막은 이동하는 중심이었다. 스데반은 이처럼 이동하는 중심을 성전의 본질로 제시하면서, 예루살렘에 본거지를 두고 자신들을 중심으로 절대화하려 하는 유대교 권력의 근거를 해체한다.

예루살렘 공간의 재전유는 앞서 확인한 것처럼 예수가 성전의 주인이 되면서 이루어진다. 성전이라는 공간이 낮이라는 시간과 예수라는 인물과 결합될 때, 그곳이 비로소 중심이 되는 것이다. 그래서 누가복음에서 예루살렘으로 향하는 여행(눅 9:51 이하)이 시작되기 직전 변화산에서 일어난 사건(눅 9:29-36)은 예수가 있는 곳이 곧 세계의 축임을 분명히 보여주었고, 거기서 천상과 지상의 교류를 통해 예루살렘에서 이루어질 공간의 재전유(엑소도스)가 예고되었다.

사도행전에서는 예수를 대신해서 성령이 일한다. 성령은 곧 예수의 영이기 때문이다(행 16:7). 우리는 바로 앞서 오순절에 일어난 성령 강림 사건이 예루살렘을 세계의 축으로 다시 확인해주었음을 살펴보았다. 이 성령 강림 사건은 이후에도 계속된다. 하나님의 구원이 유대인들에게만 제한된다고 믿고 있던 베드로는 사도행전 10장에서 기도 중에 본 환상과 고넬료 가정에서 일어난 사건을 경험하면서 이방인들도 구원받을 수 있음을 깨닫는다. 이런 깨달음의 계기가 된 사건이 바로 성령 강림이다(행 10:44-47). 오순절에 유대인들에게 성령이 내렸던 현상이 이방인들에게도 동일하게 일어나는 것을 보며, 베드로는 그것이 사람이 막을 수 없는 하나님의 주도적인 일하심임을 깨닫는다(행 11:15-18). 이 사건을 통해 이방인 고넬료의 집은 천상과 지상이 교류하는 새로운 세계축으로 세워진다. 그러한 사건은 이후 사도 바울이 에베소에서 활동하던 중에도 일어난다(행전 19:1-7). 복음이 전해지는 곳마다 그곳이 세계의 중심으로 세워진다. 중심이 이동하며 다수의 중심이 세워지고 있는 것이다.

이 지점에서, 사도행전 1:8의 예고 가운데 "성령이 너희에게 내리시면"이라는 어구를 다시 음미해볼 수 있다. 복음이 중심으로부터 땅끝으로 확산되는 일의 시작은 성령의 강림이다. 그러나 성령 강림은 시작 단계에서 한 번 일어나고 그치는 것이 아니라 복음의 확산 과정에서 계속하여 반복된다. 그리함으로써 복음이 임하고 성령이 내리시는 그곳은 새로운 중심이 되고, 그곳에서 모든 사람은 피지배자가 아니라 새로운 질서의 주체가 되는 것이다. 사도행전에서 성령을 받은 제자들은 곳곳에서 "예수의 이름으로" 힘 있게 복음을 증언하고 또 기적을 행하기도 한다. 성령을 받은 제자들을 통해 예수께서 친히 그들 속에서 일하시는 것이다. 성령이 임하고 예수께서 일하심으로써 그곳들은 모두 중심이 된다.

C. 누가-행전의 장소, 통로, 영역

지금까지 현상학적 공간 이론으로부터 도출해낸 ① 중심, ② 장소의 정체성 또는 장소감, ③ 공간의 재전유라는 관점들을 사용해서 누가-행전의 이야기를 분석해보았다. 마지막으로 ④ 현상학적 공간의 위상학적 구조를 이루는 장소, 통로, 영역이라는 주제를 누가-행전 이야기에 적용해보면서 이 책의 논의를 마무리해보자.

우리는 ① 중심과 장소, ② 방향과 통로, ③ 구역과 영역 중 하나의 관점을 선택해서 누가복음과 사도행전을 이해할 수 있다. 바로 앞서 살펴본 것처럼, 사도행전의 중심은 예루살렘이지만, 그 중심은 한곳에 고정되어 있지 않고, 제자들이 가는 곳마다 새로운 중심이 세워진다. 이렇게 보면, 사도행전의 많은 장소는 단순히 "땅끝"을 향해 가는 길에서 잠시 들르는 경유지에 그치지 않고, 그 자체로 중심적 가치를 부여받을 수 있게 되며, 따라서 장소 하나하나가 다 의미 있게 다루어질 수 있다. 이런 점에서 우리는 중심과 장소에 초점을 맞추어 접근할 수 있다. 예를 들어, 사도 바울이 전도 여행 과정에서 머무른 도시들을 하나씩 세밀히 연구해볼 수 있다. 사도 바울이 개개의 도시들에 대해 가지는 장소감을 비교해볼 수 있고, 각 도시들이 이야기 전체에서 차지하는 비중을 저울질해볼 수도 있다.

그러나 "이동하는 중심"이라는 개념은 어떤 점에서는 유목민의 생활 패턴에 가깝다고 할 수 있다. 유목민의 장소들은 지리적 위치가 고정되어 있지 않고 수시로 변화하기 때문에, 그곳이 정확하게 지도상 어느 지점인지는 그리 중요하지 않다. 따라서 유목민들에게는 장소보다 영역이 훨씬 더 중요하다. 누가복음은 처음부터 로마가 지배하는 전 세계(οἰκουμένη)를 이야기의 배경 영역으로 제시하며 시작되고(눅 2:1), 사도행전은 그 세계가 예루살렘이라는 중심과 땅끝이라는 경계선 사이에 위치한 영역임을 재확인하며 시작된다(행 1:8). 사도행전의 마지막 장면도 로마를 배경으로 묘사된다. 이 로마 제국의 영역은 누가복음에서는 주로 배경에 머물다가 사도행전에서 점점 더 전경으로 부각되어 나타나는

데, 이 점에 주목하며 그 과정을 분석해볼 수 있고, 그 영역이 하나님 나라로 변화해가는 과정을 살펴볼 수도 있을 것이다.

방향과 통로 중심의 분석도 가능하다. 누가-행전 서사 전체의 1/3이 예루살렘으로 가는 길에서 이루어진 여행 이야기이기 때문에 그 길을 통해 만들어지는 호돌로지 공간을 분석하고, 때로는 통로가 축이 되어 공간 전체를 구조화하기도 하는 메커니즘에 주목해볼 수 있을 것이다. 이 책에서는 이 세 번째 관점, 즉 방향과 통로의 관점을 선택하여 누가복음과 사도행전의 공간을 분석해보고자 한다. 누가복음과 사도행전에서 각각 한 본문씩을 뽑아 분석의 대상으로 삼아보고자 하는데, 먼저 복음서에서는 예루살렘으로 올라가는 예수와 제자들의 이야기(눅 9:51-19:44)를 다룬다.

사도행전에서 여행 이야기로 가장 두드러지는 것은 보통 3차로 나뉘어 관찰되는 바울의 전도 여행에 관한 서술이다. 그러나 바울의 전도 여행(행 13-21장)은 의외로 통로에 대한 명시적 정보를 많이 포함하고 있지 않다. 이 이야기는 주로 각 도시에서 일어난 일들을 서술하는 데 대부분의 지면을 할애하며, 장소와 장소 사이, 즉 길에서 일어난 일에 대해서는 큰 관심을 보이지 않는 것처럼 보인다. 그래서 바울의 여행 경로를 지도에 표시하려 시도해보면, 바울이 한 도시에서 다른 도시로 이동할 때 어느 경로를 이용했는지 알 수 없어서 난감할 때가 많다. 물론 그렇지 않은 경우도 있다. 바울이 두 번째 전도 여행을 출발한 후, 터키 남동부 지역으로부터 소아시아로 선교지를 옮기려던 계획이 좌절되어 브루기아, 갈라디아, 무시아 지방을 헤매고 다닌 과정(행 16:6-10)이나 그가 전도 여행을 모두 마치고 예루살렘으로 올라가는 길에서 일어난 사건들(행 20:13-21:16)은 통로에 대한 정보를 제법 눈에 띄게 제공하기도 한다.

특히 바울이 "나의 달려갈 길"(행 20:22-24)에 관해 말하는 에베소의 고별 설교와 관련하여 전도 여행의 통로를 분석해볼 수도 있을 것이다. 물론 길에 대한 묘사가 없다고 해서 통로 연구가 무의미해지는 것은 아니다. 연이어 나타나는 도시와 도시들은 분명한 괘적을 형성하고 있고, 거기에 이동의 목표들이 제시되며, 그에 따른 전진과 후퇴와 분기가 관찰되고 분석될 수 있기 때문이다.

무엇보다도 통로에 대한 정보가 가장 두드러지는 것은 바울의 호송 이야기(행 27:1-28:15)다. 그가 죄수의 몸으로 가이사랴로부터 로마로 호송되어가는 항해 과정에서 생긴 일들을 묘사하는 이 이야기는 흥미진진한 사건들로 가득하며, 그것은 통로의 관점에서 매우 좋은 연구 주제가 될 수 있다. 그러나 이 책에서는 많은 사람의 주목을 받아온 바울의 이야기보다는 그에 비해 상대적으로 관심을 덜 받은 "예루살렘으로부터 흩어진 사람들의 이야기"(행 8-12장)에 주목하고자 한다. 그럼 누가복음과 사도행전의 이야기들을 순서대로 살펴보자.

1. 예루살렘을 향한 예수의 여행

통로의 관점에서 볼 때, 누가복음의 여행 이야기는 독자들을 당혹하게 하는 몇 가지 요인을 포함하고 있다. 누가복음 9:51-19:44를 일반적으로 "여행 이야기"라 부르는 이유는 그 출발과 도착이 각각 9:51과 19:45[17]에 명시되어 있기 때문이다. 그러나 정작 해당 본문 내에 예수와 제자들이 여행 중에 있음을 보여주는 언급은 그리 많지 않다. 여행 초기에

---

17 여행 이야기의 시작점에 대해서는 대부분의 해석자들이 일치하나, 끝나는 지점에 대해서는 조금씩 입장들이 다르다. 어떤 사람들은 19:27을, 또 어떤 사람들은 19:40을 여행 이야기의 끝으로 본다. 그러나 우리의 연구와 관련해서는 여행 이야기의 끝나는 지

는 여행을 지시하는 내용이 비교적 자주 나온다. 예수는 예루살렘에 가시기로 마음을 굳히신 후, 제자들을 앞서 보내 갈 길을 준비하게 하고(눅 9:51-52), 그들을 위해 사전 교육을 하며(눅 10:1-16), 길을 준비하고 돌아온 제자들의 보고를 받는다(눅 9:17-20). 그러나 그 후로는 예수 일행이 여행 중임을 보여주는 언급이 가끔씩만 등장할 뿐이다. 누가는 10:38에서 그들이 길을 가고 있음을 언급한 후 한동안 언급이 없다가, 13:22에 이르러서야 그들이 예루살렘으로 가고 있음을 확인한다. 그리고 나서 또 오랫동안 아무 말이 없다가 17:11에 이르러서야 비로소 여정이 재확인된다. 그리고 여행 막바지에 해당하는 18:35부터는 다시 여행에 대한 지시가 많아지기 시작한다(눅 19:1, 28-29, 41, 45). 이처럼 누가복음 9:51-19:44에는 여행 이야기라는 이름이 무색할 정도로 여행에 관한 정보가 그리 많지 않은데, 이 부분에는 주로 누가의 특수 자료[18]와 Q 자료에서 온 것으로 보이는 예수의 설교가 많이 담겨 있다. 그래서 누가복음에서 여행이라는 모티브는 실제로 예수의 여행을 기술하고자 했다기보다는, 단지 예수의 설교를 모아놓기 위한 문학적 장치에 불과한 것이 아닌가 하는 추측도 가능하다.

이와 함께 여행 이야기가 독자들을 당혹스럽게 하는 또 다른 이유는 그 여행 경로가 팔레스타인에 대한 지리적 상식에 부합하지 않는 것처

점의 문제가 그리 중요한 문제는 아니므로 상세히 다루지 않는다. 나는 19:44을 여행 이야기의 끝으로 본다. 예수께서 예루살렘에 들어가셨다는 언급이 19:45에 나오기 때문이다.

18 성서학자들은 공관복음의 형성 과정과 관련해서 일반적으로 마가복음이 가장 먼저 기록되었고, 마태복음과 누가복음이 마가복음을 자료로 사용하였다고 보는 두 자료설 또는 네 자료설을 따른다. 마태복음과 누가복음은 마가복음 외에도 두 책이 공유하는 Q 자료와 각자가 따로 수집한 특수 자료를 사용했다.

럼 보이기 때문이다. 팔레스타인의 세 지역의 위치를 구별해보자면, 북쪽에는 갈릴리, 중간에는 사마리아, 그리고 남쪽에는 유대가 각각 놓여 있다. 유대교의 중심이자 누가-행전 이야기의 중심이기도 한 예루살렘은 가장 남쪽인 유대 지방에 속해 있다. 예수는 북쪽 지역인 갈릴리에서 어린 시절의 대부분을 보냈고, 지상 사역의 많은 기간 역시 갈릴리에서 보낸 후, 지상 생애 마지막 기간에 예루살렘에 다시 올라가서(지도상에서는 남쪽으로 내려가서) 붙잡히고 처형당하며, 거기서 부활하여 승천하신다.

이러한 지리적 구성을 염두에 두고 여행 이야기를 살펴보면 한 가지 이상한 점이 관찰된다. 예수와 제자들의 지리적 위치를 보면, 예수 일행은 갈릴리와 사마리아의 경계선 부근에서 여행을 출발한다(눅 9:52). 그렇게 시작된 여행은 그들이 구체적으로 어디쯤을 지나고 있는지 전혀 지시되지 않은 채 계속되다가(눅 10:38; 참조 13:22), 17:11에 이르러서야 처음으로 위치가 명시되는데, 그들은 아직도 사마리아와 갈릴리의 경계선에 있다! 그리고 얼마 지나지 않아 18:35은 그들이—유대 지방에 속하며 예루살렘에서 가까운—여리고 부근에 있다고 말한다. 상식적으로 생각해보자면, 예수 일행은 갈릴리를 출발해서 점점 남쪽으로 내려오다가, 17장에서는 남쪽에 있는 유대와 사마리아의 경계선 즈음에 있다고 해야 납득하기 쉬울 것이다. 그러나 그들은 여행의 거의 막바지에 해당하는 17:11까지도 여전히 북쪽에 있는 갈릴리와 사마리아의 경계선에 머물다가, 18장에서 갑자기 남쪽 유대 지방 여리고에 도착했다고 기록하고 있어, 우리가 이런 기록을 이해하기란 쉽지 않아 보인다.

콘첼만은 이러한 공간 구도가 누가의 불충분한 지리 정보에 기인하는 것으로 생각한다. 일반적으로 누가는 팔레스타인 밖 어느 지역에 살았던 이방인 또는 디아스포라 유대인으로 여겨진다. 여기에는 몇 가지 근거가 있는데, 무엇보다도 누가-행전은 매우 뛰어난 그리스어를 구사하고 있으며, 신약성서의 책들 중 유일하게 그리스어를 모국어로 사용하는 사람이 저술한 것으로 받아들여지기 때문이다. 또 누가-행전이 담고 있는 친이방인적 신학도 누가가 이방인이거나 이방인의 문화에 익숙한 사람일 가능성을 보여준다. 그 외에도 사도행전에 담겨 있는 로마 제국 내 여러 지역들에 대한 세밀한 지리적 정보들은 그가 팔레스타인 외부의 세계에 익숙한 사람일 가능성을 지지한다. 반면에 누가가 팔레스타인의 지리에는 밝지 않은 것처럼 보이는 구절들이 종종 발견된다. 그래서 성서학자 중에는 누가가 팔레스타인에 한 번도 가보지 않았으며, 그의 지리적 정보는 문헌이나 사람을 통해 간접적으로 습득된 것으로 보는 사람이 많다.

콘첼만은 이러한 가정에 근거해서 누가가 대 플리니우스(Pliny the Elder)의 역사책을 읽고 그 책에 기초해 팔레스타인에 대한 지리적 지식을 형성했을 가능성을 제안한다.[19] 대 플리니우스의 『자연의 역사』(Natural History)를 보면, 팔레스타인의 지리는 우리가 일반적으로 알고 있는 것과는 다른 모습으로 기술되어 있다. 그 책에는 북쪽으로부터 갈릴리, 사마리아, 유대 순으로 놓여 있는 것이 아니라 사마리아와 갈릴리가 좌우로(동서로) 나란히 인접해 있고, 두 지역의 남쪽 경계선이 유대 지역에 닿아 있는 것처럼 기술되어 있다. 그래서 대 플리니우스의 책대로 설명하자면, 사마리아는 이두메와 함께 서쪽 해안에 접해 있고, 갈릴리는 유

---

19 Hans Conzelmann, *The Theology of St. Luke*, trans. Geoffrey Buswell (Philadelphia: Fortress, 1982), 69.

대 지역의 일부로서 동쪽 시리아에 접경해 있다.[20] 콘첼만의 주장대로, 만일 누가가 그러한 모습으로 팔레스타인의 지리를 인식하고 있었다면, 독자들은 누가복음 9장에서 여행을 떠난 예수 일행이 동서로 인접한 사마리아와 갈릴리의 경계선 북단 어느 지점에서 시작하여 그 경계선을 따라 남쪽으로 이동해서 예루살렘에 도착한 것으로 이해할 수 있었을 것이다.

그러나 이렇게 이해할 경우, 예수의 여행은 갈릴리와 사마리아의 경계선에서 시작하여(눅 9:52) 여행이 끝날 무렵까지 동일한 경계선상에 머물러 있기 때문에(눅 17:11), 독자들은 자연히 예수의 여행이 시종 그 경계선 부근에서 이루어졌다고 이해할 것이다. 그렇다면 예수 일행은 사마리아 지방에는 전혀 들어가지 못하고 그 변경을 따라서만 여행을 한 것인가? 예수께서 여행 초기에 사마리아의 한 마을에 들어가려 하다가 거절당한 후(눅 9:53), 예루살렘에 도착할 때가지 사마리아의 모든 마을들이 다 예수의 일행을 거절하여 들어가지 못했거나, 아니면 예수께서 마찰을 피하기 위해 아예 사마리아에 들어가려는 시도를 하지 않으신 것인가? 그것이 누가가 의도한 것일까? 그러나 누가복음이 보여주는 사마리아인들에 대한 예수의 적극적인 태도에 비추어볼 때, 그러한 서술은 납득하기 어렵다.

누가가 대 플리니우스의 『자연의 역사』를 읽었을 가능성을 배제할 필요는 없다. 그러나 그렇더라도 팔레스타인의 지리에 대한 누가의 인식이 전적으로 대 플리니우스에 의존해 있었다고 보기는 어렵다. 왜냐하면 누가-행전의 내용에 비추어볼 때, 누가는 70인역 구약성서에 매우

---

20 Pliny, *Natural History*, 5.68-70.

익숙한 사람이라는 것이 널리 받아들여졌고, 그렇다면 그의 지리적 정보 역시 많은 내용이 70인역으로부터 왔을 것이기 때문이다. 또 그가 70인역에 익숙한 사람이라면, 아마도 누가 자신이 디아스포라 유대인이거나 아니면 그의 주위에 유대인들이 있어서, 그는 그들을 통해 팔레스타인의 지리에 대한 정보를 얻었을 가능성도 크다. H. A. 레드패스(H. A. Redpath)에 의하면, 70인역과 신약성서에 공통적으로 나타나는 74개의 지명 중 무려 72%에 해당하는 53곳의 지명이 사도행전에 나온다.[21] 이러한 점들을 고려할 때, 누가를 팔레스타인의 지리에 어두운 사람이라 쉽사리 단정하기는 어렵다.

아마도 콘첼만의 주장에는 한 가지 전제가 담겨 있다고 생각되는데, 그것은 예루살렘으로 가는 여행을 단순히 목적지로의 이동이라는 견지에서만 생각하는 것이다. 그러한 사고에는 장소들만이 고려되어 있을 뿐, 통로에서 일어나는 일들은 전혀 고려되지 않고 있다. 예수는 어떤 경로를 통해 예루살렘으로 여행했을까? 그 여행의 목적은 단지 예루살렘으로 장소를 바꾸는 것뿐이었을까, 아니면 그 여정 자체에 어떤 의미가 있는 것일까? 여행 이야기 앞부분에 해당하는 누가복음 9-10장을 조심스럽게 읽어보면, 그 통로의 성격이 무엇인지를 보여주는 정보들이 적지 않게 담겨 있다. 특히 10장에 의하면, 예수는 여행 초기에 자신이 지나갈 길을 미리 준비하기 위해 70명[72명]의 제자들을 둘씩 짝을 지어 앞서 보내신다. 둘씩 짝을 지었으니 그 제자들은 모두 35팀[36팀]으로 구성되어 있다. 예수는 그 여행에서 최소한 35곳의 장소들을 지날

---

21 H. A. Redpath, "The Geography of the Septuagint," in *The American Journal of Theology* 7 (1903), 307; Scott, "Luke's Geographical Horizon," 42에서 재인용.

예정인 것이다. 물론 이것은 한 팀이 한 곳씩 준비한다는 가정하에 나온 것이므로 실제로는 그 이상일 가능성이 많다. 그들이 가서 준비한 일은 무엇일까? 아마도 예수의 일행이 여행 중 머물 장소와 음식을 조달하는 일이 그 일에 포함되어 있었을 것이다. 마르다와 마리아의 이야기(눅 10:38-42)는 예수 일행이 여행 중 어떤 방식으로 숙식을 해결했는지를 보여주는 좋은 예다.

이렇게 예수의 일행이 최소한 35곳이 넘는 많은 장소를 들른다면, 그 여행 경로는 어떤 모습으로 구성될까? 그 35곳이 넘는 경유지들이 모두 갈릴리와 사마리아의 경계선을 따라 직선으로 배열되어 있었을까? 우리는 그 답을 사도행전에 나오는 바울의 전도 여행에 비추어 추론해볼 수 있다. 바울은 땅끝까지 증인이 되라는 예수의 명령을 가장 모범적으로 수행한 사람인데, 그의 여행은 어느 한 목적지를 향해 일직선으로 전진한 것이 아니다. 그의 이동은 반복해서 예루살렘으로 돌아오는 동심원과 비슷한 이동이었고, 한 번 방문한 곳을 다시 방문하는 패턴이 반복되어 나타난다. 누가복음에서 예루살렘을 향하는 예수의 여행도 그와 비슷한 원칙을 따르지 않았을까? 말하자면, 예수는 우리가 단순히 기대하는 것처럼 갈릴리에서 유다로 직선을 그어 마치 고속버스처럼 남향한 게 아니라, 마을버스 노선처럼 구불구불한 곡선을 그리며 갈릴리와 사마리아의 여러 마을들을 두루 찾아다니고, 경우에 따라서는 한 번 방문한 곳을 다시 찾아가기도 하면서 예루살렘으로 여행하신 것이 아닐까? 이것은 여정에 대한 언급이 한동안 거의 나타나지 않다가 누가복음 18:31 이후에 집중된다는 점에서도 확인할 수 있다. 그 전까지 예수의 여행의 목표는 예루살렘으로 바로 가는 것이 아니라 팔레스타인의 여러 지역을 두루 찾아다니며 복음 선포를 계속하시는 것이었다. 누가복음

13:22은 예수의 그러한 움직임을 암시한다.

> 예수는 여러 성읍과 마을에 들르셔서 가르치시면서 예루살렘으로 여행하셨다.

2. 예루살렘으로부터 흩어진 사람들

이번에는 사도행전의 텍스트를 살펴보자. 사도행전을 크게 둘로 나누어 전반부(행 1-12장)는 예루살렘 교회의 이야기로, 후반부(행 13-28장)는 사도 바울의 이야기로 대별할 수 있다. 그중 전반부는 다시 둘로 나눌 수 있는데, 1-7장이 예루살렘에서 일어난 사건들에 대한 기록이라면, 8-12장은 예루살렘에서 일어난 박해와 그로 인해 흩어진 사람들의 이야기다. 사도행전은 그 초두에서 예루살렘으로부터 땅끝으로 향하는 통로 이야기로 성격화된다(행 1:8). 그러나 사도행전이 시작되어 7장이 되기까지 통로는 개척되지 않고, 모든 등장인물과 사건들은 예루살렘에 머물러 있다. 이는 아마도 중심에서 해야 할 일들이 남아 있기 때문일 것이다. 그것은 예수께서 이루신 예루살렘 공간에 대한 재전유를 계속하는 것이다. 하지만 표면적으로는 그렇지 않아 보인다. 공간 재전유라는 말이 무색하게 예루살렘에서 산헤드린의 권력이 위세를 떨치며 교회에 대한 박해를 계속하기 때문이다. 그러나 교회는 박해에 전혀 굴하지 않고 의연하게 저항하며 고난 속에서 성장해나간다. 예수의 승천 직후 120명으로 시작한 교회는(행 1:15), 오순절 성령 강림 후 3천명 이상으로 늘어나고(행 2:41), 모든 사람들의 호감을 얻게 된다(행 2:47). 교회는 성장을 계속해서(행 2:47; 6:1), 큰 무리를 이루며(행 5:14), 심지어 제사장들 가운데서도 회심자들이 생기게 된다(행 6:7).

이렇게 중심인 예루살렘에 머물던 그리스도인들이 비로소 통로를 개척하기 시작하는 것은 8장부터다. 예루살렘에서 일어난 그리스도인들에 대한 박해(행 8:1)가 발단이 된다. 교인들의 수가 점점 불어나면서 박해의 규모도 점점 커졌고, 결국 교회 전체를 향한 대규모의 박해가 일어난 것이다. 그 박해를 피해 사도들만 예루살렘에 남아 교회를 지키고, 나머지 그리스도인들은 대부분 사방으로 흩어진다. 그러나 그것은 뜻밖에 복음 전파와 통로의 개척으로 이어진다(행 8:1-4). 사도행전 8:1은 그 흩어짐을 "디아스페이로"(διασπείρω)라는 그리스어 동사로 기술한다. "디아스포라"(διασπορά)는 이 동사의 명사다. 주지하듯이, "디아스포라"란 전 세계에 흩어져 살고 있는 유대인들을 가리키는 용어다.

사도행전 8-12장은 그 박해에 이어 나타난 사건들을 다섯 갈래로 나누어 서술한다. ① 사마리아에 내려간 빌립 그리고 이디오피아의 내시와의 만남(행 8:4-40), ② 사울의 회심과 소명(행 9:1-31), ③ 베드로와 고넬료의 만남 그리고 예루살렘 교회의 변화(행 9:32-11:18), ④ 안디옥 교회의 설립(행 11:19-30), ⑤ 헤롯 아그립바 1세의 박해와 그의 최후(행 12:1-24). 이 단락은 사도행전의 다른 부분들과 뚜렷이 구별되는 특징을 하나 가지고 있는데, 그것은 사건의 전개가 시간순으로 이어지지 않고, 여러 갈래의 이야기들이 동시적으로 병렬된다는 점이다. 다섯 갈래의 이야기 중 첫 갈래에 해당하는 빌립의 이야기는 다음과 같은 서술로 시작된다.

그런데 흩어진 사람들은 두루 돌아다니면서 말씀을 전하였다(행 8:4).

박해로 인한 흩어짐이 오히려 복음 전파의 기회가 되었다는 것이다.

그러한 해설과 함께 세 갈래의 이야기들이 화자에 의해 연이어 서술된다. 그 이후 네 번째 이야기를 시작하는 11:19은 다시 다음과 같이 말한다.

> 스데반에게 가해진 박해 때문에 흩어진 사람들이 페니키아와 키프로스와 안디옥까지 가서 유대 사람들에게만 말씀을 전하였다.

이 서술은 이야기의 시점을 8:4로 되돌린다. 다시 말해서, 사도행전 11:19 이하의 이야기는 그 앞에 나오는 11:18까지의 사건들이 벌어진 후에 비로소 일어난 것이 아니라 저 앞에 있는 8:4의 시점에서 이미 일어난 사건들이라는 것이다.

이러한 구조를 염두에 두고, 이야기를 8:4부터 다시 읽어보면, 8-12장에 나오는 여러 갈래의 이야기들은 서로 간에 선후 관계나 인과 관계를 특정하기 어려운 별개의 사건들임을 알 수 있다. 왜냐하면 그 이야기의 사건들은 모두 예루살렘에 출처를 둔 서로 다른 등장인물들에 의해 서로 다른 장소에서 벌어지며, 서로 간에 어떤 영향을 주고받을 만한 여지가 없기 때문이다. 그래서 그 이야기들은 모두 박해의 시점으로부터 동시 다발적으로 일어났다고 볼 만한 근거가 있다. 또 다섯 번째 갈래에 해당하는 헤롯 아그립바 1세의 박해는 8장의 초두에서 일어난 박해와 연결되어 "예루살렘에서 일어난 박해"라는 공통된 주제로 수미상관 구조를 이룬다. 그래서 사도행전 8-12장을 다시 정리해보면, 예루살렘에서 일어난 두 박해 사건이 수미상관을 이루는 가운데 그 사이에 동시다발적으로 일어난 네 갈래의 이야기들이 병렬되어 있음을 알 수 있다.

본문	등장인물과 사건	장소
8:1-3	[박해] 산헤드린 ▶ 그리스도인들	예루살렘
8:4-40	① 빌립: 사마리아 교회 설립 이디오피아 내시 전도	사마리아 광야
9:1-31	② 사울: 회심과 소명	다마스쿠스 예루살렘 다소
9:32-11:18	③ 베드로: 애니아 치유 도르가 살림 고넬료 가정 전도	룻다 욥바 가이사랴
11:19-30	④ 익명: 안디옥 교회 설립	안디옥
12장	[박해] 헤롯 ▶ 사도들	예루살렘

<표 7> 사도행전 8-12장의 구조

고트홀트 에프라임 레싱(Gotthold Ephraim Lessing, 1729-1781)은 『라오콘』(*Laokoon*)에서 문학을 공간 예술인 회화와 구별하여 시간 예술이라고 말했지만, 이야기가 반드시 시간을 따라 흘러가기만 하는 것은 아니다. 그 대표적인 경우가 묘사다. 예를 들어 신약성서의 마지막 책인 요한계시록 21:10-22:5을 보면, 하늘에서 내려온 새 예루살렘의 모습을 상세히 묘사하는 장면이 나온다. 이 장면에서 묘사가 진행된다는 것은 담론 시간이 흘러가고 있음을 의미한다. 화자가 수화자에게 계속하여 말하고 있기 때문이다. 그러나 정작 이야기 속에서는 이 장면에서 시간이 정지해 있다. 이처럼 묘사를 할 때, 담론 시간은 흘러가지만 이야기 시간은 정지된다. 그래서 묘사를 하는 동안, 독자의 관심은 시간보다는 공간으로 모아진다. 마치 미술 작품을 감상하는 것처럼 말이다.

사도행전에서도 묘사와는 조금 다른 방식으로 시간의 정지가 일어난다. 사도행전을 전체적으로 보자면, 1-7장은 예루살렘이라는 동일 공간에서 사도 베드로와 그가 세운 지도자 스데반을 중심으로 일어난 사건들을 기술하고 있어 시간의 흐름과 사건의 인과 관계가 분명히 나타난다. 13-28장 역시 사도 바울이라는 한 인물을 중심으로 모든 사건이 순차적으로 전개된다. 이렇게 이야기에서 사건들은 시간순으로 전개되어가며 자연스럽게 인과 관계를 형성한다. 그러나 이러한 사건의 순차적 진행이 8-12장에서는 중지된다. 물론 묘사에서처럼 시간이 완전히 정지하는 것은 아니고 각각의 이야기 갈래 내에서는 시간이 흘러간다. 그러나 누가는 각각의 이야기가 시작될 때마다, 사건의 시간을 반복해서 예루살렘에서 일어난 박해의 시점으로 돌아가게 함으로써 전체적으로는 이야기 시간의 흐름을 정지시키고, 독자들의 관심을 시간으로부터 공간으로 이끌어간다. 그래서 독자들로 하여금, 이야기를 시간적인 인과 관계로 읽기보다는 여러 갈래의 이야기들을 함께 펼쳐놓고 공간적으로 이해하도록 유도한다. 그래서 사도행전 8-12장을 잘 이해하도록 위와 같은 도표가 도움을 줄 수 있다(참조 표7).

위의 이야기들에서 공간의 지평은 예루살렘으로부터 온 유대와 사마리아로, 그리고 그 경계를 넘어 땅끝으로 빠르게 변화되어 간다. 8:1에 "유대와 사마리아"가 언급되는 데 착안하여, 사도행전이 예루살렘(행 1-7장), 유대와 사마리아(행 8-12장), 땅끝까지(행 13-28)의 공간 구조를 갖추고 있다고 보는 사람들이 있으나, 실제로 사도행전의 공간 구도는 그렇게 직선적이거나 단순하지 않다. 왜냐하면 복음은 이미 사도행전 2장의 오순절 사건에서 땅끝으로 확산되기 시작했으며, 8장에 나오는 이디오피아는 그 당시 사람들 사이에서 남쪽 땅끝으로 간주되던 나라이기 때문이다. 또 9장과 11장에서는 팔레스타인의 경계를 넘어 각각

시리아의 다마스쿠스와 안디옥이 사건의 배경이 된다. 10장에서 베드로가 고넬료를 만난 곳은 사마리아의 경계 내에 있는 가이사랴이지만, 거기서 만난 고넬료는 가이사랴에 파견되어 있는 로마 주둔군의 백부장이기 때문에, 독자들은 그를 통해 복음이 곧 로마 제국 내의 다른 지역으로 확산될 것을 예상할 수 있다.

이와 같은 공간의 확대와 함께 사도행전 8-12장에는 "이방인의 구원"이라는 주제가 부각된다. 여기에 담긴 네 갈래의 이야기들은 그 점에서 하나의 논리적 연관성을 가지고 있다. 먼저 8장에서는 빌립이 최초로 이방인에게 복음을 전한다. 그런데 이방인의 구원이란 아직 유대인 그리스도인들의 사고 지평에는 없는 일이었다. 심지어 예수께서 그들이 땅끝까지 그의 증인이 될 것이라 예고하실 때도, 제자들은 그것이 단지 지리적 확산을 의미한다고 여겼다. 말하자면, 그들은 예수의 예고를 땅끝까지 유대인들에게 복음이 증언될 것이라는 뜻으로 받아들인 것이다. 그래서 사방으로 흩어진 사람들은 오직 유대인들에게만 말씀을 전했다(행 11:19). 예수가 의도하는 대로 복음이 모든 민족에게 전해지기 위해서는 먼저 유대인들에게만 말씀을 전하는 제자들의 의식이 바뀌어 그들이 전도자들로 준비되어야 했다. 두 번째와 세 번째 갈래의 이야기는 그렇게 하나님께서 제자들을 변화시키신 사건들을 담고 있다. 먼저 9장에서 하나님은 이방인 구원의 선구자인 바울을 준비하신다. 부활하신 예수는 그리스도인들을 체포하기 위해 다마스쿠스로 가던 박해자 사울의 길을 가로막고 그를 회심시켜 이방인 전도자로 만드신다. 이어지는 세 번째 이야기에서는 베드로와 예루살렘 교회가 변화된다. 그들은 이방인을 부정하게 여겨 교회에 받아들이지 않으려 했지만, 하나님은 베드로에게 보여주신 환상과 고넬료의 집에서 일어난 일을 통해 베드로의 눈을 열어주시고, 또 그를 통해 예루살렘 교회를 깨우치셔서 그들로 하여금 이 방인도 구원받은 백성의 일원임을 인정하게 하신다. 전통적으로 많은 해석자들이 베드로가 고넬료 가정을 전도한 것이 최초로 이방인 전도 사건이라 주장하나, 그것은 맥락에서 벗어난 해석이다. 사도행전에서 최초로 전도된 이방인은 이디오피아의 내시다. 그리고 베드로와 고넬료의 이야기의 핵심은 고넬료의 회심이 아니라 베드로의 회심이다. 이 세 갈래에 이어 네 번째 갈래의 이야기는 이방인 교회들의 중심이자 이방인 전도의 기지이기도 한 안디옥 교회가 설립되는 과정을 보여준다.

3. 방향과 통로

이 이야기들에 담긴 사건들을 통해 복음은 사방으로 퍼져나간다. 방향에 초점을 맞추어 네 갈래의 이야기들을 살펴보자. 먼저 빌립을 통해 복음을 받아들인 간다게 여왕의 내시는 그 시대에 남쪽 땅끝으로 여겨지던 이디오피아로 돌아가던 길이었다. 그를 통해 복음이 남쪽으로 땅끝까지 확산될 것은 분명히 예상할 수 있는 일이다. 사울은 회심한 후 다마스쿠스의 여러 회당에서 말씀을 선포했다(행 9:19-22). 복음은 이를 통해 동쪽으로 확산되어나간다. 고넬료는 가이사랴에 파견된 로마 주둔군의 장교로서 파견 기간이 끝나면 지중해를 통해 본국으로 돌아갈 것이다. 복음은 그를 통해 서쪽으로 전해질 것이다. 마지막으로 사도행전 11:1 이하에서는 익명의 전도자들이 북쪽으로 이동하여 페니키아와 키프로스에 복음을 전하고 안디옥에 교회를 세운다. 이 안디옥 교회는 앞으로 예루살렘 교회와 함께 사도행전의 새로운 중심이 될 것이고, 그곳을 기점으로 수많은 새로운 통로들이 개척될 것이다.

예루살렘으로부터 흩어진 사람들의 공간 이동과 그들이 파생하는 움직임들은 사도행전의 이야기 세계 내에 수많은 통로들을 개척한다. 스데반의 순교를 계기로 일어난 예루살렘의 박해로 말미암아 흩어진 사람들의 통로를 따라가며 여러 갈래로 새로운 이야기들을 전해주던 사도행전의 화자가 네 번째 이야기에서는 그중 북쪽으로 이동해간 사람들에게 초점을 맞춘다. 앞서 나왔던 주연급 등장인물들과 달리 이번에 등장하는 인물들은 이름이 없다. 대개 이야기 속에서 이름이 없이 "지나가는 사람 1" 또는 "군인 1" 등으로 분류되는 인물들은 역할 비중이 그리 크지 않은 경우가 많다. 이들도 익명으로 여기에 한 번 등장하고는 사라진다. 그러나 그들이 사도행전의 이야기 전체에서 담당하는 역할은 지대하다. 왜냐하면 바로 그들로 인해 이방인 사역의 전진기지라 할 수 있는 안디옥 교회가 세워지기 때문이다.

안디옥 교회의 설립 이야기에서 등장인물들의 이름이 등장하지 않는 것은 그 외에도 한 가지 중요한 효과를 만들어낸다. 곧 인물이 부각되지 않기 때문에 독자들이 자연스럽게 장소와 통로에 더 주목한다. 네 번째 갈래의 이야기를 자세히 읽어보면, 짧은 텍스트 속에 잦은 이동이 서술되며 수많은 통로들이 개척되고 있는 것을 볼 수 있다. 먼저 익명의 전도자들이 예루살렘으로부터 페니키아로, 키프로스로, 안디옥으로 이동한다(행 11:19). 안디옥에 교회가 그들에 의해 세워지자, 그 소식을 듣고 예루살렘 교회가 바나바를 안디옥으로 보낸다(행 11:22). 바나바는 다소로 가서 사울을 안디옥으로 데려간다(행 11:25-26). 얼마 후 예언자 몇 명이 예루살렘으로부터 안디옥으로 내려온다(행 11:27). 그 예언자 중 하나인 아가보의 예고대로 흉년이 들자, 안디옥 교회는 구제금을 모아 바나바와 사울 편에 맡겨 예루살렘으로 보낸다(행 11:28-30).

물론 예루살렘과 안디옥 사이에서 사람들이 오갈 때 구체적으로 어떤 경로를 이용했는지, 예를 들어 뱃길을 택했는지 육로를 택했는지, 그 길에서 무슨 일이 있었는지에 대해서 사도행전 내러티브는 아무것도 말해주지 않는다. 그러나 사도행전의 화자는 예루살렘과 안디옥이 각각 독립된 장소로 머물지 않고, 서로 간에 끊임없는 이동과 소통이 이어졌음을 보여주면서 어떤 메시지를 전달하고자 한다. 그것은 예루살렘 교회와 안디옥 교회 또는 열두 사도와 바울 사이에 밀접하고 친밀한 관계가 형성되어 있음을 보여주려는 것이다. 이것은 갈라디아서에 담겨 있는, 거의 화해가 불가능해 보일 정도로 심각한, 바울과 예루살렘 교회의 극한 대립과는 매우 대조되는 그림이다. 역사적으로 보면, 갈라디아서가 저술된 50년대 중반과 사도행전이 저술된 80년대 중후반 사이에 일어난 교회적 상황의 급격한 변화를 암시해주는 것이기도 하다.

키프로스와 구레네 출신인 몇몇 익명의 전도자들이 안디옥에 가서 이방인들에게도 복음을 전한 것은 전혀 예상치 못한 일이었다. 왜냐하면 그들 외에 다른 사람들은 모두 유대인에게만 복음을 전하고 있었기 때문이다(행 11:19). 따라서 아마도 안디옥으로 향한 그들의 발걸음 역시 그들이 의도한 일은 아니었을 것이라는 추측이 가능하다. 이렇게 의도되지 않은 길을 가는 것은 그 앞에 나오는 세 이야기 갈래들의 공통점이기도 하다. 하긴 그들의 움직임의 일차적인 목적이 어떤 목표지에 이르기 위함이라기보다는 예루살렘에서 일어난 박해를 일단 피하여 급한 불을 끄는 데 있었음을 고려하자면, 그들이 의도되지 않은 길을 간 것은 어쩌면 당연한 일이라 할 수 있다.

의도되지 않은 길의 배후에는 사도행전의 핵심적인 주제 중 하나인 "성령의 이끄심"이 있다. "성령행전"이라는 별명에 걸맞게, 사도행전은 모든 중요한 사건의 길목마다 성령이 등장하여 친히 그 사건들을 주도

하는데, 흩어진 사람들의 이야기가 그 주제를 잘 드러내어 보여준다. 빌립이 이디오피아의 내시를 전도하게 된 것은 그의 의도와는 전혀 관계없이 성령이 가라는 대로 가다보니 일어난 일이다(행 8:26, 29). 사울의 회심과 베드로의 고넬료 가정의 전도 역시 두 사람의 의도에 반한 일이었음은 말할 나위가 없다. 사울은 그리스도인들을 박해하러 가던 길이었고, 베드로는 환상에 접하여—그 이야기 속에서 이방인을 상징하는—부정한 짐승들을 먹을 수 없다고 강하게 거부했으니 말이다. 그 길은 모두 의도하지 않은 길이기 때문에 가는 사람의 입장에서는 목표지가 정해지지 않은 길이며, 한 걸음 한 걸음이 미로와 같다. 그래서 여기서는 장소보다 통로와 방향이 중요하다.

사도행전 8장에서 시작되는 첫 번째 이야기에 의하면, 사마리아에서 활동하던 빌립에게 주의 천사가 나타나 이렇게 말한다.

> 일어나서 남쪽으로 나아가서, 예루살렘에서 가사로 내려가는 길로 가거라. 그 길은 광야 길이다(8:26).

장소는 정해지지 않은 채 방향만이 주어진다. 그리고 그 통로의 목표점은 특정 장소가 아니라 또 다른 통로다. 예루살렘을 떠나온 빌립도 그 길에서 예루살렘을 떠나 고국으로 돌아가는 통로에 있던 이디오피아 여왕 간다게의 고관을 만난다. 두 사람의 만남은 움직이는 마차 위에서, 즉 철저히 통로 위에서 이루어진다. 빌립의 가르침을 받고 물로 내려가 세례를 받은 내시는 기쁨에 차서 가던 길을 계속 가고, 빌립은 주님의 영이 데려가서 보이지 않는다(행 8:36-39). 그 모든 일이 통로에서 일어난다. 그리고 그 통로의 최종 목표점은 땅끝이다.

두 번째 이야기 갈래(행 9장)에서, 사울은 본래 그리스도인들을 붙잡아 예루살렘으로 압송해오기 위해 다마스쿠스로 가던 길이었다. 그의 이동은 분명한 목적지를 가지고 있었고 그 움직임은 목표(장소) 지향적이며 자발적이었다. 그러나 그 길에서 부활하신 예수를 만난 후, 그의 목표는 사라진다. 게다가 그는 환한 빛을 본 후 시력을 상실한다. 그리고 다마스쿠스는 이제 더 이상 그리스도들 박해하는 장소가 아니라 변화된 사울을 위한 새로운 소명의 장소가 된다(행 9:6, 10-19). 시력 상실로 인해 그의 통로는 캄캄한 암흑으로 변하고, 사울은 함께 가던 사람들에게 이끌려 미로를 더듬으며 다마스쿠스로 들어간다. 그가 지금까지 걸어온 길은 굽은 길과 같았다. 그러나 하나님은 그를 "곧은 길"(행 9:11)이라 불리는 다마스쿠스의 한 거리로 인도하시고, 거기서 아나니아를 통해 새로운 사명을 주신다. 이 이야기가 시작되는 9:2에서 그리스도인들은 "그 길(way)에 있는 사람들"로 명시된다. 사울은 이제 그가 박해하던 그리스도인들을 뒤이어 땅끝까지 가서 많은 사람을 예수의 "길"로 이끄는 전도자가 될 것이다(행 9:15).

이야기의 세 번째 갈래(행 10장)에서, 자신을 초청하러 온 고넬료의 부하들을 따라 욥바로부터 가이사랴를 향해 가는 베드로의 길 역시 목표가 분명하지 않은 통로다. 물론 그 목적지가 가이사랴에 있는 고넬료의 집인 것은 분명하지만, 그것은 베드로가 스스로 설정한 목표가 아닐 뿐 아니라 또한 이해할 수 없는 목표이기도 하기 때문이다. 이 이야기에서 로마 제국을 대표하는 주둔군 백부장과 그의 집은 부정한 존재로, 그래서 정화되어야 할 대상으로 간주된다. 하나님은 이방인들을 부정하다고 거부하는 베드로를 설득하여 그를 고넬료의 가정으로 이끄시며, 사도행전은 오히려 고넬료의 집을 이야기의 중심으로 격상한다. 하늘로부터 성령이 내려와서, 그곳이 새로운 세계의 축으로 세워지게 함으로써 말이다.

이 이야기에는 욥바와 가이사랴라는 두 항구 도시가 등장한다. 욥바는 가이사랴항이 건설되기 전까지 이스라엘이 오랫동안 사용해온 역사적인 항구 도시다. 반면에 가이사랴항은 대 헤롯이 건축하여 가이사(황제)에게 헌정한 최신 항구다. 욥바와 가이사랴는 이렇게 과거와 현재를 대변할 뿐 아니라 이방인의 구원 문제에서도 서로 대조되는 위치에 있다. 욥바는 구약성서에서 이방인의 구원 문제를 다룬 대표적 서사라 할 수 있는 요나서에 등장하는 예언자 요나가 니느웨 사람들에게 회개를 촉구하라시는 하나님의 명령을 피하기 위해 다시스로 가는 배를 탔던 항구다. 말하자면, 이방인의 구원이라는 주제에 비추어볼 때, 욥바항은 하나님의 뜻을 피해 숨는 뒷문에 해당한다. 반면에 사도행전에서 가이사랴항은 복음이 서쪽 세계를 향해 나아가는 정문에 해당한다. 바울은 그의 전도 여행에서 가이사랴를 두 번 경유했고(행 18:22; 21:8), 죄수의 몸으로 로마를 향해 갈 때에도 가이사랴에서 출발했다. 하나님은 뒷문 욥바에 있던 베드로를 정문 가이사랴로 부르셔서, 거기서 새로이 이방인의 구원을 향한 하나님의 일하심을 경험하게 하신 것이다.

사도행전 10장에서 일어난 사건들의 대부분은 욥바에 머물고 있는 베드로를 가이사랴로 이동시키기 위해 일어난 것이다. 다시 말해서, 욥바에서 가이사랴로 이어지는 통로가 이야기의 중심이다. 그래서 가이사랴와 욥바에서 일어난 일들은 독립적으로는 충분한 의미를 갖지 못한다. 오히려 출발지와 목적지 사이에 존재하는 긴장이 이야기를 이끌어가며, 그 사이의 통로가 그에 수반되는 다른 요소들을 조직하는 축으로 기능한다. 이 이야기는 어떤 과정을 통해 베드로가 고넬료의 집으로 가게 되었는지 상세히 기술하며, 그 이동 과정을 시간과 함께 서술한다. 가이사라는 욥바로부터 북쪽으로 약 50km 지점에 있다. 고넬료의 부하들은 오후 3시 이후에 출발하여 성실하게 이동한 결과 다음날 정오 경 욥바에 도착한다. 그들은 베드로가 묵고 있는 무두장이 시몬의 집을 찾아 베드로가 여기 묵고 있느냐며 큰 소리로 묻는다. 그들을 맞아들여 자초지종을 들은 베드로는 다음날 아침 신도 몇 사람을 대동하고서 고넬료의 사람들을 따라 가이사랴로 출발하며, 일행은 그다음날 고넬료의 집에 도착한다. 사도행전에서 이동 과정을 기술하며 시간까지 자세히 명시하는 곳은 여기뿐이다. 그리고 이후에도 사도행전은 베드로가 어떤 과정을 거쳐 왜 가이사랴에 가게 되었는지를 두 번이나 더 반복하여 설명한다. 한 번은 고넬료의 집에 모여 있는 그의 가족과 친구들과의 대화에서 그 과정이 설명되며(행 10:27-33), 다음은 예루살렘 교회에서 그 일을 문제 삼는 사람들에게 해명하는 과정에서 베드로가 왜 고넬료의 집에 갔는지가 한 번 더 설명된다(행 11:1-18). 처음부터 끝까지 통로가 이야기를 이끌어가는 것이다. 베드로는 이 일이 있은 후 예루살렘에 머물며 뒤에 곧 이어질 다섯 번째 이야기를 준비한다.[22]

흩어진 사람들의 이야기가 가지는 통로적 성격은 다섯 번째 이야기(행 12장)에서도 계속된다. 헤롯 아그립바 1세는—대부분의 그리스도인들이 사방으로 흩어진 가운데서도 예루살렘에 남아 교회를 지키고 있

---

[22] 위에서 살펴본 사도행전 8-12장의 구조에 의하면, 첫 번째 갈래부터 네 번째 갈래까지의 이야기들이 비슷한 시기에 동시 다발적으로 일어나고, 그다음에 다섯 번째 갈래의 이야기가 이어진다. 베드로는 세 번째 이야기와 다섯 번째 이야기에서 주인공으로 등장하는데, 세 번째 이야기 후반부와 다섯 번째 이야기의 배경이 예루살렘이므로, 베드로가 예루살렘에 머물고 있다고 추정할 수 있다.

던―열두 사도를 자신의 정치적 희생양으로 삼으려 한다. 사도들 가운데 가장 먼저 야고보가 죽임을 당하고, 다음 표적으로 베드로가 끌려간다. 그러나 하나님은 그날 밤 천사를 보내어 기적적으로 베드로를 구출하시고, 기고만장한 헤롯 아그립바 1세는 하나님의 벌을 받아 죽는다. 그런데 재미있는 것은 이 박해의 과정에서 살아남은 베드로가 예루살렘에 머물지 않고 교회에 짧은 인사만을 남긴 채 어디론가 훌쩍 떠나버린다는 점이다. 그는 여전히 통로에 있는 것이다. 사도행전 1장에서 예수께서 예고하신 것처럼 말이다. 이렇게 다섯 갈래의 이야기는 통로에서 시작하여 통로에서 끝난다.

마지막 이야기에서 베드로와 함께 우리가 주목해야 할 대상은 바울과 바나바다. 두 사람은 이야기 네 번째 갈래의 끝 부분에서 안디옥 교회가 모금한 구호금을 가지고 예루살렘으로 올라간다(행 11:30). 그들이 예루살렘에 머무는 가운데 다섯 번째 이야기, 즉 헤롯 아그립바 1세의 박해가 벌어진다. 그리고 그 모든 사건이 정리된 후, 바울과 바나바는 마가 요한을 데리고 예루살렘으로부터 안디옥으로 돌아간다(행 12:25). 이렇게 함으로써 사도행전은 바울과 바나바를 다섯 번째 이야기에 참여시키고, 13장부터 그들만의 새로운 이야기를 시작하게 한다. 그렇게 하여 예루살렘 교회와 바울 사이에 연속성이 수립된다. 이 연속성에는 사도행전의 여러 가지 주제들이 함께 관련될 터인데, 그중 하나가 통로라는 주제다. 베드로를 이어 바울은 바나바와 함께 사도행전의 통로 이야기를 이끌어가게 될 것이다. 그리고 바울에 이어 그 통로 이야기는 (미완성으로 끝나는) 사도행전의 이야기를 읽는 모든 독자들을 통해 계속될 것이다. 땅끝에 이르기까지!

/ 참고문헌

Agnew, John. *Place and Politics: the Geographical Mediation of State and Society*. Boston: Allen and Unwin, 1987.

Ahn, Yong-Sung. *The Reign of God and Rome in Luke's Passion Narrative: An East-Asian Global Perspective*. Leiden: Brill, 2006.

Alexander, Loveday. *Acts in Its Ancient Literary Context*. New York: T&T Clark, 2005.

Alexander, P. S. "Geography and the Bible." *Anchor Bible Dictionary* II. Edited by David Noel Freedman. New York: Double Day: 1992.

Augé, Marc. *Non-Places: Introduction to an Anthropology of Supermodernity*. London: Verso, 1995.

Bachelard, Gaston. *La poétique de l'espace*. Paris: Presses Universitaires de France, 1961.

_____. *Poetics of Spaces*. Translated by Maria Jolas with a new Foreword by John R. Stilgoe. Boston: Beacon Press, 1994.

_____. 곽광수 옮김. 『공간의 시학』. 서울: 동문선, 2003.

_____. *La poétique de la rêverie*. Paris: Presses Universitaires de France, 1999.

_____. *The Poetics of Reverie*. New York: Orion Press, 1969.

_____. 김웅권 옮김. 『몽상의 시학』. 서울: 동문선, 2007.

Bacon, Francis. 진석용 옮김. 『신기관: 자연의 해석과 인간의 자연 지배에 관한 잠언』. 서울: 한길사, 2001.

Bal, Mieke. 한용환·강덕화 옮김. 『서사란 무엇인가』. 서울: 문예출판사, 1999.

Bauckham, Richard. "James at the Centre: A Jerusalem Perspective on the New Testament." Inargural Lecture as Professor of New Testament Studies, University of St Andrews. Delivered on 17 March 1994.

Bauder, Harald and Salvatore Engel-Di Mauro, eds. *Critical Geographies: A Collection of Readings*. Kelowna, British Columbia, Canada: Praxis (e)Press, 2008.

Berquist, Jon L. and Claudia V. Camp, eds. *Constructions of Space I: Theory, Geography, and Narrative*. New York: T&T Clark, 2007.

_____. *Constructions of Space II: The Biblical City and Other Imagined Spaces*. New York: T&T Clark, 2008.

Bock, Darrell. *Acts*. Grand Rapids: Baker Academic, 2007.

Bollnow, Otto Friedrich. 이기숙 옮김. 『인간과 공간』. 서울: 에코리브르, 2011.

Brentano, Franz C. *Psychology from an Empirical Standpoint*. Translated by Anton C. Rancurello et al. London: Routledge, 1995.

Bruce, F. F. *The Acts of the Apostles: Greek Text with Introduction and Commentary*. Grand Rapids: Wm. B. Eerdmans, 1990.

Chatman, Seymour. 한용환 옮김. 『이야기와 담론: 영화와 소설의 서사 구조』. 서울: 푸른사상, 2003.

Conzelmann, Hans. *The Acts of the Apostles*. Translated by J. Limburg et al. Philadelphia: Fortress Press, 1987.

_____. *The Theology of St. Luke*. Translated by Geoffrey Buswell. Philadelphia: Fortress Press, 1982.

Cresswell, Tim. *Place: A Short Introduction*. Malden, Mass: Blackwell, 2004.

Davies, William D. *The Gospel and the Land: Early Christianity and Jewish Territorial Doctrine*. Sheffield: JSOT Press, 1994.

Dreyfus, Herbert L. *Being-in-the-World: A Commentary on Heidegger's Being and Time, Division 1*. Cambridge, Mass.: The MIT Press, 1991.

Elden, Stuart. "Between Marx and Heidegger: Politics, Philosophy and Lefebvre's The Production of Space." *Antipode* 36.1 (2004), 86-105.

Eliade, Mircea. *The Sacred and the Profane: the Nature of Religion*. Translated by Williard R. Trask. New York: Harcourt, Brace and World, 1987.

_____. 이은봉 옮김. 『성과 속』. 서울: 한길사, 2016.

_____. *Patterns in Comparative Religion*. Lincoln: University of Nebraska, 1958.

Ellis, E. E. "'The End of the Earth' (Acts 1:8)." *Bulletin for Biblical Research* 1 (1991), 123-32.

Fitzmyer, Joseph A. 박미경 옮김. 『사도행전 주해』. 왜관: 분도출판사, 2016.

Gadamer, Hans Georg. 임홍배 옮김. 『진리와 방법 2』. 서울: 문학동네, 2012.

Genette, Gérard. 권택영 옮김. 『서사담론』. 서울: 교보문고, 1992.

George, Mark K. *Constructions of Space IV: Further Developments in Examining Ancient Isreal's Social Space*. London: Bloomsbury T&T Clark, 2013.

Goonewardena, Kanishka, et al. eds. *Space, Difference, Everyday Life: Reading Henri Lefebvre*. Translated by Bandulasena Goonewardena. New York: Routledge, 2008.

Harvey, David. 구동희·박영민 옮김. 『포스트모더니티의 조건』. 서울: 한울, 2005.

_____. 박영민 옮김. "공간에서 장소로, 다시 반대로: 포스트모더니티의 조건에 대한 성찰". 『공간과 사회』 5(1995), 32-71.

_____. *Spaces of Neoliberalization: Towards a Theory of Uneven Geographical Development*. Stuttgart: Franz Steiner Verlag GmbH, 2005.

_____. *Spaces of Global Capitalism: Towards a Theory of Uneven Geographical Development*. London: Verso, 2006.

_____. 임동근·박훈태·박준 옮김. 『신자유주의 세계화의 공간들』. 서울: 문화과학사, 2010.

Heidegger, Martin. *Sein und Zeit*. Tübingen: Max Niemeyer Verlag, 1979. GA 2.

_____. *Being and Time*. Translated by Joan Stambaugh; Albany: SUNY, 2010.

_____. *Being and Time*. Translated by John Macquarrie & Edward Robinson. Oxford: Blackwell, 1962.

_____. 소광희 옮김. 『존재와 시간』. 서울: 경문사, 1995.

_____. 이기상 옮김. 『존재와 시간』. 서울: 까치글방, 2001.

_____. 신상희 옮김. 『사유의 경험으로부터』. 서울: 도서출판 길, 2012.

_____. 신상희 옮김. 『숲길』. 서울: 나남, 2008.

_____. 신상희 옮김. 『언어로의 도상에서』. 서울: 나남, 2012.

_____. 이기상 외 옮김. 『강연과 논문』. 서울: 이학사, 2008.

_____. *Four Semiars*. Translated by Andrew Mitchell & Francois Raffoul. Bloomington: Indiana University Press, 2003.

_____. *History of the Concept of Time: Prolegomena*. Translated by Theodore Kisiel. Bloomington: Indiana University, 1985.

_____. *Poetry, Language, Thought*. Translated by Albert Hofstadter. New York: Harper Colophon Books, 1971.

_____. *The Question of Being*. Translated by William Kluback & Jean T. Wilde. New York: Twayne Publications, 1958.

_____. *What is a Thing*. Translated by W. B. Barton, jr. and Vera Deutch. South

Band, Ind.: Gateway Editions, 1967. GA 41.

Hillebrand, Bruno. *Mensch und Roam in Roman: Studien zu Keller, Stifter, Fontane*. München: Winkler-Verlag, 1971.

Husserl, Edmund. 『성찰』(*Cartesianische Meditationen und Pariser Vorträge*). Den Haag: Martinus Nijhoff, 1950. Hua I.

_____. 『현상학의 이념』(*Die Idee der Phänomenologie. Fünf Vorlesungen*). Den Haag: Martinus Nijhoff, 1950. Hua ll.

_____. 『이념들』 I. *Ideen zu einer reinen Phänomenologie und phänomenologischen Philosophie. Erstes Buch: Allgemeine Einführung in die reine Phänomenologie, 1. Halbband, Text der 1-3. Auflage*. Den Haag: Martinus Nijhoff, 1976. Hua III/1.

_____. 『위기』. *Die Krisis der europäischen Wissenschaften und die transzendentale Phänomenologie. Eine Einleitung in die phänomenologische Philosophie*. den Haag: Martinus Nijhoff, 1954. Hua VI.

_____. 『심리학』. *Phänomenologische Psychologie. Vorlesungen Sommersemester 1925*. Den Haag: Martinus Nijhoff, 1962. Hua IX.

_____. 『상호주관성』(*Zur Phänomenologie der Intersubjektivität. Texte aus dem Nachlass, Zwiter Teil. 1921-1928*. Den Haag, 1973. Hua XIV.

_____. 『논리학』(*Formale und transzendentale Logik. Versuch einer Kritik der logischen Vernunft*). Den Haag: Martinus Nijhotf, 1974. Hua XVII.

_____. 『논리연구 II/1』(*Logische Untersuchungen, Zweiter Band: Untersuchungen zur Phänomenologie und Theorie der Erkenntnis. Erster Teil*). Dordrecht: Kluwer Academic Publishers, 1984. Hua XIX/l.

_____. 『엄밀학』("Philosophie als strenge Wissenschaft," in *Logos* I), 1911. Sonderdruck, 2. Aufl. hrsg. von W. Szilasi. Frankfurt: Vittorio Klostermann, 1971.

_____. 『경험과 판단』(*Erfahrung und Urteil. Untersuchungen zur Genealogie der Logik*). Hamburg: Clanen Verlag, 1948. EU..

_____. 이영호·이종훈 옮김. 『현상학의 이념. 엄밀한 학으로서의 철학』. 서울: 서광사, 1988.

_____. 이종훈 옮김. 『경험과 판단: 논리학의 발생론 연구』. 서울: 민음사, 1997.

_____. 이종훈 옮김. 『순수현상학과 현상학적 철학의 이념들 1: 순수 현상학의 일반적 입문』. 서울: 한길사, 2009.

_____. 이종훈 옮김. 『유럽학문의 위기와 선험적 현상학』. 서울: 한길사, 1997.

_____. 이종훈 옮김. 『엄밀한 학문으로서의 철학』. 서울: 지식을 만드는 지식, 2014.

_____. 이종훈·하병학 옮김. 『형식논리학과 선험논리학: 논리적 이성비판 서론』. 파주: 나남, 2010.

_____. & Eugen. Fink. 이종훈 옮김. 『데카르트적 성찰』. 서울: 한길사, 2002.

Kofman, Eleonore. and Elizabeth Lebas, eds. *Henri Lefebvre. Writings on Cities*. Oxford: Blackwell, 1996.

Langer, Susan. *Feeling and Form*. New York: Charles Scribner's Sons, 1953.

Lefebvre, Henri. *La Production de l'espace*. Paris: Anthropos, 2000.

_____. *The Production of Space*. Translated by Donald Nicholson-Smith. Oxford Blackwell, 1991.

_____. 양영란 옮김. 『공간의 생산』. 서울: 에코 리브르, 2011.

_____. *Everyday Life in the Modern World*. New York: Harper and Row, 1971.

_____. *State, Space, World: Selected Essays*. Edited Neil Brenner & Stuart Elden. Translated by Gerald Moore et al. Minneapolis: University of Minnesota Press, 2009.

Lewin, K. "Der Richtungsbegriff in den Paychologie: Der spezielle und allgemeinde hodologische Raum." *Psychologische Forschung* 19 (1934), 249-99.

Lynch, Kevin. *The Image of the City*. Cambridge: MIT, 1960.

_____. 한영호·정진우 옮김.『도시환경디자인』. 서울: 광문각, 2003.

Macann, Christopher, ed. *Martin Heidegger Critical Assessment, vol. 1: Philosophy*. London: Routledge, 1992.

Malmgren, Carl Duryl. *Fictional Space in the Moderinist and Postmodernist American Novel*. Lewisburg, Pa.: Bucknell University Press, 1985.

Malpas, Jeff. *Place and Experience: A Philosophical Thopgraphy*. Cambridge: University of Cambridge, 2004.

_____. *Heidegger's Topology: Being, Place, World*. Cambridge, Mass.: The MIT Press, 2006.

Massey, Doreen and John Allen, eds. *Geography Matters! A Reader*. Cambridge: Cambridge University Press in Association with the Open University, 1984.

Massey, Doreen. *Space, Place, and Gender*. Minneapolis: University of Minnesota Press, 2001.

Mcdowell, Linda. 여성과 공간 연구회 옮김.『젠더, 정체성, 장소: 페미니스트 지리학의 이해』. 서울: 한울, 2010.

Merleau-Ponty, Maurice. *Phénoménologie de la perception*. Parks: Gallimard, 1945.

_____. *Phenomenology of Perception*. Translated by Colin Smith. London: Routledge, 2005.

_____. 류의근 옮김.『지각의 현상학』. 서울: 문학과 지성사 2002.

Mohanty, J. N. *Husserl and Frege*. Bloomington: Indiana University Press, 1982.

Moore, Thomas S. "To the End of the Earth: The Geographical and Ethnic Understanding of Acts 1:8 in Light of Isaianic Influence on Luke." *Journal of the Evangelical Theological Society* 40 (1997), 389-99.

Norberg-Schulz, Christian. Existence, Space & Architecture. New York: Praeger, 1971.

_____. 김광현 옮김.『실존·공간·건축』. 서울: 태림문화사, 2002.

_____. *Genius Loci: Towards a Phenomenology of Architecture*. London: Academy Editions, 1980.

_____. 민경호 외 옮김.『장소의 혼: 건축의 현상학을 위하여』. 서울: 태림출판사, 1996.

_____. *The Concept of Dwelling: on the Way to Figurative Architecture*. New York: Rizzoli, 1984.

_____. 이재훈 옮김.『거주의 개념: 구상적 건축을 향하여』. 서울: 태림문화사, 1991.

_____. *Intentions in Architecture*. Cambridge, Mass.: MIT Press, 1968.

_____. 정영수 옮김.『건축론』. 서울: 세진사, 1987.

Økland, Jorunn. J. Cornells de Vos and Karen Wenell, *Constructions of Space III: Biblical Spatiality and the Sacred*. London: Bloomsbury T&T Clark, 2016.

Pao, David W. Acts and the Isaianic New Exodus. Tübingen: Mohr, 2000.

Powell, Mark Allan. 이종록 옮김.『서사 비평이란 무엇인가?: 성경 이야기 연구』. 서울: 한국장로교출판사, 1995.

Prinsloo, Gert T. M. and Christl M. Maier. *Constructions of Space V: Place, Space, and Identity in the Ancient Mediterranean World*. London: Bloomsbury T&T Clark, 2013.

Relph, Edward. "An Inquiry into the Relations between Phenomenology and

Geography." *Canadian Geographer* 14 (1970), 193-201.
_____. Place and Placelessness. London: Pion, 1976.
_____. 김덕현·김현주·심승희 옮김.『장소와 장소 상실』. 서울: 논형, 2005.
Rimmon-Kenan, Shlomith. 최상규 옮김.『소설의 현대 시학』. 서울: 예림기획, 2003.
Rose, Gillian. "Place and Identity: a sense of place." *A Place in the World? Places, Cultures and Globalization*. Edited by Doreen Massey and Pat Jess. Oxford: Oxford University, 1995.
_____. 정현주 옮김.『페미니즘과 지리학』. 서울: 한길사, 2011.
Said, Edward. 박홍규 옮김.『오리엔탈리즘』. 서울: 교보문고, 1991.
Scott, James M. "Luke's Geographical Horizon." *The Book of Acts in its First Century Setting, vol. II. Graeco-Roman Setting*. Edited by David Gill & Conrad Gempf. Grand Rapids: Wm. B. Eerdmans, 1994.
Shiell, William. *Reading Acts: The Lector and the Early Christian Audience*. Leiden: Brill Academic Publishers, 2004.
Shilder, Paul. *The Image and Appearance of the Human Body: of the Psyche*. Oxon: Routledge, 1999.
Spiegelberg, H. 최경호·박인철 옮김.『현상학적 운동 I』. 서울: 이론과 실천, 1991.
Toner, Jerry. *Popular Culture in Ancient Rome*. Cambridge, UK: Polity, 2009.
Tuan, Yi-Fu. "Geography, Phenomenology, and the Study of Human Nature." *Canadian Geographer* 15 (1971), 181-92.
_____. "Space and Place; Humanistic Perspective." in *Philosophy in Geography*. Edited by Stephen Gale and Gunnar Olsson. Boston: D. Reidel Publishing Company, 1979.
_____. *Space and Place: The Perspective of Experience*. Minneapolis: University

of Minnesota, 1977.

_____. 구동회·심승회 옮김.『공간과 장소』. 서울: 대윤, 2007.

_____. *Topophilia: A Study of Environmental Perception, Attitudes and Values.* Englewood Cliffs, N.J.: Prentice Hall, 1974.

_____. 이옥진 옮김.『토포필리아: 환경 지각, 태도, 가치의 연구』. 서울: 에코리브르, 2011.

Vycinas, Vincent. *Earth and Gods: An Introduction to the Philosophy of Martin Heidegger.* The Hague: Martinus Nijhoff, 1961.

Witherington, Ben. III. *The Acts of the Apostles: A Socio-Rhetorical Commentary.* Grand Rapids: Eerdmans, 1998.

가라타니 코오진. 권기돈 옮김.『탐구 2』. 서울: 새물결, 1998.

강학순.『존재와 공간』. 서울: 한길사, 2011.

강현수. "도시에 대한 권리' 개념 및 관련 실천 운동의 흐름".『공간과 사회』 32(2009), 42-90.

김남주. "차이의 공간을 꿈꾸며: 공간의 생산과 실천".『공간과 사회』 14(2000), 63-78.

김민지. "도시 공간과 실천적 일상전술의 예술적 실행".『현대미술학 논문집』 16(2012), 37-84.

노대명. "앙리 르페브르의 공간생산이론에 대한 고찰".『공간과 사회』 14(2000), 36-42.

로브 쉴즈, 조명래. "앙리 르페브르: 일상생활의 철학".『공간과 사회』 14(2000), 10-35.

류의근. "메를로-퐁티에 있어서 신체와 인간".『철학』 50(1977), 261-92.

류지석. "공간과 시간의 결절: 르페브르와 베르그손".『철학과 현상학 연구』 46(2010), 35-59.

박인철.『에드문트 후설: 엄밀한 학문성에 의한 철학의 개혁』. 파주: 살림출판사, 2013.

서도식. "공간의 현상학". 『철학논총』 54(2008), 335-58.

서용원. "마가복음에 나타난 '생존' 모티브: 마가의 '갈릴리-예루살렘' 구조와 공간 정체성". 『한국기독교신학논총』 18(2000), 33-60.

송태현. "가스통 바슐라르: 과학철학에서 상상력철학으로". 『한국프랑스학회논집』 42(2003), 183-202.

_____. "과학과 시: 가스통 바슐라르의 이원성과 통일성". 『세계문학비교연구』 36(2011), 231-53.

신상희. "사방세계 안에 거주함" (해제). Heidegger. 이기상 외 옮김. 『강연과 논문』. 서울: 이학사, 2008.

심귀연. "메를로-퐁티에 있어서 시공간성과 주체성 그리고 신체". 『철학논총』 76(2014), 477-97.

안용성. "누가-행전 서사에 나타나는 관계 공간의 구성: 하비와 르페브르 공간 이론의 서사적 적용". 『한국기독교신학논총』 83(2012), 75-100.

_____. "예수와 "어둠의 권세": 누가 수난 서사의 시공간과 힘의 관계". 『신약논단』 13(2006), 353-75.

_____. "요한계시록의 이야기 속 이야기 구조". 『신약논단』 17(2010), 1083-1111

_____. "하이데거의 '세계'에 비추어보는 르페브르의 '사회적 공간': 성서 서사 공간 해석을 위한 이론적 논구". 『한국기독교신학논총』 91(2014), 5-32.

_____. "한국 성서학의 공간적 전환을 위한 '장소' 이론의 가능성과 한계". 『한국기독교신학논총』 85(2013), 37-64.

윤지환. "도시 공간의 생산과 전유에 관한 연구: 서울 문래예술공단을 사례로". 『대한지리학회지』 46(2011), 233-56.

윤철호. 『신뢰와 의혹』. 서울: 대한기독교서회, 2007.

이남인. 『현상학과 해석학: 후썰의 초월론적 현상학과 하이데거의 해석학적 현상학』. 서울: 서울대학교, 2004.

_____. "본능적 지향성과 상호주관적 생활세계의 구성". 『철학과 현상학 연구』 7(1993), 38-63.

_____. 『후설과 메를로-퐁티 지각의 현상학』. 서울: 한길사, 2013.

이득재. "공간, 계급, 그리고 로컬리티의 문화". 『로컬리티 인문학』 6(2011), 205-44.

이승종. "후설과 하이데거: 현상학의 비판, 수용, 극복". 『연세춘추』 1368 (1999. 5. 17.) at http://chunchu.yonsei.ac.kr/news/articleView.html?idxno=1155

이영빈. "앙리 르페브르의 일상생활비판론 연구". 『서양사학』 54(1997), 59-91.

이재은. "틈: 지금·여기 소공동 112번지". 『현대미술학 논문집』 14(2010), 209-53.

이종록. "탈주와 회귀, 그 역설적 공간: 에스겔서를 중심으로 살펴보는 '사건으로서의 공간'에 대한 연구". 『한국기독교신학논총』 65(2009), 7-37.

이종훈. "후설 현상학 이해의 위기: 한전숙 교수의 해석에서 허와 실". 『철학과 현상학 연구』 21(2003), 49-76.

이진경. 『근대적 주거공간의 탄생』. 서울: 소명출판, 2000.

이호규. "주체형성 장치로서의 가상 공간과 커뮤니케이션 모델: 르페브르와 푸코의 논의를 중심으로". 『사이버커뮤니케이션 학보』 27(2010), 173-213.

장세룡. "신문화사와 공간적 전환: 로컬리티 연구와 연관시켜". 『역사와 문화』 23(2012), 139-70.

정성하. "장소에 대한 선교적 함의". 『대학과 복음』 13(2008), 237-78.

정태용. "노르베르크-슐츠의 건축 현상학이 갖는 의의와 한계". 『한국실내디자인학회논문집』 25(2016), 89-97.

차정식. "'중심'의 괴로움과 '틈'의 구원: 김지하의 시적 공간들과 신학적 장소화". 『한국기독교신학논총』 59(2008), 223-49.

_____. "예수의 여행과 교통 공간". 『한국기독교신학논총』 70(2010), 31-56.

최병두. 『근대적 공간의 한계』. 서울: 삼인, 2002.

하피터. "메를로-퐁티와 쉴더에 있어서 신체 도식 개념". 『철학연구』 85 (2009), 199-225.

한국소설학회 편. 『공간의 시학』. 서울: 예림기획, 2002.

한국현상학회 편. 『후설과 현대철학』. 서울: 서광사, 1990.

_____. 『역사와 현상학』. 서울: 철학과 현실사, 1999.

한전숙. "생활세계적 현상학". 『철학과 현상학 연구』 5(1992), 15-37.

_____. 『현상학』. 서울: 민음사, 1998.

_____. 『현상학의 이해』. 서울: 민음사, 1984.

홍명희. "바슐라르의 상상력의 현상학". 『프랑스문화예술연구』 24(2008), 357-75.

_____. 『상상력과 가스통 바슐라르』. 서울: 살림, 2005.

홍준기. "르페브르의 공간 및 도시 공간 이론에 대한 정신분석적 고찰: 『공간의 생산』을 중심으로". 『라깡과 현대 정신분석』 13(2011), 163-82.

현상학과 서사 공간
성서의 이야기 공간에 대한 현상학적 고찰

Copyright ⓒ 안용성 2018

1쇄발행 2018년 5월 4일
지은이 안용성
펴낸이 김요한
펴낸곳 새물결플러스

편집 왕희광 정인철 최율리 박규준 노재현 한바울 신준호 정혜인
　　　김태윤 이형일 서종원
디자인 이성아 이재희 박슬기 이새봄
마케팅 박성민 조광수
총무 김명화 이성순
영상 최정호 조용석 곽상원
아카데미 유영성 최경환 이윤범

홈페이지 www.holywaveplus.com
이메일 hwpbooks@hwpbooks.com
출판등록 2008년 8월 21일 제2008-24호
주소 (우) 07214 서울특별시 영등포구 양평로 11, 4층(당산동5가)
전화 02) 2652-3161
팩스 02) 2652-3191

ISBN 979-11-6129-060-7　93230

책값은 뒤표지에 있습니다.

이 도서의 국립중앙도서관 출판예정도서목록(CIP)은 서지정보유통지원시스템 홈페이지(seoji.nl.go.kr)와 국가자료공동목록시스템(nl.go.kr/kolisnet)에서 이용하실 수 있습니다. CIP2018012298